Die Mameluken

Aufstieg und Fall
einer Sklavendespotie

Mameluk Ende 18., Anfang 19. Jahrhundert
Bibliothèque Impériale, Paris

Jörg-Dieter Brandes

Die Mameluken

Aufstieg und Fall einer Sklavendespotie

Jan Thorbecke Verlag Sigmaringen

Vorderes Vorsatz: Arabische Stadt zur Mamelukenzeit nach einem alten Stich (Ausschnitt, Niebuhr 1772)

Die Deutsche Bibliothek – CIP-Einheitsaufnahme

Brandes, Jörg-Dieter: Die Mameluken: Aufstieg und Fall einer Sklavendespotie / Jörg-Dieter Brandes. – Sigmaringen: Thorbecke, 1996

ISBN 3-7995-0090-1

Dieses Buch ist aus säurefreiem Papier hergestellt und entspricht den Frankfurter Forderungen zur Verwendung alterungsbeständiger Papiere für die Buchherstellung.

Gesamtherstellung:
M. Liehners Hofbuchdruckerei GmbH & Co. Verlagsanstalt, Sigmaringen
Printed in Germany · ISBN 3-7995-0090-1

Inhalt

Einführung

Der Tourist, der auf dem Wege von Europa zu den altägyptischen Ausgrabungen am Obernil für zwei oder drei Tage in Kairo einen Halt einlegt, um das Ägyptische Museum aufzusuchen und einen kurzen Abstecher zu den Pyramiden von Gise zu machen, wird in der ägyptischen Metropole nicht allzuviel von der Pracht des 250 Jahre bestehenden Mamelukenreiches und der weit über 500 Jahre andauernden Mamelukenherrschaft entdecken.

Im Strom der sich durch die Straßen ergießenden Menschenmassen einer explodierenden Bevölkerung wird er durch die neueren Stadtviertel von Kairo geschoben und gestoßen. Er ist dem ohrenbetäubenden Straßenlärm einer orientalischen Großstadt ausgesetzt. Er bemerkt vielleicht den vorzeitigen Verfall von Stadtvierteln, die gestern noch als neu und modern galten, und ist abseits der Hauptstraßen vom Schmutz und vom Gestank angewidert. Aber das ist nicht das Kairo der Mameluken. Wer Reste der einstigen Sultansmetropole sehen will, muß in die vom derzeitigen Nillauf weiter entfernte Altstadt wandern, muß durch den Basar Khan el Khalili zur El Ashar-Moschee entlang der Stadtmauer mit ihren mittelalterlichen Toren zu den Mamelukengräbern oder vorbei an der ›Sultan Hasan‹-Moschee zur Zitadelle gehen. Er wird hier zwar noch mehr Schmutz und Verfall erleben, aber er wird hier auch einen Hauch von Tausendundeinernacht spüren. Denn die Märchen, deren Handlungszeitraum viel früher liegt, in der Zeit des berühmten Kalifen Harun al Raschid, sind etwa zur Zeit der Mameluken geschrieben worden. Diejenigen, die sie aufschrieben, standen bei der Schilderung allgemeiner Lebensumstände unter dem Eindruck eben dieser Zeit.

Zeugnisse von Tausendundeinernacht findet man kaum noch in der Stadt ihres hauptsächlichen Geschehens, in Bagdad. In vielen anderen Orten des Orients und Nordafrikas sind sie aber noch lebendig. Man spürt den Hauch dieser Zeit noch im Suq von Aleppo, in manchen entlegenen Oasen der Sahara, rund um die Omaiyadenmoschee von Damaskus und in den Gassen der Altstadt von Dschidda. Und natürlich in der Altstadt von Kairo. Hier findet man die Zeugnisse mamelukischer Baukunst. Hier gibt es noch die Moscheen und Bürgerhäuser jener Zeit, Karawansarayen* und Begräbnisstätten. Und in dem sehenswerten Museum für islamische Kunst erhält man ein Bild des Lebensstils im orientalischen Mittelalter, sieht man Beispiele der Wohnkultur und des täglichen Lebens jener Zeit.

Hier kann man der in der Weltgeschichte einmaligen Sklavenoligarchie, deren Herrscher und Fürsten gekaufte Sklaven waren, nachspüren,
– einem Reich, das über ein Vierteljahrtausend im Orient und im Mittelmeerraum ein Machtvakuum ausgefüllt hat, dessen Angehörige dann noch weitere 250 Jahre die Geschicke im Nordosten Afrikas und in der Levante mitbestimmten – zusammen mehr als 500 Jahre Weltgeschichte, in denen die Mameluken die abendländischen Kreuzfahrerstaaten im Orient hinwegfegten und die Mongolenstürme, die das Morgenland ebenso wie das Abendland lebensgefährlich bedrohten, abwehrten;
– einem Geschichtsabschnitt, in dem Ägypten den machtpolitischen Rückhalt der Islamisierung weiter Teile des östlichen und zentralen Afrikas bildete;
– einer Kulturepoche, in der die geistigen Werte der Antike für die Neuzeit erhalten wurden, in der die islamische Kunst, vor allem die Baukunst, zu neuen Höhen geführt wurde und in der Kairo und Damaskus neben Konstantinopel als die schönsten Städte der Welt galten;
– einem halben Jahrhundert der Fremdherrschaft und Unterdrückung, ohne die das gesteigerte Nationalbewußtsein der Araber in der Gegenwart, die politische Rückständigkeit und Uneinigkeit der arabischen Welt und der teilweise Verlust der arabischen Identität Ägyptens kaum zu erklären sind;
– und einer Epoche der Staatskunst und der Perfektion der Verwaltung, in der ehemalige Sklaven aus »Barbarenländern«

Administrations- und Wehrstrukturen schufen, wie sie sich im Abendland erst mit dem Zeitalter der Aufklärung zögernd entwickeln sollten.

Vor allem in der deutschsprachigen Literatur wird die Geschichte der Mameluken vernachlässigt. Wenn überhaupt, wird sie als eine Randerscheinung in den Darstellungen der Geschichte des Islam behandelt und kommt dabei zu kurz. Oder sie wird als Teil der Geschichte der arabischen Welt angesehen – dies aber ist falsch!

Denn eine arabische Geschichte gibt es nicht, wie sich überhaupt der Begriff »arabisch«*, der auf die südarabischen Stämme der »a'rab« zurückzuführen ist, nicht exakt definieren und abgrenzen läßt. Es kann nur die Geschichte arabischer Nationalstaaten geben, die aber überwiegend erst nach dem Ende des Ersten Weltkrieges entstanden sind. Davor gibt es im Nahen Osten und in Nordafrika nur die Geschichte des Islam und die Geschichte derjenigen Mächte, Völker und Menschen, die den Raum beherrschten – seien es nun römische Legionen, byzantinische Statthalter, christliche Kreuzfahrer, mongolische Heere, osmanische Türken, abendländisch-levantinische Konsuln oder europäische Mandatsmächte – und natürlich die Mameluken, die dem Gebiet und seinen Menschen über ein halbes Jahrtausend ihren Stempel aufgedrückt haben.

Der Leser wird das Mamelukenreich nur richtig verstehen, wenn er es historisch richtig einordnen kann. Dies zu erleichtern, dient die folgende geschichtliche Einführung, in der die Geschichte der Region und der Ausbreitung des Islam mit zunehmender Verdichtung auf die Länder und die Zeit des späteren Mamelukenreiches dargestellt wird.

In der Geschichte der Mittelmeerregion nehmen Ägypten und Syrien zweifellos keine so beherrschende Rolle ein wie etwa das antike Griechenland, das römische Imperium, Byzanz oder das Osmanische Reich. Jedem dieser großen Reiche gehörten Ägypten und Syrien jedoch an. Beide Länder waren Kernregionen des

* Bei allen mit * gekennzeichneten Begriffen siehe das Glossar im Anhang.

Reiches Alexanders des Großen, waren römische und später osmanische Überseeprovinzen. Als das römische Imperium Ende des 4. Jahrhunderts in eine östliche und eine westliche Hälfte geteilt wurde, fielen Ägypten und Syrien an Ostrom. Der byzantinische Machtbereich südlich des Mittelmeers reichte damals beiderseits des Nils bis in die Nähe des heutigen Assuan und am Mittelmeer bis zur Großen Syrte.

Zu dieser Zeit stellte das Mittelmeergebiet eine Glaubenseinheit dar. An allen Küsten war das Christentum, wenn auch innerlich in verschiedene Glaubensrichtungen zerrissen, fest angesiedelt und im Begriff, sich über die Küstenländer hinaus auszubreiten. Besonders in Ägypten, Palästina und Syrien hatte das Christentum tiefe Wurzeln geschlagen. Die ägyptischen Christen hatten sich von der byzantinischen Reichskirche getrennt und ein unabhängiges Patriarchat mit Sitz in Alexandria gebildet. Der Einflußbereich der koptischen Kirche* reichte bis weit in den heutigen Sudan hinein, und es gab im Niltal und im Nildelta, an der Mittelmeerküste und in den wenigen Großoasen allein sechs Erzbistümer und ungefähr 130 Bistümer.

Die Bevölkerung des Nillandes bestand zu dieser Zeit überwiegend aus den Nachkommen der Pharaonenbevölkerung und einer dünnen griechisch-römischen Oberschicht. Das Verwaltungszentrum war Alexandria. Kairo existierte noch nicht, nur eine von den alten Griechen gegründete, von den Römern befestigte und von den Byzantinern erweiterte Siedlung mit dem Namen »Babylon«*.

Zu der Zeit, als Byzanz seine größte Machtausdehnung hatte, setzte im Orient eine Bewegung ein, die, ausgehend von der Tiefe der Arabischen Halbinsel, die Machtverhältnisse im Mittelmeerraum bald grundlegend ändern sollte: Über Jahrhunderte schon hatten die Bewohner der Arabischen Halbinsel zum Mittelmeer gedrängt, waren die Nomaden aus dem Süden in immer neuen Wellen in die fruchtbareren Gegenden Syriens und Mesopotamiens gezogen. Diese Bewegung erhielt nun plötzlich einen geistigen Inhalt: Mohammed, der Prophet einer neuen Religion, sammelte die unruhigen Stämme um sich und gab ihnen eine Idee, die ihren steten Drang zum Mittelmeer zur Eruption brachte.

Inspiriert vom Islam, brach das Arabertum in dem Augenblick hervor, als die Großmächte der Zeit, Byzanz und Persien, sich gegenseitig verbluteten, und eroberte in einem Sturmlauf ohnegleichen in wenigen Jahrzehnten einen Großteil des Mittelmeerraumes.

Mohammed, der Begründer des Islam, war geboren worden, als sich die Araber in einer ersten Übergangsphase vom Nomaden- zum Stadtleben befanden und zu den Fehden der Wüstenstämme noch die Auseinandersetzungen zwischen Städtern und Beduinen traten. Die Arabische Halbinsel war von den ständigen Stammeskriegen zerrissen gewesen, und der einzelne fand nur Sicherheit im Schutze seines Stammes. Dieser Zustand schuf ein natürliches Bedürfnis nach einer übergeordneten Macht und einer einigenden Idee, die inhaltlich zur Ausbreitung bestimmt war. Verbunden mit der überkommenen Beutelust der Wüstenaraber führte dies zu dem schnellen Siegeszug des Islam.

Nachdem der Prophet die Arabische Halbinsel geeinigt und erobert hatte, starb er 632 n. Chr. Er hinterließ eine Tochter, Fatima, die mit Ali, einem Vetter des Propheten, verheiratet war. Die Nachfolge des Propheten ging über einen engen Freund (Abu Bakr) an seinen Schwiegervater Omar über, der als Kalif (Chalifa = Nachfolger*) und Befehlshaber der Gläubigen (Amir el Mu'minin*) den Islam über die Grenzen der Arabischen Halbinsel hinaustrug. Unter ihm und seinen Nachfolgern wurde das Testament des Propheten vollstreckt, wurde mit Kerntruppen aus Medina und den Beduinen als Hilfstruppen der Dschihād, der »Heilige Krieg«, geführt, wurde die Herrschaft von Islam und Arabertum ausgedehnt.

Im Mittelmeerraum eroberten die Muslime zunächst das byzantinische Syrien. Damaskus fiel 635 n. Chr, wenig später folgten Aleppo und Antiochia. 640/41 n. Chr. stießen die Gläubigen zum Nil vor. Omars Feldherr Amr Ibn el As eroberte das Kastell Babylon und ließ sein Zelt vor den Mauern der Stadt aufschlagen. Nach der Eroberung von Alexandria kehrte er hierher zurück und ließ neben dem Zelt eine Moschee* erbauen. Sie wurde zum Mittelpunkt einer neuen Stadt, die nach Amrs »Lager« den Namen Fostat erhielt und zeitweise Hauptstadt des ersten Kalifen war.

Im Grunde genommen war dieses Fostat nur ein riesiges Heerlager, wie es sie auch in anderen arabischen Eroberungsgebieten, zum Beispiel im Zweistromland, dem heutigen Irak (Kufa, Basra), gab. Diejenigen Araber, die sich an den Eroberungen beteiligt hatten, siedelten mit ihren Stämmen und Herden hierher um. Fostat wurde bald zum Ausgangspunkt für weitere Eroberungen und für die Durchdringung Ägyptens. Arabische Stämme siedelten sich im Niltal an und drangen in die Wüste vor, wo sie Beduinen blieben. Arabisch wurde langsam zur Landessprache, der Islam neben dem koptischen Christentum zur zweiten Religion. Von 665 an wurde »Ifriqiya« (das heutige Tunesien) erobert, und die Araber drangen nun weiter bis zum äußersten Westen, dem Maghreb, vor, setzten gemeinsam mit islamisierten Berbern unter Führung des Generals Tarik bei Gibraltar, das davon seinen Namen ableitet (»Dschebel Tarik« = Berg des Tarik) nach Spanien über und eroberten das Westgotenreich.

Der islamische Machtbereich, der sich innerhalb einiger Jahrzehnte auf einen großen Teil der Mittelmeerküsten ausgedehnt hatte, stellte nach diesen Eroberungen jedoch keine politische Einheit mehr dar. Das Ziel des Propheten und der ersten Kalifen, die Stämme dadurch zu einigen, daß ihre Aggressivität nach außen gelenkt wurde, war nicht erreicht worden. Die Gemeinschaft der Gläubigen hatte nicht über die Stammesgemeinschaften gesiegt. Im Gegenteil, die Stammesauseinandersetzungen, über Generationen vererbte grausame Blutfehden, wurden in den eroberten Gebieten fortgesetzt, als hätte es Mohammed nie gegeben. Die Chance für eine einzige arabische Nation war für alle Zukunft vertan.

Außerdem taten sich neue Kluften unter den Gläubigen auf, die durch das Hinzutreten von Nichtarabern zum Islam entstanden, vor allem aber durch einen anhaltenden Streit, der um die Nachfolge des Propheten ausbrach. Nach Omar hatte Othman, ein ehemaliger Weggefährte Mohammeds, das Kalifat übernommen. Othman mußte sich bereits gegen heftige Erhebungen erwehren. Ihm folgte Ali, ein Vetter des Propheten und Gatte von dessen Tochter Fatima. Gegen Ali erhob sich dessen syrischer Statthalter Mu'awiyya aus dem Stamm der Omaiya, behauptete sich und begründete die Kalifen-Dynastie der Omaiyaden. Diese galten jedoch in den Augen vieler Moslems als Usurpatoren, weil sie nicht vom Propheten oder einem seiner nächsten Verwandten abstammten.

Unterdessen wurde die Eroberung des Mittelmeerraumes fortgesetzt. Aber zunehmend waren es nicht mehr die arabischen Stämme, die die Feldzüge führten. Sie hatten sich wegen ihrer anhaltenden Stammesfehden auf die Dauer als unzuverlässig erwiesen und Regimentern angeworbener Söldner Platz machen müssen. Damit hatte sich die Wehrverfassung für alle kommenden islamischen Epochen entscheidend verändert; der Keim für die Militär- und Staatsstruktur des späteren Mamelukenreiches wurde jetzt gepflanzt.

Mittlerweile war auch der Widerstand der Nachkommen des Propheten gegen die sunnitischen* Omaiyaden stärker geworden. Die Gegner der herrschenden Dynastie sammelten sich unter der Führung El Hussains, eines Sohnes von Ali und Oberhauptes der »Aliden«, in der »Schiat Ali« (Partei Alis = Schiiten*) und beanspruchten das Kalifat. Hussain wurde im Kampf gegen die Omaiyaden-Dynastie getötet, seine Ansprüche lebten aber unter seinen Nachfolgern fort und trugen dazu bei, die Omaiyaden-Dynastie aufzureiben.

Am meisten litt die Macht der Omaiyaden aber unter den wieder stärker wachsenden Stammesauseinandersetzungen, die schließlich auch im Herrscherhaus zur Frontbildung führten, und unter der Unzufriedenheit der allgemein benachteiligten nichtarabischen Neumuslime. Diese Klienten arabischer Stämme, die »Mawali«, wurden von den Schiiten in ihrer Unzufriedenheit bestärkt, besonders von den Aliden und, aus dem Hintergrund, von den Nachkommen eines Onkels des Propheten. Die Macht der Omaiyaden hielt diesen Belastungen nicht stand; 749 n. Chr. übernahmen die Nachkommen von Mohammeds Onkel nach unzähligen Intrigen und heimtückischen Morden die Macht, und einer der ihren, Abu el Abbas, begründete die Dynastie der Abbasiden. Alle Angehörigen der Omaiyaden-Dynastie wurden bei diesem Machtwechsel getötet, bis auf einen, der dem Blutbad entkommen konnte. Auf Umwegen gelangte dieser Prinz nach Spanien, wo er ein Emirat, das spätere Kalifat von Cordoba, errichtete.

Der Machtwechsel wurde natürlich auch in Ägypten spürbar. Während der Kämpfe, die ihn begleiteten – Machtkämpfe der Abbasiden gegen die Omaiyaden, Glaubenskämpfe der Schiiten gegen die Sunniten und Stammeskämpfe aller gegen alle –, ging Fostat in Flammen auf. Sieger waren auch hier die schiitischen Abbasiden. Ägypten erhielt einen abbasidischen Statthalter, der in einen neuen, nördlich des alten Fostat gelegenen Stadtteil mit dem Namen El Askar residierte.

Insgesamt verlor Ägypten nun, unter der neuen Dynastie, an Bedeutung. Denn die Abbasiden entfernten sich vom Mittelmeer. Sie verlegten den Mittelpunkt ihrer Herrschaft von Damaskus nach Osten und machten Bagdad zu ihrer Residenz. Unter ihrer Herrschaft verlor das Arabertum weiter an Bedeutung, und Fremdvölker wurden den Arabern nun als Vollbürger gleichgestellt. Besonders traf dies für die Iraner zu, die bei den Kalifen an Einfluß gewannen, sowie für Türken, die, vor allem als Soldaten, in die Dienste des Reiches genommen wurden. Diese türkischen Zuwanderer spielten für die weitere Geschichte eine bedeutende Rolle. Mehr und mehr gewannen sie an Einfluß über die arabischen und nichtarabischen Gläubigen; sie sind die historischen Ahnen der Begründer des späteren Mamelukenreiches.

Wer waren diese ersten Mameluken*?

Das arabische Wort mam'luk bedeutet »eigen, zugehörig« und weist darauf hin, daß es sich bei ihnen um gekaufte oder erbeutete Waffensklaven handelte, türkische Sklaven, aus denen sich zukünftig die islamischen Armeen rekrutieren sollten. Diese Türken stammten aus Innerasien, wo auch die heutige Bevölkerung der modernen Türkei ihren Ursprung hat. In kleinen Wellen und unabhängig voneinander wanderten ihre Kriegergemeinschaften, unter ihnen auch der berühmte Stamm der Seldschuken, in den Osten der islamischen Welt ein. Was sie auszeichnete, war vor allem ihre militärische Begabung. Die Abbasiden hatten diese Mameluken in der ersten Hälfte des 9. Jahrhunderts zu militärischen Verbänden zusammengefaßt – und was lag näher, als weiterhin Türken für diese Regimenter zu rekrutieren? Sie stellten die Leibgarden der Kalifen und rückten bald zu den höchsten Ämtern im Staate auf.

Die Zeit der Abbasiden war eine der glanzvollsten Epochen in der Geschichte des Islam. Ihr Machtbereich umfaßte im 9. und 10. Jahrhundert die südlichen, westlichen und östlichen Küsten des Mittelmeeres. Die großen Mittelmeerinseln Korsika, Sardinien, Sizilien, Kreta und Zypern waren unter islamischer Kontrolle, und islamische Vorstöße zielten auf Südfrankreich, Mittel- und Süditalien, in die Ägäis und auf Byzanz. Die Kalifen von Bagdad, unter ihnen der legendäre Harun el Raschid, machten ihre Hauptstadt zu einem der Mittelpunkte der Welt. Kunst und Wissenschaft erhielten unter ihnen einen gewaltigen Aufschwung.

Dennoch kriselte es im Reich, und die Herrschaft der Kalifen blieb nicht unangefochten. Religiöse Parteien und Sekten kämpften um Einfluß, und die Führer der fremdländischen mamelukischen Garden, Perser, Chorasaner und Türken, griffen nach der Macht. Der Machtanspruch dieser Mameluken wurde so ungestüm, daß die Kalifen sich ihrer schließlich nicht mehr erwehren konnten. In zunehmendem Maße beschränkten sie sich deshalb darauf, die Mächtigsten gegeneinander auszuspielen und sich auf die Rolle des obersten Glaubensfürsten zurückzuziehen, eine wahrhaft bescheidene Rolle für die »Fürsten der Gläubigen«, für die Nachfolger des Propheten! Türkische Prätorianerführer übernahmen allenthalben die Macht. Die weltliche Herrschaft der Kalifen ging mehr und mehr an türkische Berater über, die als Wesire*, schließlich als Sultane* die eigentlichen Herren waren.

Das Reich war groß und müde geworden und zerfiel. Überall verwalteten immer mächtiger werdende fremdländische Emire* die einzelnen Reichsteile. Im Laufe der Zeit gewannen sie, zuletzt als Erbstatthalter, an Macht und Selbständigkeit, verweigerten die Tributzahlungen an Bagdad und begründeten eigene Dynastien. Solche Dynastien stellten in Tunesien die »Aghlabiden«, in Nordsyrien und Irak die »Hamdaniden« und auf Sizilien die von den Aghlabiden abstammenden Sarazenen dar. Auch in Ägypten gab es zeitweise eine solche Erbstatthalterschaft, die schon viele Züge der späteren Mamelukenherrschaft in diesem Lande aufwies. Achmed ibn Tulun, ein Sklave am Kalifenhof von Bagdad, war von seinem Herrscher wie ein Sohn geliebt worden. Er wurde Soldat und Heerführer und schlug in Kairo einen der häufigen Aufstände der christlichen Kopten nieder. Der Kalif ernannte ihn daraufhin zum Statthalter von Ägypten. Achmed ibn Tulun machte sich dort jedoch selbständig und begründete die Dynastie der Tuluniden. Eine der schönsten und weiträumigsten Moscheen der Welt, die Kairoer »Dschamia ibn Tulun«, ist ein eindrucksvolles Zeugnis dieser Zeit.

Um die Wende vom 9. zum 10. Jahrhundert rollte noch einmal eine Welle des Schiitismus über Vorderasien, die sich gegen die Sunniten, die orthodoxen Mohammedaner, richtete. Im Gefolge dieser Bewegung gewann eine religiös-radikale Sekte, die der »Ismailiten«, an Einfluß, die einer neuen Dynastie, den Fatimiden*, den Weg bereitete. Für Ägypten begann damit eine neue Ära, denn die Fatimiden stellten sich gegen das morsche Abbasidenregiment in Bagdad. Zunächst zerschlugen sie durch einen Aufstand im Maghreb die Reichsfürstendynastie der Aghlabiden und errichteten ein Gegenkalifat zu Bagdad. Ihr Interesse war jedoch von Anfang an nur auf Ägypten gerichtet. Im Jahre 969 n. Chr. eroberte Dschauhar*, ein Feldherr des fatimidischen Berber-Sultans El Muiss, die ägyptische Hauptstadt El Askar und gründete eine neue Stadt, die den Namen Misr el Kahira* erhielt. 973 zog El Muiss als Kalif in Misr el Kahira (Kairo) ein und begründete damit die über 200 Jahre währende Herrschaft der Fatimiden.

Das Fatimidenreich umfaßte neben Ägypten noch Palästina und den Hedschas mit den heiligen Stätten des Islam, zeitweise auch den ganzen Maghreb sowie Sizilien und Sardinien. Es war ein streng schiitisches Regiment, das dort herrschte; ein Staatswesen, in dem jede sunnitische Regung blutig unterdrückt wurde.

Die fatimidische Ismailiya trieb zum Teil gefährliche Schößlinge, die zur Bildung von zwei herausragenden Sekten führten. Die eine war die der »Drusen«*, benannt nach ihrem Anführer Darasi. Dieser war der Vertraute des von Cäsarenwahn befallenden Fatimidenkalifen Hakim und hatte nach dessen geheimnisvollem Verschwinden in Syrien die Lehre verbreitet, daß Hakim sich »in die Verborgenheit« zurückgezogen habe und eines Tages wiedererscheinen werde. Die andere Sekte, die unter den Mameluken noch eine Rolle spielen sollte, war die der »Assassinen«. Sie verdankte ihre Entstehung fatimidischen Thronstreitigkeiten. Nach dem Tode des Fatimidenkalifen El Mustansir (1094) gab es nämlich zwei Thronprätendenten, von denen der eine, Nisar, während eines Aufstandes getötet worden war. Ebenso wie die Drusen im Falle Hakims rechneten auch die Anhänger von Nisar mit dessen Wiedererscheinen, gründeten einen Geheimbund und besetzten die Festung Alamut am Kaspischen Meer. Von dort aus operierten sie mit Gewalttätigkeiten im gesamten Bereich des Islam, wobei eine ihrer Hauptwaffen die heimtückische Ermordung ihrer Gegner war. Um die Mordaktionen auszuführen, wurden die Jünger dieses Bundes mit einem Rauschmittel, Haschisch, in einen Trancezustand versetzt, weshalb die Angehörigen dieser Sekte bald »Haschaschinen« beziehungsweise »Assassinen« genannt wurden*.

Die Fatimiden hatten sich während ihrer langen Herrschaft vor allem des Ansturms zweier Gegner zu erwehren. Die einen waren die abendländischen Kreuzritter, die anderen die Seldschuken. Die aus Mittelasien stammenden Seldschuken hatten im Laufe der zunehmenden Turkisierung des Abbasidenreiches mehr und mehr in Bagdad die Herrschaft übernommen. Unter Toghril Beg, der bereits als Sultan neben dem Kalifen im Abbasidenreich herrschte, errichteten sie im 11. Jahrhundert ihre Herrschaft in Persien und eroberten etwa um die gleiche Zeit Armenien. Im Jahre 1071 siegte ein Neffe von Toghril, Alp Arslan, entscheidend über die Byzantiner, und von da an wuchs die Macht der Seldschuken ständig weiter. Damit kamen sie natürlich auch, vor allem in Syrien, mit den Fatimiden in Berührung. Sie entrissen diesen Palästina und den Hedschas mit den heiligen Stätten.

Vielleicht hätten die Seldschuken mit dem Fatimidenstaat, der von Sektierertum und Machtkämpfen zerrüttet war, sogar schnellen Prozeß gemacht, hätte ihr Reich nicht selbst sehr bald Auflösungserscheinungen gezeigt. Zunehmend rissen nämlich die militärischen Erzieher der Seldschukenprinzen, deren Bezeichnung »Atabeg«* bald erblichen Fürstentiteln gleichkam, die Macht an sich und schufen sich eigene, mehr oder weniger unabhängige Emirate. Dennoch gelang es den Fatimiden noch, Byzanz weite Teile Anatoliens zu entreißen und, weit schlimmer für die Christenheit, Jerusalem in Besitz zu nehmen.

Die Eroberung Jerusalems sowie die Hilferufe des byzantinischen Kaisers Alexios Komnenos riefen jedoch das christliche Abendland auf den Platz und lösten die Kreuzzüge aus. Zweifellos waren diese beiden Geschehnisse der Anlaß für die Kreuzzüge. Ebenso außer Zweifel steht aber auch, daß es nicht nur religiöse Gründe waren, die zu einer 200 Jahre währenden, von langen Friedensperioden unterbrochenen Konfrontation des Christentums mit dem Islam führten. Religiöse Motive hätten schon bei früheren Gelegenheiten, etwa bei der Eroberung von Jerusalem durch die Perser 614 n. Chr. oder durch die Araber 637 n. Chr., zu einer entsprechenden Bewegung führen können. Erst jetzt jedoch boten die Machtverhältnisse im Mittelmeerraum Gelegenheit zu Eroberungskriegen, zur Errichtung von Fürstentümern und Herrschaften im Heiligen Land und, als Folge des 4. Kreuzzuges, sogar auf dem Boden des christlichen Byzanz.

1099 wurde Jerusalem nach erbittertem Kampf von den Kreuzrittern eingenommen. Nach einer gründlichen Plünderung der Heiligen Stadt zogen die meisten Kreuzfahrer bald wieder ab. Eine kleine Schar jedoch blieb unter Gottfried von Bouillon zurück, der als »Sachwalter des Heiligen Grabes« den Grundstein für das spätere Königreich Jerusalem legte. Schon vorher waren andere Kreuzfahrerstaaten entstanden, und weitere sollten noch später im Verlaufe der Kreuzzüge entstehen: Die Grafschaft Edessa wurde 1097 von Balduin von Bouillon, der als Bruder Gottfrieds von Bouillon später König von Jerusalem werden sollte, begründet. Und in Antiochia errichtete der Normanne Bohemund I. ein Fürstentum. Im Fürstentum Tripolis herrschten bis 1288 die Grafen von Toulouse. Im Königreich Zypern regierte die französische Familie Lusignan.

Wichtige Stützen der Kreuzritterstaaten, namentlich Jerusalems, waren die geistlichen Ritterorden, die »Hospitaliter«, die »Templer« und der »Deutsche Ritterorden«. Während die deutschen Ordensritter im Heiligen Land nur eine begrenzte Rolle spielten und sich später der Eroberung des deutschen Ostens zuwandten, sollten die beiden anderen Ritterorden für das Mamelukenreich noch von großer Bedeutung sein. Später wurden die Templer dann vom französischen König Philip dem Schönen ihrer Macht und ihres Reichtums wegen grausam verfolgt und vernichtet, während die Hospitaliter nach ihrer Vertreibung aus dem Heiligen Land als »Johanniter« einen Ordensstaat auf Rhodos gründeten, den sie später als »Malteser« auf der Mittelmeerinsel Malta fortführten.

Die Hauptgegner der Kreuzritter waren die Fatimiden und die Erben des Seldschukenreiches – zwei Gegner, die sich aber auch wechselseitig bekämpften, so daß es ein Kampf aller gegen alle mit oft wechselnden Koalitionen und Bündnissen war.

Unter den Seldschuken tat sich vor allem ein Feldherr kurdischer Abstammung, Salahaddin Yusuf ibn Aiyub, der »Saladin« der abendländischen Geschichtsschreibung, hervor. Im Gefolge seines Onkels zerschlug er den verrotteten Fatimidenstaat, ergriff selber die Macht und ließ sich formal vom Kalifen in Bagdad mit der Fatimidenherrschaft belehnen. Damit wurde er Sultan. Saladin hatte mit diesem Schritt die Dynastie der Aiyubiden begründet. Seine Hauptstadt wurde Kairo, wo heute noch die von ihm am Rande des Mokattam-Gebirges erbaute Zitadelle an ihn erinnert. Wieder war es ein Fremder, der über Ägypten herrschte, und wieder war es auch vorwiegend die Kriegerkaste türkischer und tscherkessischer Mameluken, auf die er und seine Erben ihre Macht stützten. Saladins Nachfolger teilten sein Reich unter sich auf, so daß es unter der losen Oberherrschaft von Kairo in einzelne Herrschaften, in Ägypten, Damaskus, Aleppo, Homs, Hama, Mesopotamien und Jemen, zerfiel. Ihnen allen war das Ziel gemeinsam, die fränkischen Ritter aus dem Nahen Osten zu vertreiben.

In Palästina mußten sich die Kreuzritterstaaten des ständigen Ansturms der Aiyubiden erwehren. Ihr früherer religiöser Kampfeifer erlahmte jedoch bald, und in immer stärkerem Maße wurde die Kreuzzugsidee von dynastischen Machtvorstellungen der einzelnen Fürsten und Orden verdrängt. Erst der sechste Kreuzzug unter Führung von König Ludwig »dem Heiligen« von Frankreich wies wieder den ursprünglichen Kreuzzugsgedanken des ersten Kreuzzugs auf. Dieser Krieg brachte aber auch eine neue und entscheidende Wende in der ägyptischen Geschichte, denn er half das Mamelukenreich aus der Taufe zu heben.

Ein Sultan wird ermordet

Fahles Dämmerlicht im Osten kündigte das Herannahen eines neuen Tages an, und Stille herrschte auf dem Meer. Zahlreiche vor Anker liegende Galeeren, von denen jede etwa hundert Kreuzfahrer und zwanzig Pferde tragen konnte, schaukelten sacht auf der ruhigen Dünung. Noch war es kühl und windstill, und nur ein leichtes Rauschen war zu hören, wenn die Wellen sich am sandigen Ufer brachen. Gleich aber würde die grelle Sonne Afrikas erbarmungslos hervorbrechen und alles in gleißendes Licht tauchen, würde sich in der Wüste ein heißer Wind erheben und über das Delta des Nils hinweg die Tageshitze des Südens auf das Meer tragen.

Es war ein Morgen im Juni, der auf das Pfingstfest folgende Freitag des Jahres 1249. Die Flotte Ludwigs des Heiligen war vor zwei Tagen an der Nilmündung eingetroffen und in der Nähe der Stadt Damietta, die die Franken Damiette nannten, vor Anker gegangen. Nun, beim ersten Tageslicht, erhoben sich die Ritter und ihre Knappen in ihren Schiffen, um den Fuß auf den Boden Afrikas zu setzen, das Ufer des »ungläubigen« Feindes zu betreten. Dort aber, am Ufer, wehte das Banner des Sultans von Ägypten. Dort saß auf seinem Schimmel der Wesir des Aiyubidenreiches mit einer berittenen Abteilung, standen Mameluken, deren Waffen und Schilde in der Sonne glänzten, und Beduinen, deren Burnusse im Winde flatterten. Es war keine große Armee, die sich den Franken entgegenstellte. Es waren nur die örtlichen Garnisonstruppen und die Krieger der nächstgelegenen Stämme. In aller Eile hatte man sie beim Herannahen der Flotte der Franken aufgeboten und dem aus der Hauptstadt herbeigeeilten Wesir unterstellt.

Die Kreuzfahrer hatten deshalb keine allzu große Mühe, ihre Galeeren vollends an den Strand zu rudern, ihre Pferde von den Schiffen zu ziehen, unter dem Schutz eines Hagels von Armbrustgeschossen einen Brückenkopf zu bilden und die Ägypter zum Rückzug zu zwingen. Nur ein kurzer, heißer Kampf war entbrannt. An die fünfhundert Ägypter, darunter der Wesir, hatten ihr Leben verloren. Die anderen zogen sich auf Damietta zurück, verließen bald aber auch diese Stadt, und König Ludwig konnte am nächsten Tag – es war Sonntag, der 8. Juni – in den prächtigen Stadtpalast des toten Wesirs einziehen. Mit 2500 Rittern, 5000 Armbrustschützen und Tausenden anderer Bewaffneter hatte er innerhalb eines einzigen Tages diese wichtige Festungs- und Seestadt, die vor dreißig Jahren schon einmal von fränkischen Rittern aus Palästina vorübergehend erobert worden war, in Besitz genommen.

Des Sultans Truppen hatten gar nicht erst versucht, die Stadt zu verteidigen. Dazu waren sie viel zu schwach, und der Schock über die klirrende Macht des Christenheeres saß tief und ließ sie verzagen. Nilaufwärts zogen sie sich auf die Stadt Mansurah zurück. Dort aber wurden sie von eilig aus Kairo herbeigerufenen Mamelukenregimentern verstärkt, die sich unter Emir Fakr ed Din zur Verteidigung einrichteten. Doch auch die Franken in Damietta erhielten Verstärkung; Schiffe mit weiterem Militär und Belagerungsgerät trafen ein, und aus Palästina strömten weltliche und Ordensritter, vor allem Templer, herbei.

Über das Abwarten auf diese Verstärkung verging aber auch kostbare Zeit, in der sich die Gegner der Ritter sammeln konnten, Zeit auch, in der die Umweltverhältnisse sich verschlechterten. Denn wie jedes Jahr um diese Zeit begann die Nilschwelle, nahmen die Wassermassen des Nil zu. Der Strom, der sonst träge dahinfloß, schwoll schnell an, alle sonst trockenen Nebenläufe füllten sich, und die Ufer versumpften. Alle Bewegungsfreiheit im Delta wurde dadurch auf ein Minimum eingeengt.

Das Zögern der Kreuzritter, ihr Warten auf Verstärkung, sollte sich als verhängnisvoll erweisen. Als die Kreuzritter nämlich nach langem Zaudern am 10. Februar 1250 endlich zum Angriff nach Süden antraten, gelang es einer starken Abteilung unter dem

Grafen von Artois zwar, Mansurah zu nehmen; die Stadt wurde jedoch alsbald zur tödlichen Falle. Den fränkischen Rittern und Templern war zwar die vollkommene Überraschung des muslimischen Heeres gelungen, sie töteten Fakr ed Din, den Befehlshaber der Ägypter, der gerade ein Bad genommen hatte und sich ohne Waffen auf sein Pferd geschwungen hatte, um zu entkommen. Sie machten jedoch den Fehler, daß sie in einem Zuge durch die Stadt preschten, nicht beachtend, daß zahlreiches Fußvolk des Sultans sich noch in den Häusern versteckt hielt. Diese Soldaten, Bogenschützen zumeist, kamen aus ihren Verstecken hervor, sobald die Ritter durch die Stadt galoppiert waren. Sie rannten auf die Straßen und verbarrikadierten sie. Kein Baum blieb stehen, kein Balken und keine Kiste, keine Holztreppe oder Leiter blieben ungenutzt. Alles wurde auf die Straßen geworfen, und die orientalisch engen Gassen wurden dadurch völlig unpassierbar gemacht.

Die Ritter waren indessen nicht weit gekommen. Kaum hatten sie die Stadt durchjagt, trat des Sultans Kavallerie unter Führung eines beherzten Mamelukenführers namens Beybars zum Gegenangriff an. Und dieser Angriff erfolgte mit einer solchen Wucht, daß die Franken ausweichen mußten. Aber wohin ausweichen? Überall waren die angeschwollenen Nilgräben. Es gab keine Möglichkeit, seitlich das freie Feld zu suchen. Die Ritter mußten wieder in die Stadt hinein.

Hier jedoch gab es kein Vorwärts, hob ein entsetzliches Chaos an. Die Pferde der Ritter verfingen sich in dem engen Gebälk und Gerümpel, das in den Gassen lag, stolperten und wurden von den Armbrustschützen, die sich wieder hinter den Fenstern der Häuser verborgen hielten, ins Visier genommen. Die Reiter stürzten zu Boden und wurden unter ihren Pferden begraben. Konnten sie sich jedoch noch aus dem Sattel befreien, so fielen sie den Krummdolchen der Ägypter zum Opfer, die barfüßig und behende durch das Gewirr sich aufbäumender Pferdeleiber, hölzerner Balken und herausgerissener Tür- und Fensterrahmen sprangen und die Ritter, unbeweglich wie sie in ihren schweren Rüstungen waren, mühelos am Boden überwältigen. Keine Gnade wurde erfleht, keine Schonung gewährt. Die Muslime machten sich nicht einmal die Mühe, den noch Lebenden den Todesstoß zu versetzen.

Beutegierig rissen sie den Verwundeten die begehrten Rüstungen vom Leibe, und falls dies nicht schnell genug ging, trennten sie ihnen die Gliedmaßen mit den wertvollsten Rüstungsteilen ab.

Der Graf von Artois, ein Bruder des Königs, wurde mit fast allen seinen Rittern und den meisten Tempelrittern getötet, und nur wenige entkamen dem Massaker, konnten sich über einen Kanal außerhalb der Stadt in den Schutz des fränkischen Fußvolkes retten und dem entsetzten König von der Vernichtung seiner Reiterei und dem Tod seines tollkühnen Bruders berichten. Indessen wurde auch diese Stellung des fränkischen Heeres bald unhaltbar, denn die Muslime stürmten nun auf die einzige Kanalbrücke zu, überquerten den Kanal über mehrere Furten und brachten den König, der sich tapfer wehrte, in persönliche Bedrängnis. Erst die einfallende Nacht trennte die beiden Seiten. Mansurah, die »Siegreiche«, das letzte Bollwerk vor der Hauptstadt des Reiches, war dem Sultan erhalten geblieben und hatte dem Heer der »ungläubigen Hunde« seine Stoßkraft genommen.

Die Katastrophe dieses Kreuzzuges hatte mit dem Gemetzel von Mansurah ihren Anfang genommen. Der König hatte ungefähr die Hälfte seiner gesamten Reiterei und einen großen Teil seines Fußvolkes verloren. Allein 300 Tempelritter, die Elite der abendländischen Kreuzritter, waren gefallen. Das Kriegsglück begann sich zu wenden, ein weiterer Vormarsch auf Kairo war ausgeschlossen.

Aber damit nicht genug, traf die fränkischen Ritter schon bald der nächste Schlag. Den Mameluken gelang es nämlich, an des Königs Truppen vorbei eine Flotte nilabwärts zu schicken und Damietta von allen Landverbindungen abzuschneiden. Damit war Ludwig von seinen rückwärtigen Verbindungen getrennt, und die Versorgung war gefährdet. Den Ägyptern war es auch gelungen, 52 fränkische Boote mit Lebensmitteln, die auf dem Nil nach Mansurah folgen sollten, zu versenken. Weitere 1000 Franken fanden dabei den Tod. Hinzu kam, daß das Nilwasser weiter stieg und die zahlreichen Nebenarme des Deltas überflutete, wodurch jede Bewegung erschwert und ein Ausweichen zur Seite verhindert wurde. Seuchen brachen im Heer aus, und der Hunger wütete in den Reihen der ermatteten Kreuzfahrer. Dennoch kämpfte sich das Heer mühsam zurück und versuchte, Damietta zu erreichen. Die Kreuzritter waren jedoch zu schwach, um die eingeschlossene Stadt noch zu entsetzen und damit Zutritt zu den eigenen Schiffen und zu ihrer Versorgungsbasis zu bekommen. Bis vor die Stadt noch schleppte sich das Kreuzzugsheer, dann geriet es mit seinem König in die Gefangenschaft.

War damit das Ende des sechsten Kreuzzuges gekommen?

Anfangs sah es ganz so aus. Die Ägypter begannen nämlich sofort, allen Rittern, die nicht auf der Stelle dem Christentum abschwören wollten, den Kopf abzuschlagen. Doch dann bot der Sultan dem König plötzlich an, die Kreuzritter gegen ein hohes Lösegeld und gegen die Übergabe von Damietta, wo immer noch eine königliche Besatzung ausharrte, freizulassen. Man verhandelte, und schließlich kam es zu einer für beide Seiten annehmbaren Abmachung: Damietta sollte gegen den Frankenkönig und seine Ritter ausgetauscht werden. Die Übergabe der Stadt sollte unter den Mauern stattfinden. Der König und seine Begleitung wurden dazu auf Nilgaleeren an die Stadt herangefahren.

Doch dann geschah das Schreckliche. Jean de Joinville*, der Seneschall der Champagne und Vertraute des Königs, schildert als Augenzeuge, daß der Sultan den König, seine Brüder und ihr Gefolge kurz vor der Stadt ans Ufer steigen und sie in ein für sie eingerichtetes Zelt bringen ließ, während die anderen Gefangenen auf dem Strom blieben. Da aber entstand unter den »Sarazenen« ein so lebhafter Streit, daß die Wächter des Königs und der Fürsten vor Bestürzung wie erstarrt standen. Sie weigerten sich, auf Fragen zu antworten, aber aus ihren Gebärden ersah man, daß die Verwirrung aufs höchste gestiegen war und unmittelbare Gefahr drohte. Da ließ der König sein Gefolge das Offizium des Kreuzes singen, das des Tages, das des Heiligen Geistes und das Requiem sowie andere Gebete, die er in diesem Fall für angebracht hielt. Dann drangen die Muslime in das Zelt ein, die soeben den Sultan umgebracht hatten, und mit ihnen etwa zweihundert andere Männer; ihre weißen Röcke waren blutbefleckt, und der König und die anderen glaubten fest, sie sollten massakriert werden. Die Mörder aber begannen im Gegenteil, sich wegen des Mordes an dem Sultan zu entschuldigen, für den sie zwei Gründe anführten.

Der erste, zweifellos eine Lüge, war nach ihren Worten, sie hätten den Wortbruch des Sultans nicht dulden können, den er dem König und den Christen gegenüber begehen wollte, indem er beschloß, gegen seinen Eid und ob man ihm nun Damietta übergebe oder nicht, den König und die Gefangenen zu töten; er hätte sich auf folgende Weise dabei verhalten wollen: er hätte den König und seine Brüder und die Barone an Pfähle binden lassen, die vor den Mauern von Damietta aufgepflanzt worden wären, und hätte sie durch Folterungen gezwungen, die Stadt übergeben zu lassen; wenn sie sich geweigert hätten, würde man sie unter den raffiniertesten Qualen haben sterben lassen; wenn sie aber eingewilligt hätten, würde man sie nichtsdestoweniger auf die eine oder andere Art getötet haben.

Was war geschehen an diesem 2. Mai 1250? Warum war der letzte Nachkomme Saladins auf dem ägyptischen Thron, der junge Sultan Turanschah, ermordet worden? Turanschah hatte den Thron nur zwei Monate innegehabt, als seine Mameluken über ihn herfielen und ihn niedermachten. Was war der Grund für diesen Mordanschlag?

Man muß, um die Hintergründe zu verstehen, etwas in der Zeit zurückgreifen. Turanschahs Vater, Sultan Es Salih Aiyub, hatte neun Jahre lang regiert und lag im Sterben, als die Nachrichten über den Kreuzzug Ludwigs des Heiligen in Kairo eintrafen. Er hatte als ein strenger und gerechter Fürst gegolten, schweigsam, asketisch und stolz. Salih hatte autokratisch regiert und hatte sein Land fest in der Hand gehabt. Er starb am 21. oder 24. November 1249, genau an dem Tag, als die fränkischen Kreuzritter von Damietta aus zu ihrem unglücklichen Marsch nach Kairo aufbrachen, im Feldlager von Mansurah an der Schwindsucht. Der Tod des Herrschers war für das Sultansreich natürlich ein äußerst kritischer Augenblick, in dem das Land einer festen Hand bedurfte und der Thron sofort wieder besetzt werden mußte. Salihs Sohn und Thronfolger Turanschah war indessen auf Reisen und befand sich in Keyfa in der Provinz Diyar Bekr, dem heutigen Diyarbekir in Südanatolien. Zwar wurden sofort Boten entsandt, um ihn vom Tode seines Vaters zu benachrichtigen, aber es hätte sicher einige Monate gedauert, bis er in Kairo eintraf. Bis dahin würde der Thron leerstehen, und Machtkämpfe und Thronwirren würden dadurch geradezu herausgefordert werden. Schon während der Krankheit des Sultans Salih hatte es unter den Mameluken Unruhe gegeben. Einige der einflußreichsten Söldnerführer hatten geheime Verbindungen geknüpft und bei Hofe intrigiert, um ihre Favoriten im Falle des Todes von Salih sofort an die Macht zu bringen.

Wer waren die aiyubidischen Mameluken?

Auf den Ursprung des Wortes ›Mameluk‹ und auf die Abstammung dieser Waffensklaven ist schon hingewiesen worden, ebenso auf die Macht, die sie im Abbasidenreich und in den turkmenischen Fürstentümern innehatten. Vor allem unter den Seldschuken-Sultanen aber waren Mameluken zu den höchsten Staatsämtern aufgestiegen und die Begründer unabhängiger Dynastien geworden. Natürlich hatten auch diese Fürsten, Emire und Atabegs wieder Mameluken als Leibgarden bevorzugt, und Saladin, der Ahnherr der Aiyubiden, war stets von einigen Kompanien besonders ausgewählter und vortrefflich ausgebildeter Mameluken umgeben. Seine Nachfolger führten die Mamelukentradition fort, und unter Sultan Salih erreichte diese Söldnertruppe ihre höchste Bedeutung. Dieser Sultan hatte nämlich äußerst schlechte Erfahrungen mit den fränkischen Kreuzrittern, aber auch mit seinen eigenen machthungrigen Verwandten gemacht und hatte wenig Vertrauen zu den ägyptischen Arabern. Was er brauchte, war eine zuverlässige Armee. Er schuf deshalb ein kleines, aber hervorragend ausgebildetes Heer gekaufter Soldaten als sein persönliches Eigentum. Die Mameluken dieser schlagkräftigen Streitmacht wurden, vor allem unter Mithilfe venezianischer Kaufleute*, auf verschiedenen Märkten angekauft. Vorwiegend handelte es sich bei ihnen um Türken aus Anatolien und Innerasien sowie um Tscherkessen aus dem Kaukasus, daneben auch um Tataren und Griechen beziehungsweise ehemaligen Untertanen des byzantinischen Reiches, die als »Rumi« bezeichnet wurden. Diese Mameluken wurden zu Reitern ausgebildet und in einem Elite-Korps zusammengefaßt, das in einer Festung auf der Insel Roda im Nil, gegenüber Fostat, stationiert wurde. Wegen der Lage ihrer Kasernen nannte man die Soldaten dieses Korps »Fluß-«, arabisch »Bahri-Mameluken«.

Im eigentlichen Sinne waren diese Söldner keine Sklaven. Ihr berühmtes Bahri-Regiment genoß hohes Ansehen, und ihre Befehlshaber rückten zu höchsten Staatsämtern auf. Der letzte Militärbefehlshaber unter den Aiyubiden, Faris ed Din Aktai, war zum Beispiel ihr »Emir el Alf«*, das heißt ihr Kommandeur gewesen, und Militärbefehlshaber, die nicht dem Mameluken-Korps entstammten, wurden allgemein, selbst wenn sie von vornehmster arabischer Abstammung waren, mit Geringschätzung angesehen.

Die Bahri-Mameluken waren stolz auf ihre Herkunft, und ihr Verhältnis zu ihren Herren entsprach eher dem von abhängigen Verwandten als von unterwürfigen Sklaven. Ihre Obersten waren schon vor dem Tod von Salih in alle Vertrauens- und Spitzenämter am Sultanshof aufgerückt, waren zum Beispiel Speisevorkoster, Stallmeister (Leiter des Marstalles) und hohe Hofbeamte geworden. Diese hohen Würdenträger waren frei und ihrerseits wiederum Besitzer eigener Mameluken. Schon zu Beginn der eigentlichen Mamelukengeschichte gab es damit also eine Reihe mächtiger Mameluken-Emire, die über eigene große, treu ergebene Gefolgschaften verfügten. Sie konnten sie in den Krieg führen, aber auch zur Durchsetzung eigener Interessen gegeneinander einsetzen.

Als der Sultan nun nach längerer Krankheit am 21. November 1249 starb und der vorbestimmte Thronfolger sich außer Landes befand, waren Thron und Sicherheit des Landes nicht nur, wie in dieser Zeit üblich, von rivalisierenden Mitgliedern der Sultansfamilie, sondern auch von diesen Emiren und ihrem Anhang bedroht. Das Reich befand sich in einer Krise, Sicherheit und Kontinuität der Staatsführung waren nicht mehr gewährleistet. In dieser kritischen Lage ergriff eine Frau die Initiative, ein ungewöhnlicher und einmaliger Vorgang in der Welt des Islam.

Salih hatte in seinem Harem eine außergewöhnlich schöne Frau gehabt, die ihm einen Sohn, der auf den Namen Khalil hörte, geboren hatte, der jedoch als Kind gestorben war. Diese Frau, Shagr ed Durr*, war türkischer oder armenischer Abstammung und stammte vom Kalifenhof in Bagdad. Vermutlich war sie im Harem des Kalifen als Sklavin aufgewachsen und wegen ihrer körperlichen Vorzüge als Geschenk an den Sultan von Kairo übergeben worden. Solche Geschenke waren nicht ungewöhnlich. Mit einer schönen Sklavin beschenkt zu werden, wurde, soweit nicht dynastische Zwecke einer Familienverbindung verabredet waren, stets als ehrenvoller (und angenehmer) empfunden als die Verheiratung mit einer Herrscherstochter mittleren Aussehens.

Shagr ed Durr muß eine ungewöhnlich reizvolle junge Frau gewesen sein, deren Herkunft vom Hofe von Bagdad alleine schon für ein makelloses Äußeres und eine entsprechende Ausbildung bürgte. Sie scheint den Anforderungen eines herausgehobenen Harems voll entsprochen zu haben und hatte sich in Salihs Harem schnell den Platz der Lieblingsfrau erobert. In der engen Welt des Herrscherhaushaltes hatte sie mit einem Instinkt, der so nur im Harem kultiviert wurde, alle Konkurrentinnen in der Gunst des Herrschers ausgeschaltet und sich eine Position geschaffen, in der sie, gestützt auf ihre Klugheit und ihren Ehrgeiz, dem Sultan mehr als nur die Erfüllung seiner Begierden bedeutete. Jedermann am Hofe kannte ihren verborgenen Einfluß auf die Staatsführung, auf den Sultan und auf die Eunuchen, jenen einflußreichen Mittlern zwischen Harem und Männerwelt, die Shagr ed Durrs Willen außerhalb des Harems durchsetzten und die Lieblingsfrau des Herrschers über die Geschehnisse außerhalb des Harems informierten.

Shagr ed Durr handelte nach dem Tode des Sultans schnell und entschlossen. Ihr kam es darauf an, ihrem Stiefsohn, dem Prinzen Turanschah, bis zu seiner Rückkehr den Thron zu sichern. Zunächst bildete sie mit zwei oder drei ihr zuverlässig erscheinenden Emiren eine Art Regentschaftsrat, der die Macht provisorisch ausüben sollte. Dieser Rat beschloß, den Tod des Sultans vorläufig noch, soweit es ging, geheimzuhalten.

Schon Fakr ed Din, der, wie erwähnt, später in Mansurah den Tod fand, hatte den Tod des Sultans verschwiegen und am Tage nach dessen Verscheiden einen Brief nach Kairo mit dem Siegel des Herrschers geschickt, in dem er, der angeblich noch lebende Sultan, die Ägypter zum »Heiligen Krieg« aufforderte. Man befürchtete Unruhen, wenn das Unglück jetzt bekannt würde. Die Geheimhaltung ging so weit, daß das angebliche Krankenzimmer des Sultans verschlossen wurde und nur Shagr ed Durr das Recht hatte, dem angeblich noch lebenden Sultan Speisen zu bringen und ihm Gesellschaft zu leisten. Alle Verfügungen wurden weiter im Namen des Herrschers erlassen und mit gefälschten Unterschriften des vertrauenswürdigen Eunuchen Suheyl versehen. Und natürlich wurde der Kampf gegen die Franken, die zu diesem Zeitpunkt bereits bis nach Mansurah vorgestoßen waren, energisch fortgesetzt.

Selten hat es in der langen Geschichte der Mittelmeerregion eine entschlossenere und tatkräftigere Frau gegeben als Shagr ed Durr, die sich nun anschickte, die Geschicke des Reiches zu lenken. Sie ist vielleicht nur mit der sagenhaften Königin Dido von Karthago, mit Kleopatra oder Palmyras heldenhafter Herrscherin Zenobia vergleichbar. Sie war eine attraktive Frau, die sich die befehlsgewohnten Männer hörig machte – des Staates wegen und aus Treue zu dem Hause, dessen letztem Monarch sie als Sklavin und Frau gedient hatte, nicht aus persönlichem Machtstreben etwa, denn sie behielt die Macht nur so lange, wie es ihr unbedingt notwendig erschien. Als Prinz Turanschah Ende Februar 1250 endlich in Kairo eintraf, trat sie die Macht sofort an ihn ab, und er wurde der neue Sultan.

Turanschah setzte den Krieg gegen König Ludwig von Frankreich und die Kreuzritter fort. Er war es, der dem Frankenheer den Rückzug nach Damietta abschnitt, indem er den Nil hinauf und auf dem Rücken unzähliger Lastkamele am Frankenheer vorbei Boote zum Unterlauf des Nils transportieren ließ und dort den Nachschub für das Ritterheer unterband. Dies führte dann zu dem ungeordneten und überstürzten Rückzug der von der Pest und von anderen Krankheiten geschwächten Ritter, die oft auf ihrem Rückmarsch vor Entkräftung und Erschöpfung niedersanken und mühelos von den nachfolgenden Ägyptern niedergemacht wurden. Der Sultan selber schrieb, daß 30000 Franken erschlagen worden seien, eine Zahl, die sicher übertrieben ist. Verbürgt ist jedoch, daß sehr viele Kreuzfahrer getötet und die übrigen gefangengenommen worden sind. Auch von den Gefangenen wurden viele noch umgebracht, ausgenommen solche vornehmen Ritter, für die die Moslems sich ein hohes Lösegeld erhofften.

Turanschah war der älteste Sohn von Salih, ein energischer junger Mann, stolz, hochfahrend und unüberlegt. Allgemein war er deshalb bei den Mameluken unbeliebt, und in den nur zwei Monaten seiner Herrschaft zog er sich die Feindschaft der Mamelukenführer und derer, die ihm eigentlich nahestehen sollten, zu. Unbedacht und grundlos beleidigte er wiederholt seine Stiefmutter, der er den Thron verdankte. Er mochte es vielleicht auch als beschämend empfunden haben, das Reich aus der Hand einer Frau empfangen zu haben, die im übrigen kaum älter war als er selber und die, obwohl noch jung an Jahren, im Unterschied zu ihm schon Regierungserfahrung besaß und bei den Würdenträgern des Reiches über hohes Ansehen verfügte.

Wer war, so mochte er sich fragen, diese Frau denn schon? Es war ihre Aufgabe gewesen, seinem Vater in der Liebe gefügig zu sein, und sie hatte im übrigen den Anordnungen des Obereunuchen zu gehorchen. Eine Sklavin vom Blute desselben asiatischen Gesindels – der Sklavensoldaten –, das unter seinem Vater den größten Einfluß am Hofe gewonnen hatte! Er mochte sie allesamt nicht, diese mächtigen und arroganten Emire, die ihn, den unerfahrenen jungen Mann, stets nur mit Geringschätzung behandelt hatten. Wer waren sie denn, so mochte es ihm durch den Sinn gehen, diese Emporkömmlinge, die vor Jahren noch Sklaven gewesen waren und die sich aus dem Schmutz der primitiven Kasernenunterkünfte der Bahri-Mameluken nur durch ein Höchstmaß an Gerissenheit und Brutalität hatten hocharbeiten können? Wer waren sie denn ihm gegenüber, dem edlen Nachkommen aus der Familie des großen Saladin, der die Franken bei Hittin bezwungen hatte, und des Sultans Kamil, der als Weltmann sogar mit dem Papst der Christen korrespondiert hatte, mit dem denkwürdigen Prediger Franz von Assisi diskutiert hatte und ein Freund des Frankenkaisers Friedrich von Hohenstaufen gewesen war? Wer waren sie schließlich im Vergleich zu den jungen Sprößlingen vornehmer arabischer Adelsfamilien, die seine Freunde waren und die das reine Arabien der ersten Kalifen verkörperten?

Nun war er an der Macht und ließ es die Emire spüren. Er begegnete ihnen mit verletzender Herablassung und setzte einige ihrer am meisten geachteten Obersten ab, um seinen Günstlingen zu Macht und Einfluß zu verhelfen. Es mag sein, daß auch die Verhandlungen des jungen Sultans mit König Ludwig um die Freilassung der Gefangenen gegen ein hohes Lösegeld und gegen die

Übergabe von Damietta die Stimmung der Mameluken gegen Turanschah anheizten. Denn unter den Mamelukenoffizieren gab es viele, die die Verhandlungen verabscheuten und die Tötung aller Christen befürworteten. Jedenfalls waren die Führer der Aufrührer diejenigen Emire, die für eine Fortsetzung des Kampfes eingetreten waren. Nun brach der Aufruhr ausgerechnet zu dem Zeitpunkt los, als die Verhandlungen am Nilufer vor Damietta ihren Höhepunkt erreicht hatten und der Austausch der Gefangenen schon beschlossene Sache war.

Es war ein warmer Frühlingstag, an dem das ägyptische Heer unter Palmenhainen am Nilufer lagerte. Überall stieg der Rauch von Lagerfeuern auf, um die, voneinander getrennt sitzend, Mameluken in ihren langen, farbigen Kleidern und Turbanen und die Angehörigen der Beduinenstämme lagerten. Dazwischen wurden widersetzliche, schreiende Kamele gezwungen, in die Knie zu gehen, oder in langer Reihe unter den Rufen der Sklaven zur Tränke an den Fluß geführt. Maultiere und Esel liefen frei im Lager herum und rupften das zu dieser Jahreszeit üppig wuchernde Gras, während die Pferde, an ihren Vorderbeinen gefesselt, an langen Seilen festgepflockt waren.

Nur wenige Zelte gab es in diesem Heerlager. Sie gehörten den mächtigsten Emiren und Araberscheichs, den hohen Hofbeamten und Gesandten fremder Fürsten. Ihr Rang war an den mit Lanzen bewaffneten Wachen erkenntlich, die den Zelteingang bewachten, und an den Bannern, mit denen sich die Mamelukenregimenter und die Araberstämme voneinander unterschieden.

Ein Zelt inmitten des Heerlagers, ein purpurfarbenes Rundzelt mit mächtigem, seidenbesticktem Zeltdach, ragte unter all den provisorischen Behausungen heraus: das Zelt des Sultans. Umgeben von einem eilig aufgerichteten Holzzaun und überragt von einem Wehrturm, stellte es ein eigenes Lager innerhalb des Heerlagers dar. Berittene Wachen hielten vor dem Zauneingang, während andere Mameluken der Leibwache, die mit Schwert und Schild bewaffnet waren, träge am Zaun lehnten und dem Geschehen inmitten des königlichen Zeltlagers gelangweilt zuschauten. Dort nämlich gab Turanschah ein Festessen. Umgeben von seinen Günstlingen, saß er beim Mahl und schien in ausgelassener Stimmung zu sein.

Das änderte sich plötzlich, als ein heftiger Tumult losbrach. Denn außerhalb des Zaunes ertönten ohne Vorankündigung Geschrei und Waffengeklirr. Eine Schar von Mameluken war urplötzlich über die Wachen hergefallen. Nun rissen sie den Zaun nieder und stürzten sich schreiend mit erhobenen Waffen auf den Sultan, um ihn umzubringen. Joinville, der Seneschall aus Frankreich, beschreibt als Augenzeuge, daß der Sultan, der ja jung und behende war, mit dreien, die mit ihm gegessen hatten, in den Wehrturm entfloh. Darauf riefen seine Verfolger ihm zu, er solle herunterkommen. Er verlangte aber, sie sollten ihm zuvor Sicherheit versprechen. Die Mameluken erwiderten jedoch, sie würden ihn mit Gewalt herunterholen, er sei jetzt nicht in Damietta, und sie schleuderten »griechisches Feuer«, das den aus Fichtenbrettern und Baumwolltüchern errichteten Turm entzündete und ihn schnell in eine große, brennende Fackel verwandelte.

Als Turanschah das sah, kletterte er eilig vom Turm herunter und floh zum Fluß. Aber seine Feinde, inzwischen zu einer großen Menge angewachsen, hatten bereits den Turm umstellt und säumten den Pfad zum Fluß. Als der Herrscher nun vorbeieilte, stieß ihm einer seine Lanze in die Seite und ließ sie stecken. Mit der Lanze in der offenen Wunde taumelte der Sultan weiter zum Fluß, während ihm seine Feinde folgten. Joinville beendet den Bericht: »... Sie liefen hinunter, bis sie schwimmen mußten, und töteten ihn im Fluß ganz nahe bei der Galeere, in der wir uns befanden«. Arabische Chronisten berichten, daß es der Emir Aktai, der Befehlshaber der Mameluken, war, der seinen Herrn mit einem letzten Schwertstreich tötete. Den Leichnam zerrten die Aufrührer ans Ufer, wo sie ihn liegenließen. Der Sultan war tot.

Keiner wagte es, den Ermordeten zu berühren, nicht einmal seine zahlreichen Verwandten – zwei Brüder und zwölf Söhne von Nasir, dem ehemaligen Herrn von Damaskus und späteren Herrn von Kerak, die beim Erscheinen der Franken in Ägypten dem Sultan in Kairo zu Hilfe geeilt waren. Erst später kamen fromme Schiffer von der anderen Seite des Nils und bestatteten den jungen Mann, der während nur zwei Monate der letzte Herrscher Ägyptens und Syriens aus dem Hause Saladins gewesen war.

Entsetzen ergriff die eben noch so mordlustigen Mameluken; Lähmung machte sich im Feldlager breit. Das hatte es noch nicht gegeben, daß ein aiyubidischer Herrscher von seinen eigenen Mameluken meuchlings ermordet worden war. Die Königsmörder wurden sich erst jetzt, nachdem alles vorbei war, ihres Verbrechens bewußt. Sie schämten sich sogar vor ihren fränkischen Gefangenen, die ihrerseits nach dieser unerwarteten Entwicklung allerdings für sich selber das Schlimmste befürchteten.

Der Legat des Kalifen von Bagdad, der den Feldzug des ägyptischen Sultans begleitet hatte, raste vor Zorn. Er war der Repräsentant des Kalifen, der zumindest nominell der Oberherr der ägyptischen Herrscher war. Für den Fortbestand des mehr und mehr zerbröckelnden Kalifates brauchte man nichts dringender als Ruhe und Stabilität, und der Mord an dem jungen Herrscher war in seinen Augen auch ein Angriff auf die Majestät des Kalifen. Schlimmstes war für die Aufrührer zu befürchten, denn noch galt zumindest das Wort des Kalifen bei einigen islamischen Herrschern etwas, noch war es nicht ausgeschlossen, daß der Kalif die islamische Welt zur Rächung seines Untergebenen aufrief.

Aber wer waren die Mörder? Wer steckte hinter ihnen? Waren es machthungrige Mitglieder der Sultansfamilie oder die mächtigen Bahri-Obersten? Zumindest von Beybars, dem Reiterführer, der die Kreuzritter aus Mansurah vertrieben hatte, wußte man, daß er die Hand im Spiele hatte.

Boten jagten noch in der Nacht nach Kairo, um dort die Schreckensnachricht zu verbreiten. Einige der Aufrührer begaben sich sofort zum Statthalter von Kairo, dem Emir Husam, einem Mann von hohem Ansehen, um ihm anstelle des Königsmörders Aktai den Oberbefehl über die Streitkräfte anzubieten. Sie sagten zu ihm: »Du hattest das Vertrauen des Sultans Es Salih und bist derjenige, dem das Amt des Oberbefehlshabers vor allen anderen gebührt«. Er lehnte jedoch ab. Er mochte die Befehlsgewalt vermutlich nicht aus der Hand von Aufrührern übernehmen, die sich gegen seinen Herrn erhoben hatten. Er befürchtete wohl auch, daß die mamelukischen Obersten ihm, dem Getreuen der Familie Aiyub, auf die Dauer die Gefolgschaft verweigern würden.

Dunkel lag die Zitadelle von Kairo im fahlen Licht eines kalt leuchtenden Vollmondes, der über den schwarzen Umrissen der Mokattam-Berge stand. Hinter den Mauerzinnen patrouillierten die Mamelukenwachen in gewohnten Abständen und warfen von Zeit zu Zeit prüfende Blicke auf die unter ihnen liegende Stadt. Stille lag über den weiträumigen Festungsanlagen mit ihren Kasernen, Palästen, Lagerhäusern, Zisternen, Moscheen und Ställen, nur zeitweise unterbrochen von dem langgezogenen Schrei eines mißvergnügten Esels und dem Schnauben und Scharren unruhiger Pferde, die an den Mauern zu Hunderten festgebunden waren.

Doch die Ruhe trog. In schneller Folge trafen im Sultanspalast und im Wesirat Boten mit den widersprüchlichsten Meldungen aus Damietta ein. Dort, wo den Boten die genaue Kenntnis des Hergangs der Ereignisse fehlten, wurden Ansichten geäußert, die sich schnell als Gerüchte verbreiteten, von anderen als Tatsachen interpretiert und weitergegeben wurden. Das, was geschehen war, wuchs sich so schnell zur scheinbaren Katastrophe aus. Das Reich schien sich in tödlicher Gefahr zu befinden, schien erneut von Kreuzrittern, aber auch von seinen muslimischen Nachbarn bedroht zu sein. Die Armee löste sich angeblich bereits auf, und ein Machtkampf unter den Emiren schien unvermeidlich zu sein. In Windeseile durchjagten diese Schreckensmeldungen die engen Gassen von Kairo. Unruhe machte sich bemerkbar, Aufruhr lag in der Luft. Die Händler im Suq* schlossen ihre Läden. Die Kopten, deren Kirchen die Moslems erst vor wenigen Monaten aus Wut über den Verlust von Damietta an die Franken angezündet hatten, zitterten wieder einmal um ihr Leben. Durch das Judenviertel schlich lähmende Pogromangst.

Über Höflinge, Sklaven und Eunuchen gelangten die Nachrichten auch in den Harem des Sultanpalastes und kamen der Stiefmutter des Ermordeten, Shagr ed Durr, zu Ohren. Und wieder war es diese energische Frau, die spontan die Initiative ergriff. Gestützt auf einige ergebene Eunuchen und einflußreiche Palastbeamte, übernahm sie ohne Zögern die Macht. Und was unmöglich erschien, gelang: Wieder akzeptierten die Mameluken eine Frau an der Spitze des Staates und nahmen ihre Befehle entgegen.

Natürlich gab es auch Widerstände, zum Beispiel von Mamelukenführern, die ein Frauenregiment rundheraus als unwürdig ablehnten. Hatte nicht der Prophet gesagt, daß ein Volk, das eine Frau zu seiner Herrscherin machte, rettungslos verloren sei? Problematisch war es auch, die mit den Kreuzrittern eingegangenen Vereinbarungen in den eigenen Reihen durchzusetzen. Denn nicht wenige verlangten erneut in der allgemeinen Aufregung, die dem Tode Turanschahs folgte, die Tötung aller christlichen Gefangenen.

Gegen alle diese Schwierigkeiten setzte sich diese außergewöhnliche Frau jedoch mit Überzeugungskraft und Geschick durch. König Ludwig konnte nach Zahlung der Lösegelder ungehindert mit seinen Rittern abziehen und segelte nach Palästina, wo er die nächsten Jahre blieb, um in den Überresten der einst so mächtigen Kreuzfahrerstaaten die Ordnung wiederherzustellen.

Die widersetzlichen Mameluken fügten sich. Manch einer von ihnen, der jedem seiner Kameraden die Macht mißgönnt hätte, war sogar froh über diese Lösung des Herrschaftsproblems und der Reichskrise und erhoffte sich unter dem Regiment einer Frau vielleicht auch einen persönlichen Machtzuwachs. Im übrigen war es beruhigend, die Frau des hochgeachteten vorletzten Aiyubiden-Sultans, dem sie immerhin einen Sohn geboren hatte, zur Herrscherin zu haben. Denn manch einer der Mamelukenführer hatte wegen des Mordes an dem letzten Sultan ein schlechtes Gewissen und fand es beruhigend, die Macht jemandem zu übertragen, der der Aiyubidenfamilie nahestand, zugleich aber, wie die Mameluken, selber ehemals Sklave gewesen war.

Shagr ed Durr übernahm die Macht uneingeschränkt und ließ sich, wie es den Sultanen zustand, während der Freitagsgebete in den Moscheen nennen. Da es den Titel eines weiblichen Sultans nicht gab*, nannte sie sich, um damit auch ihre Legitimation anzudeuten, unter Hinweis auf ihren mit Sultan Salih gezeugten, inzwischen verstorbenen Sohn Umm Khalil oder Walidat Khalil (beides: »Mutter des Khalil«). Auf den Münzen des Reiches erschien ihr voller Name El Musta'simiya, es Salihiya, Melikat es Muslimin, Walidat el Melik el Mansur Khalil, Amir el Mu'minin, was bedeutete: »Die ehemalige Sklavin des (Kalifen) Musta'sim und (später des Sultans) Salih, Königin der Muslime, Mutter des Königs el Mansur Khalil, Befehlshaber der Gläubigen«.

Die Ausübung der Macht durch eine noch so kluge und entschlossene Frau in einem orientalischen Reich muß indessen überaus schwierig gewesen sein. Man muß sich lediglich die Verhältnisse an einem islamischen Herrscherhof des Mittelalters vergegenwärtigen: Nach außen hin sichtbar war nur eine streng hierarchisch gegliederte Männergesellschaft von Hofbeamten, Leibwachen und Sklaven, von denen viele Eunuchen waren. Keine Frau trat jemals in ihrer Gesellschaft in Erscheinung oder hatte gar jemals ein öffentliches Amt am Hofe inne. Der Harem, das heißt die Frauengemächer des Herrschers mit der Mutter, den Frauen, Nebenfrauen, Kindern und Sklavinnen des Herrschers, war streng vom eigentlichen Hofleben abgesondert. Schon immer waren die Frauen der islamischen Welt, besonders aber die Frauen eines herrschaftlichen Harems, politisch und sozial völlig ohne Einfluß gewesen, bis auf eine Ausnahme: die Mutter eines Herrschers. Denn gleichgültig, ob die Königinmutter aus vornehmer Familie kam oder ursprünglich eine Sklavin war, wurde sie hoch geachtet und übte oft einen nicht unbeträchtlichen Einfluß auf das Tagesgeschehen am Hofe aus. Auch eine Königinmutter trat jedoch niemals öffentlich in Erscheinung; ihr Sohn konnte sie nur im Harem treffen. Dennoch nahm sie indirekt an vielen Staatsgeschäften unmittelbar teil: Unsichtbar, hinter einem vergitterten Fenster sitzend, war es ihr erlaubt, wichtige Staatsgeschäfte und Beratungen der Männer zu beobachten und sich über das politische Tagesgeschehen aus erster Hand zu informieren. Sie konnte natürlich in das Tagesgeschehen nicht unmittelbar eingreifen. Sie übte aber einen bedeutenden Einfluß auf ihren Sohn aus, denn in der Welt des Islam kam der Mutter eine beherrschende Rolle zu, die weit über die Einflußmöglichkeiten der Ehefrauen hinausging.

Um wieviel schwieriger als für eine Königinmutter muß es also für Shagr ed Durr gewesen sein, unmittelbar zu herrschen! War schon die islamische Gesellschaft vor allem durch die Vorherrschaft der Männer geprägt, so zeichneten sich die Seldschuken-Dynastien und die in Kairo aus ihnen hervorgegangene Aiyubidenherrschaft durch besondere Rohheit aus. Der Herrscher durfte kein körperlicher Schwächling sein, war kriegerisches Vorbild seiner Soldaten und als oberster Emir ihr Führer und Vorbild in der Schlacht. Wie sollte also eine Frau herrschen, die aus dem Harem heraus regieren mußte, immer verschleiert war und öffentlich nicht in Erscheinung treten durfte?

Man muß außerdem bedenken, daß, solange die auch im Mittelalter vielerorts als rigide empfundenen Gebote des Koran existierten, die muslimischen Frauen gegen den Verhüllungszwang aufbegehrten. Berichte über drakonische Bestrafungen von Missetäterinnen bei entsprechenden Verfehlungen lassen diesen Schluß zu. Nur die Inhaber der staatlichen beziehungsweise kirchlichen Macht, der eigene Ehemann und die Haremsmutter, meistens die Schwiegermutter, konnten eine Frau daran hindern, die Verschleierung zwar den Vorschriften entsprechend, aber dennoch herausfordernd anzubringen, so daß sie ihren eigentlichen Zweck verfehlte.

Shagr ed Durr indessen repräsentierte selbst die staatliche Macht und hatte keinen Ehemann und keine Sultansmutter über sich. Was lag näher, als daß sie alles daran setzte, sich im Rahmen des gerade noch Schicklichen die Mameluken gefügig zu machen? Manch einer der Großen warb jetzt um ihre Gunst; Eifersucht und gegenseitiges Mißtrauen erstickten für einige Zeit den Machtanspruch all derer, die eine eigene uneingeschränkte Herrschaft anstrebten. Hinzu kam schließlich, daß Shagr ed Durr die Unterstützung von zwei treuen Dienern des Hauses der Aiyubiden fand. Es handelte sich dabei um Baha ed Din Ali, den neuen Wesir des Reiches, einen arabischen Aristokraten vom Stamme der Banu Hanna, der auch von den asiatischen Mameluken hoch geachtet wurde, und um Husam, den bereits erwähnten Statthalter von Kairo, der später ebenfalls noch Wesir werden sollte.

Trotz alledem konnte Shagr ed Durrs Alleinherrschaft nur von begrenzter Dauer sein. Je mehr Zeit verging, um so mehr wurde eine Veränderung der Machtverhältnisse unausweichlich. Hatte doch der Kalif von Bagdad, aus dessen Harem Shagr ed Durr bekanntlich stammte, schon ironisch an die Mameluken geschrieben, wenn unter ihnen kein Mann sei, würde er ihnen einen schicken, um die Sultanswürde zu übernehmen. Die Emire empfanden es allmählich als Schmach, von einer Frau beherrscht zu werden. Sie setzten sich deshalb untereinander ins Einvernehmen und beschlossen, daß einer der Ihren die Sultanswitwe heiraten und auf diesem Wege Sultan werden müsse. Einer der führenden Bahri-Mameluken, Izz ed Din Aybek, wurde dazu ausersehen. Dieser Emir war zwar verheiratet, die Staatsräson ging jedoch vor, und nach islamischem Recht war die Auflösung einer Ehe gerade in einem solchen Fall kein Problem. Aybek verstieß seine Frau, heiratete Shagr ed Durr und wurde im Jahre 1250 Sultan von Ägypten. Er war der erste Mameluken-Sultan.

Natürlich war die Stellung eines solchen Emporkömmlings, der selbst Sklave gewesen war – er war Grieche und stammte aus Kleinasien –, nicht unangefochten. Außerdem war die alte Dynastie der Aiyubiden sehr beliebt gewesen, und viele mächtige Kairoer Familien verdankten dem alten, toten Sultan Salih Stellung und Ansehen. Um die Gunst dieser Mächtigen mußte sich Aybek als erstes bemühen, wollte er seine Herrschaft nicht von vornherein gefährden. Es kam deshalb für ihn darauf an, diese Familien und Clans, möglichst die ganze Bevölkerung des Reiches, davon zu überzeugen, daß seine Herrschaft legitim sei und er selbst die vorausgegangene Dynastie der Aiyubiden achte.

In einer großartigen Staatszeremonie ließ er deshalb die Leiche Sultan Salihs von den Bahri-Kasernen auf Roda, wohin Shagr ed Durr sie zur Verheimlichung des Todes hatte transportieren lassen, zur Grabmoschee von Beyn el Kasreyn (wörtlich »zwischen den beiden Palästen«; gemeint ist eine Moschee auf einem Platz, der sich zwischen zwei im 10. Jahrhundert von dem Fatimidenkalifen Muiss gebauten Palästen befand) überführen. Der Hof nahm mit großem Pomp an der Beerdigung Anteil. Die Mameluken waren in weißer Trauerkleidung und, wie üblich bei solchen Anlässen, glatt geschoren erschienen. Der Sarg war mit den Reichsbannern und den Waffen des toten Herrschers bedeckt. Trauermusik erklang im ganzen Reich, und Klageweiber klagten tagelang in den Straßen und zerkratzten sich, um ihrem Schmerz sichtbaren Ausdruck zu verleihen, ihre Gesichter.

Damit nicht genug, ernannte Aybek einen Aiyubidenprinzen zum Mit-Sultan. Es handelte sich um ein Kind, den erst sechsjährigen El Aschraf Musa*, einen Nachkommen Saladins und Enkel des letzten aiyubidischen Herrschers des Jemen. Und schließlich stellte er Ägypten förmlich unter den Schutz des Kalifen von Bagdad, indem er das Land zur Provinz des Kalifenreiches und sich selbst zu dessen Vizekönig erklärte. Den zu dieser Zeit bereits recht machtlosen Kalifen brauchte er nicht lange um Erlaubnis zu fragen; wichtig war nur, das Reich und seinen persönlichen Machtanspruch zur Vortäuschung überzeugender Legitimität unter einen Titel zu stellen, der viel älter als jener der Aiyubiden war. Und das waren die Abbasiden ja zweifellos.

Trotz all dieser Bemühungen blieb die Macht dennoch in den Händen von Shagr ed Durr, die diesen ungehobelten Emporkömmling nur verachtete und keine echte Ehe mit dem neuen Sultan führte. Nur widerstrebend hatte sie sich der ihr aufgezwungenen neuen Verheiratung gefügt, die über ihren Kopf hinweg beschlossen worden war. Nur unter der Bedingung, daß Aybek seine bisherige Lieblingsfrau völlig aus dem Harem verstieß, hatte sie schließlich eingewilligt. Nun aber machte sie von all ihren Fähigkeiten und Möglichkeiten Gebrauch, um sich Aybek völlig hörig zu machen. Sie bewies ihre Meisterschaft, indem sie sich dem Mamelukenführer versagte und ihn zur Durchsetzung ihrer eigenen Ziele benutzte. Seine Aufgabe bestand in ihren Augen nur darin, ihre Feinde zu bekämpfen, während sie im Namen der beiden Doppel-Sultane weiter die Staatsgeschäfte führte – nicht alleine, denn auch dazu war sie zu klug. Immer suchte sie den Rat und die Unterstützung einiger führender Mameluken, denen sie vertraute und mit denen sie sich umgab. Es handelte sich um mächtige Emire, die auch zu Aybek ein Gegengewicht darstellten: der Wesir und Männer wie Beybars, der Held von Mansurah und Aktai, der Armeebefehlshaber, der ihrem Stiefsohn den letzten Todesstoß versetzt hatte. Das spielte jetzt aber keine Rolle mehr, nachdem die Karten für das Spiel um die Macht neu gemischt waren.

Shagr ed Durr kontrollierte alleine den Staatshaushalt und die Finanzen, und sie hielt vor Aybek und allen Emiren verborgen, wo der Reichsschatz der Aiyubiden versteckt war. Eine merkwürdige

Atmosphäre höfischer Intrigen, die für die Zukunft der Mamelukenherrschaft bestimmend werden sollte, machte sich auf der Zitadelle breit.

Der nominelle Herrscher Aybek mußte sich vor allem vor zwei Gefahren schützen. Die eine drohte ihm von seinen ehemaligen Mamelukengefährten, die, kaum daß sie ihn zum Sultan erhoben hatten, gegen ihn zu konspirieren begannen. Jeder von ihnen fragte sich offenkundig, ob er nicht selbst auf dem gleichen Wege hätte zur Macht kommen und, gewissermaßen als Zugabe, die begehrte Sultanswitwe zur Frau hätte bekommen können. Den Emiren schlossen sich ferner einige würdige arabische Stammesscheichs an, die sich der Aiyubidendynastie jetzt noch mehr verpflichtet fühlten als dem Mamelukenemporkömmling auf dem Thron und die über beträchtlichen Einfluß in der geistlichen Oberschicht Ägyptens verfügten.

Die zweite, wesentliche Bedrohung für seine Herrschaft kam von außen, von den aiyubidischen Herrschern der Fürstentümer Syriens. Drei aiyubidische Herrschaften gab es 1250 noch in Nordsyrien: Aleppo, Hama und Homs. Daneben existierte eine nur noch nominelle Herrschaft im Jemen, die im gleichen Jahr zu Ende ging. Die Fürsten dieser Staaten stammten, wie die früheren Sultane von Ägypten, von Saladin ab und waren untereinander durch zahlreiche verwandtschaftliche Beziehungen verbunden. Diese Fürsten waren nicht geneigt, die Umwälzungen in Ägypten, das von ihnen bisher als Vormacht akzeptiert wurde, einfach hinzunehmen und die Herrschaft über Ägypten der einstmals so mächtigen, weitverzweigten Aiyubidenfamilie entgleiten zu lassen.

Einer von ihnen, Nasir von Aleppo, hatte bereits früher einmal Damaskus angegriffen und die syrische Metropole den aiyubidischen Ägyptern entrissen. Jetzt machte er sich, unterstützt von seinen Vasallen und einigen Verwandten, mit einem Heer, das wiederum vorwiegend aus Mameluken bestand, zum Nil auf. Zu den Vasallen von Nasir gehörte auch der Prinz Salih Ismail, früher einer der Großen in der Dynastie der Aiyubiden. Er war so mächtig gewesen, daß er als Herrscher von Damaskus versucht hatte, seinem Bruder, dem ägyptischen Oberherrn, Vater des Sultan

Salih, den Gehorsam zu verweigern. Daraufhin war es zum Krieg zwischen Ägypten und Damaskus gekommen mit dem Resultat, daß Salih Ismail seine Herrschaft über Damaskus verlor. Damaskus fiel direkt unter die Herrschaft Ägyptens, und Salih Ismail wurde mit der bescheidenen Herrschaft von Baalbek im Libanon belehnt, von wo er weiter gegen die ägyptischen Oberherren opponierte. Diese Aufsässigkeit sollte ihm später, wie noch zu sehen sein wird, teuer zu stehen kommen. Für den Augenblick herrschte aber in Damaskus mit Nasir ein Aiyubidenfürst, der zum Krieg gegen Ägypten rüstete.

Ein Feldzug wie dieser brauchte aber seine Zeit. Boten mußten zu den Vasallen und den nicht seßhaften Wüstenstämmen entsandt und langwierige Verhandlungen geführt werden. Verhandlungen waren auch mit den Kreuzfahrerstaaten notwendig, an deren festen Plätzen und Ordensburgen das Heer vorbeigeführt werden mußte. Und schließlich mußte ein umfangreicher Troß zusammengestellt und Vorbereitungen für die in dieser Region lebenswichtige Wasserversorgung auf dem Marsch getroffen werden.

Es muß ein farbenprächtiges Bild gewesen sein, als sich das Heer schließlich in Bewegung setzte: die geschlossenen Formationen der berittenen Mameluken unter ihren im trockenen Wüstenwind knatternden Bannern, geführt von ihren Emiren; die Beduinen auf ihren Kamelen, in beigen und weißen Burnussen; vornehme Wüstenritter bisweilen, hinter deren Rücken halbnackte Sklaven auf den Reittieren hockten. Jeder dieser Wüstenstämme war von den anderen Stämmen abgesondert, das ganze Heer war damit weit auseinandergezogen. Denn es gab immer Rivalitäten zwischen diesen Stämmen, und das ließ es ratsam erscheinen, sie nicht zu nahe miteinander in Berührung kommen zu lassen. Aber auch das Wasserproblem machte es erforderlich, auf verschiedenen Wegen zu marschieren. Die wenigen Brunnen und die langen Tränkungszeiten für die Kamele erlaubten es nicht, dieselben Wege zu benutzen und die gleichen Lagerplätze aufzusuchen.

Inmitten dieses weit auseinandergezogenen Heeres befand sich die Hofhaltung des Herrschers: die Emire des Hofstaates in ihren kostbaren Gewändern, farbenprächtige Leibwachen, Flötisten und Zimbalisten sowie ein Heer von Frauen und Sklaven. Mehr als tausend Reiter machte dieses Gefolge aus. Ihm folgten lange Reihen von Ochsenkarren mit Kriegsgerät und Hunderte von Kamelen, schwer beladen mit Ersatzwaffen. Dann kam der Harem des Herrschers mit den Sänften der Damen und den auf Mauleseln reitenden Eunuchen, die fürstliche Küche, und ihr folgten die Herden mit Tausenden von Schafen und Rindern, die die Fleisch- und Milchversorgung während des Feldzuges sicherstellen sollten. Hinzu kam schließlich der Troß der Emire, denn jeder dieser Magnaten hatte wiederum seinen eigenen Hofstaat, eine Miniaturausgabe des Gefolges des Herrschers, der durch Pracht und Reichtum die soziale Stellung in der Hierarchie untermauerte.

Der Vormarsch eines solchen Heeres konnte natürlich nur langsam erfolgen. Der Troß mußte mühsam von Lagerplatz zu Lagerplatz nachgeführt werden, und manche Verzögerung entstand bei der Überquerung der wenigen gangbaren Pässe und bei der Überwindung der Wadis, die während des Winters Wasser führten und dann oft reißende Sturzbäche waren. Dieser langsame Vormarsch blieb in Kairo natürlich nicht verborgen, und die eingesessene Bevölkerung, die Kopten, Juden, Händler im Suq und die Wüstenaraber, erwarteten mit Genugtuung die Zerschlagung der Mamelukenherrschaft. Jedermann erhoffte den Triumph der alten Dynastie, und als Nasir an der Front erschien, waren die Kairoer so zuversichtlich, daß er siegen würde, daß sie seinen Empfang schon insgeheim vorbereiteten. Aybek und Aktai hatten indessen eine große Mamelukenarmee zusammengestellt und durch Araber aus Oberägypten verstärkt. Sie zogen den Syrern entgegen.

Bei Abbasa trafen die Heere zusammen, und es kam am 21. Februar 1251 zu einer erbitterten Schlacht. Aber schon im Anfangsstadium des Kampfes ergriffen die meisten ägyptischen Beduinen, oft die geschlossenen Stämme, die Flucht. Sie waren immer tapfer, wenn sie in kleinen Gruppen kämpften, bei Handstreichen und Überfällen. Aber sie waren undiszipliniert und mißtrauisch, wenn sie sich auf andere verlassen mußten. Auch jetzt war es so, und sie suchten das Weite. Auf dem Wege zu ihren heimatlichen Stammesgebieten zogen sie teilweise durch das Nildelta und verbreiteten unter der Bevölkerung das Gerücht, daß

Aybeks Vernichtung unmittelbar bevorstünde. Die Bevölkerung jubelte; die aiyubidische Sache schien gesiegt zu haben. Nasirs Name wurde im Freitagsgebet genannt, und in Kairo wurden Vorbereitungen für die Siegesfeier und die Unterhaltung der Sieger getroffen.

Die Schlacht war aber nicht vorbeigewesen, als die Wüstenstämme die Reihen der Mameluken verlassen hatten. Waffenklirrend, unter Kampfgeschrei und dem ekstatischen Geheul der Derwische waren die Heere nordöstlich von Kairo am Rande des Nildeltas aufeinandergeprallt. Salven von Pfeilen deckten die Reiter beider Seiten ein, während diese mit ihren Krummsäbeln und eisernen Keulen, mit Streitäxten und Morgensternen aufeinander einhieben. Die Schlachtordnungen gerieten ins Wanken, der Kampf löste sich in tausend Einzelduelle auf, bei denen Mann gegen Mann kämpfte und keiner mehr der Führung bedurfte oder eines Befehles achtete. Langsam, aber stetig stieß dabei der rechte Flügel der Ägypter in die linke Flanke der syrischen Schlachtordnung vor und gewann an Boden. Im Schlachtzentrum blieb der Kampfausgang jedoch vorläufig unentschieden.

Da geschah etwas, das so oft schon den Ausgang von Schlachten und damit den Verlauf der Geschichte beeinflußt hat: Truppen, denen man bisher vertraute, liefen plötzlich zum Gegner über und schwächten damit nicht nur die eigenen Reihen, sondern stärkten den Gegner um die gleiche Zahl von Kämpfern. Ein Teil der syrischen Mameluken lief mitten in der Schlacht zu ihren ägyptischen Berufsgenossen über. Die Deserteure rissen damit nicht nur in den eigenen Reihen eine Lücke; diese wurde vielmehr für den Gegner zur Bresche, zum flankenbedrohenden Einbruch.

Damit war die Schlacht entschieden. Die nicht übergelaufenen Syrer flohen nach Damaskus, ließen ihre Zelte, ihren Troß und viele Tote zurück. Wem die Flucht nicht gelang, der geriet in die ägyptische Gefangenschaft und sah einem ungewissen Schicksal als Sklave entgegen. Unter den Gefangenen befanden sich auch Salih Ismail sowie mehrere andere aiyubidische Prinzen. Sie alle wurden in Aybeks Triumphzug nach Kairo gebracht. Salih Ismail wurde unter den Schmähungen und unter dem Johlen des wankelmütigen Volkes, das gestern noch seinen Sieg herbeigesehnt hatte, in Ketten durch die staubigen Gassen von Kairo geführt. Man schleppte ihn vor das Grab seines Verwandten und alten Rivalen Sultan Salih, wie um dem toten Herrscher, dessen Sohn man selber ermordet, dessen Haus man verraten hatte, eine letzte Genugtuung zu geben. Dann wurde der Aiyubidenfürst zur Zitadelle weitergezerrt, wo der Henker auf ihn wartete. Ein letztes Gebet durfte Salih Ismail, bleich, aber gefaßt, noch unter den Augen der gaffenden Menge verrichten. Dann legte der Henker, ein Schwarzer, die Hände um seinen Hals und erwürgte ihn unter den mitleidlosen Blicken der Mameluken-Offiziere. Der Versuch, die Dynastie Saladins wiederherzustellen, war gescheitert; der Henker warf den Leichnam des Fürsten in den Staub.

Erschrocken verkroch sich die Kairoer Bevölkerung, und manch einer, der über den vermeintlichen Sieg Nasirs zu laut gejubelt hatte, zitterte jetzt um sein Leben. Zu gut kannte man die Rachsucht der türkischen Söldner und die Rücksichtslosigkeit ihrer Emire.

Ermutigt durch seinen Sieg, entsandte Aybek nun seinen Armeeminister Aktai als Oberbefehlshaber der ägyptischen Streitkräfte, um Gaza und Palästina zurückzuerobern. Sein Ansehen war durch den militärischen Erfolg über die Aiyubiden so sehr gestiegen, daß er es sich jetzt leisten konnte, sich seines lästigen Mitregenten, des kleinen Sultans Aschraf, zu entledigen. Das einfachste Mittel bestand in solchen Fällen immer darin, das Kind erdrosseln zu lassen. Sicher wurden solche Überlegungen angestellt, und Aschraf schwebte zu dieser Zeit ohne Zweifel in akuter Lebensgefahr. Eine solche Tat wäre jedoch ein neuer Sultanmord gewesen, und so gefestigt schien Aybek wohl seine Stellung denn doch nicht zu sein, als daß er dann nicht Erschütterungen und neue Gefahren hätte erwarten müssen. So suchte er nach einer anderen Lösung und schickte Aschraf schließlich 1254 als ägyptischen Gesandten und zur Erziehung an den kaiserlichen Hof von Byzanz. Er war damit weit weg, und die Beziehungen zum Herrscher über das Oströmische Reich wurden darüber hinaus durch diesen Vertrauensbeweis weiter gefestigt.

Mittlerweile versuchte der Kalif von Bagdad, zwischen Ägypten und Syrien zu vermitteln. Der Grund dafür war offensichtlich:

Während seine Untertanen sich gegenseitig und mit den Kreuzrittern bekriegten, nahte von Osten her eine neue Gefahr. Wie eine dunkle Wolke, die ihre ersten Schatten über den Orient und über das Abendland warf, drangen aus der Tiefe Asiens die Mongolen hervor. Unübersehbare Reiterheere, ganze Völkerschaften hatten sich auf den Weg gemacht, um die Welt zu erobern und in Schrecken zu versetzen. Ihre Vorhuten waren bereits bis nach Ostanatolien vorgedrungen, und es wurde für die akut bedrohte Welt des Islam lebensnotwendig, all die kleinen Zwistigkeiten zu vergessen und eine gemeinsame starke Abwehrfront aufzubauen.

Der Kalif schickte Gesandtschaften zu den kriegführenden Parteien, damit in dieser Stunde der Gefahr Friede zwischen den Völkern des Orients einkehre. Die Emissäre von Bagdad vermittelten zwischen Ägypten und den syrischen Herrschern und hatten schließlich Erfolg. Ägypten erhielt das gesamte Palästina westlich des Jordan, soweit es sich nicht im Besitz der fränkischen Kreuzritterstaaten befand. Damit wurde das Mamelukenreich auch Herr von Jerusalem. Ein Vertrag wurde geschlossen, der mit geringfügigen Änderungen 1256 erneuert wurde. Der Grenzverlauf zwischen Ägypten und Syrien wurde dabei auf der Höhe von El Arisch im Ostteil des Sinai festgelegt. Nach dem Friedensschluß trat eine kurze Periode äußerer und innerer Ruhe ein; der Mamelukenstaat konnte sich konsolidieren, und seine Hauptstadt erlebte einige Jahre friedlichen Aufschwungs und ungestörter Entwicklung.

Wie sah Kairo zu jener Zeit aus, wie spielte sich das tägliche Leben in dieser typisch orientalischen Großstadt ab? Es ist nicht schwer, sich anhand von zeitgenössischen Berichten ein Bild vom Alltagsleben in Kairo zu machen und Stadt und Menschen mit einigen Sätzen zu skizzieren.

Man muß sich, um einen zutreffenden Eindruck zu erhalten, wieder in die Atmosphäre von Tausendundeinernacht versetzen und sich das quirlige, lärmende Treiben einer nahöstlichen Metropole vorstellen. Kairo machte damals, wie das gesamte Nildelta, den Eindruck einer großen Oase. Die Stadt war von starken zinnengekrönten Mauern mit wehrhaften Türmen umgeben, die, wie das

Bab el Futuh (Tor der Eroberungen) und das Bab el Nasr (Tor des Sieges), bastionsartig aus dem Mauergürtel herausragten. Überragt wurde die Stadt von der am Rande des Mokattamgebirges gelegenen Zitadelle. Innerhalb der Stadtmauer fand man ein Gewirr von Häusern und engen Gassen vor, aus denen die Moscheen mit ihren schlanken Minaretten, die den Moscheen meist angeschlossenen öffentlichen Krankenhäuser (Murestans), Medressen*, Paläste, Lagerhäuser und Khans beziehungsweise Karawansarayen herausragten. Es gab nur wenige breite Straßen, die die ganze Stadt durchzogen. Die meisten Gassen, Gäßchen und Treppengänge waren einen bis höchstens zwei Meter breit und von Stützbögen überwölbt. Oft hielten auch Schilfmatten, von Hauswand zu Hauswand gespannt, die glühenden Sonnenstrahlen fern. Der Boden war aus Nilschlamm gestampft, der im Sommer zu Staubbildung führte, während der Chamsin (Sahara-Wind) die Stadt in dichte, gelbe Sandwolken hüllte, die sich in den seltenen Regentagen in einen stinkenden Morast verwandelte.

Die Gassen waren voll von pulsierendem Leben und Lärm. Händler und Handwerker feilschten und arbeiteten dicht an die Hauswände gedrängt vor ihren kleinen Läden oder neben den zahlreichen öffentlichen Brunnen. Überall gab es diese Brunnen, fromme Stiftungen aus Privathand, mit kunstvollen schmiedeeisernen Verzierungen und buntbemalter Keramik. Aus ihnen schöpften die Anwohner ihr Wasser, aber auch Straßenpassanten nahmen hier einen Schluck Wasser und ließen sich auf den Brunnenstufen zur Muße oder zu einem Gespräch nieder.

In den Gassen sah man Schneider und Schuster, Gerber und Färber, Zuckerbäcker und Silberschmiede, Gewürzhändler und Melonenverkäufer. Fellachen aus dem Niltal boten hier ihr Gemüse feil, und Metzger verkauften ihr von Fliegen bedecktes Fleisch. Ferner gab es Garküchen, denen verlockende Düfte entströmten, Wasserverkäufer, die ihr Naß in Ziegenschläuchen mit sich führten und aus Messingschalen anboten, Gaukler, Zahnzieher, öffentliche Schreiber und Barbiere.

Durch diese überfüllten Gassen schoben sich Mensch und Tier: Kamelkarawanen aus Oberägypten, die vollbepackt mit Getreidesäcken, Tier hinter Tier, zu den Lagerhäusern der Innenstadt schwankten, und schwer bepackte Esel und Maultiere, die mit ihren Lasten oft die Gasse ausfüllten, dazwischen die buntgewürfelte Menschenmenge: Städter in langen Röcken mit rotem Tarbusch auf dem Kopf, schwarz vermummte und tief verschleierte Frauen, Mullahs mit schwarzem Mantel und weißem Fez sowie koptische Priester in ihrer schwarzen Tracht und mit ehrwürdigen Bärten, Sufi-Scheiks* und Derwische, die aus ihren Klöstern auf Mulis nach Kairo geritten waren, und Ulemas* mit weiten, auf dem Boden schleppenden Mänteln und langen Turbanspitzen, die über das linke Ohr fielen, weißgekleidete Beduinen, die ihre Kamele, Pferde und Frauen in den Karawansarayen oder in Lagerplätzen vor der Stadt gelassen hatten und in Gruppen neugierig staunend und unsicher durch die ihnen fremde, großstädtische Pracht schlenderten, Berber in ihren dunklen Kapuzenmänteln und zerlumpte Bettler, die mit monotoner Stimme Allahs Wohlgefallen wegen um ein Almosen bettelten, herrische Emire und ihre Mameluken, die sich grob einen Weg bahnten, Sänften mit hohen Frauen und vornehmen Würdenträgern und das Heer halbnackter, schweißglänzender Sklaven.

Alles war erfüllt von Lärm und Geschrei: der monoton-gutturale Gesang der Handwerker, unterbrochen zu den vorgeschriebenen Gebetstunden vom alles übertönenden Ruf der Muezzins, das metallische Klopfen der Kupferschmiede und Kesselflicker und das rauhe »bal'ak!« (gib acht!) der Eseltreiber. Am stärksten waren Lärm und Geschäftigkeit auf den zahlreichen Wochenmärkten, die einander an den verschiedenen Wochentagen abwechselten, so wie es bei den Beduinenmärkten der Wüste der Brauch war*. Hier wurden unter Zelten vor allem die Lebensmittel aus dem Nildelta und den Oasen angeboten. Es gab aber auch Kamel-, Pferde- und Eselmärkte und natürlich den großen Sklavenmarkt. Hier wurde gefeilscht und gehandelt und wurden große Verträge über Warenlieferungen aus Ostafrika, Arabien, Byzanz, Syrien, Bagdad und Venedig abgeschlossen. Bei alledem war auch für Vergnügen und Lustbarkeiten gesorgt. Es gab Märchenerzähler und Akrobaten, Schlangenbändiger, Feuerschlucker und Flötenspieler. Zauberer versetzten mit ihren Kunststücken das Volk in Staunen, und fahrendes Volk ergötzte mit abgerichteten Affen und Hunden die Passanten.

Inmitten dieses Gewimmels lagen die vornehmen Paläste der reichen Kaufleute, der Mamelukenführer, der arabischen Scheichs und Gelehrten, Paläste wie der des mächtigen Emir Beysari am Suele-Tor oder die Wohnburg des reichen Baschtak, die Beysaris Palast gegenüberlag. Nach außen wirkten diese zur Straße hin fensterlosen Gebäude oft abweisend, wie kleine Festungen. Das waren sie im Grunde genommen auch. Erst mußte man am »Bawwab«, dem Türhüter, vorbei in den Innenhof einer derartigen Wohnanlage treten, den Staub, Lärm, Sonnenglast und das Gedränge der Gassen hinter sich lassen, um in der Kühle und Stille die erlesene Schönheit arabischer Architektur bewundern zu können. Die Hausfronten bestanden aus kunstvollen Nischen und unregelmäßig angebrachten Maschrabijen*, ziseliert aus Holz geschnitzten oder gedrechselten Fenstergittern, hinter denen verschleierte Frauen aus den Gemächern des Harems den Besucher verstohlen betrachteten. Ging man weiter, gelangte man in üppig grünende Gärten mit Palmen, exotischen Pflanzen und oft auch seltenen Tieren, die in Käfigen gehalten wurden oder frei umherliefen. Riesige Schöpfräder sorgten für die Bewässerung dieser Kleinoasen und versorgten die Springbrunnen, die mit ihrem stets sprudelnden Naß angenehme Kühle verbreiteten. Der Besucher kam jedoch nur selten hierher, denn die meisten Bereiche eines orientalischen Palastes – und dazu gehörte auch der Garten – waren ausschließlich der Familie vorbehalten.

Familie – das hieß nicht nur der Hausherr mit seinen Frauen und Kindern, es umfaßte auch die weiblichen Bediensteten, Eunuchen und Sklaven. Der Hausherr war, auch vor Allah, für alle verantwortlich, und das Personal war dem Herrn bedingungslos und bis zur Selbstaufopferung ergeben. Es gab in einem solchen Haushalt zwar abgestufte Verantwortungsbereiche, nie aber spürbare soziale Unterschiede. Dies untersagte der Koran und ließ die Überlieferung nicht zu, die, gleichgültig ob im Hause eines Scheichs oder eines Mameluken, auf die Wohngemeinschaft des Nomadenlagers zurückzuführen war.

Die Frauen eines Emirs lebten gemeinsam im Haremstrakt, und nur die »Sitt«, die Mutter oder die erste Frau des Herrn, hatte Anspruch auf eine herausgehobene Stellung und besonderes Ansehen. Dies bedeutete jedoch keineswegs, daß die anderen

Frauen deshalb vernachlässigt worden wären. Denn die Mameluken hielten es mit der arabischen Überlieferung, in der den Familienbeziehungen stets eine viel größere Bedeutung zukam, als es im Abendland der Fall war. Der Harem, das heißt der Privathaushalt mit Mutter, Frauen und Kindern sowie den Eunuchen, war nach außen hin völlig isoliert. Unter den Familienmitgliedern waren die Bindungen jedoch um so stärker. Auch die verschiedenen Ehefrauen und Konkubinen des Hausherrn und Familienoberhauptes unterhielten meist so enge Beziehungen, wie sie sonst nur unter Verwandten üblich sind. Diejenige Frau, welcher der Herr gerade seine Gunst erwies, war nicht dem Neid oder der Mißgunst der anderen ausgesetzt – sie alle dienten ihrem Herrn. Dabei waren die Altersunterschiede unter den Frauen ganz erheblich, denn den Männern war ja nicht nur im Koran die Polygamie erlaubt, sondern auch die unkomplizierte Ehescheidung und Wiederverheiratung. Dies aber führte dazu, daß die bessergestellten Mameluken bis ins Greisenalter immer wieder junge Mädchen, die sich bisweilen noch im Kindesalter befanden, heirateten, während die verstoßenen Frauen meist weiterhin dem Harem angehörten. Die Kinder des Harems wurden alle gleich behandelt, ungeachtet ob ihre Mütter Freie oder Sklavinnen waren.

Der Besucher sah von alledem nichts. Er wurde von Dienern durch den »Tachtabosch«, eine kunstvolle offene Säulenhalle, bis ins »Salamlik«, den Empfangsraum, geleitet. Dort empfing ihn der Hausherr, der je nach Herkunftsland oder persönlichem Geschmack tatarisch, tscherkessisch, turkmenisch, mongolisch oder arabisch gekleidet war.

Wie sah das Salamlik aus? Durch hufeisenförmige Fenster mit bunten Alabasterscheiben drang freundliches, diffuses Licht in einen großen Raum, der mit reichem Dekor ausgestattet war. Bei Dunkelheit dienten Messing- oder Kupferlampen mit bunten Glasfenstern zur Beleuchtung. Ihr Licht fiel auf die üppige orientalische Ornamentik an Decke und Wänden: nach strengen geometrischen Mustern geschnitztes und bemaltes Holz oder leuchtendes Kachelmosaik. Nur weniges Mobiliar verstellte den Blick auf die holzgeschnitzten Täfelungen, die oft kunstvolle Schriftfriese mit Koransuren enthielten, und auf die farbigen Fliesen.

Sitzkissen lagen rundherum an den Wänden; auf einem Tischchen aus Zedernholz mit eingelegtem Rosenholz, Bein oder Perlmutt standen silberne oder mit Messing eingelegte Trinkschalen und eine langschnabelige Kanne; in den Ecken waren wertvolle hohe Vasen zu sehen. Trotz dieses geringen Mobiliars wirkte der Raum nicht leer: Zahlreiche, übereinanderliegende Teppiche gaben ihm Wärme, und kunstvolle Wandnischen mit Stalaktitverzierungen und üppigem Stuck belebten das Bild.

Kairo, zu diesem Zeitpunkt etwa 250 Jahre alt, war eine blühende, aufstrebende Stadt, während seine Vorgängerin Fostat zwar noch bewohnt war, jedoch mehr und mehr einem großstädtischen, dem Verfall preisgegebenen Elendsviertel glich. Kairo war eine Weltstadt und wetteiferte mit Konstantinopel, Venedig, Rom, Bagdad und Damaskus um Pracht und Ansehen. Kairo war eine Stadt mit Zukunft, die jedoch bald durch neue Wirren beeinträchtigt werden sollte.

Nachdem die äußere Bedrohung durch die Aiyubiden vorläufig gebannt war, sah sich Sultan Aybek zunehmend der Mißgunst und den Intrigen seiner Mamelukengenossen ausgesetzt. Aktai, möglicherweise der Mörder des Sultans Turanschah, der »Emir el Askari«*, der als Oberbefehlshaber unter den Mamelukengeneralen am meisten hervorragte, hatte seinerzeit nicht nur den endgültigen Sieg über Ludwig den Heiligen herbeigeführt, sondern auch die syrischen Aiyubiden geschlagen. Damit war er für Aybek zu einem gefährlichen Rivalen geworden. Die Bahri-Mameluken gehorchten keinem anderen Mamelukenführer mehr als ihm, und mit Aktais Duldung wurden die immer überheblicher werdenden und händelsüchtigen Bahris bald zum Schrecken aller Einwohner. Sie plünderten die Häuser der Bürger, begingen oft Grausamkeiten allein zum Zeitvertreib und machten in den öffentlichen Bädern Jagd auf Frauen und Mädchen.

Aber auch die Araber aus dem Niltal gaben Anlaß zur Sorge. Sie und vor allem die Wüstenstämme, allen voran der mächtige Stamm der Sa'id, erhoben sich mit dem Ruf ›Ägypten den Arabern‹ gegen die Vorherrschaft der Mameluken. In ungestümem Aufbegehren regte sich der Freiheitswille der Wüstensöhne.

Die sonst stets wegen Nichtigkeiten entzweiten Stämme vergaßen für kurze Zeit ihre teilweise schon über Generationen dauernden Streitigkeiten und erinnerten sich der ruhmvollen Tage, als ihre Vorfahren unter der Fahne des Propheten geeint waren. Von überall her strömten aufständische Beduinen nach Norden in das Nildelta, wo kaum reine Araber, sondern die verachteten Fellachen wohnten. Die Araber vom Stamme der Fasala, der El Isa und der Ghasala schlossen sich bald den Sa'id an. Aus kleinen Kamelreitertrupps, die plündernd und brandschatzend von einem Dorf zum nächsten zogen und sich mit anderen Trupps zusammenschlossen, wurden große Abteilungen unter mächtigen Stammesscheichs, die sich schließlich unter ihren Stammesfürsten zu Stammesverbänden mit Tausenden von Kriegern vereinigten.

Die Überfälle häuften sich, und es kam schließlich zu einem regelrechten Aufstand, der das ganze Land erfaßte. Die Erhebung griff schnell um sich. Die Stämme organisierten sich, und etwa 1254 standen 12000 berittene Stammeskrieger und viele unberittene Kämpfer zur entscheidenden Schlacht bereit. Es war eines der letzten großen Gefechte, in denen sich die Araber Ägyptens gegen eine fremde Vorherrschaft wehrten.

Aktai trat den Arabern mit nur 5000 Mameluken entgegen, und es kam im Nildelta zum entscheidenden Kampf, der für die ägyptischen Araber schicksalhaft wurde. Denn obwohl sie an Zahl weit überlegen waren, wurden die tapfer und ungestüm, aber ungeordnet heranstürmenden Araber von der kampfgeübten und geordnet vorgehenden Schlachtenkavallerie der Mameluken vernichtend geschlagen. Sie war in der Schlacht disziplinierter als die einzeln operierenden Stämme und besaß in Aktai einen überragenden Kommandeur. Das Schlachtfeld wurde zum Leichenfeld, und aus weit entfernten Wüstenstrichen zogen die Aasgeier in das Delta, um sich ihre Beute zu suchen.

Der Schlacht schloß sich eine gründliche »Säuberung« des Deltas an, denn viele Wüstenkrieger waren dem Tod oder der Gefangenschaft entkommen und hatten sich in den Dörfern versteckt. Außerdem hatten sich auch Teile der Bevölkerung des Deltas in der Erwartung reicher Beute den Stämmen angeschlossen. Schließlich wurde jeder Widerstand gebrochen, die Scheichs und die meisten ihrer Stammeskrieger gefangengenommen oder umgebracht. Die Stämme, Nachkommen der arabischen Eroberer Nordafrikas, die einstmals das flache Land beherrscht und über reiche Herden, viele Kamele und Pferde verfügt hatten, wurden hart bestraft, mit hohen Steuern belegt und verarmten in der Folge. Früher waren ihnen viele Dörfer des Niltales tributpflichtig gewesen, und die von ihnen verachteten Fellachen waren ihnen hörig gewesen. Jetzt wurden die Beduinen an den Wüstenrand gedrängt, wo sie rechtlos und in Armut leben mußten. Das Arabertum in Ägypten hatte sich für einen kurzen Augenblick in der Geschichte des Nahen Osten zurückgemeldet, aber einen Schlag erhalten, von dem es sich nie wieder erholen sollte.

Für Aktai war dieser Sieg indessen der letzte Triumph. Er war nun in den Augen des Sultans zu mächtig geworden; zu hoch war sein Ansehen bei den Mameluken. Aybek beschloß deshalb, ihn zu beseitigen. Unter einem Vorwand lockte er den Feldherrn in die Kairoer Zitadelle, und während sein Gefolge vor der Festung wartete, wurde Aktai von den Sklaven des Sultans ermordet. Aybek ließ nach diesem heimtückischen Anschlag den Kopf seines toten Rivalen vom Leib abschlagen und von der Zitadellenmauer zu Aktais Mamelukenbegleitung herunterwerfen. Die Mameluken ergriff Entsetzen, als das blutige Haupt ihres verehrten Emirs unter Hohngelächter zwischen sie geworfen wurde. In Wut und Panik jagten sie davon, verbreiteten die Schreckensnachricht in der Stadt und verließen als haßerfüllte Feinde des Sultans das Land.

Für den Augenblick schien der Thron von Aybek gesichert. Aber die geflüchteten Mameluken blieben für ihn eine beständige Gefahr. Sie flohen nach Palästina und brachten dort die Herrschaft des Sultans ins Wanken. Auch Nasir von Damaskus, den ehemaligen Herrscher von Aleppo, versuchten sie gegen den Sultan aufzuhetzen, doch der Kalif von Bagdad schaltete sich ein und zwang Nasir zum Stillhalten. Daraufhin verbündeten sich die Emigranten mit einem anderen Aiyubiden, Mughit von Kerak. Dieser Prinz entstammte dem ägyptischen Zweig der Aiyubiden und war, da er gute Aussichten auf den ägyptischen Thron gehabt hatte, seinerzeit von Sultan Salih eingekerkert worden. Er war später jedoch von Gegnern des Sultans befreit worden und hatte sich daraufhin der starken ehemaligen Kreuzritterfestung Kerak* am Toten Meer bemächtigt. Nun hoffte er wieder – oder immer noch –, rechtmäßiger Herrscher von Ägypten zu werden, und mit seiner Unterstützung griffen die Emigranten ihren ehemaligen Sultan an und versetzten die Grenzen Ägyptens in Unruhe.

Aybek wurde durch diese fortwährenden Angriffe und anhaltenden Grenzscharmützel für annähernd drei Jahre gezwungen, bei seinem Heer an der Front zu leben, und entglitt damit dem Einfluß Shagr ed Durrs. Sein Bestreben und seine diplomatischen Schachzüge waren während dieser Zeit darauf ausgerichtet, seine Macht zu festigen und seinem Herrschaftsanspruch den Anschein von Legitimität zu geben. So schickte er unter anderem eine Gesandtschaft nach Bagdad, um vom Kalifen förmlich anerkannt zu werden und alle Insignien der Sultanswürde zu erhalten. Zur selben Zeit führte er Verhandlungen mit dem Atabeg von Mosul (Kurdestan), um dessen Tochter zu heiraten und aus dieser Bindung eine eigene Dynastie zu begründen. Damit ging er jedoch zu weit, es war der erste Schritt in sein Verderben.

Shagr ed Durr blieben diese Verhandlungen nämlich nicht verborgen. Sie konnte sich ausrechnen, daß sie im Falle einer neuen Heirat Aybeks wenn nicht völlig verstoßen, so doch in die bedeutungslose Rolle einer Zweitfrau gedrängt würde. Ihre persönlichen Beziehungen zum Sultan waren zwar denkbar schlecht; aber sie, die das Staatsheft so lange in der Hand gehalten hatte, war nun nicht gewillt, Macht und Einfluß an eine andere Frau zu verlieren oder Aybeks Stellung auf ihre Kosten zu festigen. Nicht umsonst hatte sie schließlich darauf gedrungen, daß er seine erste Frau verstieß. Sollte sie dafür jetzt eine neue Heirat des Sultans in Kauf nehmen, dazu noch mit einer Prinzessin von Geblüt? Sollte sie selbst jetzt das Schicksal von Aybeks Frau teilen? Es gab für sie nur eine Lösung: Aybek mußte beseitigt werden, bevor es zu spät war.

Die Entscheidung war damit gefallen, und ein neuer Mord lag in der Luft. Aber es war nicht einfach, den Herrscher aus dem Wege zu räumen, ohne das Reich in seinen Grundfesten zu erschüttern. Partei- und Machtkämpfe würden ausbrechen, und das böse Wort vom »Königsmord« würde wieder umgehen. Shagr ed Durr mußte sich deshalb zunächst einen Rückhalt schaffen und sich des Einverständnisses und der Gefolgschaft zumindest eines Teils der Großen im Reich sicher sein. Das Komplott mußte gründlich und mit größter Vorsicht vorbereitet werden.

Wie Gift schlich die Konspiration nun durch die Hallen des Sultanspalastes und durch die Reihen der intrigegewohnten Hofkamarilla. Einflußreiche Eunuchen setzten Gerüchte und Verleumdungen in Umlauf, die im Harem erdacht worden waren. Strenge Hofbeamte in langen Röcken und unter hohen Turbanen tuschelten miteinander und warfen verstohlene Blicke auf die Tscherkessen der Leibwache, die mit verschränkten Armen vor allen Türen standen und argwöhnisch jeden Besucher musterten. Hohe Emire versicherten sich gegenseitig des Beistandes und Einverständnisses, und die Beamten des Wesirats machten geheime Versprechungen. Bestechungsgelder wechselten unauffällig ihre Besitzer, und zuverlässige Sklaven wurden ausgesucht, die die Mordtat vollbringen sollten, danach aber sofort zu ewigem Schweigen gebracht werden mußten.

Aybek schien davor gewarnt worden zu sein, daß Shagr ed Durr nach seinem Leben trachtete, und selber Vorbereitungen getroffen zu haben, Shagr ed Durr umzubringen. Die energische Frau sollte ihm jedoch zuvorkommen. Unter Zusicherung aller Sicherheiten lud sie ihn im Frühjahr des Jahres 1257 zu einem Besuch in die Zitadelle ein. Der Sultan wähnte sich sicher und kam. Was sollte ihm schon passieren? Überall, außer vielleicht beim Bade, würde er von seinen Getreuen umgeben sein, und keiner würde es wagen, vor aller Augen Hand an den Herrscher zu legen. Genau an der einzigen unbewachten Stelle aber, nämlich im Bade, sollte Aybek sein Schicksal ereilen: Shagr ed Durr ließ ihn dort von ihren Sklaven im Wasser ertränken. Der zweite Herrscher war damit innerhalb weniger Jahre ermordet worden, und das Blut klebte an den Händen seiner eigenen Frau. Shagr et Durr wußte, daß sie sich mit dieser Tat in große Gefahr gebracht hatte, und versuchte, den Mord als einen natürlichen Tod auszugeben. Doch die mißtrauischen Anhänger des toten Herrschers folterten die Sklaven von Shagr ed Durr und bekamen die Wahrheit bald heraus.

Damit geriet Shagr ed Durr erneut in Todesgefahr. Ihre Anhänger zogen sich von ihr ängstlich zurück, die Palastwachen und Haremswächter wurden von ihren Gegnern ausgewechselt, und die Haremsfrauen, die Shagr ed Durr ihre Schönheit und Macht bisher insgeheim geneidet hatten, schürten jetzt offen Mißtrauen und Haß. Lähmende Angst erfaßte die bisher so mutige und stolze Frau. Vergebens bot die Herrscherin mehreren Mamelukenführern an, Thron und Bett jetzt mit ihr zu teilen; keiner wagte es mehr, diese lebensgefährliche Ehe einzugehen.

Zweifellos hätten die empörten Emire sie in ihrem Zorn sofort hingerichtet, aber die alten Kameradschaftsbande sicherten ihr noch einmal den Schutz durch die Bahri-Mameluken, die ihrerseits ja nach dem Tode von Aktai unter der Feindschaft des Sultans gelitten hatten. Noch waren die Fronten nicht geklärt, noch wußte man nicht, wer am Ende als Sieger hervorgehen würde. Verwirrung herrschte auf der Zitadelle und im Heer, und erneut brachen Tumulte aus. Shagr ed Durr wurde ihrer Macht beraubt und von ihren eigenen Eunuchen fürs erste in das Gefängnis Burdsch el Ahmar, den berüchtigten »Roten Turm«, geworfen, wo sie während der schnell sich steigernden Wirren und Machtkämpfe allerdings in Lebensgefahr blieb. Ihren Tod offenbar vorausahnend, zerstieß sie in ihrem Kerker die Edelsteine und Perlen ihres Schmucks in einem Mörser, damit keine andere Frau ihn je trage.

Nur drei Tage sollte ihre Gefangenschaft dauern, dann wurde sie auf Veranlassung von Aybeks Sohn aus erster Ehe, der die Wirren im Palast ausnutzte, aus dem Turm geholt und vor die rachsüchtige erste Frau von Aybek gebracht. Für diese war nun die Stunde der Vergeltung für den einstigen Ehebruch und späteren Gattenmord gekommen. Die erste Frau von Aybek spie der einstigen Herrscherin ihre Wut ins Gesicht. Dann überantwortete sie die Gedemütigte ihren Sklavinnen, die ihr die Kleider vom Leibe rissen und sie der Steinigung, der traditionellen islamischen Strafe für Ehebruch, unterzogen.

Keine Männerhand rührte sich mehr für sie. Denn für den Machtkampf der Emire war sie bedeutungslos geworden – eine »Sitt« zwar, eine Herrin, aber eben eine Frau, die es sich angemaßt hatte, über sie zu herrschen, nach Allahs Willen nun aber dafür büßen mußte. Unter den Verwünschungen der Frauen und unter den Schmerzensschreien der Gepeinigten ging das Leben der einst so mächtigen Herrscherin, auf deren Körper die Steine prasselten, am 12. April 1257 langsam und qualvoll zu Ende. Mit Holzpantoffeln wurde sie schließlich endgültig erschlagen, und ihr blutverschmierter Leichnam wurde wie Unrat in den Festungsgraben der Zitadelle geworfen, wo hungrige Hunde ihn zerrissen.

Im Dunst von Intrige, Haß und Mord war Shagr ed Durr untergegangen – aber diese Frau hatte Ägypten vor dem Zerfall bewahrt und den Grundstein für die Herrschaft der Mameluken gelegt.

Der erste Mongolensturm

In glühendes, gleißendes Licht getaucht, ohne schattenspendende Bäume oder Sträucher überragen die kahlen, steinigen Mokattamberge Kairo und das Niltal. Lange bevor der Nilschlamm im Laufe der Jahrtausende das Nildelta geformt und ausgefüllt hatte, waren die steil abfallenden Felsen der Abschluß der »Arabischen Wüste« gewesen, jenes öden Landstriches, der sich zwischen Nil und Rotem Meer erstreckt. Immer noch erinnern diese Felsstürze an einsame Klippen am Meer, und unwirklich und verlassen erscheint die ehrwürdige Moschee, die hier oben, hart am Rande des Abgrunds, steht.

Es ist die El Dschiyuschi-Moschee, deren Namen an einen Armeeführer (arab.: dschaisch = Armee), den Armenier Bedr el Dschamali, erinnert, der im 11. Jahrhundert den Fatimidenthron erfolgreich gegen Angriffe der Abbasiden und Seldschuken verteidigt und der die heute noch sichtbaren älteren Mauern von Kairo erbaut hatte. Von hier eröffnete sich ein weiter Blick auf das Niltal: Braune, trockene Lehmflächen mit silbergrün schimmernden Olivenbäumen, unterbrochen von Gärten und Feldern, deren tiefes Grün einen scharfen Kontrast dazu bildete. Hier und da ein Ochsengespann, das einen Holzpflug durch die verkrustete Erde zog, ein mit von den Kanälen angeschwemmtem Holz beladenes Dromedar, das langsam und gemessen seines Weges zog, oder ein Esel, auf dem ein Fellache an einem der zahlreichen Bewässerungskanäle entlangritt. In der Ferne das breite Band des träge dahinfließenden Nils, auf dem die braunen und roten dreieckigen Segel einiger Falludschen zu sehen waren. Inmitten des Stroms die Insel Roda mit weißgetünchten, luxuriösen Landhäusern, die aus üppigen Gärten und unter hohen Palmen hervorleuchteten.

Dahinter im Dunst die geometrisch klaren Konturen der Pyramiden von Gise. Davor die ägyptische Metropole mit ihren verschiedenen Stadtteilen: Rechts die Ruinen von Fostat, ein unübersichtliches Gewirr von zerfallenen Mauern, trostlosen Hütten und Bergen von Unrat, ein ständiger Herd von Krankheiten und Seuchen, über dem eine dichte, braune Dunstwolke hing, die sich aus dem Dampf der Hammams, der öffentlichen Bäder, in Verbindung mit dem Rauch der Kamelmistfeuer und dem von den Hufen zahlreicher Esel aufgewirbelten Staub bildete. Hier hausten Bettler, Diebe und Prostituierte, der Auswurf einer Weltstadt. Daneben El Mansuriya, ein ärmlicher Stadtteil, in dem vor allem Schwarze wohnten. Und schließlich links die Medina von El Kahira, die von hohen Mauern gesäumte Neustadt – auch sie umgeben, wie alle orientalischen Städte des Mittelalters, von Bergen von Unrat.

Gelb und steil ragten die Stadtmauern aus dem Sand, abgelagertem Nilschlamm, hervor, so hoch, daß ihre mannshohen Zinnen schon fast verspielt wirkten. Und gewaltig ragten auch die Türme und Tore heraus, die El Dschiyuschi, der armenische Feldherr, nach byzantinischen Vorbildern hatte erbauen lassen. Eine lange Kamelkarawane verließ durch eines der Tore die Stadt, der Wüste entgegen, um in fremde Länder zu ziehen, und Bauern ritten auf ihren trippelnden Eselchen in die Metropole hinein, um dort ihr Gemüse zu verkaufen.

Diese Stadt war eines der Wunder ihrer Zeit. Eine breite Straße vom Stadttor Bab es Suele zum Bab el Futuh halbierte sie in nordsüdlicher Richtung, und ein Gewirr hoher Häuser mit holzvergitterten Fenstern und zinnengekrönten Dachgärten, weißen Moscheekuppeln und schlanken Minaretten überragte sie. An der Westmauer führte ein Kanal zum Nil; dort lag auch El Maks, der Hafen von Kairo. Eine neuere, von Saladin gebaute Mauer verband El Kahira mit Fostat und schloß auch die Zitadelle mit ein.

Die Zitadelle, unmittelbar unterhalb der Mokattamberge, jedoch etwas höher als Kairo gelegen, war eine Stadt für sich, mit engen Straßen im nördlichen Teil der Festung – dort, wo die Soldaten wohnten, wo sich die Werkstätten der Handwerker, die Läden, Speicher und Ställe befanden, während die Regierungspaläste und

Verwaltungsgebäude im Süden des ummauerten Burgberges standen. Hier war auch der königliche Wohnbereich, im äußersten Süden nur noch eingegrenzt von Gärten, Tierparks und einem weiträumigen Poloplatz. Hier befand sich der Qasr es Sultani, der »große Palast« des Sultans, der wegen seiner abwechselnd braunen und schwarzen Steine auch der »Gestreifte Palast« genannt wurde. Es handelte sich dabei um eine umfangreiche Anlage mit vielen Nebengebäuden, zu denen der Harem des Herrschers und die Paläste der ersten, zweiten und dritten Frau des Sultans gehörten. Von hier führten mehrere Alleen zu den wichtigsten Regierungsgebäuden, dem Palast des Vizekönigs (Dar en Niyaba), zum Palast des Wesirs und Staatssekretariats (Diwan el Inscha) und zum Kriegsministerium (Diwan el Dschaisch). Und von hier führten die Wege zu den nächstgelegenen Toren zur Stadt, zum »Großen Tor« (Bab el Kebir) und zum »Geheimtor« (Bab es Sirr), das nur für den Herrscher bestimmt war. In diesem Teil der Zitadelle wurde das Schicksal des Reiches bestimmt, hier entschieden die Emire über die Sultans-Nachfolge.

Die Mameluken wählten einen Sohn Aybeks von dessen erster Frau, der Mörderin von Shagr ed Durr, zum neuen Sultan. Sein Herrschername war El Melik el Mansur Ali. Aber es handelte sich nur um eine Verlegenheitslösung, die Streitigkeiten und Kämpfe zwischen den sich argwöhnisch gegenüberstehenden Emiren vermeiden sollte. Denn der neue Sultan war erst 15 Jahre alt und noch völlig verspielt. Man stellte ihm deshalb Aybeks ehemaligen Vizekönig (Naib es Sultana = »Vertreter des Sultans«), einen Mameluken namens Kutuz, als Regenten zur Seite.

Kutuz war ein energischer Mann, nicht bereit, die Geschicke des Reiches den Launen eines erst halberwachsenen Jungen oder einer von Haß und Rachsucht getriebenen Sultansmutter zu überlassen. »Was wir brauchen, ist ein Sultan, der kämpft«, sagte er zu seinen Vertrauten und ließ keinen im unklaren, wer alleine diese Forderung erfüllte. Noch 1259 bestieg er den Thron und wurde Alleinherrscher über das Reich. Die Hauptgefahr, der sich Sultan Kutuz gegenübersah, kam, nachdem Mughit von Kerak und die Exilmameluken eine empfindliche Niederlage hatten einstecken müssen, nicht mehr von den Aiyubiden oder gar von den ihrer Einheit und ihres Zusammenhaltes beraubten Arabern oder den um ihre Existenz kämpfenden Kreuzritterstaaten in Palästina. Eine viel größere Gefahr bedrohte den gesamten Islam und die Christenheit mit dem allmählichen Vordringen der Mongolen zum Mittelmeer.

Wo kamen die Mongolen her? Ihre Stämme zählten zur altaiischen Völkergruppe, zu der auch die Türken und die Seldschuken gehörten. Die Hunnen, die seit dem ersten vorchristlichen Jahrhundert ein Reich am Aralsee gebildet hatten und im vierten und fünften Jahrhundert nach Christi Geburt in Europa eingefallen waren, gehörten zu ihren Vorfahren. Diejenigen ihrer Stammesbrüder, die im Aralsee-Gebiet zurückgeblieben waren, zogen später nach Osten und lebten in den Steppen der heutigen Äußeren Mongolei als Nomaden. Das Leben dieser Wanderstämme war über die Jahrhunderte hinweg primitiv und geschichtslos. Das änderte sich erst, als im Jahre 1206 einer ihrer Stammeshäuptlinge, Dschingis-Khan, zum obersten Herrscher aller Mongolen gewählt wurde. Dieser Fürst unterwarf in kurzer Zeit das nördliche Zentralasien und rief ein gewaltiges Kriegsvolk zusammen, um damit ein Weltreich zu schaffen. Seine Reiterheere und die seiner Nachfolger stießen aus dem Karakorum-Gebiet tief nach China bis zum Südchinesischen Meer vor. Getreu seinem Wahlspruch »Eine einzige Sonne am Himmel, ein einziger Herr auf Erden« zwang er in wenigen Jahren weite Teile Asiens unter seine Herrschaft und drang bis an die Grenzen von Persien und an das Kaspische Meer vor.

Die Geschichte kennt ihn als den größten Eroberer aller Zeiten. Keiner außer ihm hat je solch weiträumige Kriegszüge unternommen; etwa die Hälfte der Menschheit hatte er sich unterworfen. Seine Art der Kriegführung ließ die Welt erzittern. Zum zweiten Mal – nach den Hunnen Attilas – zerstörten aus Innerasien stammende Völker jede Kultur. Südrußland und Nordindien wurden verwüstet, Turkestan und der Kaukasus wurden von den asiatischen Reitern erobert, und die alten islamischen Städte Samarkand und Buchara wurden dem Erdboden gleichgemacht.

Es waren allerdings nicht mongolische »Horden«, wie manche Geschichtsschreiber es heute darlegen, sondern es handelte sich um ein hervorragend diszipliniertes Heer mit mehreren Armeen.

Jede dieser Armeen bestand aus drei Divisionen, »Toumans«* genannt. Jeder Touman setzte sich wiederum aus zehn Regimentern von je tausend Mann, jedes Regiment aus zehn Kompanien, jede Kompanie aus zehn Gruppen zu je zehn Mann zusammen. Es handelte sich also um ein von der Spitze bis nach unten straff durchgegliedertes Heer, mit dem Dschingis-Khan Asien eroberte. Die Mameluken, die später ihr Heer auch aus mongolischen Kriegsgefangenen rekrutierten, sollten für ihre eigene Kriegskunst noch viel von der Taktik und den Organisationsformen ihrer zukünftigen innerasiatischen Gegner übernehmen.

Dschingis-Khan mußte jedoch seine Westfeldzüge infolge innerer Wirren und Aufstände in seinem Riesenreich 1225 abbrechen. Dadurch blieb den Seldschukenreichen und Aiyubiden noch einmal Zeit, die Macht der Kaiser von Byzanz und der Kreuzritter zurückzudrängen. Die Atempause war jedoch nur von kurzer Dauer, denn nachdem die Nachfolger Dschingis-Khans das mongolische Weltreich neu organisiert und die inneren Verhältnisse gefestigt hatten, griffen sie erneut auf breiter Front an. 1241 wurden ihre tatarischen Vasallen von den Deutschen und Polen bei Liegnitz in Schlesien geschlagen, worauf sie ihre Stoßkraft im Süden verstärkten. Der Westen in seiner Gesamtheit, Abendland wie Morgenland, war nach dieser veränderten Strategie nach wie vor bedroht; die Front verlief von Polen nach Persien.

Diese gemeinsame Bedrohung beider Großregionen macht es erforderlich, das Augenmerk kurz auf die Machtverhältnisse nördlich des Mittelmeers zu lenken: die tiefe Zergliederung dieser Region hatte bisher, in der Antike und im frühen Mittelalter, eher Verbindendes als Trennendes. Denn während Heinrich der Fromme von Schlesien bei Liegnitz die Mongolen zurückschlug, missionierte der aus Palästina umgesiedelte Deutschritterorden entlang der östlichen Ostseeküste und schuf dort ein militärisches und kolonisatorisches Bollwerk gegen das »Heidentum«.

Aber das deutsche Reich befand sich nach der Mitte des 13. Jahrhunderts in einer tiefen Krise: Kaiser Friedrich II. war mit den Päpsten Gregor IX. und Innozenz IV. sowie den lombardischen Städten in bitterer Fehde gelegen, und nach seinem Tode im Jahr 1250 mußte sich sein Nachfolger Konrad IV. mit vom Papst eingesetzten Gegenkaisern auseinandersetzen. Die Kaiserkrone wurde schließlich an Ausländer verkauft, es kam zum Interregnum, und der letzte Hohenstaufe, Konradin, wurde in Neapel von Karl von Anjou hingerichtet. In all diesen Turbulenzen und nach dem fehlgeschlagenen sechsten Kreuzzug hatte das Abendland den Blick von der südlichen Gegenküste des Mittelmeers allmählich abgewandt.

Während Europa nach der Schlacht von Liegnitz also kurzfristig entlastet war, nahm der Druck aus dem Osten auf das Morgenland zu. Im Jahr 1256 tauchte im Auftrag des mongolischen Großkhans Möngke dessen Bruder Hülegü, ein Enkel von Dschingis-Khan, in Persien auf, um die Eroberung Vorderasiens fortzusetzen. Damit mußte es zur großen Auseinandersetzung zwischen den Mongolen und den islamischen Staaten kommen, und El Musta'sim-billah, der Kalif von Bagdad, war gezwungen, seinen Glauben und die islamische Welt zu verteidigen. Hilfe konnte er dabei nicht erwarten, denn Orient und Okzident standen sich gleichgültig, sogar feindselig gegenüber. Ja, die Christenheit sah in unverständlicher Kurzsichtigkeit in den Mongolen heimliche Verbündete im Kampf um die heiligen Stätten der Christenheit, und schon 1245 hatte Papst Innozenz IV. auf dem Konzil von Lyon seine Absicht bekundet, Boten an den Großkhan zu schicken. In der Folgezeit wurden mehrere Gesandtschaften zu den Mongolen entsandt. Der Kampf der Staufer mit dem Papst auf italienischem Boden hatte also unheilige Allianzen zur Folge: Während der Papst mit den Mongolen sympathisierte, unterhielten die kaiserlichen Kontakte zu den muslimischen Staaten des Morgenlands. Keiner der Papstanhänger wollte erkennen, daß ein nächstes Liegnitz im Morgenland unbedingt erforderlich war, um das Abendland vor dem Untergang zu bewahren.

Unzuverlässig gegenüber dem Kalifen waren auch die vielen persischen und kaukasischen Kleinfürsten, die nominell unter seiner Oberherrschaft standen. Die meisten von ihnen huldigten kampflos den Mongolen, und die wenigen, die sich wehrten, fielen deren Wut zum Opfer. Ihre Länder wurden überrannt, und ihre Völker wurden grausam hingemetzelt. Dies galt auch für die Assassinen, die sich in ihren Ordensburgen tapfer, aber vergebens verteidigten. Auf ihren Orden wird später noch gründlicher eingegangen.

Der Übermacht der Mongolen waren sie nicht gewachsen; Burg nach Burg verloren sie an ihre Gegner. Zuletzt wurde schließlich die Hauptfestung Alamut durch Aushungern bezwungen, und der letzte Großmeister wurde umgebracht. Damit war die Macht dieses Geheimbundes in Persien gebrochen. Nur der syrische Zweig der Assassinen unter dem »Scheik el Dschebel« (»Der Alte vom Berge«) hielt sich noch eine geraume Zeit.

Unmittelbar nach der Bezwingung der Assassinen wandte sich Hülegü seinem Hauptziel zu. Nachdem die Mongolen im Januar 1258 das Heer des Kalifen in offener Feldschlacht geschlagen hatten, rückten sie nun vor Bagdad und belagerten die Stadt. Ihre fortgesetzten Angriffe waren so heftig, daß die Stadt sich am 10. Februar ergeben mußte. Damit begann für die Bevölkerung ein unvorstellbares Drama: Die Mongolen bereiteten unter den Einwohnern ein fürchterliches Blutbad. Sie plünderten daraufhin die Stadt und steckten sie in Brand. Der in Gefangenschaft geratene Kalif wurde am 20. Februar mit mehreren seiner Familienmitglieder getötet. Damit hatte die 500jährige glanzvolle Herrschaft der Abbasiden, die ruhmreiche Herrschaft der Bagdader Kalifen, der Nachkommen Harun el Raschids, ihr blutiges Ende gefunden. Das Kalifat hörte endgültig auf zu bestehen; Persien und Mesopotamien wurden mongolisches Besatzungsgebiet mit einer von den Mongolen angesiedelten turkmenischen Herrenschicht.

Nach diesem Erfolg wandte sich Hülegü der Eroberung von Syrien zu. Allerdings konnte er die weiteren Unternehmungen nicht mehr selbst leiten, da sein Bruder Möngke gestorben war und er zur Wahl des neuen Groß-Khans in die Mongolei zurückkehren mußte. Das Kommando wurde deshalb einem seiner Generale, Kethboga, übertragen. Kethboga hatte zunächst leichtes Spiel. Angst und Entsetzen eilten seinen Truppen voraus; die Berichte über die mongolischen Greueltaten in Bagdad führten zu einer Art Panikstarre unter den Türken und Arabern Syriens. Hinzu kam, daß einige der christlichen Städte und Festungen der Levante immer noch den Kurs verfolgten, sich mit den Mongolen gegen den Islam zu verbünden, und den Mongoleneinfall insgeheim begünstigten – eine Haltung, die sich noch bitter rächen sollte und die Kreuzritter in die Nähe derer rückte, die aufgebrochen waren, um die einander so ähnlichen Kulturen des christlichen Abendlandes und des islamischen Morgenlandes im Blut zu ersticken.

1260 eroberten die Mongolen auf ihren kleinen, schnellen Pferden mit Pfeil und Bogen ganz Syrien und stießen mordend und brennend auf Gaza vor. Ihre Führer schickten eine Gesandtschaft mit einem Brief voller Schmähungen und Drohungen an den ägyptischen Sultan und verlangten seine völlige und bedingungslose Unterwerfung.

Angst machte sich in Kairo breit, und das Entsetzen kroch durch die engen Gassen. Zu viele schreckliche Beschreibungen über die kleinen, furchterregenden Männer mit den heruntergezogenen Bärten und zottigen Pelzen hatte es schon gegeben, über diese fremdländischen Geißeln Gottes, die tötend und schändend über alles und jeden herfielen, deren eigentliches Kriegsziel offenbar nur darin bestand, Land zu nehmen, Leben zu vernichten und die Kultur auszulöschen. Auswärtige Händler verließen die Stadt, so viel Ware mit sich führend, wie ihre Kamele tragen konnten. Die Beduinen zogen sich in die Weite der Wüste zurück, und die Städter versteckten ihre Habseligkeiten und vergruben ihr Geld. Das Leben in den Gassen und auf den Märkten erstarb; nur im Suq, der Kairoer Gerüchteküche, standen die Menschen noch beisammen und diskutierten die letzten Schreckensnachrichten, während sich die Moscheen, Kirchen und Synagogen mit betenden Moslems, Christen und Juden füllten.

Der Sultan zeigte sich indessen entschlossen, der Gefahr mutig zu begegnen. Den Brief der Mongolen beantwortete er damit, daß er die mongolischen Gesandten töten und ihre abgeschlagenen Köpfe auf dem Suele-Tor* öffentlich zur Schau stellen ließ. Damit hatte er vollendete Tatsachen geschaffen; es gab nun kein Zurück mehr. Dies war auch notwendig, denn einige Mamelukenführer hatten schon Anzeichen von Kleinmut gezeigt und schienen bereit zu sein, sich dem Feind kampflos zu unterwerfen. Kutuz gelang es jedoch, nachdem er Murren und Verzagtheit unterdrückt hatte, ein entschlossenes Heer aufzustellen, um dem Gegner entgegenzuziehen.

Früh am Morgen war es; die ersten Sonnenstrahlen über dem Mokattamgebirge lösten das fahle Dämmerlicht ab, das über den Palmen des Niltales lag, als die Mameluken, in ihre weiten Umhänge gehüllt, regimenterweise Kairo verließen und nach Osten, der Wüste entgegenzogen. Nur wenige der in der Stadt verbliebenen Einwohner standen auf den Mauern beiderseits der Tore, um zu winken; auf den Gesichtern der Reiter zeigte sich keinerlei Siegeszuversicht. Die Schlacht, die bevorstand, verbreitete Todesschatten. Aber der bevorstehende und scheinbar unabwendbare Untergang im Kampf mit einem so haushoch überlegenen Feind erzeugte auch Todesverachtung und wilde Entschlossenheit. Sollte der Feind seinen Sieg wenigstens so teuer wie möglich bezahlen, sollte erst einmal reichlich Mongolenblut fließen, bevor das Mamelukenreich zugrunde ging! Eine Vorhut unter der Führung des Emirs Beybars, der sich bereits in Mansurah bewährt hatte, jagte im Eilmarsch nach Gaza und vertrieb dort die bis hierhin vorgerückten Mongolen. Der Sultan folgte mit dem Gros der ägyptischen Armee dicht auf. Kutuz versicherte sich während des Vormarsches durch Boten der Neutralität der Kreuzritter in Akka* und schob sich mit seinem Heer der Mittelmeerküste entlang den Hauptkräften der Mongolen entgegen.

In Ain Dscha'lud (»Quelle des Goliath«) bei Nazareth stießen die beiden Heere am 3. September 1260 aufeinander, und es kam aus der Bewegung heraus zur Schlacht. Mit gewohntem Ungestüm griffen die Mongolen an, und ihr gewaltiger Aufprall erschütterte die mamelukische Schlachtformation. Die Truppen des Sultans wankten, verloren an einigen Stellen den Zusammenhalt und wendeten sich zur Flucht. Ägyptens Schicksalsstunde schien gekommen zu sein; die letzte Bastion, welche die Ausbreitung der Mongolen im Mittelmeerraum hätte verhindern können, schien gefallen. Aber das Unglaubliche geschah, die Flucht wurde zur Rettung: Die Mongolen setzten den flüchtenden Mameluken nämlich in tollkühner Sorglosigkeit nach. Weit über die langgestreckten Hälse ihrer kleinen Steppenpferde gebeugt, jagten sie hinter den Flüchtenden her und schossen den Mameluken auf kürzeste Entfernung ihre Pfeile in den Rücken. Dann galt es, Beute zu machen und den vom Pferd Gestürzten die wertvollen Kleider und Waffen vom Körper zu reißen. Denn die persönliche Beute war neben der Verpflegung der einzige Kriegerlohn für die unteren Ränge der Steppenreiter.

Eile war dabei geboten, um sich die besten Stücke zu sichern. Trugen die Gestürzten irgendeine Rüstung am Körper, so schlugen ihnen die Mongolen, gleichgültig ob es sich um Tote oder um Verletzte handelte, die Gliedmaßen mit ihren kurzen Säbeln vom Leibe, um so schneller an den begehrten Panzer zu kommen. Nicht einmal für einen Gnadenstoß ließen sie sich Zeit. Beutegierig fielen die einen über die Toten und Schwerverletzten her, während die anderen weit voraus sich neue Opfer suchten. Keiner achtete mehr auf seine Gefährten und Führer. So ging jeder Zusammenhalt verloren, und die Verfolger hörten nicht mehr auf ein Kommando, kümmerten sich nicht mehr um den Verlauf der Schlacht.

Die Mameluken waren indessen noch keineswegs völlig geschlagen. Unter einigen beherzten Führern sammelten sich die an eiserne Disziplin gewöhnten Reiter, nachdem der erste Schreck vorüber war, formierten sich im Schutze eines langgestreckten Höhenzuges unter den Kommandos von Trommeln und Fanfaren um die geretteten Banner und traten mit neuem Mut entschlossen zum Gegenangriff an. Dies kam für die Mongolen völlig überraschend. Es war das erste Mal, daß sie sich auf ihrem langen Zug vom Fernen Osten zum Mittelmeer einem Gegenstoß geordneter, nach taktischen Gesichtspunkten gegliederter Reitergeschwader gegenübersahen. Während sie selbst noch an den Leichen ihrer Gegner herumzerrten und deren Pferde einfingen, donnerten die Mameluken in mehreren Wellen über die Hügel heran und durchstießen mit der geballten Wucht gepanzerter Reitergeschwader die ungeordneten mongolischen Haufen. Sofort wendete sich das Schlachtglück. Das Mongolenheer hatte seinen Zusammenhalt verloren, es gab keine einheitliche Führung mehr, und die Initiative, eine der wichtigsten Voraussetzungen für jeden Sieg, war an die Mameluken übergegangen.

Die einzeln und führerlos kämpfenden mongolischen Reiter auf ihren kleinen Pferden wurden von den geschlossen heranstürmenden stämmigen Pferden der Mamelukenregimenter überrannt und vom Rückweg abgeschnitten. Kethboga, der Befehlshaber der

Mongolen, fand dabei den Tod, und die Reste seiner geschlagenen Armee befanden sich bald auf einem ungeordneten Rückzug. Auch die mongolische Besatzung von Damaskus schloß sich dem geschlagenen Heer an, das auf seinem hastigen Rückzug teilweise durch die Stadt flutete. Dort hatten sich die Moslems nämlich, nachdem sie von dem Sieg der Mameluken gehört hatten, erhoben und viele Mongolen, aber auch Christen, die sich mit den Feinden verbündet hatten, erschlagen. Der Sieg war vollkommen, die tödliche Gefahr aus dem Osten war vorläufig gebannt.

Sultan Kutuz stellte nach diesem großartigen Erfolg als erstes die Ordnung in Syrien wieder her und setzte die aiyubidischen Herrscher von Homs und Hama, nunmehr jedoch als tributpflichtige Vasallen, in ihre alten Rechte ein. Er war in Syrien jetzt der unbestrittene Herrscher, und sein Name ertönte vom Mittelmeer bis zum Euphrat in den Gebeten der Mullahs. Im Triumph trat der gefeierte Retter von Syrien und Ägypten die Rückreise nach Kairo an – und ritt in sein Verderben.

Was geschah auf diesem Rückmarsch, wie konnte es zum Untergang dieses Herrschers kommen? Die Person des Sultans war seit der Ermordung von Turanschah nicht mehr unverletzlich, seine Stellung war nicht mehr unanfechtbar. Der Herrscher gehörte nun keiner alteingesessenen Dynastie mehr an, sondern war nur noch der Erste unter den Mameluken-Emiren, von denen sich jeder selbst zur Machtausübung berufen fühlte. Jeder dieser Mächtigen strebte ständig durch Intrige und Verleumdung, durch die Beseitigung von Nebenbuhlern sowie durch Bestechung zur Macht. So sah sich der jeweilige Herrscher stets bedroht. Er konnte, um dieser Gefahr zu entgehen, versuchen, die gefährlichsten Emire entweder zu liquidieren oder durch Bestechung gefügig zu machen, aber dies gelang nicht in jedem Fall.

Einer der mächtigsten mamelukischen Heerführer war Beybars, jener Bahri-Mameluk, der in Mansurah den Kreuzrittern zum Verhängnis geworden war, der danach neben Aktai an der Spitze der Streitkräfte gestanden hatte und nun mit kühnem Angriff die Mongolen aus Gaza verjagt hatte. Beybars war ein Kipschak-Turkmene und stammte aus der Gegend zwischen dem Ural und dem Kaspischen Meer. Er war ein großer, stattlicher Mann, jedoch auf einem Auge blind, weswegen er auf dem Sklavenmarkt nur einen verhältnismäßig geringen Preis erbracht hatte. Sein erster Herr war einer der mächtigsten Emire gewesen, Aydekin el Bundukdar, der ihn jedoch bald an Sultan Salih abtrat. Unter Salih wurde Beybars einer der führenden Bahri-Mameluken. Er war im Lager vor Damietta, als die Ägypter mit dem König von Frankreich über dessen Freilassung verhandelten und als Turanschah ermordet wurde. Möglicherweise war er selbst einer der Mörder gewesen. Unter Aybek und Kutuz hatte er sich während der Feldzüge gegen die syrischen Aiyubiden und die ägyptischen Beduinen ausgezeichnet, und er hatte maßgeblich zum Sieg über die Mongolen in Ain el Dscha'lud beigetragen.

Nun forderte er den Lohn für seine Verdienste. Er beanspruchte die Herrschaft über Aleppo, die ehemals aiyubidische Herrschaft, die den Mongolen entrissen worden war. Kutuz weigerte sich jedoch, seinen Heerführer zum mächtigsten Vasallen zu machen. Er mochte fürchten, daß Beybars ihm nach einem solchen Machtzuwachs den Rang als Oberherr streitig machen würde. Zwischen beiden gab es erregte Auseinandersetzungen, aber der Sultan gab nicht nach. Damit machte er sich den beliebten und allseitig geachteten Emir zum Todfeind, denn Beybars war enttäuscht und verbittert. Seine Treue zu Kutuz schlug in Haß um, und er konspirierte mit anderen einflußreichen Mamelukenführern gegen den Herrscher. Sie beschlossen, den Sultan zu beseitigen, und warteten nur noch auf eine günstige Gelegenheit. Diese bot sich in der Sinai-Wüste während des Rückmarschs der Ägypter.

Der Rückmarsch vollzog sich in mehreren Etappen. Immer wieder wurden längere Aufenthalte eingelegt, in denen der Sultan Hof hielt und Audienzen gab. Aber auch große Hofjagden wurden in den Steppen und Wüsten, die der Zug durchquerte, abgehalten. Bei solchen Gelegenheiten jagten die Kavalkaden auf Araber- und Berberhengsten durch die Wüste. Ein heißer Wind fegte über die von Sandstürmen und Wasser geformten Hügel, zwischen denen Wadis, die sich in grauen Vorzeiten als Folge seltener, aber heftiger Regengüsse in den verkrusteten, dunklen Sand eingewaschen hatten, zu einem bizarren, durch Erosion vollendeten Muster zusammenfügten, das sich im Nordwesten der Halbinsel in Dünen und losem Wüstensand auflöste. In der Ferne schimmerten lilablau die

Berge des Sinai, der Horizont zitterte im Dunst der Hitze, und das gleißende Licht der Sonne brach sich in dem von den Reitern in flatternden Burnussen aufgewirbelten Staub. Jagdfalken zogen am blauen Himmel ihre Spiralen. Nicht die schwächste Bewegung auf dem Wüstensand entging ihrem scharfen Blick, und hatten sie eine Gazelle entdeckt, so schossen sie in immer neuen Sturzanflügen so lange auf das flüchtende Wild herunter, bis dieses erschöpft zusammenbrach. Dann preschten die Reiter heran, und mit einem weiten Satz sprangen die Jagdleoparden, die die Vornehmsten mit sich führten, von den Kruppen der Reitpferde und erlegten das zitternde Wild. Eine solche Jagd war es, die Beybars am 24. Oktober 1260 zur Ermordung des Herrschers nutzte. Der genaue Hergang der Tat ist nicht überliefert.

Der Sultan war tot, es lebe der Sultan! Sofort, noch am Platz der Mordtat, ließ sich Beybars von seinen Mitverschwörern zum neuen Sultan wählen und übernahm die Macht. Der Coup war gut vorbereitet gewesen – keiner erhob die Hand gegen den mächtigen und furchteinflößenden Königsmörder. Dem Machtwechsel folgte kein weiteres Blutvergießen. Der Erfolg legitimierte den Anschlag, und der gewaltsame Griff zur Macht galt nicht als verwerflich, waren doch Machtkämpfe seit jeher, bis in die jüngste Gegenwart hinein, im Nahen Osten die bestimmenden Faktoren der Geschichte.

Nun setzte eine neue Geschichtsepoche in der Region ein, denn erst Beybars gab dem Mamelukenreich seine feste Kontur. Seine beiden Vorgänger hatten sich nur kurz und ständig um die Macht kämpfend behaupten können. Beybars dagegen schaltete sofort und rigoros jeden Widerstand aus und konsolidierte dadurch im Laufe seiner Herrschaft die Macht des ägyptischen Thrones. Sein Amt als Sultan trat er 1260 unter dem blumenreichen Namen »Sultan und König, emporsteigender Stützpfeiler von Staat und Religion Beybars, (Mameluk) von Bunduruktar und Salih« (siehe Glossar unter Beybars) an.

Der Name des Sultans war im Mamelukenreich zugleich immer ein Titel und entsprach dem Herrschaftsanspruch seines Trägers. Veränderte sich dieser Herrschaftsanspruch, zum Beispiel infolge neuer Eroberungen, so wechselte, wie wir später noch sehen werden, auch der Name. Es mag an dieser Stelle angebracht sein, kurz auf das System der Herrschernamen und -titel einzugehen.

Wie jeder Mameluk hatte auch jeder Sultan einen Eigennamen, wie »Beybars« meist türkischen, tscherkessischen oder mongolischen Ursprungs. Der Zuname war meist ein etwas prahlerischer Titel, wie zum Beispiel »Husam ed Din« (Schwertblatt der Religion), oft noch gefolgt von einem arabischen Ehrennamen, der mit dem Vaterbegriff verbunden war, wie »Abu el Feth« (Vater des Glaubens) oder »Abu en Nasr« (Vater des Sieges). Oft fügten die Mamelukensultane ihrem Herrschertitel noch ein Eigenschaftswort an, zum Beispiel »El Melik es Said« (der glückhafte König, genauer: der König des Glücks) oder »El Melik el Mansur« (der siegreiche König). Außerdem enthielt der Name bisweilen auch Angaben darüber, zu wessen persönlichem Besitz ein Mameluk gehört hatte, zum Beispiel »El Mansuri« (dem Besitz des Mansuri entstammend), wobei je nach Wechsel der Besitzverhältnisse oft lange Besitzerauszüge zustande kamen, wechselnd zwischen »El Mansuri« oder auch »Min Mansur« (von Mansur abstammend). Gelegentlich wurde, wenn die Namen immer noch zu kurz und einfach erschienen, das arabische Wort »ibn« (Sohn) verwendet, um auf den dem Wort ibn folgenden Namen des Vaters hinzuweisen. Natürlich wurde nie der ganze Name im täglichen Umgang angewendet. Sultane wurden gewöhnlich nach ihren Eigennamen oder ihrem ersten arabischen Ehrennamen benannt, Emire und andere Mameluken nur nach ihren Eigennamen.

Doch zurück zu Beybars: Nachdem der neue Sultan die Macht ergriffen hatte, mußte er darauf achten, nicht das Schicksal seiner Vorgänger zu erleiden und fortwährend den konkurrierenden Machtbestrebungen der anderen Mamelukenobersten zu unterliegen. Daß die gewaltsame Ausschaltung unliebsamer Untergebener, Bestechung und das Vorhandensein einer starken persönlichen Leibwache in der intriganten Atmosphäre einer orientalischen Soldatenoligarchie nicht mehr ausreichten, das eigene Leben zu schützen, war Beybars klar. Zu mächtig waren die Emire geworden, und zu mächtig war die Verlockung für jeden, es Beybars gleichzutun, den Sultan zu beseitigen und sich selbst an dessen Stelle zu setzen. Der neue Sultan mußte deshalb daran denken, sich Rückhalt bei den anderen Fürsten, beim Volk und vor allem bei den Geistlichen zu schaffen.

Schon frühzeitig betrieb Beybars deshalb Verhandlungen mit anderen islamischen Fürsten, mit dem Ziel, das von den Mongolen zerschlagene Kalifat wieder zu etablieren und es sich selbst zunutze zu machen – Bestrebungen, die er aber erst später in die Tat umsetzen konnte. Zuvor galt es, die äußere Sicherheit wieder herzustellen. Die Mongolengefahr war zwar vorläufig gebannt, aber auf lange Sicht stellten die mongolischen Herrscher Persiens, die Ilkhane, dennoch eine ständige Bedrohung dar. Hinzu kam die Sorge, daß sich das christliche Abendland zu neuen Kreuzzügen entschließen und dazu die noch vorhandenen fränkischen Stützpunkte in Palästina und auf Zypern als Brückenköpfe benutzen könnte. Zwar drohte keine akute Gefahr, denn alle Großmächte waren zur Zeit mit sich selbst zu sehr beschäftigt und hatten andere Sorgen. Mit dem Tod Kaiser Friedrichs II. von Hohenstaufen im Jahr 1250 hatte der Untergang der Staufer in Italien eingesetzt. Karl von Anjou, ein Bruder Ludwigs IX. von Frankreich, kämpfte mit päpstlicher Unterstützung um die Macht in Italien. In Deutschland wurde die Kaiserkrone an Ausländer verkauft; dort herrschte das Faust- und Fehderecht. In Konstantinopel war das Lateinische Kaiserreich gerade zusammengebrochen, und der byzantinische Kaiser Michael Paläologus kämpfte gegen die Bulgaren. Aber der Kreuzzugsgedanke bestand fort, und die christlichen Städte und Festungen in Palästina, die Ritter und wehrhaften Ordensbrüder stellten einen Fremdkörper im ägyptisch-syrischen Herrschaftsbereich dar, der beseitigt werden mußte.

Zunächst mußte Ägypten selbst abgesichert werden, und Beybars begann, die Städte des Niltales zu befestigen. Er errichtete Kastelle an den Nilmündungen und verbesserte die Verteidigungsanlagen von Kairo. Auch die insgesamt 12000 Mann zählenden Mamelukenregimenter mußten neu gegliedert werden; ferner gab Beybars den Bau einer Flotte von 40 Galeeren in Auftrag. Bei alledem hatte er zwei Ziele vor Augen: die endgültige Vernichtung der persischen Mongolen und die Zerschlagung der Kreuzritterstaaten, denen er die Unterstützung, die sie den Mongolen gewährt hatten, nicht verzeihen konnte.

Beybars verbrachte die ersten Monate seiner Herrschaft damit, die inneren Verhältnisse in Ägypten und Syrien neu zu ordnen. Zunächst galt es, einen Nebenbuhler in Damaskus, der dort die Macht ergriffen und sich zum König proklamiert hatte, gewaltsam abzusetzen. Es handelte sich um den dortigen Vizekönig, der über großen Einfluß verfügte und unter den Statthaltern Syriens eine Sonderstellung einnahm. In Damaskus, der größten und bedeutendsten Stadt Syriens, versammelten sich alljährlich die Gläubigen aus Persien, Buchara und Samarkand, ferner Turkmenen, Tscherkessen, Nordaraber und Mongolen zum Pilgerzug nach Mekka. Drei Tage blieben sie in Damaskus unter der Obhut des Vizekönigs, bevor sie mit 10000 Kamelen den Marsch nach Süden antraten. Allein diese Schutzfunktion verlieh dem Vizekönig besondere Macht; er war außerdem für die Gesamtverteidigung Syriens verantwortlich. Es gab zwar eine gewisse Kontrolle durch den Sultan: Die wichtigsten Hofbeamten des Vizekönigs, der Wesir und der Großkämmerer, waren vom Herrscher ernannt, und auch der Gouverneur der Zitadelle von Damaskus unterstand unmittelbar dem Sultan in Kairo. Aber in unruhigen Zeiten war es natürlich ein leichtes, sich dieser Kontrolle zu entziehen. Und eben das hatte der Vizekönig von Damaskus versucht. Aber er hatte Beybars unterschätzt. Der Sultan zettelte ein Komplott gegen den Vizekönig an und ließ ihn ermorden.

Nach diesem Zwischenfall schritt Beybars zur Neuordnung des Reiches. Als erstes mußten die Verwaltungsbezirke eingeteilt und neue Statthalter eingesetzt werden. Nur Hama blieb noch unter – wenn auch eingeschränkter – aiyubidischer Herrschaft, und Homs konnte sich bis 1262 unter dem aiyubidischen Herrscher El Aschraf halten. Strategisch wichtige Punkte des ägyptisch-syrischen Reiches wurden neu befestigt und starke Garnisonen nach Damaskus und in andere größere Städte verlegt. Diese Garnisonen wurden durch ein enges Straßennetz miteinander verbunden. Der Sultan begründete auch das Postwesen neu und schuf zügige Kurierverbindungen, von denen später noch die Rede sein wird. Zur gleichen Zeit betrieb Beybars eine rege Vertragspolitik, um die Kreuzritterstaaten vorläufig in Sicherheit zu wiegen, und er traf weitere Vorbereitungen, um die Kalifatsfrage zu lösen.

Es war nicht nur die Legitimation der eigenen Macht, die Beybars an dieser Frage so interessierte, sondern auch ein weitverbreitetes Verlangen in der islamischen Welt, einen neuen religiösen Bezugspunkt zu besitzen, nachdem der letzte Abbasidenkalif in Bagdad getötet worden war. Denn der Kalif war, mehr noch als der Papst in der christlichen Welt, der geistliche Oberherr der islamischen Staaten gewesen. Mehr noch, er trug, zumindest in der Sicht der meisten Gläubigen, auch die höchste Verantwortung für alle politischen und militärischen Maßnahmen zur Verteidigung und Ausbreitung des Islam. Und nur der Glaube schließlich war es, der die Verbindung zwischen den Völkern Nordafrikas, Spaniens, Palästinas und Arabiens darstellte. Welche Lücke hätte es beispielsweise in der Christenheit gegeben, wenn das Papsttum im Mittelalter plötzlich zu bestehen aufgehört hätte. Um wieviel schwerer also wog im Orient das Fehlen des Kalifen!

Nach der Zerschlagung des Bagdader Kalifats gab es freilich eine Art Ersatzkalifen in der Person des Herrschers von Tunesien, des Hafsiden El Mustansir. Er war zwar vom Scherifen von Mekka, zunächst auch von den Mameluken als Kalif anerkannt worden, besaß aber im Grunde genommen hierfür keinerlei Legitimation. Denn die Hafsiden waren ursprünglich nur die Verwalter Tunesiens für die berberischen Almohaden-Sultane von Marokko und konnten keinerlei Verwandtschaft mit dem Propheten Mohammed nachweisen. Und nur das zählte. Neben den Hafsiden gab es ferner die Nasriden des Königreichs Granada, die sich als Erben der omaiyadischen Kalifen von Cordoba betrachteten. Aber auch sie waren keine Nachkommen des Propheten. Im übrigen hatten sich die West- und die Osthälfte des Dar el Islam, des »islamischen Glaubensgebäudes«, so weit voneinander entfernt, daß ein Herrscher auf der Iberischen Halbinsel kaum als Führer des Islam weltweit Anerkennung finden konnte.

Der fehlende Nachweis, vom Propheten abzustammen, stand natürlich der Ernennung Beybars' zum Kalifen im Wege. Der Sultan mag mit diesem Gedanken vielleicht gespielt haben; immerhin hatte es in Kairo schon unter den Fatimiden die Kalifen gegeben. Aber jene konnten eben die notwendige Blutsbindung zum Propheten nachweisen, ohne die eine Legitimierung des Kalifatsanspruches im 13. Jahrhundert undenkbar war. Erst sehr viel später sollten sich die Osmanen die Kalifatswürde ohne jegliche Legitimierung aneignen. Sie wurden aber in der islamischen Welt nie wirklich als geistige Oberhäupter anerkannt.

Eine Selbsternennung von Beybars zum Kalifen kam also nicht in Frage. Der Sultan lud deshalb 1260 einen dem Bagdader Blutbad entronnenen Abbasidenprinzen nach Kairo ein, um das Kalifat wiederherzustellen. In einer prunkvollen Feier, in der das alte Bagdader Zeremoniell und der orientalische Pomp des Hofes von Kairo zur Schau gestellt wurden, setzte der Sultan den Abbasiden unter dem Namen El Mustansir zum Kalifen ein und kleidete ihn mit den Insignien des geistlichen Oberhauptes, dem schwarzen Mantel und schwarzen Turban. Während dieser Feier erhielt Beybars vom neuen Kalifen den golddurchwirkten schwarzen Turban, den Purpurmantel, die goldene Kette und die Gamaschen, die ihn als den rechtmäßigen und vom Kalifen anerkannten weltlichen Herrscher des Kalifenreiches auswiesen.

Die ursprüngliche Absicht des Sultans hatte wohl darin bestanden, das Kalifat und dessen Herrschaftsanspruch in seiner alten Form wiederherzustellen, das heißt, Bagdad für El Mustansir zurückzuerobern und selbst als Sultan unter der Oberhoheit des Kalifen über Ägypten und Syrien zu herrschen. Er machte El Mustansir einen entsprechenden Vorschlag, und der Kalif ging darauf auch ein. Beybars stellte sodann eine Armee für ihn zusammen und stattete ihn mit einem prächtigen Gefolge aus. Es scheint jedoch, als ob Beybars entweder den Kalifen von vornherein ausschalten wollte, nachdem er erst einmal die Sultansinsignien erhalten hatte, oder aber fürchtete, der Kalif könnte zu mächtig und ihm selbst am Ende gefährlich werden. Jedenfalls versagte Beybars dem Kalifen noch während des Feldzugs jegliche weitere Unterstützung; El Mustansir wurde geschlagen und verlor sein Leben bei den Kämpfen gegen die Mongolen.

Beybars' Position war durch des Kalifen Bestätigung seiner Sultanswürde jedoch gefestigt, und er fügte seinem Namen den Titel Kasim Amir el Mu'minin« (Gefährte des Befehlshabers der Gläubigen) bei. Ein neuer Prinz aus dem Hause der Abbasiden wurde nun mit dem Namen El Hakim eingesetzt, doch war jetzt keine Rede mehr davon, Bagdad zurückzuerobern. Die ägyptische

Dynastie der Abbasiden-Kalifen übte fortan nur noch eine scheinbare Macht aus; die Tätigkeit der Kalifen beschränkte sich auf rein religiöse Funktionen. Sie stellten zukünftig lediglich den geistlichen Mittelpunkt des Islam dar und machten die Metropole der Sultane zum Sitz dieses Zentrums. Sie bildeten die geistige Brücke zwischen dem alten Bagdader Kalifat und den Mameluken-Sultanen, von denen sie vollständig abhängig waren und denen sie dienten.

Die Einführung des Kalifats in Kairo sollte der Mamelukenherrschaft, der fortwährenden Machtausübung durch fremdländische Emporkömmlinge, auch den Anschein der Kontinuität arabischer und islamischer Traditionen geben – war doch der Stammvater der Abbasiden, El Abbas, ein Onkel des Propheten gewesen. Ein halbes Jahrtausend lang hatten die Abbasiden auf dem Thron in Bagdad gesessen und durch ihre Herrschaft den ganzen islamischen Raum geprägt. Um das wechselvolle Geschick dieser Dynastie, das aufregende Leben dieser Herrscher, die dem höchsten Adel der islamischen Welt entstammten und zu denen wahrhafte »Befehlshaber der Gläubigen«, aber auch gewalttätige Tyrannen, starke Führerpersönlichkeiten, Förderer von Kunst und Wissenschaft ebenso wie verschlagene Schwächlinge und Marionetten in der Hand gerissener Höflinge gezählt hatten, kreisten die Legenden der Geschichtenerzähler in den Suqs und Basaren vom äußersten Westen Nordafrikas bis zu den turkmenischen Steppen im Osten. Mehr als die Hälfte der 54 Abbasidenherrscher war Mordanschlägen zum Opfer gefallen, und einige waren geblendet worden – Stoff genug für die Legendenbildung über angebliche Intrigen, Verrat und Verschwörung am Hofe des Kalifen. Und jeder dieser Herrscher hatte schließlich in seinem Harem die schönsten Frauen des riesigen Reiches zu eigen gehabt – Anlaß genug für die leicht entzündliche Phantasie, die zartesten Liebesgeschichten, aber auch die unglaublichsten sexuellen Ausschweifungen, die sich am Hof in Bagdad angeblich zugetragen haben sollen, zu erfinden. Vor allem diese Legenden über die Abbasiden übten neben der Herkunft der alten Familie auf die eingesessene arabische Bevölkerung Ägyptens und Syriens eine Faszination aus, durch die die Machtlosigkeit der zukünftigen Kalifen im Bewußtsein der Gläubigen verdrängt wurde, die der Herrschaft der mamelukischen Sultane aber den Anstrich einer gewissen Legitimität verlieh.

El Hakim, der als mittel- und machtloser abbasidischer Prinz mit dem Namen Ahmed bisher eher das bescheidene Leben eines 20jährigen Aristokraten im Exil geführt hatte, mochte froh sein, von dem Kairoer Herrscher wenigstens einen glanzvollen Titel erhalten zu haben – mehr war es jedenfalls für den jungen Mann nicht. Beybars gestand dem Kalifen keinerlei Rechte zu, ließ ihn streng überwachen und verbot ihm, ohne Genehmigung seinen Wohnsitz in der Zitadelle zu verlassen. Dort mochte er sich seinem erlesenen Harem widmen, denn nur die Sicherheit, das kostbare Blut der Familie des Propheten weiter zu vererben, gab dem Kalifen seine Daseinsberechtigung. Erst später, unter Sultan Aschraf Khalil, erhielt Hakim eine eigene Residenz, den Palast El Kabch, der sich in der Nähe der ehrwürdigen Tulun-Moschee befand, als eigenen Dienstsitz zugewiesen. Und erst unter Sultan Ladschin war es dem bereits 55jährigen gestattet, sich frei zu bewegen.

Was war von dem einstigen Glanz der Nachfolger der Prophetenfamilie, der geistigen und weltlichen Oberhäupter der islamischen Welt, der alleinigen Imame, noch geblieben? Den »Fürsten der Gläubigen« gab es nur noch dem Titel nach. Doch auch diesen machten die Sultane den Kalifen bald mit ähnlichen Titeln, die sie sich selbst zulegten – wie »Mächtigster Imam« (il imam il azham) und »Sultan aller Muselmanen« – strittig, und unbotmäßige Kalifen, wie Mutawekkil I. (seit 1389), wurden vom Sultan kurzerhand abgesetzt und eingesperrt. Die günstige Gelegenheit, die Einheit des Islam wiederherzustellen, die mit dem Untergang der Abbasiden in Bagdad verlorengegangen war, wurde so vertan. Sie wurde auch später nicht mehr genutzt, als einer der Nachfolger Hakims vorübergehend das Amt des Sultans übernahm. Historische Sternstunden, die Einheit der islamischen Welt und der Araber zu wahren, vergingen ungenutzt. Der Islam blieb ohne geistigen Führer, der Weg war frei zunächst für Fremdherrscher, später für die eher verworrenen Ideen einer »Arabischen Welt« ohne innere Bindungen.

Nachdem sich Beybars die rechtlichen Voraussetzungen geschaffen hatte, als militärisches Oberhaupt und politischer Führer in den Kernländern des Islam zu handeln, konnte er damit beginnen, als nächstes seine Macht durch Allianzen mit fremden Fürsten zu festigen. Es wurde bereits darauf hingewiesen, daß es Verträge mit den Kreuzrittern gab, so zum Beispiel ein Abkommen, das Nasir, der ehemalige Aiyubiden-Sultan von Damaskus, mit Johann von Ibelin, dem Grafen von Jaffa, geschlossen hatte. Beybars bestätigte diese Vereinbarung und einige andere ähnliche Verträge. Ihm kam es aber ausschließlich darauf an, die Franken weiterhin in einer trügerischen Sicherheit zu wiegen.

Die Kreuzritter legten in diesen letzten Jahren ihrer Existenz eine seltsame Sorglosigkeit an den Tag; sie sahen nicht die Gefahr, die auf längere Sicht ihre Staaten bedrohte. Was sollten sie aber auch tun? Im Abendland war zwar immer wieder von neuen Kreuzzügen zu ihrer Entlastung die Rede, aber es gab keinen Fürsten mehr, der dafür die Hände frei hatte, und auch in der europäischen Ritterschaft war der Kreuzzugsgedanke schon sehr abgenutzt. Selbst der Papst trug sich nicht mehr ernsthaft mit Kreuzzugsgedanken; zu sehr war seine Stellung durch die deutsch-italienischen Querelen um Sizilien, Süditalien, den päpstlichen Besitz und die Lombardei geschwächt.

Die Lage der Ritter in Palästina glich dem Leben auf einem Vulkan, der jederzeit ausbrechen konnte. Sie lebten deshalb nur noch dem Heute und gaben sich ganz ihren Vergnügungen, dem höfischen Leben, den Festen und dem ritterlichen Treiben hin. Glänzende Turniere wurden abgehalten, und an die Stelle christlicher Demut und Bescheidenheit waren Vergnügungssucht und Lebensfreude der Ritter und Bürger, Machterwerb und Reichtum der Kirche und der Ritterorden getreten. Gelegentlich gab es zwar Plänkeleien mit den muslimischen Nachbarn, genausooft aber traf sich der Adel beider Religionen zu ritterlichem Turnier oder zu gemeinsamer Jagd. Es ist eine Legende vereinfachender Geschichtsdarstellung, wenn die Kreuzzüge als eine Abfolge ununterbrochener Feindseligkeiten dargestellt werden. Viele zeitgenössische, vor allem arabische Quellen berichten von gutnachbarschaftlichen Beziehungen arabischer und abendländischer Grundherren, von gemeinsamen Bündnissen gegen christliche oder moslemische Dritte, von gegenseitigen Besuchen und von dem Bemühen, die Sprache des anderen zu verstehen und teilweise sogar in Bruchstücken zu übernehmen (so leitet sich zum Beispiel unser Begriff Mansarde vom arabischen Wort »mansar«

[Ausblick], unser Wort Magazin vom arabischen »ghasin« [Vorräte], unser Wort makaber vom arabischen »qabr« [Grab] ab).

Von noch größerer Bedeutung als das Verhältnis zu den Kreuzrittern waren für Beybars die Beziehungen zu den in Südrußland angesiedelten Mongolen, in denen er Verbündete gegen die persischen Ilkhane sah. Baraka, der Khan der »Goldenen Horde«, war zum Islam übergetreten. Er war der Führer der Kipschak-Mongolen, denen Beybars selbst entstammte und die sich im Wolga-Gebiet mit der Hauptstadt in Sarai niedergelassen hatten. Baraka war ein Todfeind seiner Blutsverwandten, der persischen Ilkhane, die wie er von Dschingis-Khan abstammten. Zu ihm nahm Beybars 1261/62 Verbindung auf. Gesandtschaften wurden gegenseitig ausgetauscht, und kostbare Geschenke wurden überreicht. Beybars ließ Barakas Namen unmittelbar nach seinem eigenen Namen im Freitagsgebet in den Moscheen von Kairo, Jerusalem, Mekka und Medina nennen und nahm eine Tochter des Khans zur Frau.

Auch zu Byzanz unterhielt der Sultan Beziehungen. Mit dem oströmischen Reich gab es ja keinerlei Interessengegensätze, im Gegenteil, Kaiser Michael Paläologus sah im Sultan einen natürlichen Verbündeten gegen die lateinischen Christen, die Kreuzritter, die sein Land während des Vierten Kreuzzuges überfallen und Konstantinopel ausgeplündert, seinem Lande unter dem Zeichen und im Namen Christi nur Unheil und Blutvergießen gebracht hatten. Beybars entsandte einen Kairoer Melekiten-Patriarchen* nach Konstantinopel, und der Kaiser von Byzanz genehmigte die Wiedereröffnung der alten Moschee in Konstantinopel, die die Kreuzritter während des 4. Kreuzzuges in ihrer Zerstörungswut demoliert hatten.

Ebenso wurde zu Manfred von Hohenstaufen, dem Sohn Kaiser Friedrichs II. und Herrscher des untergehenden Reiches von Sizilien, eine Gesandtschaft entsandt. Beybars schloß Handelsverträge mit dem König von Aragon und später auch mit Alfons von Sevilla. Selbstverständlich gab es auch gute Beziehungen zum Dogen von Venedig, dem Oberhaupt der mächtigsten Handelsmetropole, die zu dieser Zeit den Mittelmeerhandel beherrschte und die stärkste Flotte hatte. Karl von Anjou, der mit päpstlicher Unterstützung die Hohenstaufen in Süditalien zurückdrängte und schließlich den letzten Staufer in Neapel öffentlich hinrichten ließ, schickte ebenfalls eine Gesandtschaft nach Kairo. Der diplomatische Verkehr erstreckte sich auch zu den islamischen Herrschern des restlichen Nordafrika sowie zu den wichtigsten Seldschukenfürsten in Kleinasien.

Bei all diesen Bemühungen erwies sich Beybars als ein kluger und weitblickender Staatsmann. Aber vor allem die Abmachungen mit dem mächtigen Khan der Goldenen Horde sollten sich als zukunftsbestimmend erweisen. Sie waren eindeutig gegen die persischen Mongolen gerichtet, die mehrfach Streifzüge tief nach Syrien hinein unternommen hatten. Gegen diese Raids der mongolischen Reiterschwärme hatte der Sultan bisher nur eine Strategie der »Verbrannten Erde« anwenden können, das heißt, er ließ die nördlichen Provinzen regelrecht verwüsten, die Brunnen zerstören und alle Ernährungsgrundlagen vernichten. Nur mit dieser kostspieligen und im Grunde selbstmörderischen Kriegführung hatte er bisher durchschlagende Erfolge der Ilkhane verhindern können. Die Mongolen fanden jedoch, wie früher schon, an der syrischen Mittelmeerküste Unterstützung bei den fränkischen Rittern. Vor allem Bohemund VI. von Tripolis und Antiochia hielt es für angebracht, zur Verteidigung des Christentums gegen den Islam den Beistand der Perser zu suchen. Unausbleiblich zog er sich damit die Feindschaft des Mamelukensultans zu.

Für etwa zehn Jahre, von 1261 bis 1271, kam es deshalb zu einer Folge von zahlreichen Feldzügen des ägyptischen Sultans gegen die Kreuzfahrerstaaten. Anfangs handelte es sich dabei vor allem um Streifzüge in die Gegend von Antiochia, nach Cilicien und in das Gebiet von Akka; Streifzüge, um das Land zu verwüsten, verbunden mit fürchterlichen Grausamkeiten an den überfallenen Landbewohnern, die oft nicht einmal Christen, sondern gläubige Moslems waren. Scharenweise ließ der Sultan die Einwohner der überfallenen Städte und Dörfer abmetzeln. Die Chronisten berichten, daß er zum Beispiel eine der eroberten Burgen mit einem Pfahlzaun umgeben ließ und jeden der angespitzten Pfähle mit dem abgeschlagenen Kopf eines Feindes zierte.

Auch gegen einige der noch übriggebliebenen Vertreter der alten Dynastie zog Beybars zu Felde. 1263 lockte er Mugith von Kerak, jenen aiyubidischen Prinzen, der einst die aufständischen Mameluken gegen Aybek unterstützt hatte, in eine Falle und nahm ihn gefangen. Mugith wurde in der Kairoer Zitadelle eingesperrt, und Kerak wurde von Beybars ausgebaut und zur ägyptischen Festung gemacht. Diese Wehranlage, auf einem fast uneinnehmbaren Hügel dort gelegen, wo das jordanische Wüstenhochland mit einem tief eingeschnittenen Wadi zum Toten Meer abfällt, lag im Stammesgebiet einiger besonders stolzer Araberstämme, der »Oqba ben Jodam«, der »Banu Zuhair« und der »El Atayoun«, die schon zur Zeit der Kreuzritter eine starke Kontrolle und das Vorhandensein einer mächtigen Burg erforderlich machten. Kerak entwickelte sich bald zu einem der wichtigsten Plätze des Reiches. Es wurde der Amtssitz eines Statthalters beziehungsweise Vizekönigs, der in der Reihenfolge nach den Vizekönigen von Damaskus und Aleppo rangierte und dem mehrere hochrangige Emire – zwei Kadis (Richter), ein Staatsschreiber, ein Feldhauptmann und der Provinz-Postvorsteher – unterstanden. Ferner gab es noch einen Kommandanten der Zitadelle, der jedoch nicht dem Vizekönig unterstand, sondern seine Befehle unmittelbar vom Sultan erhielt. In Syrien fiel Homs, die vorletzte aiyubidische Festung, mit dem Tode ihres Fürsten 1263 ebenfalls in die Hände des Sultans von Ägypten, und nur Hama blieb aiyubidisch, wenn auch lediglich unter der Oberhoheit des Mamelukenherrschers.

Bei all diesen Feldzügen handelte es sich um kleinere Unternehmungen. 1265 verstärkte der Sultan jedoch seine militärischen Anstrengungen und begann eine Reihe von Eroberungsfeldzügen in Syrien und Palästina. Er nahm Cäsarea und Arsuf ein und machte beide Städte dem Erdboden gleich, damit sie nie wieder Brückenköpfe der »Ungläubigen« werden könnten. Die christlichen Verteidiger beider Städte ließ der Sultan, soweit sie nicht gefallen waren, die Festungsanlagen abtragen. Danach verschleppte er sie nach Kairo, wo sie mit zerbrochenen Heilandskreuzen auf dem Rücken seinen Triumphzug krönten, bevor sie auf dem Sklavenmarkt verkauft wurden.

Kaum ein Jahr später zog der Sultan seine Truppen erneut zusammen. Diesmal führte er die Armee nach Jerusalem und Hebron, wo der Herrscher die dem Islam heiligen Städten aufsuchte. Anschließend eroberte er die Ländereien in der Umgebung der Festungsstädte Akka, Tyrus und Sidon. Danach griff er im Mai 1266 Safed mit der Kreuzritterfestung Chateau Blanc an, die der Templerorden heldenhaft verteidigte. Dreier blutiger Angriffe bedurfte es, bevor er in die Festung einziehen konnte. Riesige, Ballisten genannte Steinschleudern, bewegliche hölzerne Burgen und das gefürchtete »Griechische Feuer« mußten eingesetzt werden, bevor die meisten Templer erschlagen und die Festung, deren weißlich schimmernder Bergfried heute noch das Land überragt, sturmreif war. Anders als die Küstenstädte, die für neue christliche Kreuzzüge als Brückenköpfe dienen konnten, verschonte der Sultan die Befestigungsanlagen dieser Burg, ja er verstärkte sie sogar. Unter dem anfeuernden Gesang der Derwische arbeitete die ganze Armee, der Sultan voran, an der Errichtung stärkerer Befestigungen; die Burg wurde mit einer starken Mauer versehen.

Es entsprach der Persönlichkeit des Sultans, sich bei diesen Arbeiten persönlich einzusetzen und seinen Mameluken ein Vorbild zu geben. Insofern blieb er stets Erster unter Gleichen und hob sich damit erheblich von der Unnahbarkeit der Angehörigen alter islamischer Dynastien, aber auch von dem Byzantinismus späterer Mameluken-Sultane ab. Beybars war ein echter Soldatenkönig; auch im Kampf stand er immer in vorderster Reihe. Er scheute keine noch so große Gefahr, und als Zuchtmeister seiner Armee kümmerte er sich persönlich um die Ausbildung seiner Truppen. Auch im sozialen Bereich war der Herrscher, der es seinen Feinden gegenüber nicht an Grausamkeit fehlen ließ, vorbildlich. Er kümmerte sich um die Verwundeten und Kranken, sorgte sich um die Bereitstellung von Krankenbetten und beaufsichtigte die Arbeit von Ärzten und Krankenpflegern. Besonderes Augenmerk widmete er indessen der Erhaltung von Ordnung und Disziplin. Er verhängte schwere Strafen gegen Soldaten, die muslimisches Eigentum geplündert hatten, und verbot den Alkoholgenuß im Feldlager. Offizieren, die sich unerlaubt bereichert hatten, ließ er die Nasen abschneiden, eine erniedrigende Strafe, die er vom Kaiserreich Byzanz übernommen hatte.

Im Herbst des Jahres 1266 setzte Beybars seine Eroberungsfeldzüge fort. Er überrannte Cilicien und stieß bis nach Tarsus vor.

1268 fiel ihm Jaffa in die Hände, das er bis auf die Grundmauern zerstörte, nachdem er alles von Wert, sogar Marmorplatten und Säulen, hatte abreißen und nach Kairo transportieren lassen. Sodann eroberte er die starke Kreuzritterfestung Belfort, die den Templern gehörte und am Fluß Litani im Südlibanon eine strategisch bedeutsame Position einnahm.

Die mächtigste und bedeutendste Stadt, die 1268 in Beybars' Hände fiel, war Antiochia. Sie erlag dem Ansturm des Sultansheeres erst nach erbittertem Kampf und brannte einschließlich ihrer schönen Kathedrale nieder. 16 000 Stadtbewohner und Verteidiger wurden in die Gefangenschaft geführt. Die Sklavenmärkte in Syrien und Ägypten waren nach diesem Sieg so mit menschlicher Ware überfüllt, daß die Sklavenhändler für einen kräftigen christlichen Jungen nur noch 12 Dinare, für ein gesundes, hübsches Mädchen 5 Dinare erzielten.

Der Fürst von Antiochia, Bohemund Graf von Tripolis, befand sich während der Eroberung der Stadt in seiner Grafschaft Tripolis. Beybars sandte ihm nach der Einnahme von Antiochia einen verletzenden Brief, in dem er ihm die Lage drastisch vor Augen führte und damit der Nachwelt ein bedeutendes historisches Zeugnis hinterließ. In diesem Schreiben betitelte er Bohemund nur noch als Grafen (von Tripolis) und führte aus, daß Bohemund nun einem Manne in äußerster Todesfurcht gleiche, da ihm Stück für Stück seines Reiches fortgenommen werde. Der Eroberer beschrieb bis ins Detail den Untergang der Stadt und sparte nicht mit Einzelheiten: »... Während wir vor der Stadt in Stellung gingen, kamen Deine Truppen heraus, um sich mit uns im Kampf zu messen, aber sie wurden geschlagen; sie kamen sich gegenseitig zu Hilfe, aber die konnten nicht siegen; unter den Gefangenen war auch der Connétable. Er bat, mit Deinen Männern verhandeln zu dürfen, ging in die Stadt und kam mit einer Gruppe Deiner Mönche und höchsten Untertanen heraus, die sich mit uns unterhielten, aber wir sahen sie von Deinem Rat beeinflußt, böswillig bedacht auf mörderische Pläne, uneinig im Guten, aber einmütig im Bösen. Als wir ihr Schicksal unwiderruflich bezeichnet sahen und den ihnen von Gott bestimmten Tod, ließen wir sie mit den Worten gehen: ›Wir belagern euch sofort – das ist die erste und letzte Mahnung, die wir euch geben.‹ So kehrten sie zurück und handelten wie Du, überzeugt, Du kämest ihnen mit Deinen Reitern und Deinem Fußvolk zu Hilfe, aber bald geriet der Marschall in Verzweiflung, die Furcht bemächtigte sich der Mönche, der Kastellan brach vor dem Unglück zusammen, und der Tod fiel von allen Seiten über sie her. Wir eroberten die Stadt im Sturm in der vierten Stunde am Sonnabend, dem 4. des verehrten Ramaḍān (18. Mai), und erschreckten alle, die Du zu ihrem Schutz und ihrer Verteidigung ausgewählt hattest. Unter ihnen war niemand, der nicht irgendwelche Reichtümer besessen hätte: heute gibt es keinen von uns, der nicht einen von ihnen und seine Reichtümer besäße. Du hättest Deine Ritter sehen sollen, hingestreckt unter die Hufe der Pferde, Deine Häuser, die die Plünderer überfielen und die Räuber heimsuchten, Deine Schätze, die in Doppelzentnern gewogen wurden, Deine Damen, die zu vieren auf einmal verkauft und zum Preis eines *dīnār* Deines eigenen Geldes gekauft wurden! Hättest Du Deine Kirche gesehen, die Kreuze niedergerissen, die Blätter aus dem falschen Evangelium gerissen, die Gräber der Patriarchen durchwühlt! Hättest Du Deinen Feind, den Muslim, den Ort der Messe zertrampeln sehen, wie Mönche, Priester und Diakone auf dem Altar geschlachtet, die Patriarchen von dem plötzlichen Unglück betroffen und die königlichen Prinzen in die Sklaverei geschleppt wurden. Hättest Du gesehen, wie sich der Brand in Deinen Palästen ausbreitete, Eure Toten im Feuer dieser Welt schon brannten vor dem der anderen; wie Deine Paläste unkenntlich wurden, die Kirchen Sankt Paul und Qusjān eingestürzt und zerstört – du hättest gesagt: ›O wäre ich Staub, hätte ich nie einen Brief mit einer solchen Nachricht bekommen!‹ Die Seele wäre Dir vor Kummer entfahren, Du hättest die Brände dort mit dem Wasser Deiner Tränen gelöscht. Hättest Du Deine Wohnstätten aller Deiner Reichtümer entblößt gesehen, Deine Wagen mit Deinen Schiffen nach Suwaidijja geschafft, daß Deine Galeeren (in der Hand der Feinde) zu Deinen Hasserinnen geworden waren, dann wärest Du überzeugt gewesen, daß der Gott, der Dir Antiochia gab, es Dir wieder genommen hat, daß der Herr, der Dir seine Feste gab, sie Dir entrissen hat und sie vom Angesicht der Erde gelöscht. Du weißt jetzt, daß wir – Dank sei Gott – die Burgen des Islams, die Du genommen hattest, Darkūš, Šaqīf Kafar Dubbīn und alle Deine Besitzungen im Gebiet von Antiochia, Dir weggenommen haben; daß wir Deine Leute von den Burgen herabsteigen ließen, sie am

Schopf gepackt und überallhin zerstreut haben; daß keiner mehr da ist, der sich Aufrührer nennen könnte, außer dem Fluß, und der nennte sich nicht mehr so, wenn er könnte (Orontes = Aufrührer) und weint vor Reue. Seine Tränen bisher klar, aber jetzt sind sie blutrot vom Blut, das wir dort vergossen haben.

Dieser Brief enthält für Dich die gute Nachricht, daß Du wohlbehalten bist und Dir Gott ein langes Leben gegeben hat, da Du in diesem Augenblick nicht in Antiochia weilst, sondern Dich anderswo aufhältst. Wenn nicht, wärest Du jetzt tot, gefangen, verwundet oder übel zugerichtet. Das Leben gerettet zu haben – darüber freut sich der Lebende angesichts des Todes. Wer weiß, ob Gott Dich nicht leben ließ, damit Du gutmachen kannst, was Du bis jetzt an Gehorsam und Dienst ihm gegenüber hast fehlen lassen. Da kein Überlebender gekommen ist, Dich von den Geschehnissen zu unterrichten, haben wir Dich benachrichtigt, und da sich keiner in der Lage fand, Dir die frohe Kunde zu bringen, daß Du Dein Leben unter Verlust alles übrigen gerettet hast, taten wir es mit dieser Botschaft an Dich, damit Du von dem Ereignis, so wie es geschehen ist, sichere Kenntnis bekommst« (nach Ibn Abd es Zahir aus »Die Kreuzzüge aus arabischer Sicht«, Zürich 1973). Die unsagbaren Greuel, die für die Kriegführung des Mittelalters, vor allem aber für die Auseinandersetzungen zwischen Christentum und Islam seit der Mitte des 13. Jahrhunderts bezeichnend waren, treten hier deutlich zutage.

Grausame Massaker und Folterungen gefangener Gegner hatte es schon zu Anfang der Kreuzzüge gegeben. Doch während der ersten Kreuzzüge waren sinnlose Metzeleien noch verhältnismäßig selten, hingegen sind viele Beweise ritterlicher Großzügigkeit auf beiden Seiten überliefert. Der Gegner wurde zwar rücksichtslos bekämpft, das Ziel war aber nicht, ihn zu vernichten, sondern ihn unschädlich zu machen. Besonders unter Saladin und Richard Löwenherz waren ritterlicher Kampf und gegenseitige Hochachtung besonders ausgeprägt: Während der Feldzüge wurden in beiderseitigem Einvernehmen Kampfpausen eingelegt, die Waffen ruhten, die Gegner besuchten sich, machten sich Geschenke und hielten gemeinsame, friedliche Turniere ab. Traten die Parteien dann nach der Beendigung des Waffenstillstands wieder zum Kampf an, so standen sie nicht Feinden gegenüber, die sie haßten, sondern einem in der Ehre ebenbürtigen Gegner, der nur einer anderen Religion angehörte und allein deswegen bezwungen werden mußte.

Wie sehr hatten sich jedoch die Verhältnisse nach den Mongolenkriegen geändert! Die fränkischen Ritter waren nicht mehr die Kreuzfahrer, die sich einst aufgemacht hatten, die Stätten Christi zu befreien, und die keinen anderen Lohn als Gottes Segen erwartet hatten. Es waren die Feudalherren späterer Generationen, die um ihren Besitz fürchten mußten, unterstützt von abendländischen Glücksrittern, die kein besonderes Ethos besaßen. Auf der anderen Seite kämpfte nicht mehr der arabische Wüstenadel islamischer Dynastien, sondern die rohe mamelukische Soldateska der Kairoer und Damascener Kasernen, die in Mord und Greuel ihr Vergnügen fand. Ihr ging es weniger um den Glauben des Propheten als um Beute und Nervenkitzel. Was in Antiochia geschah, trug sich auch nach allen weiteren Eroberungen christlicher Städte und Burgen zu: Ritter, Bürger und Soldaten wurden vor ihren Frauen zu Tode gefoltert, alte Leute und Säuglinge wurden erschlagen, Mädchen und junge Frauen wurden geschändet und in endlosen, qualvollen Märschen durch die syrische Wüste und den Sinai in die Kairoer Harems verschleppt. Junge Ritter, Knappen und Bürgersöhne wurden in Ketten auf die orientalischen Sklavenmärkte getrieben und in ferne Länder verkauft.

Der Verlust von Antiochia entmutigte die Christen so sehr, daß sie beim Sultan um Frieden nachsuchten. Die mamelukischen Greueltaten, denen die Bevölkerung ganzer Städte und Landstriche zum Opfer gefallen war, ließen den Widerstandswillen der Franken deutlich erlahmen. Unter den ägyptisch-syrischen Unterhändlern, die Bohemund nach Tripolis eingeladen hatte, befand sich, getarnt als Pferdeknecht, auch der Sultan selbst, der die Gelegenheit nutzte, sich mit den gewaltigen Festungsanlagen der Zitadelle und der Stadt vertraut zu machen. Denn für ihn stand fest, daß die Verhandlungen nur einen Aufschub der endgültigen Zerschlagung der Kreuzfahrerstaaten bedeuteten, daß die endgültige Vernichtung aller Christen in Syrien und Palästina eherner Bestandteil seiner Macht- und Sicherheitspolitik bleiben mußte. Auch die fränkische Besatzung von Akka bemühte sich um Friedensgarantien, jedoch ohne Erfolg. Noch 1269 unternahm Beybars einen Feldzug in die Gegend von Akka und Tyrus, bei dem er die Umgebung beider Städte verwüstete. Akkar (nicht zu verwechseln mit Akka) mußte kapitulieren, und die Städte Tortosa und Markab konnten ihre Unabhängigkeit nur gegen die Abgabe weiter Territorien an den Sultan wahren.

1271 fiel eine der größten christlichen Burgen in Nordsyrien, der »Krak des Chevaliers« (arab.: Qal'at el Hisn oder Hisn el Akrad), an Beybars. Seit etwa 1110 hatte diese strategisch bedeutsame Festung, die die Verbindungswege zwischen Homs und der Küste beherrschte, den Franken gehört. Ursprünglich im Besitz von Raimund von Tripolis, hatte dieser sie den Johannitern übergeben, die von hier aus im Verbund mit einigen anderen Burgen den gesamten nordsyrischen Küstenstreifen beherrschten. In der ersten Hälfte des 13. Jahrhunderts hatte die Macht der Johanniter ihren Höhepunkt erreicht. Aus dieser Zeit, in der die Burg eine ständige Besatzung von zweitausend Mann beherbergte, stammen die meisten der heute noch erhaltenen Gebäude und Befestigungsanlagen.

Beim Bau dieser großartigen Offensivburg hatte der Orden weder Kosten noch Mühen gescheut. So wurde der Krak »die bewundernswerteste Burg der Welt«, wie Lawrence von Arabien noch in unserem Jahrhundert rühmte. Zwei mächtige, konzentrische Ringmauern umgaben den Burgkern, wobei die Verteidiger der inneren Mauer jeden Punkt vor der äußeren Mauer unter Feuer und Kontrolle halten konnten, so daß ein Angreifer gleich unter zweifachen Geschoßhagel geriet, während der innere Ring vor feindlichen Geschossen durch den äußeren Ring teilweise geschützt blieb. Die langen Reihen von Schießscharten des äußeren Rings mit etwa einem Dutzend herausragender Türme setzten jeden anstürmenden Gegner einem verheerenden frontalen und flankierenden Pfeilregen aus, der durch den Einsatz schwerer Wurfmaschinen verstärkt wurde. Sollte ein Angreifer dennoch den äußeren Ring überwinden, so wurde er zur Fortsetzung des Angriffs in die Enge zwischen äußerem und innerem Mauerring gezwungen, wo er, völlig ohne Deckung, auf kürzeste Entfernung den Geschossen aus dem hoch aufragenden inneren Festungsgürtel ausgesetzt war. Mit einem eigenen

Wasserreservoir, mehreren Brunnen, riesigen Vorratsgewölben und langen Reihen von Windmühlen auf den nördlichen Festungswällen war die Burg auch für längere Belagerungen gerüstet. Nur durch jahrelange Belagerungen oder durch eine mühsame Unterminierung schien es möglich, diese Burg zu Fall zu bringen, solange genügend Verteidiger bereitstanden.

Ein Meisterwerk der Festungsbaukunst war der Haupteingang an der Ostseite: der breite, rampenartige, überwölbte Gang, der in das Herz der Burg führte, hatte drei enge Windungen, die jedem Eindringling die Sicht verwehrten. Eine Zugbrücke über den äußeren Graben, vier Tore, Fallgitter und Pechnasen erschwerten die Annäherung. Im Südwestturm, hoch über den Festungsanlagen, lag das prachtvoll ausgestattete »Logis du Maître«, die Wohnung des Großmeisters, der hier einen seiner Hauptsitze hatte. Eine Etage tiefer, in der romanischen Kapelle, wurden die Messen der Ritter gefeiert. Eine riesige, 117 Meter lange Halle gegenüber der Kapelle diente als Generalkonvent des Ordens.

Diese grandiose und uneinnehmbar scheinende Festung sowie ihre Besatzung blieben aber vor dem allgemeinen Niedergang des Ordens nicht verschont. Bereits 1268 hatte der damals regierende Hochmeister Hugo von Reval geschrieben, der Orden könne anstatt der zehntausend Ritter, wie in früheren Zeiten üblich, jetzt nur mehr dreihundert in Palästina unterhalten. Sicher war diese Zahl nicht richtig, sie wirft aber ein Licht darauf, wie schwach die Besatzung des Krak jetzt gewesen sein muß. In dieser Situation des Niedergangs traf Sultan Beybars, der von seinen Spionen bestens über die prekäre Lage der Ordensritter unterrichtet war, mit seinem Heer sowie Abteilungen des Großmeisters der Assassinen und des aiyubidischen Fürsten von Hama vor dem Krak ein, wo er sofort mit der Belagerung und Unterminierung der Burg begann. Die Besatzung war in der Tat zu schwach, um die Unterminierung durch Ausfälle zu verhindern. Ende März stürzte der unterhöhlte Südwestturm ein, und die Ritter zogen sich auf einen der großen Türme im Süden der Burg zurück, wo sie sich noch weitere zehn Tage hielten. Da diese Verteidigung jedoch keinen Sinn mehr hatte, ergaben sie sich schließlich am 8. April 1271. Sie erhielten daraufhin sicheres Geleit und zogen nach Tripolis ab.

Beybars ließ den Krak sofort nach seiner Einnahme reparieren und unter dem neuen Gouverneur Sarim ed Din Qaimaz durch einige weitere Türme verstärken. Die Burg blieb in den folgenden Jahrhunderten ein starker militärischer Stützpunkt. Erst im 19. Jahrhundert sollte sie aufgegeben werden, worauf sich eine friedliche Dorfgemeinschaft zwischen den mächtigen Mauern ansiedelte, die erst unter der französischen Mandatsregierung umgesiedelt wurde, um die Festung der Nachwelt besser zu erhalten.

Als nächstes fiel im Juni 1268 die vom Deutschen Ritterorden verteidigte Burg Montfort (nördlich von Akka, an der heutigen israelisch-syrischen Grenze) an Beybars, und die Grafschaft Tyrus wurde gezwungen, ihr Territorium mit Ägypten zu teilen. Erst Hugo III. von Lusignan, König von Zypern, der noch den Titel eines Königs von Jerusalem trug, konnte den fränkischen Machtzerfall aufhalten. Er schloß mit dem Sultan einen Vertrag, der der Insel Zypern und der Festung Akka einen Frieden von zehn Jahren, zehn Monaten und zehn Tagen sicherte.

Diese den Christen gewährte Galgenfrist war die Folge einer militärischen Verstärkung der Franken: Im Jahre 1271 war Prinz Edward Plantagenet mit einem Kreuzfahrerheer aus England eingetroffen. Die Kreuzritterstaaten sahen sich damit vom Abendland wieder unterstützt, faßten Mut und errangen einige kleinere Erfolge. Hinzu kam, daß 1271 und 1272 die Mongolen wieder in Nordsyrien einfielen und Beybars von Palästina ablenkten. Eine weitere Entlastung der palästinensischen Christen trat schließlich dadurch ein, daß der Sultan das christliche Zypern trotz des Friedensvertrags angriff, dort jedoch in einem Sturm fast seine ganze Flotte mit 1800 Mann verlor und er nun alle verfügbaren Mittel zum Bau einer neuen Flotte verwenden mußte. Aus diesen Gründen mußte Beybars seine gegen die Christen gerichteten Pläne vorläufig zurückstellen. Mit dem Nachfolger von Bohemund, der 1275 gestorben war, trat er in Verhandlungen ein, die dazu führten, daß der noch mit Bohemund geschlossene Friedensvertrag bestätigt wurde. Die Franken verpflichteten sich in diesem Abkommen außerdem, jährlich 20000 Dinar als Tribut an den Sultan zu zahlen.

Von den Christen war nun vorläufig keine Bedrohung mehr zu erwarten. Auch das Verhältnis zu Byzanz hatte sich weiter entspannt, ständige Gesandtschaften wurden ausgetauscht und neue Handelsvereinbarungen abgeschlossen. Im übrigen hatte der Kaiser von Byzanz 1272 mit dem tatarischen Heerführer Nogaj, der in der Goldenen Horde eine führende Rolle spielte, einen Freundschaftsvertrag geschlossen, so daß Ägypten und Byzanz jetzt die gleichen Verbündeten in Südrußland hatten. Das aber konnte nur bedeuten, daß die Front gegen die persischen Ilkhane und die mit ihnen verbündeten Seldschuken in Kleinasien, die sogenannten Rum-Seldschuken, verstärkt wurde. Die persischen Mongolen und die Seldschuken waren jetzt die Hauptfeinde. Aber bevor Beybars daranging, sie zu zerschlagen, galt es mit einer anderen Gefahr in Syrien aufzuräumen: den Assassinen, jenem geheimen islamischen Militärorden, über den schon im Zusammenhang mit dem fatimidischen Thronprätendenten Nisar und dem Mongoleneinfall in Persien die Rede war.

Marco Polo, der venezianische Kaufherr und Weltreisende, war der erste, der einen gründlichen Bericht über diesen Orden und seine Meister, die »Alten vom Berge«, gab. Diese saßen ursprünglich in ihrer uneinnehmbaren Bergfestung Alamut in Persien, einem Palast voller herrlicher Gärten. Wunderschöne Mädchen lebten hier und erwarteten die vom Meister des Ordens auserwählten Jünglinge. Unter dem Einfluß von Rauschmitteln wähnten sich diese zu den Huris des Paradieses versetzt und waren bereit, auf Befehl ihres Meisters bedingungslos jede Tat zu begehen, um weiterhin im Paradies verweilen zu dürfen. Mit dieser Verheißung sandten sie die »Alten vom Berg« aus, um als Todesboten, als Fedaiyins, die Feinde des Ordens zu töten.

Der Orden war 1090 von Hasan ben Saba in Persien gegründet worden und basierte auf der ismailitischen Lehre, daß die Imame als Nachkommen von Ali und Fatima, der Tochter des Propheten, so wie dieser die Verkörperung göttlichen Lichtes auf Erden darstellten. Während jedoch die Ismailiten in Ismail, dem siebten Imam, der mit seinem frühen Tod in die Verborgenheit entrückt war, den letzten wahren Imam erkannten, der an einem von Allah bestimmten Tag wiederkehren würde, wähnten die Assassinen, daß diese Berufung vererbbar sei und daß ein Nachkomme Ismails, nämlich Nisar, als wahrer Imam eines Tages wiedererscheinen werde. Ihre, des Ordens, Aufgabe war es, als die wahren Gläubigen auf die Rückkehr des wahren Imam vorzubereiten. Dies vollzog sich nach geheimen Riten und einem System hierarchisch abgestufter Einweihung in die Glaubenslehre – je höher der Rang, um so gründlicher die Einweihung in die Lehre.

Von Persien ausgehend, verbreitete sich der Orden seit Beginn des 12. Jahrhunderts in Nordsyrien und in den Bergen der syrischen Küstenregion. Burgen wurden gekauft oder erobert, und zahlreiche einheimische Fürsten unterstützten den gefürchteten Orden. Um 1180 verfügte der Orden in Syrien über 60 000 Anhänger und über neun gut versteckte und unzugängliche Burgen im Nusairi-Gebirge. Von hier aus verbreiteten die ismailitischen Fanatiker Angst und Schrecken über den Nahen Osten, von hier zogen die gründlich ausgebildeten Sendlinge los, um ihre Meuchelmorde zu begehen. Denn meist vermieden die Assassinen die offene Feldschlacht – beileibe nicht aus Furcht, sondern vielmehr in Übereinstimmung mit dem Koran, der jeden Krieg, außer den »Heiligen Krieg«, ablehnt. Die Taktik der Assassinen bestand stets darin, die Führer ihrer Feinde zu ermorden, um auf diese Weise ihre politischen Ziele ohne größeres Blutvergießen zu erreichen. Dabei waren die Todesboten des Ordens unerbittlich und verwegen bis zur Selbstaufgabe. Die Ordensoberen gingen jedoch auch jedes Bündnis ein, wenn es ihren Zielen diente. Sie waren von Christen und Moslems gleichermaßen gefürchtet und umworben.

Von seinem Hauptsitz, der Burg Kahf, die sich in der Nähe der im Besitz des Johanniterordens befindlichen Hafenstadt Baniyas befand, hatte der Alte vom Berge im Jahre 1250 seine Todesboten nach Akkon geschickt, um Ludwig den Heiligen, König von Frankreich, zu ermorden. Der Plan wurde jedoch aufgedeckt; Ludwig gewann die Boten für sich und schickte sie, reich mit Geschenken für ihren Herrn versehen, in die Berge zurück. Kurz darauf unterzeichneten die beiden Souveräne einen gegenseitigen Verteidigungspakt – ein Purzelbaum der Logik, wie man ihn auch in der Moderne im Nahen Osten immer wieder erlebt.

Gegen Ende des Jahres 1190 lud der Alte vom Berge einmal den fränkischen Herrn Heinrich von Troyes, Graf von Champagne, einen engen Verwandten der Könige von Frankreich, Aragonien und England, ein, ihn auf der Festung Kahf zu besuchen. Nachdem Heinrich auf das festlichste bewirtet worden war, führte man ihm vor, mit welcher Bereitwilligkeit die Angehörigen des Ordens auf Befehl ihres Meisters in den Tod gingen: auf einen Wink ihres Großmeisters stürzten sie sich reihenweise vor den Augen des entsetzten Gastes vom Turm in die Tiefe, bis Heinrich schließlich bat, man möge der Darbietung doch ein Ende machen. Er verließ die Burg als Freund der Assassinen und mit deren Versprechen, daß sie jeden seiner Feinde, den er ihnen namhaft mache, ermorden würden.

Schon Saladin, der sich von den Assassinen bedroht fühlte, hatte – vergeblich – versucht, den Orden zu unterdrücken. Aber ihre konspirativen Verbindungen, die sogar in ferne Länder reichten, waren nicht so einfach zu zerreißen. Obwohl sie den Christen genauso gefährlich waren wie den rechtgläubigen Moslems (Markgraf Konrad von Montferrat, der König von Jerusalem, war zum Beispiel einem assassinischen Mordanschlag zum Opfer gefallen), genossen sie bisweilen den Schutz der Kreuzritter. So soll der Orden der Templer manchmal geheime Kontakte zu den Assassinen unterhalten haben, und die Johanniter waren zeitweise mit ihnen verbündet und erhielten von ihnen Tribut.

Dies änderte sich jedoch 1267 grundlegend: Durch einen Vertrag zwischen den Johannitern und Beybars wurden die Assassinen nun dem Sultan tributpflichtig, und er konnte sie für seine eigenen Ziele einsetzen. Angeblich soll er von ihnen sogar einen Mordanschlag auf den Prinzen Edward Plantagenet gefordert haben. Aber das war dem Sultan nicht genug, es ging ihm darum, diese gefährliche Sekte völlig zu entmachten. Er ließ die Burgen der Assassinen systematisch aushungern, und durch Kapitulation und mit Gewalt gelangten die schwer zugänglichen Festungen eine nach der anderen unter seine Herrschaft. Ihrer Zufluchten und militärischen Machtmittel beraubt, verloren die Mitglieder des Geheimbundes ihre Gefährlichkeit, und ihr Bund versank in der Geschichtslosigkeit. Er existiert im nördlichen Syrien bis in die Gegenwart nur noch als harmlose Sekte.

Nachdem Beybars an der syrischen Küste, von den wenigen noch verbliebenen Plätzen abgesehen, alles unter seine Kontrolle gebracht hatte, konnte er sein Augenmerk wieder nach Norden richten. Erneut überrannte er mit seiner Armee Cilicien, überraschte El Massisa, zerstörte Sis und stieß auf Tarsus vor. Er zog weiter, durchschwamm an der Spitze seiner Armee den Euphrat und besiegte 1273 die Mongolen bei Bira. Es folgte nun eine kleine Atempause, aber schon wenige Jahre später holte Beybars zum nächsten Schlag aus. Diesmal ging es gegen die Seldschuken, die den persischen Ilkhanen tributpflichtig waren. Unter den gelben Fahnen des Sultans fielen 1277 11 000 Mameluken in Kleinasien ein und trafen bei Abulusteyn, dem heutigen Elbistan (südöstlich von Kayseri) auf das Seldschukenheer unter dem Prinzregenten Muin ed Din, der vernichtend geschlagen wurde. Annähernd 7000 tote Seldschuken blieben auf dem Schlachtfeld, und sämtliche Gefangenen ließ der Sultan töten. Auch das Feldlager der Seldschuken war in Beybars Hände gefallen; die Beute war schier unermeßlich.

Fast widerstandslos konnte Beybars Cäsarea, das heutige Kayseri, einnehmen, wo er sich auf den Thron setzte, von dem aus die seldschukischen Sultane von Rum ungefähr zwei Jahrhunderte lang Anatolien beherrscht hatten. Das Volk huldigte ihm, und sein Name wurde in den Moscheen in die Gebete aufgenommen. Gesandte kamen von anderen Höfen und versicherten den Sultan der Ergebenheit ihrer Herrscher, so zum Beispiel der turkmenischen Herrscher des seit Anfang des 13. Jahrhunderts bestehenden Fürstentums Karaman, dessen Stammeskrieger den Herrschaftsbereich der Mameluken nach Norden absicherten und dessen Land eine Pufferzone zu den nördlichen Nachbarn darstellen konnte. Aber Beybars' Herrschaft in Cäsarea war nur von kurzer Dauer, denn der Ilkhan von Persien stellte eine Armee zusammen, um die Mameluken zu vertreiben. Weit ab von seinen rückwärtigen Basen, war der Sultan klug genug zu erkennen, daß die unermeßliche Weite Nordsyriens und Mesopotamiens einen Kampfausgang mehr beeinflußte als der Kampfgeist, daß der Raum in der Wüste eine größere strategische Bedeutung hatte als der Kampfwert der sich gegenüberstehenden Armeen. Er zog sich deshalb rechtzeitig nach Mittelsyrien zurück, die unglückliche Bevölkerung des von ihm besetzten kleinasiatischen Gebietes dabei der Rache der Mongolen überlassend, die eine bestialische Metzelei anrichteten.

Nicht nur im Norden hatte Beybars, wenn auch nur zeitweilig, die Macht der Mameluken ausgedehnt, auch nach Süden, in den Sudan, drangen seine Reitergeschwader vor. Dort, in Nubien*, herrschte der christliche König Dawud, der aufgrund alter Überlieferung zur Zahlung eines jährlichen Tributs oder zur Lieferung von 360 Sklaven an den ägyptischen Sultan verpflichtet war. Diese Abmachung bestand schon seit etwa 600 Jahren, und die Nubier hatten regelmäßig die menschliche Ware an den ägyptischen Statthalter von Assuan geliefert. Dawud aber war diesen Verpflichtungen nicht mehr nachgekommen. Ja, er hatte selbst mehrere Züge nach Ägypten unternommen und Moslems in Assuan und in Aydhab (am Roten Meer) als Sklaven weggeführt. Der ägyptische Statthalter von Kus hatte daraufhin 1272/73 eine begrenzte Strafexpedition bis in das alte Dongola unternommen, und der Sultan entschloß sich 1275, als er die Hände im Norden seines Reiches frei hatte, zu einer weiterreichenden Aktion. Er ernannte Dawuds Neffen Schekenda, der sich in Ägypten aufhielt, zum Gegenkönig und schickte eine neue Armee in den Sudan. Die Festungen von Daw, Sus und Dongola wurden von den Mameluken erobert, und Dawud wurde besiegt. Der Sultan setzte Schekenda auf den Königsthron, nachdem dieser ihm feierlich ewige Treue geschworen hatte. Außerdem mußte sich Schekenda verpflichten, die Sklavenlieferungen wieder aufzunehmen, die Hälfte der Jahreseinnahmen des Königreichs und außerdem für jeden männlichen Erwachsenen einen Golddinar zu zahlen sowie eine große Anzahl von Elefanten, Dromedaren, Panthern und anderen Tieren zu liefern.

Mit dem Krieg im Sudan hatte Beybars sein Reich auch nach Süden hin abgerundet und seinen Einfluß in Afrika erweitert. Der ehemalige Sklavenmörder seines Herrn und seines Damascener Gegenkönigs war nun einer der mächtigsten Herrscher der Welt und der größte Sultan des Jahrhunderts. Seine Befehle wurden vom Oberlauf des Nils bis zum Taurus in Kleinasien und im Osten von Bira entlang dem Euphrat bis nach Karkisia am Kabur befolgt. Die Stämme der Wüsten Syriens und Ägyptens waren ihm hörig und verpflichtet, Hilfstruppen zu stellen. Er beherrschte mit Ausnahme der wenigen den Christen verbliebenen Plätze und des aiyubidischen Hama die Mittelmeerküste von Kleinasien bis in die Libysche Syrte. Auch die heiligen Stätten des Islam, Mekka und

Medina, waren unter Beybars' Kontrolle, und der König von Jemen sowie der Herrscher von Abbessinien suchten seine Freundschaft. Die nubischen Herrscher waren ihm tributpflichtig, die Handelsmetropole Sawakin am Roten Meer war in des Sultans Hand.

Aber Beybars war nicht nur ein großer Eroberer und weitsichtiger Politiker, sondern auch ein Herrscher, der sich um die Entwicklung seines Landes bemühte. Die Feldzüge zwangen ihn zwar, den größten Teil seiner Regierungszeit außer Landes zu verbringen; während der Wintermonate verließ er jedoch das Feldlager und kehrte nach Kairo zurück. Von hier aus leitete er den weiteren Ausbau seiner Hauptstadt. Er ließ die begabtesten Baumeister kommen und von ihnen zahlreiche Moscheen und Medressen errichten. Er verbesserte im Niltal die bestehenden Dämme und Bewässerungsanlagen und baute neue hinzu. Er ließ Straßen und Brücken fertigstellen, befestigte Alexandria und ließ die alten Leuchttürme wieder herrichten.

Großes Augenmerk richtete der Sultan auch auf die Entwicklung von Wirtschaft und Handel; die Städte Kairo und Alexandria wurden bald zu den bedeutendsten Umschlagplätzen des abendländisch-fernöstlichen Handels. Die Handelsprodukte aus Indien und Südostasien wurden damals auf großen Seglern, den sogenannten Dhaus, an den Küsten des Roten Meeres entlang bis nach Qusseir transportiert. Dort lud man sie auf Kamele und brachte sie ins Niltal. Wieder umgeladen, wurden sie nun auf Nil-Felludschas nach Kairo und Alexandria befördert, wo sie von venezianischen Schiffen aufgenommen und nach Venedig, Byzanz und Südrußland ausgeführt wurden. Diesen Weg gingen vor allem die begehrten Gewürze, auf die der Sultan große Zölle erhob, während abendländische Tuche in umgekehrter Richtung transportiert wurden.

Kairo und Alexandria waren aber auch Umschlagplätze für den Transport von Menschen. An den Kais drängten sich die Pilger nach Mekka, die aus Spanien und dem westlichen Afrika kamen. Billige, zu Rudeln zusammengebundene schwarze Sklaven, die unter den Schlägen der Nilpferdpeitschen der Sklavenhändler aus Nubien herangetrieben worden waren, und aneinandergekettete teure Sklaven, die die Venezianer und Genuesen aus Südrußland zur Rekrutierung der Mamelukenregimenter herbeischafften, vervollständigten das Bild. Diese Sklaven kamen vornehmlich aus der von der Goldenen Horde kontrollierten Krim, wo es einen der größten Menschen-Umschlagsplätze dieser Zeit gab, den Sklavenmarkt von Kafa, dem ehemaligen (und späteren) Theodosia.

All diese Warenströme führten dazu, daß in Kairo und Alexandria die größten Märkte entstanden. Die wichtigsten Handelsstraßen verliefen durch Ägypten und machten den Bau von Straßen und Karawansarayen notwendig. Reisende und Pilger bezeichneten Kairo als die größte Handelsmetropole, die sie je gesehen hatten, und als die glänzendste Stadt des Orients. Das Schwergewicht arabischer Wirtschaft, Kultur und Bildung hatte sich von der Wüste weg an den Nil verlagert. Damaskus, Aleppo, Mekka und Medina waren, nachdem Bagdad seine zentrale Stellung verloren hatte, zu einfachen Provinzstädten herabgesunken.

Große Bedeutung maß der Sultan auch dem Ausbau des Postwesens und schneller Nachrichtenverbindungen bei. Durch ein gut organisiertes Netz von Poststationen waren alle wichtigen Plätze seines Herrschaftsbereiches mit der Hauptstadt verbunden. Als Relaisstationen für den schnellen Pferdewechsel dienten Posthäuser, die gleichmäßig über das Wegenetz verteilt waren. Nur vier Tage dauerte so eine Postsendung von Damaskus nach Kairo, und zweimal wöchentlich erhielt Beybars auf diesem Wege Berichte von allen Statthaltern seines weitläufigen Reiches. Arabische Chronisten berichten, daß der Weg von Kairo nach Damaskus bei besonderer Eilbedürftigkeit sogar in zwei Tagen bewältigt werden konnte und daß Araberstämme für die Bereitstellung der besten Pferde (später auch Kamele), die auf den Postrelaisstationen für einen »fliegenden Wechsel« bereitstanden, verantwortlich waren. Der Historiker Popper zählt auf dem Weg von Kairo nach Gaza und von dort nach Damaskus 38 Poststationen und gibt für das ganze Sultanat etwa 150 Pferde-Relaisstationen an, darunter auch solche weit im arabischen Süden, im Hedschas, und für mehrere Querverbindungen innerhalb des Reiches.

Diese Pferdepost, »El Barid« genannt, diente allerdings nur dem Transport von Regierungsmitteilungen oder von Reisenden im

Auftrage des Sultans. Die wichtigsten Strecken wurden vom Sultan selbst unterhalten. Die Postkuriere, die an einer besonderen, am Halse getragenen Silberplakette erkenntlich waren, genossen überall hoheitliche Vorrechte; ihnen mußte überall der Weg freigehalten und geholfen werden. Neben der normalen Pferdepost gab es des weiteren ein gut organisiertes System von Brieftauben-Verbindungen. Die Tauben wurden in Käfigen in der Kairoer Zitadelle gehalten und, wie die Pferdepost, zu Relaisstationen entsandt, wo die Nachrichten den müden Tieren abgenommen und an den Füßen ausgeruhter Tauben befestigt wurden, die den Weitertransport übernahmen. Die Tauben des Sultans hatten eine besondere Marke; wenn eine von ihnen in der Zitadelle oder im Feldlager des Herrschers eintraf, so entnahm der Sultan persönlich den Brief. Meist handelte es sich um Geheimkorrespondenz. Beybars hatte scharfe Bestimmungen erlassen, daß niemand es wagte, dem Sultan beim Öffnen der Briefe zuvorzukommen. Beim Eintreffen einer Taubenbotschaft wurde er immer sofort benachrichtigt, gleichgültig ob er sich im Harem, beim Mahl oder im Bad befand.

Schließlich gab es noch seit Hülegüs Vorstoß in die islamische Welt den sogenannten »Signaldienst«, der bestimmte Feuerzeichen (bei Nacht) oder Rauchzeichen (bei Tag) übermittelte. Fest angestellte Signalwächter wachten auf den höchsten Erhebungen des Landes oder auf besonderen Signaltürmen, um Feuer- und Rauchzeichen von anderen Observationspunkten sofort weiterzuleiten. Die Chronisten berichten, daß eine Nachricht auf diesem Wege in nur 18 Stunden vom Euphrat bis nach Kairo gelangte. Wie bei einer modernen Telegraphenschaltung gab es feste Übermittlungszeiten und Querverbindungen, deren wichtigste lange Zeit aus dem Osten bis nach Gaza am Mittelmeer führte. Von dort wurden Nachrichten – vermutlich um Verwechslungen mit Feuer- und Rauchquellen zu vermeiden, die in den dichter besiedelten Gebieten, vor allem des Nildeltas, anderen Zwecken dienten – mit der Pferde- oder Taubenpost an den Sultanshof in Kairo weitergegeben.

Kairo war auch der Endpunkt einer weiteren Signalverbindung, die außerhalb des Mamelukenreiches über die nordafrikanische Küste bis nach Marokko reichte. Der aus dem Jahr 859 stammende, dreißig Meter hohe Signaltum Khalef el Fata in Sousse (Tunesien), den man heute noch bewundern kann, war ein Teil dieser internationalen Verbindungslinie, die es ermöglichte, innerhalb weniger Tage Informationen durch nahezu die gesamte islamische Welt, vom Hohen Atlas bis an den Euphrat, mit Kairo als Schalt- und Filterstelle, gelangen zu lassen.

All diese Neuerungen, alle Verbesserungen, alle Fortschritte sowie die zahlreichen Kriege kosteten natürlich Geld, viel Geld. Beybars hatte zunächst, um sich bei seinen Untertanen beliebt zu machen, die hohen Steuern seines Vorgängers Kutuz drastisch gekürzt. Mit der zunehmenden Zahl von Feldzügen sah er sich jedoch dazu gezwungen, die Staatseinnahmen wieder zu erhöhen. Während sich die Steuererhöhungen in Grenzen hielten, waren die Tribute, die der Sultan in den eroberten Ländern erhob und von den Vasallenstaaten und den rechtlosen Araberstämmen eintrieb, um so höher. Dabei gebrauchte Beybars je nach Bedarf Gewalt und List und scheute keinen Vertrauensbruch: Als der Sultan einmal zu einem seiner Feldzüge nach Kleinasien aufbrach, forderte er von den Bewohnern von Damaskus einen außergewöhnlichen Tribut, um die Kriegskosten zu decken. Das jedoch empörte die Stadtbewohner, und sie gingen zu ihrem Imam, einem hochgeachteten Mann, damit er beim Sultan um eine Senkung der Steuern vorspreche. Achtungsvoll hörte Beybars den frommen Mann an und sagte, um die Damascener zu besänftigen: »Bitte, oh mein Meister, nur noch dieses Mal; sobald der Krieg beendet ist, werde ich die Steuer abschaffen, und dann werden wir Freunde sein.« Diese Worte beruhigten die Bürger. Nach seinem Sieg sandte der Sultan bei seiner Rückkehr aber folgende Botschaft an den Imam: »Wir werden nicht vom Pferde steigen, wir werden nicht den Fuß vom Steigbügel nehmen, bis Damaskus zweihunderttausend Silbertaler gezahlt hat, seine Provinz dreihunderttausend, seine Marktflecken und Dörfer wiederum dreihunderttausend und das südliche Syrien eine Million Silbertaler.«

Äußerst hart waren auch die Steuern für die Christen und Juden, denen er das Geld mit Gewalt, mit Folter und Schlägen, abnahm. So berichten arabische Quellen zum Beispiel, daß er, als er wieder einmal dringend Geld brauchte, alle Christen und Juden von Kairo zusammentreiben ließ und ihnen androhte, sie in eine große, eigens vorbereitete Grube zu werfen, in der Feuer brannte. Nur wer bereit war, sich freizukaufen, konnte dem Verbrennungstod entgehen, und bereitwillig gaben die entsetzten Opfer auf der Stelle alles her, was sie besaßen.

Besonderes Augenmerk richtete Beybars auf den Aufbau einer modernen Staatsstruktur und Verwaltung. Sie war neben der byzantinischen wohl die modernste ihrer Zeit, zugleich aber auch die bürokratischste. Es gab sogar eine Verwaltungsenzyklopädie, die »Sub el A'scha« von Qalqaschandi, mit genauen geographischen und topographischen Details zum Gebrauch der königlichen Sekretäre. Dieser Quelle zufolge stand an der Spitze der Zivilverwaltung ursprünglich der Wesir, dessen Funktionen sich im Laufe der Zeit jedoch immer mehr auf die eines obersten Steuereinnehmers beschränkten. Was den Staatsaufbau anbelangte, so wurde der Sultan bisweilen von einem »Vizekönig von Ägypten« (Naib es Sultana) vertreten, den es jedoch nicht unter allen Herrschern gab. Dieser Vizekönig führte den Ehrentitel eines Emir Kebir, was soviel wie »Großfürst« bedeutete. Regenten für einen noch minderjährigen Sultan führten den Titel »Nizam el Milk«, was etwa der Bezeichnung eines »Reichsverwesers« entsprach.

Unter dieser Staatsspitze rangierten die Provinzgouverneure, die ebenfalls den Titel eines »Naib es Sultana« führten (»Naib« bedeutet im Arabischen »Vertreter«, im modernen Militärbereich ist es die Rangbezeichnung eines Majors). Diese Vizekönige verwalteten die elf Provinzen des Reiches: Oberägypten, Unterägypten, Alexandria, Barka, Gaza, Damaskus, Kerak, Safrad, Tripolis, Hama und Aleppo. Ihnen gleichgestellt waren zwei arabische Emire für den Hedschas, ein Scheich vom Stamme der »Banu Hussaini« in Medina und ein Scheich vom Stamme der »Banu Hassani« in Mekka. Bei diesen beiden Familien, den »Söhnen von Hussain« und den »Söhnen von Hassan«, handelte es sich um arabischen Uradel, der sich unmittelbar vom Propheten ableitete. Die ersteren trugen den Adelstitel »Said«, die letzteren den Titel »Scherif« (der vorletzte Fürst der Scherifen, der Großscherif von Mekka und König von Hedschas, war – bis 1924 – der Haschemit Hussein, ein Urgroßvater des Königs Hussein von Jordanien. Ihm folgte Husseins Großonkel Ali noch für ein weiteres Jahr, bis sein

Königreich im modernen Saudiarabien aufging. Die Sada – Plural von Said – stellen in Jemen heute noch eine Adelsschicht dar, die vor allem den zaiditischen Klerus stellt). Unter diesen Provinzgouverneuren hatte der Vizekönig von Damaskus eine gewisse Vorrangstellung inne. Zeitweise war er vor dem Sultan für ganz Syrien (gemeint ist Großsyrien, das auch den heutigen Libanon, Palästina und das heutige Jordanien einschloß) verantwortlich.

Die Provinzen waren unterteilt in Wilayets, Bezirke, an deren Spitze »Walis« standen, die entweder unmittelbar vom Sultan oder von den Naibs ernannt wurden. Neben den Provinzstatthaltern gab es schließlich, wie schon an anderer Stelle erwähnt, die Naibs der großen Zitadellen und Festungen. Es war also durchaus möglich, daß in einer Provinzhauptstadt unabhängig voneinander zwei Naibs residierten, einer als Vizekönig der Provinz und einer als Kommandant der Zitadelle.

Doch zurück zur Persönlichkeit des Sultans. Das Urteil der arabischen Geschichtsschreibung über den Charakter Beybars' ist durchaus zwiespältig: Einerseits galt er bei seinen Zeitgenossen als hart, unberechenbar und grausam, andererseits aber als gerecht und großzügig. Das zeigte sich zum Beispiel während einer der großen Hungersnöte, die das Land periodisch heimsuchten, im Jahre 1264: Um die schlimmsten Härten und Ungerechtigkeiten bei der Verteilung von Getreide zu unterbinden, griff der Sultan in Kairo persönlich in die Kornverteilung ein und zwang seine Emire und Offiziere, im ganzen Land den Getreideverkauf zu überwachen und den Wucher und die Benachteiligung der sozial Schwachen zu unterbinden. Auch um die Moral seiner Untergebenen war der Sultan besorgt. Er verbot den Genuß von Alkohol und Haschisch und bemühte sich, durch Isolierung der Kranken die im Orient durch die öffentlichen Bordelle weitverbreiteten Geschlechtskrankheiten einzudämmen. Er ließ die Tavernen und Freudenhäuser schließen und bekämpfte, obwohl selber in höchstem Maße korrupt, die orientalische Bestechlichkeit seiner Offiziere und Beamten.

Wie selten ein Sultan vor ihm nahm sich Beybars der Führung der Staatsgeschäfte an, blieb aber trotzdem vor allem ein Kriegsfürst.

Ständig stählte er sich körperlich und ging den verschiedensten Sportarten orientalischer Edelmänner nach. Die Chronisten berichten, daß er tagsüber gerne jagte und Polo spielte, ein Reiterspiel, das man von den Persern übernommen hatte. Er war ein hervorragender Schwimmer, der einmal in voller Rüstung den Nil durchschwamm, und er übte sich ständig im Speerwurf und im Bogenschießen. Beybars' Nächte waren der Arbeit gewidmet. Kuriere, die des abends am Sultanshofe eintrafen, erhielten auf ihre Briefe pünktlich um drei Uhr morgens die Antwort, und es wird berichtet, daß der Sultan einmal in seinem Zelt im Feldlager in einer einzigen Nacht sechsundfünfzig Dokumente entwarf, unterzeichnete und versiegelte.

Trotz seiner oft grausamen Strafen war der Sultan im Volk beliebt; immer schon hegten die Moslems für einen Kriegssultan die größte Bewunderung, besonders dann, wenn er, wie Beybars, außerdem großzügig bei der Vergabe von Almosen war. Auch als Glaubensstreiter genoß der Herrscher unter den Moslems großes Ansehen. Nicht nur, daß er fast alle Kriege unter dem Zeichen des Islam als »Dschihäd«, als Heilige Kriege führte, er duldete auch keine andere Religion neben dem Islam, und die Christen und Juden hatten unter seiner Intoleranz und Rücksichtslosigkeit sehr zu leiden. Die Härte, die er diesen Minderheiten gegenüber an den Tag legte, war neu. Denn immer schon hatte es zwar christenfeindliche Aufwallungen und vor allem blutige Judenpogrome gegeben, insgesamt aber hatten die islamischen Herrscher bisher meistens ein Mindestmaß an Duldsamkeit gegenüber den beiden Religionen bewahrt – mehr jedenfalls als die Christen, die während der Kreuzzüge oft fürchterliche Blutbäder unter den Moslems angerichtet hatten. Das hatte sich nun geändert, und die Angehörigen der religiösen Minderheiten lebten fortan in Furcht und Schrecken.

Aber auch innerhalb der islamischen Glaubensgemeinschaft war Beybars ein strenger Herr. Er ging mit Härte gegen jede Art von Sektierertum vor und duldete keine Parteienbildungen. Gerade das war angesichts der Zerrissenheit des Islam besonders wichtig. Innerhalb der sunnitischen Glaubensgemeinschaft gab es ursprünglich vier verschiedene Lehrrichtungen mit jeweils eigenen Gemeinden, und für jede dieser Gemeinden hatte er einen Kadi, einen obersten Richter, ernannt. Tatsächlich spielte der Sultan die

Kadis jedoch unter Umgehung des Kalifen ständig gegeneinander aus und traf mit seinem obersten Minister, dem Wesir, alle Rechtsentscheidungen selbst. Ein Grund hierfür mag die autokratische Veranlagung des Sultans gewesen sein, mehr aber noch das Mißtrauen, das einer der hervorstechenden Charakterzüge Beybars' war. Denn der gefürchtete Herrscher mißtraute jedem. Aus der Erfahrung seines eigenen Aufstiegs wußte er, wie gefährlich die Emire mit ihren Mamelukengefolgschaften und bestochenen Beduinenstämmen werden konnten. Er ließ seine Statthalter deshalb insgeheim überwachen und wechselte sie stets aus, bevor sie in einer Region feste Wurzeln schlagen und sich eine eigene Hausmacht schaffen konnten. Argwöhnte er einem seiner Offiziere oder Beamten, so kannte er keine Gnade, und Folter oder Tod des Unglücklichen waren schnell besiegelt.

Niemals fühlte er sich vor Mordanschlägen sicher. Seine Speisen ließ er, bevor er sie anrührte, von Vorkostern probieren, seinen Schlaf von Eunuchen, die sich gegenseitig kontrollierten, überwachen. Nie durfte ihm ein Besucher mit Waffen gegenübertreten, und die dunklen Verliese der Zitadelle waren ständig von den Unglücklichen angefüllt, denen er mißtraute oder an deren Loyalität er zweifelte. Ungezählte Agenten und Spitzel überwachten das Land. Des Sultans Mißtrauen ging sogar so weit, daß er auch die Spitzel sich gegenseitig überwachen ließ. Geheime Vorrichtungen, versteckte Gucklöcher und Spiegel erlaubten es Beybars, in seinen Festungen, Palästen und Moscheen ungesehen seine Umgebung beobachten zu können. Während er vorgab, krank in seinem Zelt in Syrien zu liegen, ritt er unerkannt nach Kairo, wo er aus sicheren Verstecken das Treiben am Herrscherhof belauschte. Überhaupt schätzte es der Sultan, sich unerkannt von allen, auch von seiner nächsten Umgebung und seinem Gefolge, über alle wichtigen Dinge ein persönliches Bild zu machen. Hierfür scheute er keine Mühe und keine persönliche Gefahr. Es wurde schon an anderer Stelle berichtet, wie er eine Kreuzritterfestung in der Verkleidung eines Pferdeknechtes ausspionierte, und die Chronisten berichten, daß Beybars in ähnlicher Verkleidung Kleinasien auskundschaftete und nicht mit Hohn über die Ausspionierten sparte: In einer Garküche ließ er in einer der heimlich besuchten Städte absichtlich seinen Ring liegen. Nach seiner Rückkehr nach Kairo schrieb er dem Ilkhan Abaga, daß er in seinem Lande gewesen sei, und forderte ihn auf, ihm seinen Ring nach Kairo zurückzusenden.

Beybars war grausam, hinterhältig und wortbrüchig; aber er war auch mutig und großzügig, und er war durch und durch Soldat. Er liebte, wie die meisten Mameluken seiner Zeit, Pferderennen und war im ritterlichen Turnier, das man von den Kreuzrittern übernommen hatte, unschlagbar. Alle diese Eigenschaften, vor allem aber seine Verdienste um den Aufbau des Mamelukenstaates, machten Beybars in der ägyptisch-syrischen Überlieferung zu einem Volkshelden, um den sich zahlreiche Legenden und Märchen ranken, die man sich noch heute in den Teestuben und Kaffehäusern von Kairo und Damaskus erzählt.

1277 starb Beybars bei der Rückkehr von einem erneuten Kriegszug nach Kleinasien, möglicherweise an Gift. Über seinen Tod gibt es zwei Versionen. Die erste: Beybars, der seinen Untertanen den Genuß von Alkohol verboten hatte, liebte selbst leidenschaftlich Kumys, einen aus saurer Stutenmilch gewonnenen Schnaps, den man heute noch in bestimmten Gegenden Asiens trinkt. In Damaskus nahm er davon während des Feldzugs so viel zu sich, daß er Fieber bekam. Zur Linderung wurde ihm in Anwesenheit seines Arztes ein Mittel, möglicherweise aber ein Gift, gegeben, an dem er kurz darauf starb. Die zweite Version besagt, daß Beybars zu einem Trinkgelage einen Aiyubidenprinzen eingeladen hatte, den er vergiften wollte. Aus Versehen trank er jedoch den Giftbecher selbst und starb drei Tage später.

Während seiner 17jährigen Herrschaft hat Beybars für Ägypten, Palästina und Syrien den Übergang vom traditionellen Legalismus zur Oligarchie einer exklusiven Kriegerkaste vollzogen und an die Stelle des arabisch-islamischen Nationalstaates das Fundament einer bis in die Neuzeit reichenden Fremdherrschaft gesetzt. Wie kein anderer Herrscher vor ihm hat er den eher trägen Bewohnern Ägyptens mit einer zentralistischen, etatistischen Verwaltung ein stählernes Korsett geschmiedet und dem Land erstmals zu einer modernen Infrastruktur verholfen. Sein größtes Verdienst bestand jedoch in der Erhaltung der äußeren Sicherheit für sein Reich, die er als weitblickender Stratege und charismatischer Feldherr gewährleistete, ebenso aber auch als kluger und vorsichtiger Diplomat.

Der Untergang der Kreuzritter

Unter Beybars hatte sich der Mamelukenstaat endgültig formiert. Doch was haben wir unter dem Mamelukenstaat eigentlich zu verstehen? Es ist damit lediglich die Gesellschaft einer dünnen Militäroligarchie gemeint. Nur die Mamelukenarmee und die sie beherrschende Kaste der Emire und Offiziere waren ja die den Staat tragenden Elemente. Alles andere zählte nicht; die Landesbewohner waren rechtlos und wurden nur zu Dienstleistungen herangezogen. Das Arabertum hatte in Ägypten spätestens zu diesem Zeitpunkt seine einstmals beherrschende Rolle für immer ausgespielt; die Christen und Juden übten ohnehin schon seit langem keinen Einfluß mehr auf das Staatsgeschehen aus, und die Fellachen des Niltals hatten sich noch nie aus ihrer Unterwürfigkeit befreien können.

Wer waren die Mameluken zum Ende des 13. Jahrhunderts? Als junge Knaben wurden sie vom Sultan und von den großen Emiren gekauft. Meist kamen sie aus dem Kaukasus oder aus den turkmenischen Grenzgebieten im nördlichen Herrschaftsbereich des Sultans. Aber es gab unter ihnen auch zahlreiche Griechen, Angehörige der Balkanvölker, ja sogar Westeuropäer. Auch Kriegsgefangene wurden für die Mamelukenregimenter rekrutiert, ebenso christliche Pilger, deren Galeeren auf hoher See aufgebracht oder von betrügerischen Kapitänen anstatt ins Heilige Land in den Hafen von Alexandria gesteuert worden waren. Die meisten Mameluken scheinen, zumindest zeitweise, aus den südrussischen Turkvölkern – unter Tataren, Tscherkessen, Kasachen, Kalmücken, Turkmenen, Georgiern und Armeniern sowie einigen Kosakensippen – rekrutiert worden zu sein, also aus Völkern, die, wie schon an anderer Stelle erwähnt, einst als Reitervölker aus Innerasien nach Westen vorgedrungen waren. Später sollten auch Mongolen hinzukommen.

Aufgrund der geschichtswissenschaftlichen Vernachlässigung der Mameluken gibt es keine Untersuchungen darüber, warum das Mamelukenreich so weit entfernte Rekrutierungsreservoire bevorzugte, so daß man nur Vermutungen über dieses lang anhaltende Phänomen anstellen kann. Alles weist darauf hin, daß die südrussischen Waffensklaven, die ersten Mamelukenherren, die ihrerseits aus unbekannten Gründen in den Süden gelangt waren, sich gerne mit Gefolgsleuten gleicher Bräuche, Kultur und Sprache umgaben, aus deren Mitte wiederum die zukünftigen Herren mit den gleichen Vorlieben aufstiegen. Bei den mongolischen Mameluken späterer Zeit dürfte es sich vor allem um Kriegsgefangene gehandelt haben, die besonders billig zu erhalten waren, das Kriegshandwerk schon hervorragend beherrschten und nur noch »umgedreht« werden mußten.

Als Sklaven durchliefen diese Kriegsgefangenen unter Aufsicht der »Agas«, ihrer Lehrmeister, eine harte, gründliche Ausbildung im Waffenhandwerk und in der Reitkunst. Später wurden sie nominell freigelassen, blieben aber ihren Emiren und dem Sultan dennoch bedingungslos untertan. Die mamelukischen Reiter lebten in Kasernen und kamen mit der einheimischen Bevölkerung kaum in Kontakt. Roh und ungebildet, streitsüchtig und anmaßend, wie sie waren, ging man ihnen lieber aus dem Wege und mied jeden Kontakt mit ihnen. Im allgemeinen blieben die Mameluken auch unverheiratet. Den normalen Soldaten fehlte es ganz einfach am Geld, um sich eine oder gar mehrere Frauen nehmen und eine Familie gründen zu können. Anders jedoch die Offiziere. Prinzipiell stand jedem die Offizierslaufbahn offen. In den unteren Rängen gab allein die militärische Tüchtigkeit den Ausschlag; beim Avancement in die oberen Ränge mochten freilich auch Machtstreben, diplomatisches Geschick, Intelligenz und Verschlagenheit eine Rolle spielen. Wer Mamelukenoffizier war, war zugleich Emir, und das bedeutete, daß er dem Adel des Reichs angehörte. Was ist nun unter diesem Offizier- und Beamtenadel zu verstehen?

Er war etwas Einmaliges in der Weltgeschichte, ebenso wie der innere Aufbau und die soziale Struktur der Mamelukenarmee in der Militärgeschichte kein Vorbild hatte und nie eine Nachahmung gefunden hat. Es gab drei Gruppen von Mameluken: Zunächst die Soldaten des Sultans, die sich in dessen persönlichem Besitz befanden. Ferner die Soldaten der Emire, die ebenfalls persönliches Eigentum waren, sowie die Soldaten der sogannten Halqas*, eine Art Reichsheer, das dem »Diwan el Djaisch«, dem Armeeministerium, unter einem Atabeg unterstand. Die ersten, die Sultans-Mameluken, die unter dem Kommando des »Muqaddam el Mamalik« (Vorgesetzter der Mameluken) standen, waren von allen die privilegiertesten, denn es galt immer als eine besondere Auszeichnung, in den Besitz des Herrschers zu gelangen. Da war es von zweitrangiger Bedeutung, ob es sich bei dem Betreffenden um einen Sklaven oder einen Freigelassenen handelte, denn auch dem Sklaven stand bei Bewährung die Freilassung offen. Solche Freisprechungen, die zugleich die Übernahme kleiner Lehen mit sich brachten, gab es jährlich. Immer jedoch blieb der Freigelassene Mameluk des Sultans, und im Dienst gab es kaum einen Unterschied zwischen Freigelassenen und Leibeigenen.

Andere Unterschiede zwischen den Mameluken waren hingegen von viel größerer Bedeutung: Da gab es die favorisierten Mameluken der Hofhaltung, die im Palast und in der Umgebung des Herrschers ihren Dienst verrichteten. Aus ihren Reihen wurden im allgemeinen auch die nachrückenden Emire auserkoren. Nach Gaudefroy-Demombynes gab es ursprünglich 24 solcher »Khassakiya« genannte Bedienstete. Unter dem späteren Sultan Kalaun (ab 1279) 40, unter Barsbey (ab 1422) bereits 1000. Ferner gab es die Kadetten, die nach abgeschlossener Ausbildung in die Hofhaltung übernommen wurden und damit ihrerseits zu Favoriten wurden, und schließlich die große Masse der kasernierten Mameluken. Sie stellten die persönliche Leibgarde des Sultans dar, aus ihren Reihen rekrutierten sich aber auch die Ausbilder der Kadetten. Bei ihnen allen handelte es sich um Sklaven, die der Sultan selbst gekauft hatte, ferner um Mameluken, die der Herrscher von seinem Vorgänger nach dessen Tod geerbt hatte, oder auch um solche, die der Sultan aus ausgelaufenen oder verfallenen Emir-Lehen erhalten hatte. Dies alles führte dazu, daß sich zahlreiche Mameluken im Besitz des Sultans befanden. Der Sultan Beybars I. besaß zum Beispiel 6000 bis 7000 leibeigene Mameluken, spätere Herrscher hatten zwischen 2000 und 12000 Mameluken in ihrem Besitz.

Die Emir-Mameluken waren die zweite Gruppe in der Sozialordnung. Sie standen im Ansehen etwas tiefer als die Sultans-Mameluken, unterschieden sich sonst aber kaum von ihnen. Und sie hatten immer die Chance, zukünftig in den Besitz des Herrschers zu gelangen. Die dritte Gruppe, eine Truppe von 24000 Mann, hatte das geringste Ansehen, denn bei ihnen, den Halqas, handelte es sich nur noch um Söhne von echten Mameluken sowie um frei geworbene Söldner.

Bei den Truppen der Emire gab es verschiedene Größenordnungen, die vom Rang der Emire abhingen. Denn wie beim abendländischen Rittertum hatte auch das Mamelukenreich verschiedene Stufen von Edelleuten aufzuweisen. Diese hierarchische Einteilung war für die militärische und soziale Stellung der Emire, ebenso wie für die Besitzverhältnisse im Reich, von Bedeutung. Die Ernennung zum Emir eines bestimmten Grades erfolgte in den höheren Stufen durch den Sultan, für die tieferen Grade durch die Angehörigen der höheren Stufen und war mit drei Auflagen verbunden: der Verpflichtung, eine bestimmte Anzahl von Mameluken zu besitzen, der Zuweisung eines Lehens an Grund und Boden und der Aufgabe, bei Kriegszügen das Kommando über eine festgelegte Anzahl von Soldaten aus den Halqas oder aus den Armeen des Sultans beziehungsweise eines Emirs des 1. Grades zu übernehmen.

Wie waren nun die Rangstufen der Emire beschaffen? Ein Kennzeichen der Emire des 1. Grades war es ursprünglich gewesen, daß sie hundert Leibeigene besaßen, eine Zahl, die sich später aber ohne feste Regel erhöhte. Zum Unterhalt für diese Mameluken und als eigene Einkünfte verfügten sie über riesige Ländereien als Lehen; sie waren die Feudalherren des Reiches. Wieviel Land, wie viele Dörfer, wie viele Dorfbewohner solche Lehen umfaßten, hing von deren Lage sowie von der Güte und Ertragsfähigkeit des Bodens ab – Einzelheiten, die von einem Katasteramt erfaßt wurden. Alles fußte auf genauen Unterlagen, denn Ägypten hatte schon von altersher eine äußerst bürokratische Verwaltung. Im Kriege hatten die Emire des 1. Grades die Kommandogewalt über mindestens tausend Mameluken inne, zu denen neben ihren eigenen hundert Mameluken Angehörige der Halqas und Soldaten des Sultans gehörten. Ihr offizieller Titel lautete denn auch »Amir mi'a wa Muqaddam alf« (Emir von Hundert und Vorgesetzter von Tausend), aus dem später das Kürzel »Amir il alf« oder auch einfach »Alfi«* entstand, der oft zum Bestandteil der Namen wurde. Die Truppen der Emire wurden, ebenso wie jene des Sultans und die Halqas, von beamteten Offizieren ausgebildet und kontrolliert, die die Bezeichnung »Muqaddam« führten (in den modernen arabischen Armeen wird diese Bezeichnung als Dienstrang geführt; er entspricht dem Rang eines Oberstleutnants) und denen je 40 Mameluken unterstanden.

Die Emire des 2. Grades waren »Emire von Vierzig«, also Besitzer von 40 Mameluken, Kommandeure von einigen hundert Mann und Nutznießer eines Lehens entsprechender Größe. Diese Offiziere wurden auch »Emire der Trommeln« genannt, denn sie waren die untersten Ränge, denen die Unterhaltung einer Musikkapelle gestattet war, die aber nur drei Trommeln umfassen durfte. Als nächste folgten in der Rangfolge die »Emire von Zwanzig«, »Emire von Zehn« und die »Emire von Fünf«.

Insgesamt gab es ursprünglich im Reich Lehen für 24 Emire des 1. Grades. Doch Sultan Barkuk behielt später einige dieser Lehen für sich, so daß sich die Zahl auf 18 oder 20 verringerte. Außerdem sind 40 »Emire von Vierzig«, 50 »Emire von Zwanzig« und eine größere Anzahl von Zehner- und Fünfer-Emiren nachzuweisen. Oberster Kriegsherr war natürlich der Sultan. Sein Oberbefehlshaber führte den Titel »Vorgesetzter der Soldaten«; bisweilen wurde er auch »Großemir« (Amir Kebir) genannt.

Alle diese Emire verschiedener Stufen bezogen ihre Haupteinkünfte aus den Lehen. An einer langfristigen Entwicklung der Landwirtschaft, die zunächst immer wieder Investitionen erfordert hätte, konnte ihnen deshalb nicht gelegen sein, denn das Land war nicht vererbbar. Es ist also kein Wunder, daß jeder Grundherr das Land in möglichst kurzer Zeit auszupressen suchte, daß das ägyptische Fellachentum dabei weiter herabsank, daß das Land verarmte und das lebensnotwendige Kanalisations- und Bewässerungssystem verfiel. Ägypten, einstmals eine der Kornkammern des Römischen Reiches, wurde in dieser Zeit zu dem armen Land, das es bis heute geblieben ist. Es war den Grundherren verboten, Unterlehen zu vergeben, und die Nachkommen erhielten als Erbe nur das, was zu Lebzeiten eines Emirs aus dem Grundbesitz erwirtschaftet worden war. Und schließlich hatten die Mamelukenführer, die sich große Harems leisten konnten, zahlreiche Nachkommen.

Die Kinder dieser Familien wurden natürlich nicht mehr als Sklaven geboren und konnten deshalb keine echten Mameluken werden. Nur Angehörige der Mamelukenregimenter konnten in die höchsten Militär- und Staatsämter aufsteigen und entsprechende Lehen erhalten. Starb ein Emir, so fiel das Land automatisch wieder an den Sultan zurück, der damit den nachfolgenden Emir, also wiederum einen tüchtigen ehemaligen Sklaven, belehnte. Der Sinn dieses merkwürdigen Systems liegt auf der Hand: Es sollten keine etablierten, mächtigen Adelsgeschlechter entstehen, die die Stellung der Sultane noch mehr bedrohten, als es ohnehin schon der Fall war. Denn der Sultan war ja nur einer der Emire. Meist war er durch eine Gewalttat an die Macht gekommen, immer aber nur mit Duldung der Mehrzahl der anderen Mächtigen. Wie konnte ein Sultan also daran interessiert sein, die Macht der Emire zu stärken, wenn er selbst von ihrer Duldung abhing?

So mancher Herrscher mag sich zwar darum bemüht haben, der Begründer einer Familiendynastie zu werden, aber in der 250jährigen Geschichte der Mamelukensultane gelang es nur einer Familie, dem Hause Kalaun, über mehr als zwei Generationen die Macht zu behalten. Die durchschnittliche Herrschaftsdauer der Sultane dauerte nur 5½ Jahre, und normalerweise endete sie mit dem gewaltsamen Tod des Souveräns. Die Herrscher mußten stets auf der Hut sein und fortwährend um Thron und Leben fürchten. Sie mußten die machthungrigen Emire ständig gegeneinander ausspielen und versuchen, deren Einfluß zu beschneiden.

Jeder der großen Mamelukenemire, gleichgültig ob er Offizier der Leibgarde oder Hofbeamter war oder auch kein offizielles Amt innehatte, war im Grunde genommen ein kleiner Sultan. Er hatte seine eigene Mamelukengefolgschaft, die sich vor seinem Palast aufhielt, bereit, sich auf jeden Eindringling zu stürzen, und die ihn auf seinen Ausritten begleitete, in den Feldzügen des Sultans auf sein Kommando gehorchte, auf seinen Befehl den Palast eines verfeindeten Emirs verwüstete oder auch ein öffentliches Bad überfiel, um die schönsten Frauen für den Harem ihres Herrn oder für dessen kurzweiliges Vergnügen zu rauben.

Diese Magnaten mit ihren Anhängern und Abhängigen stellten für den herrschenden Sultan eine ständige Bedrohung dar. Wie schnell konnten sich einige unzufriedene und bei der Ämterverteilung oder Landzuweisung benachteiligte Mamelukenführer zusammentun und sich mit Hofbeamten oder Offizieren der Leibgarde verbünden! Der Sultanspalast wurde dann umstellt, ein bestochener Türwächter oder Mundschenk, der zum Herrscher unmittelbaren Zutritt hatte, führte den tödlichen Dolchstich aus, und einer der Verschwörer wurde zum neuen Herrscher gewählt oder ernannte sich selbst zum Sultan. Gab es Thronwirren, so schlug im allgemeinen dem Mächtigsten der Verschwörer die Gunst der Stunde. Die Geschichte des Mamelukenreichs ist angefüllt mit Beispielen, in denen ein mächtiger Vasall alles daransetzte, die Autorität und Macht seines Herrn systematisch zu untergraben, um schließlich selbst über die Leiche des Sultans hinweg nach dem Thron zu greifen. Aber dies ging selten ohne Kampf ab, denn jeder Sultan hatte seine eigene Leibwache, sein eigenes mehr oder weniger verläßliches Leibregiment. Es war natürlich nur so lange verläßlich, wie die Leibgardisten gegenüber den anderen Mameluken privilegiert waren. Dies bedeutete zugleich, daß den Angehörigen der Sultansleibwache die höchsten Staats- und Militärämter offenstehen mußten.

Die Leibgarden wurden tatsächlich außerordentlich bevorzugt, ja, bisweilen regelrecht von den Herrschern umworben. Da die Sultane von ihnen völlig abhingen, wurde ihnen fast jede Unbotmäßigkeit nachgesehen, sie wurden prächtig gekleidet, und ihre Offiziere erhielten das beste Land zu Lehen. Obwohl diese Leibwachen nur einige tausend Mann zählten, hielten sie zeitweise den überwiegenden Teil des bebaubaren Landes als Lehen in Händen, und ihre Obersten übten den stärksten Einfluß im Staate aus, entschieden oft über Leben und Tod eines Herrschers und die Wahl eines neuen Sultans. Je nach Charakterstärke, Autorität und persönlichem Mut waren die Sultane mehr oder weniger Werkzeuge ihrer eigenen Gardeobersten und konnten sich nur durchsetzen, indem sie die miteinander konkurrierenden Mamelukenführer gegeneinander ausspielten, sie damit neutralisierten und durch Bestechung oder Begünstigung zur Loyalität zwangen.

Ein derartiger Protektionismus hatte natürlich zur Folge, daß sich Parteien bildeten und im Falle eines gewaltsamen Machtwechsels die Aufrührer gelegentlich über den Anhang ihres Herrn herfielen und dessen Gefolgschaft, vom Wesir bis zum letzten Sklaven, niedermachten. Gewöhnlich waren es mehrere Emire, die sich Hoffnung darauf machten, den Thron zu besteigen. Dann kam es zu erbitterten Kämpfen in den Straßen von Kairo; die erschrockenen Händler im Suq schlossen ihre Läden, rannten zu ihren Häusern und verbarrikadierten die Tore, die die einzelnen Viertel und Märkte voneinander trennten. Die rivalisierenden Mamelukentrupps galoppierten in wehenden Burnussen durch die noch offenen Gassen, stachen alles nieder, was ihnen in den Weg kam, stürmten und plünderten die Häuser ihrer Gegner und schleppten deren Frauen und Kinder fort. Unter lautem Geschrei und gegenseitigen Verwünschungen entwickelten sich regelrechte Straßenschlachten und erbitterte Kämpfe Mann gegen Mann. Jedes Haus wurde zur Festung, war unten verbarrikadiert, während aus seinen oberen Stockwerken ein Regen von Pfeilen und Speeren, von Steinen, glühenden Kohlen oder siedendem Öl auf die unten Kämpfenden herniederging. Solche erbitterten Auseinandersetzungen waren zeitweise fast an der Tagesordnung, und oft waren sie der auslösende Funke für Judenpogrome und Christenverfolgungen. Das Leben der Kaufleute und Handwerker war aufregend und gefahrvoll, und die Geschichtsschreiber berichten, daß der Khan el Khalili, der große Suq von Kairo, oft wochenlang wegen der blutigen Straßenkämpfe geschlossen blieb.

Aber kommen wir noch einmal auf die soziale Stellung der großen Emire, der Alfi, zurück. Jeder von ihnen hatte ein festumrissenes Amt. Zeitweise gab es zehn solcher Spitzenämter am Hofe des Sultans und bis zu vierzehn, die Vizekönige, in der Provinz. Diese Emire waren neben den höchsten Vertretern der islamischen Geistlichkeit die Großmagnaten des Landes. Sie verfügten über riesige Ländereien als Lehen; ihnen gehörte der überwiegende Teil der Grundfläche des bebaubaren Landes, der nicht im Besitz des Sultans war, welcher über knapp die Hälfte des Landes verfügte. Ihr Hofstaat war ein kleineres Spiegelbild des Herrscherhofs. Sie waren Großgrundbesitzer, die jedoch in den Großstädten oder Provinzstädten wohnten, ihr Land kaum jemals in Augenschein nahmen und nur daran interessiert waren, daß ihre »Mudire«, die Verwalter, möglichst viel Geld aus den Fellachen herauspreßten. Sie alle bezogen aber nicht nur aus ihren Latifundien Steuergelder, sondern auch aus ihren Ämtern, gleichgültig ob sie Vizekönig einer Provinz, Emir des Staatsrats, Großkämmerer, Staatsschreiber, Schatzmeister, Majordomus oder Oberbefehlshaber der Streitkräfte waren. Ähnlich waren die »Emire von Vierzig« gestellt, zu denen die Walis von Bezirken, der Superintendent, der Stallmeister des Herrschers, der Kommandeur der Sultansmameluken und der Kommandant der Zitadelle von Damaskus zählten.

Wie waren nun die Verhältnisse nach dem Tode Beybars' beschaffen? Er hatte drei legitime Söhne hinterlassen. Den ältesten, welcher der Ehe mit der mongolischen Prinzessin, der Tochter von Baraka Khan von der Goldenen Horde, entstammte, hatte er beizeiten zu seinem Erben auserkoren. Im Jahre 1264 hatte er ihn offiziell zum Thronfolger ernannt und es durchgesetzt, daß er als »Sultan« bezeichnet wurde – eine Maßnahme, die offenbar darauf abzielte, die Erbfolge zu sichern.

Unter dem Namen »Der glückhafte König, Behüter der Religion, Baraka Khan, Sohn von Beybars« trat dieser Prinz im Jahre 1277 die Herrschaft an. Der neue Herrscher wies indessen nicht die hervorragenden Führereigenschaften seines Vaters auf. Said war ein weichlicher, vergnügungssüchtiger Jüngling von neunzehn Jahren, der ganz unter dem Einfluß seiner machtbewußten mongolischen Mutter und einiger junger Höflinge stand, denen er die einflußreichsten Posten gab. Die alten Emire und kriegsbewährten Haudegen seines Vaters schaltete er aus, einige wurden eingesperrt oder von der Sultansmutter vergiftet. All dies führte bald zu Unzufriedenheit und schließlich zum Aufruhr der meisten Emire, die sich gegen den neuen Sultan verschworen. Said wurde in der Zitadelle von Kairo von den Aufständischen belagert. Er mußte schließlich aufgeben, wurde zur Abdankung gezwungen und mußte letztendlich froh sein, mit dem Leben davongekommen zu sein. Als Prinz von Kerak wurde ihm die alte Kreuzritter- und Aiyubiden-Festung als Aufenthaltsort zugewiesen. Dort starb er 1280. Er wurde an der Seite seines Vaters in Damaskus beerdigt.

Die Mameluken baten nun einen der Ihren, einen ehemaligen turkmenischen Sklaven, Kalaun el Alfi, einen der bedeutendsten Generale des ehemaligen Sultans Beybars, die Macht zu übernehmen. Kalaun war jedoch ein kluger und vorsichtiger Mann; er sah voraus, daß eine so überstürzte Ernennung zum Sultan ihm nur Neider und Feinde schaffen würde. Was er brauchte, war Zeit, um sich eine zuverlässige Machtbasis aufzubauen. Diese mußte, wie wir bereits gesehen haben, aus einer starken persönlichen Leibgarde bestehen. Kalaun war, wie sein späterer Sultansname zeigt, schon unter dem vorletzten Aiyubidensultan Salih ein Emir el Alf gewesen und verfügte damit bereits über eine große Leibgarde. Dieser, die er zudem ständig vergrößerte, fügte er die Mameluken des toten Sultans Beybars hinzu. Damit begründete er für alle folgenden Herrscher die Tradition, daß jeder Sultan die Mameluken seines toten Vorgängers – auch wenn er ihn selbst beseitigt hatte und jene gegen ihn gekämpft hatten – als seinen rechtmäßigen Besitz übernahm. Alles in allem hatte Kalaun schließlich 19000 Mameluken in seiner persönlichen Leibgarde.

Zu dem Aufbau seiner Machtbasis brauchte Kalaun allerdings einige Monate Zeit. Er setzte deshalb durch, daß Beybars' jüngster Sohn, der erst siebenjährige Bedr ed Din Selamisch, mit dem Titel El Adil zum Sultan gekrönt wurde. Er selbst ließ sich zunächst nur zum Oberbefehlshaber der Armee ernennen, ein Amt, das unter den gegebenen Umständen dem eines Regenten gleichkam. In dieser Position bereitete er zielstrebig seinen Machtantritt vor, und er brauchte nur ungefähr hundert Tage, bis er seine Gegner aus allen Machtstellungen entfernt und seine Anhänger an die Schaltstellen des Reiches gesetzt hatte. Nun erst erschien ihm der Griff nach dem Thron aussichtsreich zu sein, und das Kind Selamisch wurde 1279 still und ohne viel Aufhebens entfernt. Der neue Sultan hieß jetzt »Der siegreiche König, Schwertklinge des Glaubens, Kalaun der Tausender (Sklave des Sultans) Salih«.

Mit der Machtübernahme durch Kalaun begann eine der glanzvollsten Epochen der Mamelukenherrschaft, denn er sollte der Begründer der einzigen mamelukischen Familiendynastie werden, und seine Herrschaft zeichnete sich durch herausragende militärische Erfolge und durch die Entfaltung der schönsten orientalischen Baukunst aus. Zunächst mußte Kalaun auf dem Wege zur unangefochtenen Macht jedoch noch einige Hindernisse überwinden. Denn trotz seiner der Machtübernahme vorausgegangenen Säuberungsmaßnahmen gab es unter den mächtigen Emiren noch genug Neider, die sich, wie üblich, fragten, warum nicht sie selbst das höchste Amt innehatten. Die Schwäche dieses Reiches bestand nun einmal darin, daß zwar die Tüchtigsten und Machtbewußtesten an die Spitze gelangen konnten, dem hemmungslosen Kampf um die Macht jedoch keine rechtlichen oder sich aus der Überlieferung ergebenden Grenzen gesetzt waren.

Einer der mächtigsten Emire war Sunkur. Er verfügte über einen beträchtlichen Anhang und, vor allem in Syrien, über einigen Einfluß. Dieser Emir betrieb nach Kalauns Inthronisierung die Abtrennung Syriens vom Reich und proklamierte sich selbst unter dem Namen »König Kamil« (El Melik el Kamil) zum König von Syrien. Sunkur wurde von einigen großen Mamelukengeneralen des ehemaligen Sultans Beybars, von mehreren Beduinenstämmen und vom Aiyubidenfürsten von Hama unterstützt. Eine kriegerische Auseinandersetzung war unausweichlich geworden, und bei El Dschesura, in der Nähe von Damaskus, kam es im Juni 1268 zur Schlacht. Sunkur und seine Verbündeten wurden in diesem Treffen völlig geschlagen, und die Sezession Syriens war damit beendet. Den Besiegten gegenüber verfuhr Kalaun teilweise mit verletzender Schärfe, teilweise aber auch mit kluger Nachsicht, um sich Ansehen und Respekt zu verschaffen.

Ähnlich wie Beybars sah Kalaun in den persischen Mongolen die Hauptbedrohung für sein Reich, er war aber zunächst bemüht, sich gegenüber den syrischen und palästinensischen Kreuzrittern den Rücken freizuhalten. Er erneuerte 1281 den Vertrag, den Beybars mit den Johannitern von Markab geschlossen hatte, und schloß weitere Abkommen mit dem Grafen von Tripolis, den Tempelherren von Tortosa (Tartus) und den Herren von Akka. Der Vertrag von Akka wurde für zehn Jahre geschlossen und begann nach der Überlieferung von Ibn Abd es Zahir mit der diplomatischen Formel: »Hiermit wird ein Waffenstillstand geschlossen zwischen unserem Herrn, Sultan al-Malik al Manṣur (Qalāwūn), und seinem Sohn al Malik aṣ-Ṣāliḥ ʻAlāʼ ad-Dunjā wa-d- Dīn ʻAlī – Gott lasse ihre Macht ewig währen – und den Führern des Königreichs Akkon, Sidon und ʻAṯlīṯ und der abhängigen Gebiete, auf die sich dieser Vertrag bezieht. Das sind Seneschall Odo, Regent des Königreichs Akkon, Großmeister *frère* Guillaume de Beaujeu, Großmeister des Tempelordens, Großmeister *frère* Nicolas Lorgues, Großmeister des Ordens vom Hospital, und Marschall *frère* Konrad, Stellvertreter des Großmeisters des deutschen Hospitales. Der Vertrag dauert zehn volle Jahre, zehn Monate, zehn Tage und zehn Stunden und beginnt ...«. Schwerpunkte des Vertrags waren neben ausgiebigen gegenseitigen Sicherheitsgarantien Präventivmaßnahmen des Sultans gegen einen erneuten Kreuzzug aus dem Abendland und der Versuch, sich die Franken zu potentiellen Verbündeten gegen die immer noch als bedrohlich angesehenen Mongolen zu machen, sowie islamischen Flüchtlingsbewegungen im Falle erneuter Mongoleneinfälle eine sichere Asylmöglichkeit zu verschaffen: »Sobald einer der Frankenkönige oder andere jenseits des Meeres hierherkommen, um unserem Herrn dem Sultan oder seinem Sohn in ihren Ländern, die in diesen Vertrag eingeschlossen sind, Schaden zuzufügen, sind der Regent des Reiches und die Großmeister von Akkon gehalten, unserem Herrn dem Sultan zwei Monate vor ihrem Eintreffen Nachricht über die Unternehmungen zu geben; treffen jene nach Ablauf der zwei Monate dann ein, sollen der Regent des Königreiches Akkon und die Großmeister jeder Verantwortung darüber enthoben sein. Wenn sich ein Feind, Mongole oder anderer, regt, soll der Vertragspartner, der als erster von beiden davon erfährt, den anderen darüber unterrichten. Wenn ein Feind, was Gott verhüte, von den Mongolen oder anderen, zu Land gegen Syrien zöge und die Truppen (des Sultans) vor ihm zurückwichen, so daß er in die Nähe der in diesem Vertrag genannten Küstenländer käme und sie feindlich angriffe, sollen der Regent des Königreiches Akkon und die Großmeister das Recht haben, durch Verhandlungen – soweit sie in ihrer Macht stehen – für ihren Schutz und den ihrer Untertanen und Gebiete zu sorgen. Falls, was Gott verhüte, aus einer plötzlichen Angst eine Fluchtbewegung aus den islamischen Ländern an die Küste erfolgen sollte, die in diesem Vertrag eingeschlossen sind, sollen der Regent des Reiches Akkon und die Großmeister diesen Flüchtlingen Zuflucht und Schutz gewähren und sie gegen die, die sie feindlich verfolgen, verteidigen, so daß sie mit ihrer Habe sicher und ruhig sein können.« All diese Vereinbarungen, die zwischen 1281 und 1283 getroffen wurden, enthielten als Kernstück Beschränkungen für den christlichen Festungsbau und die Zusicherung, daß ägyptische Schiffe jederzeit die Häfen der christlichen Kreuzfahrerstaaten benutzen konnten – beschämende Einschränkungen, denen sich die Kreuzritter unterwarfen und die deutlich zeigten, wie es jetzt um ihre Macht bestellt war, wie hilflos sie jetzt waren!

Der Sultan hatte diese Verträge nicht ohne Grund geschlossen: Die Mongolen hatten nämlich in der allgemeinen Verwirrung, die nach Beybars' Tod und als Folge der syrischen Revolte entstanden war, erneut den Euphrat überschritten, Aleppo überfallen und geplündert. Die Mongolengefahr war trotz der Siege von Kutuz und Beybars keineswegs gebannt, sie war für den neuen Sultan eine große Herausforderung. Kalaun stellte ein großes Heer auf und hob alle Kämpfer, deren er habhaft werden konnte, aus: Mameluken und Turkmenen, Beduinen sowie Hilfstruppen des Fürsten von Hama und des Prinzen von Kerak* (dem 1280 verstorbenen Sohn Beybars', dem Sultan Sa'id, war der zweitälteste Sohn Beybars'. El Mes'ud Khidr, als Prinz von Kerak gefolgt), ferner Araber aus dem Hedschas und vom Euphrat. Alles in allem standen schließlich 50000 Mann unter dem Banner des Sultans, als dieser Ende Oktober 1281 in der Nähe von Homs der Armee des Ilkhans von Persien gegenübertrat. Dessen Armee, etwa 50000 bis 80000 Mann stark, stand unter dem Kommando von Mangutimur, einem Sohn des Hülegü und Bruder des Ilkhans Abaga. Sie bestand vorwiegend aus den schnellen mongolischen Reitern und aus Bogenschützen, aber auch aus georgischen und armenischen Kontingenten.

Die Schlacht war eine der härtesten Auseinandersetzungen zwischen Mameluken und Mongolen. Denn die Mongolen auf ihren zottigen, flinken Steppenpferden machten der schwerfälligen Mamelukenkavallerie sehr zu schaffen. In nicht enden wollenden Wellen preschten die asiatischen Reiter heran, schossen in vollem Galopp ihre Pfeile ab, wendeten, bevor sie selbst ein lohnendes Ziel abgeben konnten, stürmten, zur Seite geneigt, in der Deckung der Pferdeleiber davon und formierten sich zum nächsten Angriff. Diese mongolische Angriffstaktik, »Tulughma« genannt, brachte den linken Flügel der ägyptisch-syrischen Schlachtordnung bald ins Wanken, und die Soldaten des Sultans flohen hinter die schützenden Mauern von Homs und der die Stadt überragenden mächtigen Zitadelle. Eilig setzten ihnen die mongolischen Reiter bis vor die Stadttore nach, wo sie diejenigen ihrer Feinde, die die Stadtmauern nicht rechtzeitig erreicht hatten, töteten und laut lärmend die Kriegsbeute verteilten.

Zu früh allerdings, die Schlacht war noch keineswegs entschieden. Denn die Front der Sultanstruppen war nur auf dem linken Flügel zusammengebrochen, nicht jedoch in der Mitte und auf der rechten Seite. Dort kämpften die bewährten Truppen des Fürsten von Hama, besonders standhafte und gut gedrillte Mameluken, und die dem alten Aiyubidengeschlecht treu ergebenen Beduinenkrieger. Diese Reitergeschwader hatten dem ersten Ansturm der Mongolen standgehalten. Der Mongolenfürst Mangutimur wurde dabei verwundet, und in der darüber bei den Mongolen eingetretenen Verwirrung formierten sich die Moslems zum Gegenangriff. Auf dem rechten Flügel trat nun das genaue Gegenstück zu den Geschehnissen am linken Flügel ein: Die Mongolen wurden in die Flucht getrieben, und der überraschte Sultan, der mit seinem Gefolge hinter dem Zentrum der ägyptisch-syrischen Schlachtordnung gehalten hatte, wurde Zeuge zweier sich in gegenseitige Richtung entfernenden Verfolgungsschlachten.

Dabei wäre er, nur von den etwa tausend Mameluken seiner Leibgarde gedeckt, selbst fast in höchste Gefahr geraten: Als die Mongolen, die vor Homs hielten, der Flucht ihres linken Flügels gewahr wurden, jagten sie unverzüglich zurück, um sich mit dem geschlagenen Gros ihrer Armee zu vereinigen. Dabei mußten sie den Hügel, auf dem sich der Sultan befand, passieren, und es wäre ein leichtes gewesen, den Herrscher und seine kleine Streitmacht zu überwältigen. In ihrer Hast übersahen die Mongolen jedoch die sich ihnen bietende günstige Gelegenheit; der Sultan ließ seine Banner herunterholen, die Kriegstrommeln und Trompeten verstummen und befahl seinen Mameluken, sich zu verstecken. Als die Mongolen, weit über ihre Pferdehälse gebeugt, vorübergestürmt waren, als die Staubwolke, die sie aufgewirbelt hatten, sich gerade verzog, setzte er ihnen nach und fiel den Flüchtenden in den Rücken. Damit war die Niederlage der Mongolen besiegelt, und ihre Armee stob in völliger Auflösung nach Osten davon. Der Sultan sandte Brieftauben-Botschaften an seine Statthalter im

Euphratgebiet mit der Weisung, die Flußübergänge und Furten zu sperren, so daß die Mongolen nicht durch Flucht ihrer totalen Vernichtung entgehen konnten.

Zweimal schon waren sie von den Mameluken, von Kutuz und Beybars, geschlagen worden. Dies aber war ihre bisher schwerste Niederlage, von der sie sich nicht mehr völlig erholen sollten. Wieder war dem innerasiatischen Drang ans Mittelmeer Einhalt geboten worden, war das Abendland, dessen Ritter immer noch auf ihren Burgen im Heiligen Land, in Syrien und Palästina, ausharrten, ohne die Gefahr zu erkennen, die der westlichen und nahöstlichen Zivilisation von den Mongolen drohte, vor der Gefahr einer südlichen Umfassung bewahrt worden. In der Folge dieses Feldzugs schloß Kalaun mit dem Ilkhan einen Waffenstillstand. Abaga und sein Bruder Mangutimur starben im darauf folgenden Jahr, und der nächste Ilkhan, mit Namen Tequdar, war ein zum Islam übergetretener Mongole, der den islamischen Namen Ahmed annahm. Er gab trotz seines neuen Glaubens die den Mameluken feindlich gesinnte Politik seiner Vorgänger jedoch nicht völlig auf, und seine diplomatische Korrespondenz mit dem ägyptischen Sultan eröffnete keine echten Friedensaussichten.

Ahmeds Stellung war in seinem eigenen Reich von vornherein nicht unangefochten. Ein Rivale am persischen Hof verschaffte sich Einfluß und sandte eine Gesandtschaft mit Friedensbeteuerungen und kostbaren Geschenken zum Sultan nach Damaskus. Kalaun, dem sehr an einer endgültigen Befriedung seiner Ostgrenze gelegen war, gab den Gesandten einen prächtigen Empfang. Er hieß die Mongolen willkommen, umgeben von 1500 Mameluken, die alle in rote Seide mit goldenen Turbanen und Gürteln gekleidet waren und von denen jeder eine Wachskerze trug. Noch während der Verhandlungen wurde der Tod Ahmeds bekannt, und fortan waren für Kalaun alle Probleme mit den persischen Mongolen beseitigt. Mit den Mongolen der Goldenen Horde gab es ohnehin keine Schwierigkeiten mehr. Kalaun pflegte weiterhin die traditionell guten Beziehungen zu ihren mächtigen Fürsten.

Auch zu den Ländern nördlich des Reiches gestalteten sich die Beziehungen normal. Dies galt im besonderen für das Verhältnis zu Byzanz. Kaiser Michael VIII. hatte nach der Vertreibung des fränkischen Kaisers aus Konstantinopel in den zurückliegenden zwanzig Jahren alle Kraft aufwenden müssen, um sich gegen die Serben und Bulgaren zur Wehr zu setzen und den fränkischen Rittern die griechischen Besitzungen, vor allem Achaja*, zu entreißen. Vor allem hatte er sich gegen fränkische Restaurationsversuche zu erwehren. Schon der letzte Hohenstaufe, König Manfred von Sizilien, hatte danach getrachtet, das lateinische Kaisertum in Konstantinopel einzusetzen – ohne Erfolg allerdings, da der staufer-feindliche Papst ihm die Unterstützung versagt hatte. Nach dem Untergang der Staufer fand der vertriebene fränkische Titularkaiser von Byzanz, Balduin II., jedoch bei Karl von Anjou, dem neuen König von Sizilien, Unterstützung. Diesem ging es natürlich um nichts anderes, als selbst die Macht über Byzanz zu erringen und das Römische Reich in seiner alten Form unter seiner Führung wiederherzustellen. Diese Bestrebungen wurden vor allem dadurch gefährlich, daß sie vom Papst unterstützt wurden, der die Gelegenheit gekommen sah, auf diese Weise die römische Kirche mit der Ostkirche zu vereinen, das heißt die Kirchenunion unter seiner Vorherrschaft wiederzuerrichten. Bedrohlich war schließlich, daß die untereinander verfeindeten Seerepubliken Venedig und Genua sich abwechselnd dieser Allianz anschlossen. Angesichts dieser gefährlichen Lage mußte Michael von Byzanz daran interessiert sein, Verbündete zu finden. Sein Ziel mußte darin bestehen, den ihn bedrohenden Ring feindlicher Mächte mit einem Ring befreundeter Staaten zu umgeben. Möglichkeiten hierfür sah er in den Mongolen der Goldenen Horde und den Mameluken, zu denen sich die Beziehungen von Jahr zu Jahr verbesserten. Sie hielten auch dann noch, als Karl von Anjou 1282 durch die Sizilianische Vesper hinweggefegt und Byzanz dadurch entlastet wurde. Im gleichen Jahr folgte der schwache Andronikos II. Palaiologos Kaiser Michael auf dem byzantinischen Thron.

Auch in Kleinasien hatten die Mamelukensultane keine Feinde. Das seldschukische Sultanat von Ikonion (Konya) war zerfallen und stellte keinen Machtfaktor mehr dar. Ein junger türkischer Stammesführer namens Osman, der eine Dynastie begründen sollte, an der das Mamelukenreich schließlich zerbrach, verdiente sich unter dem letzten Seldschukensultan gerade seine ersten militärischen Sporen. Im Süden herrschten ebenfalls freundschaftliche Beziehungen zu den Nachbarn. Nur Nubien hatte unter der Herrschaft Kalauns in zwei kurzen Feldzügen, 1287 und 1289, in Botmäßigkeit gebracht werden müssen. Hingegen hielt man Kontakte zum Kaiser von Abessinien, und der Herrscher des Jemen, als Zaidit*, ein direkter Nachkomme des Propheten, übersandte dem Sultan kostbare Geschenke. Selbst der Herrscher von Ceylon schickte eine Gesandtschaft mit einem persönlichen Brief an den Sultan, den allerdings niemand in Kairo übersetzen konnte. Die mündlichen Verständigungsversuche ergaben indes, daß der Herrscher Ceylons am Handel mit Ägypten interessiert war und zwanzig Schiffe für die Aufrechterhaltung von Handelsverbindungen anbot. Wie Beybars war Kalaun ein weitsichtiger und am Außenhandel sehr interessierter Staatsmann, der alles daran setzte, Kaufleute aus dem Ausland anzulocken und den Nil, Kairo und Alexandria zur Drehscheibe des Nord-Süd-Handels zu machen. Auch die ägyptischen Handelsherren erweiterten ihre Handelsbeziehungen; ägyptische Pässe, die den Schutz ausländischer Handelskarawanen in Ägypten und Syrien garantierten, wurden den Vertragspartnern am Schwarzen Meer, in Byzanz, Venedig und Genua, aber auch in Indien und China zur Verfügung gestellt.

Zum Abendland gestalteten sich die Beziehungen ruhig. Dort waren die führenden Mächte völlig mit sich selbst beschäftigt; sie stellten daher keine Bedrohung dar. In Sizilien war nach der Vertreibung Karl von Anjous Peter von Aragon, ein Schwiegersohn von Manfred von Hohenstaufen, zum König berufen worden. Mit dessen Nachfolger James und mit Alfons von Kastilien schloß der Sultan ein Verteidigungsbündnis, ebenso mit Philip dem Schönen von Frankreich, dem Enkel des Kreuzfahrers Ludwig des Heiligen, der den Tempelorden, mit dem Ludwig in Damietta und Mansurah so tapfer gekämpft hatte, nun grausam verfolgte und auflöste, den Papst gefangennahm und den Sitz des Papsttums nach Avignon in Südfrankreich verlegte. Gute Beziehungen herrschten schließlich auch zum Deutschen Reich; außerdem gab es einige Handelsverbindungen dorthin. Die Zeit des Interregnums, die dem Ende der Staufer gefolgt war, war zu Ende, und Rudolf von Habsburg war Deutscher Kaiser. In den einstmals deutschen Gebieten Norditaliens entstanden unter den

Familien Visconti und Medici mächtige Stadtstaaten, und die Seerepubliken Venedig und Genua bauten ihre Handelsbeziehungen zum Mamelukenstaat in gegenseitiger Konkurrenz weiter aus.

Ringsum waren die Verhältnisse also stabil, und nachdem von den Mongolen keine unmittelbare Gefahr mehr ausging und die Armee reorganisiert war, konnte der Sultan sich nun seinem nächsten Ziel zuwenden: die zerbröckelnde Macht der Kreuzritter endgültig zu zerschlagen. Das erste Ziel seiner militärischen Unternehmungen war die von den Johannitern verteidigte Festung Markab in Nordsyrien, mit dem lateinischen Namen ›Mergatum Castel‹, nach dem ›Krak des Chevaliers‹ die zweitmächtigste Kreuzritterfestung an der syrischen Mittelmeerküste und wie jene heute noch gut erhalten. Diese eindrucksvolle Burg aus schwarzem Basaltgestein, die in etwa fünf Kilometer Entfernung einen eigenen kleinen Kriegshafen mit Befestigungsanlagen überragte, war im Jahre 1062 von einem arabischen Fürsten erbaut und 1118 von Fürst Roger von Antiochia erobert worden. Sie war seitdem im Besitz der Kreuzfahrer geblieben, zeitweise in den Besitz des Johanniterordens, später des Grafen von Tripolis und dann wieder zum Johanniterorden gekommen. Der Orden verbesserte die Befestigungen, die tausend Kämpfer, tausend Pferde und 2000 Familien aufnehmen konnte und zeitweise (seit 1186) Sitz eines Bischofs sowie (seit 1187) zweite Residenz des Hochmeisters der Johanniter war. Hoch über dem Mittelmeer (in der Nähe der heutigen Hafenstadt Banyas) gelegen, stellte dieser Fürstensitz eine ideale Verteidigungsstellung dar und galt lange Zeit als uneinnehmbar. Schon im Jahre 1204 war sie vergeblich von dem aiyubidischen Fürsten von Aleppo belagert worden, nicht erfolgreicher 1280 und 1281 von den Mameluken.

Am 17. April 1285 begann Sultan Kalaun nach längeren Vorbereitungen und nachdem er aus Ägypten das notwendige Belagerungsgerät hatte herbeischaffen lassen, mit der Belagerung Markabs. Mit Hilfe von sechs großen Belagerungsmaschinen gelang es ihm, Teile der äußeren Mauerumfassung einzunehmen. Nun gruben die Moslems Sappen an den inneren Mauerring und füllten diese mit Holz, das sie in Brand steckten. Dadurch brach der Bergfried zusammen, und die Mameluken nutzten dies zum

Einbruch in den inneren Festungsbereich. Die Ordensritter erkannten die Aussichtslosigkeit ihrer Lage und gaben auf. Am 27. Mai wurde ihnen freier Abzug gewährt. Sie zogen nach Akka, und Markab wurde fortan eine der großen Festungen des Mamelukenreichs in Syrien. Die Burg wurde wieder aufgebaut und erhielt eine Besatzung von tausend Mann sowie 550 Seeleuten, die vom Kriegshafen von Markab aus die syrische Küste kontrollierten. Später sollte Markab aufgrund seiner überragenden Stellung eine relativ unabhängige Rolle erhalten und Verwaltungssitz werden. Nach dem Ersten Weltkrieg war es zeitweise ein Zentrum des arabischen Widerstands gegen die französische Mandatsmacht, bis die Unabhängigkeitskämpfer 1920 von der französischen Artillerie gezwungen wurden, die Festung aufzugeben. – Kurz nach dem Fall von Markab lieferte der Graf von Tripolis das ebenfalls an der Küste gelegene Marak aus, obwohl es einer Belagerung von der Landseite her durchaus hätte standhalten können. Der Widerstandswille der Kreuzritter ließ jetzt überall nach.

Margarethe von Tyrus versuchte sich einen zehnjährigen Frieden zu erkaufen, indem sie 50 Prozent ihrer Steuereinnahmen an den Sultan abtrat und die mittlerweile übliche Zusage machte, ihre Verteidigungsanlagen nicht mehr instandzuhalten. Klein-Armenien wurde von den Truppen des Sultans überfallen, und der König verpflichtete sich gegen die Zusage eines zehnjährigen Waffenstillstands, jährlich eine halbe Million Dinar zu zahlen, sämtliche muslimischen Gefangenen freizulassen und alle Verteidigungsanstrengungen an den Befestigungen zu unterlassen.

Im Jahre 1287 besetzte der Sultan die Hafenstadt Latakia, die sich im Besitz des Grafen von Tripolis befand. Dieser, Bohemund VII., der letzte Titularfürst von Antiochia, starb kurz darauf, und der Sultan erneuerte nicht, wie sonst beim Tode eines Vertragspartners üblich, den Waffenstillstandsvertrag mit der Grafschaft Tripolis. Im Gegenteil: 1289 zog er mit seinem Heer vor die Tore der Stadt und begann eine zwei Monate währende Belagerung. Schon im Jahre 1266 hatte Sultan Beybars den Versuch unternommen, die Stadt einzunehmen, jedoch war ihm nur die Eroberung einiger Sperrforts außerhalb der Stadt mit ihrer alles überragenden Zitadelle gelungen, die noch während der jüngsten Bürgerkriegskämpfe libanesischen Milizen als schwer bezwingbare Festung diente. In den darauffolgenden Jahren hatte die Stadt im Mittelpunkt heftiger innerfränkischer Streitigkeiten zwischen Bohemund VII. und Guy II. von Giblet gestanden, in die auch die Ritterorden und die Bürgerschaft hineingezogen worden waren. Kurzsichtig, wie die Franken am Ende ihrer Herrschaft im Nahen Osten waren, hatten sie über diesen Streitigkeiten die äußere Bedrohung vergessen und die Instandhaltung ihrer Verteidigungsanlagen vernachlässigt.

So war es auch hier nicht verwunderlich, daß den Mameluken ein Einbruch in die Stadt gelang, worauf die Genueser und venezianischen Flotten, die zur Unterstützung der Verteidiger von Tripolis ausgesandt worden waren, nur noch die genuesischen und venezianischen Bürger der Stadt aufnahmen, die Anker lichteten und den Hafen der Bundesgenossen verließen. Der nun folgende Kampf um die Stadt und die Zitadelle zeichnete sich durch erbarmungslose Härte und Grausamkeit aus. 7000 Einwohner fanden dabei den Tod. Die Männer wurden umgebracht, die Frauen und Kinder, die nach islamischer Tradition unantastbar waren, wurden in die Sklaverei geführt. Die Stadt wurde geplündert und niedergebrannt. Abū el Fida, der vorletzte Fürst von Hama aus dem Hause Aiyubs und Saladins, der sich vor allem als Historiker und Geograph einen Namen gemacht hat, berichtet über die Greuel: »Die Einwohner flohen zum Hafen, aber nur sehr wenige konnten auf die Schiffe gelangen; die meisten Männer wurden getötet, die Frauen und Kinder in die Sklaverei geführt. Als man mit dem Morden fertig war, wurde die Stadt dem Erdboden gleichgemacht. Nahe bei der Stadt befand sich eine kleine Insel, auf der eine Kirche des heiligen Thomas stand. Eine gewaltige Menge hatte sich dorthin geflüchtet. Die Moslems stürzten sich mit ihren Pferden ins Meer und erreichten schwimmend die Insel. Alle Männer dort wurden erwürgt. Ich begab mich einige Zeit danach auf dieses Inselchen und fand es voller verwesender Leichen; es war wegen des Gestanks unmöglich, dort zu bleiben.«

Nur die starke Festung Akka, das antike Ptolemais, war jetzt noch in der Hand der Christen. Auch sie fiel unter die Bestimmungen eines befristeten Vertrags, der die Herrschaft der fränkischen Ritter noch für kurze Zeit sicherstellen sollte. Was Kalaun indessen von der Unantastbarkeit derartiger Verträge hielt, ist bekannt; aber im

Falle Akkas beschleunigten die Christen ihren Untergang selbst: Der vom Sultan und den Bewohnern von Akka eingehaltene Waffenstillstand wurde nämlich von einer Schar italienischer Kreuzfahrer, die sich im Heiligen Land aufhielten, gebrochen. Diese Ritter streiften eines Tages durch die Umgebung von Akka und brachten aus Übermut alle muslimischen Bauern, die mit ihren Eseln zum Markt in die Stadt ritten, kurzerhand um. Dieses sinnlose Blutbad von christlichen Adligen, die eigentlich Akka hatten verteidigen sollen, war für den Sultan der willkommene Anlaß, den Heiligen Krieg auszurufen und mit der Eroberung der letzten christlichen Festung zu beginnen. Bevor es dazu kam, starb der Sultan jedoch 1290 auf nicht geklärte Weise im Alter von 70 Jahren.

Kalaun war ein großer Herrscher gewesen. Er wies viele Ähnlichkeiten mit Beybars auf, und auch die Umstände und Verhältnisse seiner Regierungszeit glichen denen seines großen Vorgängers. Wie jener hatte er ein Netz von Verträgen und Handelsbeziehungen geknüpft, die Beseitigung der letzten Kreuzfahrerstaaten zunächst aufgeschoben und alle Kraft darauf verwandt, die Mongolen in die Schranken zu weisen. Er hatte den Bestand des Reiches erhalten und wesentlich zu seiner inneren Festigung beigetragen. Die Mamelukenarmee zeigte unter seinem Kommando den höchsten Grad an Disziplin und Schlagkraft, und die unter den rohen Söldnern sonst üblichen Exzesse waren einigermaßen eingedämmt worden. Es gab unter ihm 24 »Tausender-Emire«, und ein Heer von 12000 Mameluken (Halqa), dessen Stärke bei Bedarf schnell auf das Fünf- bis Sechsfache erweitert werden konnte, stand stets unter Waffen. Ein Drittel der Bahri-Mameluken war jetzt in der Zitadelle untergebracht, der Burg (arab.: burdsch = Turm), nach der diese Mameluken zur Unterscheidung von den Bahri-Mameluken zukünftig »Burdschi-Mameluken« genannt wurden.

Kalaun galt bei seinen Zeitgenossen als tapfer, klug und gerecht. Er verabscheute unnützes Blutvergießen und war, gemessen an den Zeitumständen, fast milde zu nennen. Als Sultan wußte er aber auch mit Strenge seine Autorität zu wahren. Viele illoyale Emire und Offiziere ließ er umbringen, einsperren, vergiften oder grausam foltern. Christen, die im Widerspruch zum Gesetz Moslemfrauen heirateten, ließ er verbrennen, die Frauen verstümmeln. Er war voller Vorbehalte gegenüber den Christen und ließ sie aus allen Staatsämtern entfernen. Er war ein überzeugter Moslem, und einige der schönsten unter seiner Herrschaft errichteten Bauten zeugen noch heute von der tiefen Religiosität seiner Zeit, so zum Beispiel ein von Kalaun in Damaskus errichtetes Mausoleum für Sultan Beybars und ein Gebäudekomplex im Kairoer Khan el Khalili, der aus einer Grabmoschee für den Sultan, einer Medresse und einem Muristan (Hospital) besteht. Kalaun hatte einst in Damaskus gelobt, diesen Muristan zu bauen, als er krank in dem von Nur ed Din 1154 errichteten Hospital lag, einem wunderschönen Gebäudekomplex, der noch heute zu den herausragenden Sehenswürdigkeiten der Altstadt von Damaskus zählt.

Der Muristan, den er in Kairo errichtete, gehörte zu den modernsten Hospitälern des Mittelalters. Er verfügte über mehrere Spezialabteilungen für verschiedene Krankheiten und eine angegliederte medizinische Hochschule. Es gab eine Apotheke und fließendes Wasser. In der Gründungsurkunde schrieb der Sultan, daß das Hospital für Reiche und Arme, für Freie und Sklaven, für Männer und Frauen bestimmt sei. Spezialisten waren für jede der damals bekannten Krankheiten zuständig; es gab auch Musikanten, die den Kranken die durchwachten Nächte verkürzten, fünfzig bezahlte Koranleser, die für den seelischen Trost sorgten, einen Bibliothekar mit mehreren Gehilfen und zahlreiches Hilfspersonal. Vorsteher des Muristans war der berühmte Arzt Ibn el Nafis, der vermutlich als erster die Zusammenhänge von Lungentätigkeit und Blutkreislauf erkannt hat.

Von seinen vier Söhnen hatte Kalaun den Prinzen Ala ed Din 1280 zu seinem Nachfolger bestimmt. Als dieser jedoch im Jahre 1288 unter mysteriösen Umständen starb, wurde der nächste Sohn des Sultans, Khalil, zum Erben ernannt, obwohl sein Vater die Ernennung nie unterzeichnete. Khalil war gewalttätig und hinterhältig. Es mag sein, daß Kalaun dem Prinzen mißtraute; auch daß er ihn verdächtigte, seinen Bruder vergiftet zu haben. »Niemals werde ich den Moslems einen König wie Khalil geben«, sagte er und wartete darauf, daß sein jüngerer Sohn Mohammed heranwuchs. Des Sultans plötzlicher Tod führte aber 1290 die Entscheidung herbei, und der neue Sultan hieß El Melik el Aschraf Salah ed Din Khalil ibn Kalaun.

Khalil setzte vom ersten Augenblick an alles daran, die treuen Gefolgsleute seines Vaters zu demütigen und aus der Staats- und Armeeführung zu entfernen. Die drei Jahre seiner Herrschaft sind von der Verfolgung der höchsten Beamten gekennzeichnet, die er umbringen, vergiften oder verhaften ließ. Die ersten Minister waren auch die ersten Opfer; Turuntai, der Wesir, wurde vor den Augen des Sultans auf dessen Geheiß erschlagen, und der Herrscher beschlagnahmte den Besitz des Ermordeten. Ein anderer Emir, Ladschin, der Vizekönig von Damaskus, von dem später noch die Rede sein wird, entging dem Tode nur, weil die Bogensehne, mit der er erdrosselt werden sollte, riß und die anderen Emire, die Zeugen dieses Vorfalles waren, energisch für Ladschins Leben eintraten.

Wieder ging in der Zitadelle die Angst um, und jeder wich dem unberechenbaren Herrscher aus, der mit mißtrauischen, stechenden Augen durch die Palastgänge eilte. Eine zufällige Laune oder ein Mißverständnis reichte schon aus, daß auf einen kurzen Wink des Herrschers schwarze Sklaven sich auf das Opfer stürzten, es in Ketten legten und in den tiefen Verliesen der Zitadelle zu den von Ratten abgenagten Skeletten früherer Opfer warfen. Zweifellos war der siebenundzwanzigjährige Sultan kein frommer Moslem und treuer Diener seines Glaubens; aber dennoch sah er seine nächste Aufgabe darin, das Werk des von ihm gehaßten Vaters fortzusetzen und die Christen in Palästina auszurotten. Dieser Aufgabe hatte er sich ohnehin nicht entziehen können, nachdem sein Vater den Heiligen Krieg erklärt hatte.

Khalil wies die syrischen Statthalter an, alle ihre Truppen in die Ebene von Akka zu schicken, und ließ so viele Belagerungsmaschinen und Katapulte zusammentragen, daß zu ihrem Transport hundert Ochsengespanne notwendig waren. Mühsam wurde das Gerät in wochenlangen Märschen über die Berge des Libanon oder durch das Jordantal herangeschleppt. Von allen Seiten strömten die vom Sultan angeforderten Truppen herbei, auch Freiwillige aus aller Herren Länder, die dem Dschihäd-Ruf, aber auch der Aussicht auf reiche Beute folgten und nun auf Pferden und Mauleseln der Küste zustrebten – zerlumptes Volk, das von den Straßen gefegt wurde, wenn die geschlossenen Reiterabteilungen der Mameluken von Damaskus und Nordsyrien mit klirrenden Waffen vorüberpreschten. Auch die Abordnungen der Wüstenstämme, die von Mitternacht bis Mittag auf ihren Kamelen nach Westen zogen und während der heißen Nachmittagsstunden biwakierten, waren dem Ruf gefolgt. Alle diese Abteilungen, Gruppen und Trupps verdichteten sich immer mehr, je näher sie Akka kamen, und Tausende von Lagerfeuern erhellten nachts die hügelige Landschaft zwischen der eingeschlossenen Stadt und dem Jordan. Als das Gros der mamelukischen Truppen und Hilfstruppen in riesigen Zeltstädten um Akka versammelt war, zog Khalil mit seiner ägyptischen Armee los, vereinigte beide Heere im Frühjahr 1291 vor Akka zu einer Streitmacht von 60000 Mann Fußvolk und 66000 Reitern und ließ das Belagerungsgerät rund um die Stadt aufstellen.

Damit begann die Belagerung der letzten starken christlichen Festung im Morgenland, in der sich 35000 Einwohner befanden, die von nur 800 Rittern und 14000 Mann Fußvolk geschützt werden sollten. Fast hundert Jahre lang war Akka nun in fränkischem Besitz gewesen. Im Jahre 1190 war die Stadt das erste Mal von den Kreuzrittern erobert worden; in ihren Mauern wurde der Deutsche Ritterorden gegründet. Sultan Saladin konnte die Stadt für kurze Zeit zurückerobern, doch war sie seit 1191 ununterbrochen in christlichem Besitz geblieben. Ihre Mauern und Befestigungsanlagen hatten lange Zeit als unüberwindlich gegolten, waren aber in den letzten Jahren vernachlässigt worden. Zudem lag die Verteidigung nicht mehr in einer einzigen Verantwortung: In den Wirren des untergehenden Königreichs Jerusalem hatten sich Flüchtlinge aus allen verlorengegangenen Städten und Grafschaften hier niedergelassen: neu angekommene Kreuzfahrer, oft nur Abenteurer und Glücksritter, bevölkerten die zahlreichen Herbergen verschiedener Nationalität, und jeder Ritterorden befehligte in der Stadt sein eigenes Viertel. Um die oberste Autorität in der Stadt stritten sich der König von Zypern (Heinrich II. von Lusignan) und die Vertreter des Papstes sowie der Könige von Frankreich und England, während die Bürger, ihrer ursprünglichen Nationalität entsprechend, verschiedenen Gemeinden angehörten – kein Wunder also, daß eine einheitliche, koordinierte Verteidigung von vornherein ausgeschlossen war. Es gab keine gemeinsame Regierung, mehrere Religionen wetteiferten gegeneinander, und jede Nationalität praktizierte ihr eigenes

Recht. Auch um die Moral war es schlecht bestellt. In dem Gefühl, daß der Untergang unabwendbar sei, gaben sich viele Einwohner von Akka einem hysterischen Vergnügungstaumel hin, während die reichen Bürger über See die Stadt verließen. König Heinrich zog sich nach Zypern zurück, und die Ritterorden, die Tempelherren und die Johanniter, beobachteten sich mißtrauisch bei den nun einsetzenden schwachen Verteidigungsvorbereitungen.

Die Belagerung und Beschießung der Stadt begann Anfang April 1292 und dauerte ungefähr sechs Wochen. Dann war eine Bresche in die Mauer geschlagen, die Truppen des Sultans brachen in die Stadt ein und hieben alles nieder, was sich ihnen in den Weg stellte. In Panik flohen die Christen in die Verteidigungstürme und Paläste der Ritter. Andere rannten zum Hafen und stürmten die Schiffe, die teilweise infolge der Überladung kenterten. Nach den Berichten eines Zeitzeugen (Abu el Mahassen) verfolgten die Moslems die Christen, töteten sie und machten Gefangene. »Sehr wenige retteten sich. Die Stadt wurde der Plünderung preisgegeben, alle Einwohner wurden umgebracht oder in die Sklaverei geführt. Mitten in Akkon ragten vier Türme, die den Templern, den Spitalrittern und den deutschen oder teutonischen Rittern gehörten; dort suchten sich die christlichen Ritter zu verteidigen. Als jedoch am nächsten Tag, dem Sonnabend, einige moslemische Soldaten und Freiwillige sich an das feste Haus der Templer und einen Turm herangearbeitet hatten, boten diese von selber an, sich zu ergeben. Ihrem Verlangen wurde stattgegeben, und der Sultan versprach ihnen Sicherheit; es wurde ihnen eine Fahne gegeben als Schutz, und sie pflanzten sie oben auf dem Turm auf. Als aber die Tore geöffnet wurden, stürzten die Moslems in Unordnung hinein und begannen den Turm zu plündern und den Frauen, die sich dorthin geflüchtet hatten, Gewalt anzutun; da schlossen die Templer wieder die Tore, fielen über die Moslems, die im Turm waren, her und machten sie nieder...«

Daraufhin ließ Khalil den Templern mitteilen, daß er den Vorfall bedaure, und versprach ihnen freies Geleit, wenn sie aufgeben würden. Der Marschall der Templer, Pierre de Sevry, glaubte ihm und kam mit einigen seiner Tempelritter heraus. Der Sultan nahm sie jedoch sofort fest und ließ ihnen den Kopf abschlagen. »Als die Ritter, die sich noch im Turm hielten, erfuhren, wie ihre Mitkämpfer behandelt worden waren, beschlossen sie, mit den

Waffen in der Hand zu sterben, und wollten nichts mehr von Kapitulation hören. Ihre Erbitterung war so groß, daß sie fünf Moslems, die ihnen in die Hände gefallen waren, von einem der Türme hinabstürzten. Als endlich der Turm völlig unterminiert war und den Christen nochmals angeboten worden war, sich unter Zusicherung des Lebens zu ergeben, und als die Moslems herangekommen waren, um den Turm in Besitz zu nehmen, brach er zusammen, und alle wurden unter seinen Trümmern begraben.« Mehr als 2000 Angreifer, die sich in den Sappen befanden, wurden bei diesem Einsturz gemeinsam mit den Tempelherren von den zusammenstürzenden Mauermassen erschlagen.

Der letzte feste Stützpunkt des ehemaligen Königreiches Jerusalem war mit der Eroberung von Akka gefallen; der Sitz des Königreiches wurde offiziell nach Zypern verlegt. Akka wurde geplündert und niedergebrannt, die Festungsanlagen wurden dem Erdboden gleichgemacht. Damit war auch für die anderen befestigten Plätze der Kreuzritter das Ende gekommen. Abu el Fida, der fürstliche Chronist, sagt dazu: »Da nun Akkon eingenommen war, senkte Gott Grauen in die Herzen der Franken, die noch an der syrischen Küste geblieben waren. Sie verließen Sidon und Beyruth, das As Sugai (ein Heerführer) Ende Rajab (Ende Juli) in Besitz nahm. Auch Tyrus wurde von seinen Einwohnern verlassen, und der Sultan ließ es besetzen.« Alle Städte außer Beyruth wurden zerstört, ihre Bewohner wurden umgebracht oder in die Sklaverei geführt.

Tartus, eine Bischofsstadt, seit 1102 abwechselnd im Besitz der Templer und der Johanniter, war eine Festungsstadt, deren fast 800 Jahre alte Kathedrale Notre Dame de Tortose heute noch fast unversehrt im Stadtzentrum steht, deren einst mächtige Festungsmauern nach wie vor den Stadtkern umfassen und deren Rittersaal man, wenn man die Stadt mit alten Plänen durchforscht, ohne Mühe unter Unrathaufen wiederfindet. Von diesem letzten befestigten Platz auf dem Festland zogen sich die Ritter auf die der Stadt Tartus vorgelagerte winzige Insel Ruad zurück, die sie noch einige Zeit hielten, immer in der vergeblichen Hoffnung, eines Tages wieder in das Heilige Land zurückkehren zu können.

Die 200jährige Geschichte der Kreuzfahrerstaaten war damit zu Ende gegangen. Kurden, Türken und Mongolen wurden an der

Küste zur Verteidigung gegen mögliche Rückeroberungsversuche des Abendlands angesiedelt.

Khalils Ansehen in der Welt des Islam war durch die Bezwingung von Akka natürlich gestiegen. Im Triumph führte er die christlichen Gefangenen nach Damaskus, wo er sich in einer 1292 in der Zitadelle neben dem Tor angebrachten Inschrift als »der Herr der Könige und Sultane, der Erneuerer der Gerechtigkeit in der Welt, der Alexander seiner Zeit, der die Heere der Franken, Armenier und Mongolen in die Flucht geschlagen hat« preisen ließ. Khalil war größenwahnsinnig geworden.

Von Damaskus aus unternahm er eine Expedition an den Euphrat; er kündigte an, daß er ganz Asien und das ehemalige Römische Reich erobern wolle, und kehrte dann wieder nach Kairo zurück. Hier wiederum drohte er mit der Eroberung des Jemen, dann mit einem Feldzug gegen das christliche Klein-Armenien; keiner der Feldzüge fand jedoch statt. Khalil war ein unsteter und großspuriger Herrscher geworden, der sich und seine Macht überschätzte und keinerlei diplomatisches Geschick besaß. Als der Ilkhan von Persien Gesandte schickte, um dem Sultan zu übermitteln, er, der Ilkhan, fordere die Herausgabe von Aleppo, ließ Khalil ihm entgegnen, er habe ähnliche Wünsche hinsichtlich Bagdads, und man würde ja sehen, wer zuerst sein Ziel erreiche.

Für solche und ähnliche prahlerische Gesten, die dem Reich nur schadeten, konnten die verantwortungsbewußteren Männer seiner Umgebung, darunter der Wesir Beydara, kein Verständnis aufbringen, und sie taten sich zusammen, um das Reich vor weiterem Schaden zu bewahren. Gemeinsam suchten sie nach Wegen, den von seiner Leibwache gut beschützten Herrscher zu beseitigen. Diese Gelegenheit bot sich am Ende des Jahres 1293. Am 12. Dezember luden einige der Emire Khalil zu einem Bogenschützenwettbewerb ein und ermordeten ihn dabei hinterrücks. Beydara mußte sich wegen des Herrschermordes später vor einigen anderen Emiren verantworten und rief vor seiner Exekution, auf die später noch eingegangen wird: »Ein Mann wie Khalil, der im Fastenmonat Wein trinkt, der unnatürlichen Lastern nachgeht, der seine Sklaven zu Edlen macht, während er die alten Emire seines Vaters erschlägt, enthauptet oder in Ketten legt, darf nicht weiter über die Gläubigen herrschen«.

Ein Abendländer auf dem Mamelukenthron

Die bislang behandelten Jahre haben gezeigt, daß das Leben im Felde einen großen Teil der Zeit der Mamelukensultane ausfüllte. Das darf aber nicht darüber hinwegtäuschen, daß auch die übrigen Staatsgeschäfte den Herrscher voll beanspruchten, und es mag an dieser Stelle nützlich sein, etwas näher auf die Pflichten eines orientalischen Fürsten im 13. und 14. Jahrhundert einzugehen.

Islamischer Überlieferung folgend, war der Sultan oberster Richter. Zwar begnügten sich die Herrscher im allgemeinen damit, den Kadis die auf das islamische Recht abgestützte Rechtsprechung zu überlassen. In den Fällen jedoch, in denen das Kirchenrecht nicht mehr ausreichte oder nur ungenügende Antwort gab, praktizierten die Mamelukensultane ein eigenes, in den sogenannten »Siyasa« (arab. eigentlich »Politik«) kodifiziertes Recht, das allerdings merkwürdigerweise lediglich für die herrschende Mamelukenschicht Gültigkeit hatte, nicht für die arabischen Untertanen. Deshalb kam dem orthodoxen Recht des Islam, der »Scharia« und den Kadis, besondere Bedeutung zu. Es gab fünf oberste Kadis: je einen für die Anhänger der vier sunnitischen Glaubensrichtungen, die Schafiten, die Hanafiten, die Malakiten und die Hanbaliten, sowie einen obersten Armeekadi. Sie übten alle die islamische Rechtsprechung im Namen des Kalifen aus. Dabei handelte es sich mehr oder weniger um eine Farce, denn tatsächlich wurden die Kadis vom Sultan ernannt und abgesetzt; der Herrscher übte damit natürlich einen nicht unerheblichen Einfluß auf die Rechtsprechung aus. Aber trotz dieser Einschränkung richterlicher Unabhängigkeit war der Einfluß der Kadis nicht nur auf die allgemeine Rechtsprechung, sondern auch auf staatsrechtliche Fragen von erheblicher Bedeutung. Sie begleiteten den Sultan auf großen Reisen und Feldzügen, und die bedeutendsten von ihnen konnten zum Scheik ül Islam ernannt werden, was sie auf Lebenszeit berechtigte, an allen größeren Beratungen des Sultans teilzunehmen. Sie alle, gleichgültig ob Scheik ül Islam oder Großkadi, waren religiöse und rechtliche Ratgeber des Sultans, zugleich aber auch die obersten Gehilfen des Kalifen, des Glaubensfürsten der islamischen Welt.

Der Herrscher war nicht nur oberster Richter, sondern hatte jeden seiner Untertanen, der dies begehrte, persönlich anzuhören, Beschwerden und Petitionen entgegenzunehmen und bei Zwistigkeiten zwischen den Beduinenstämmen oder den Angehörigen verschiedener Religionen zu entscheiden. Dies war überliefertes Recht und islamische Tradition, und es war im Bewußtsein der Gläubigen verankert, daß sich kein Herrscher dieser Aufgabe entziehen durfte. Der Herrscher saß im Majlis, der Ratssitzung (von arab. »jalasa« = sitzen), um Recht zu sprechen, und ließ sich dabei von den Kadis der entsprechenden islamischen Glaubensrichtungen beraten. Diese Tradition ist auch heute noch in einigen konservativen islamischen Ländern ausgeprägt. So haben in Saudi-Arabien zum Beispiel die Bürger des Landes das Recht, mit ihren Anliegen zu fest bestimmten Zeiten unmittelbar vor den König oder die Emire zu treten, gleichgültig ob die Angehörigen der Herrscherfamilie sich in ihren Palästen oder auf Reisen im Land befinden. Das Majlis fand im Gerichtsgebäude des Sultanspalastes, dem Dar el Adel in der Zitadelle, statt, aber auch auf Reisen und während der Feldzüge.

Wo sich der Herrscher auch befinden mochte, in der Zitadelle von Kairo oder auf Reisen, überall gab es öffentliche Sprechzeiten. Stunden- und tagelang warteten die Antragsteller dann im Schatten der Palasthöfe oder unter glühender Sonne vor dem Herrscherzelt, bis sie vorgelassen wurden. Oft versammelten sie sich, wenn der Sultan auf Reisen war, in Märkten oder Oasen, lange bevor der Herrscher eintraf. Sodann traten sie einzeln vor ihren Souverän, verneigten sich tief oder warfen sich zu Boden, führten eine Hand zum arabischen Gruß an die Lippen und trugen mit verschränkten Armen ihr Anliegen vor. Jeder wurde angehört, und bei jeder Bitte wurde, meist sofort, eine Entscheidung getroffen. Einen großen Teil der Zeit nahmen religiöse Fragen in

Anspruch, denn nicht nur das Recht, auch viele Angelegenheiten des täglichen Lebens, der Politik und der Verwaltung wurden vom Islam abgeleitet. Hier die richtige Koranauslegung zu finden, wäre eigentlich die Aufgabe des Kalifen gewesen. Damit wäre er aber zur entscheidenden politischen Kraft geworden, und gerade das sollte ja verhindert werden.

Neben diesen besonderen Aufgaben mußte der Sultan natürlich noch weiteren Pflichten nachkommen: Gesandte fremder Mächte mußten empfangen, eine umfangreiche Korrespondenz erledigt, die Verwaltung beaufsichtigt und Truppen inspiziert werden. Dem Herrscher oblag es ferner, den Staatsschatz zu kontrollieren, sich um die Bauarbeiten in seiner Hauptstadt und an den Nildämmen zu kümmern, sein Netz von Spitzeln und Informanten zu beaufsichtigen, Steuern und Abgaben festzulegen, Handelsprivilegien zu erteilen und Zölle zu erheben.

Besonderer Sorgfalt bedurfte es bei der Personalpolitik und auch die Zusammenstellung des Hofstaates und die Verteilung von Ämtern und Titeln erforderten größte Aufmerksamkeit. Denn die Herrschaft der Sultane beruhte auf einem sorgfältig abgestimmten System unzähliger Ämter, deren Inhaber sich gegenseitig überwachen mußten, um gemeinsamen Komplotten von vornherein die Grundlage zu entziehen. Einige dieser Spitzenämter sind schon erwähnt worden: das Vizekönigtum von Ägypten (Naib es Sultana), Stellvertretung des Sultans für das ganze Reich, und das Vizekönigtum von Damaskus, welches den Herrscher in Syrien vertrat. War der Sultan noch ein Kind, so wurde ein Regent (Nizam el Mulk) eingesetzt, der oft der Atabeg, das heißt der Prinzenerzieher und Oberbefehlshaber der Streitkräfte war. Auch das Amt des Wesirs ist schon erwähnt worden. Er kontrollierte den Majordomus der Hofhaltung und den Katib es Sirr, den Geheimsekretär des Sultans, der die persönliche Korrespondenz des Herrschers erledigte, Petitionen entgegennahm und die silbernen Ausweisplaketten der Postkuriere, wenn sie nicht in Benutzung waren, unter Verschluß hielt. Zu den Spitzenbeamten gehörten ferner der Großkämmerer, der Schatzmeister, der Schadd (Superintendent) der Magazine und der Obereunuch, der zugleich die Privatschatulle des Herrschers verwaltete. Ähnlich wie im mittelalterlichen Europa und in Byzanz waren die Ämter in der unmittelbaren Umgebung des Herrschers die angesehensten, auch wenn sich deren Inhaber in einem strengen Abhängigkeitsverhältnis befanden. So gab es beispielsweise den Adjutanten (Emir 'alam), der zugleich Chef der königlichen Musikkapelle war, den Palastvorsteher (Ustaddar), den Hauptmann der Palastwache (Ras Nauba) und den Vorsteher des königlichen Marstalles (Emir Akkor) sowie zahlreiche Kämmerer, Sekretäre, Pagen, Speisevorkoster und Mundschenke. Der Emir madschlis (Emir des Stuhles) – so genannt, weil er als einziger in Gegenwart des Sultans sitzen durfte – befehligte die Leibärzte, und der Emir Schikar die Jäger des Herrschers. Der Dschamdar oder Obergarderobier war ein besonders hoher Beamter, ebenso der Emir Tabar, der Kommandant der persönlichen Leibwache des Herrschers, die mit Hellebarden ausgerüstet war. Der Baschmakdar war für die Pantoffeln des Sultans verantwortlich, der Dschukandar trug des Herrschers Poloschläger. Einflußreiche und deshalb begehrte Ämter waren auch die des Tischt Khamah, der die königlichen Juwelen und Kleinodien verwahrte, und des Scharab Khamah, der für die Getränke des Sultans verantwortlich war.

Nach einer Aufstellung von Popper gab es im Sultanat insgesamt 234 offizielle Amtsbezeichnungen mit festen Dotierungen und Aufgabenzuweisungen. Auch hinsichtlich der Vielzahl dieser Ämter mit ungezählten Gouverneuren (Wali), höheren Hofbeamten (Emir), Superintendenten (Schadd), Intendanten (Sahib), Kontrolleuren (Nazir) und Aufsehern (Ustadar) zeigte sich der Mamelukenstaat als ein straff durchorganisiertes und streng kontrolliertes Staatswesen mit einer zentralistischen Bürokratie, die, gestützt auf die effizienten Informations- und Befehlsstränge der Pferdepost-, Taubenpost- und Signaldienste, es mit der Bürokratie jeder modernen Diktatur hätte aufnehmen können und die den armseligen, provinziell-mittelalterlichen Hofhaltungen des Abendlandes um etwa zwei- bis dreihundert Jahre voraus war.

Das höfische Leben in der Sultansresidenz war anstrengend. Das Protokoll und ein strenges Zeremoniell begleiteten jeden Schritt des Herrschers. Ritt der Sultan zum Beispiel aus, so wurden die Zusammensetzung seines Gefolges, die Tracht und der Platz jedes einzelnen bis ins Detail festgelegt. Beybars etwa pflegte in der Mitte seines Gefolges zu reiten. Er trug einen Krummsäbel und

Brustpanzer, darüber einen weißen Umhang wie die Beduinen, an den Füßen mit Perlen und Edelsteinen besetzte Pantoffeln und auf dem Kopf einen Turban aus Silberfäden. Vor ihm ritt ein hoher Mamelukenoffizier, der eine Satteldecke, das Wahrzeichen königlicher Hoheit, trug, die goldgestickt und mit wertvollen Steinen eingefaßt war. Ein Prinz aus der Familie des Sultans oder der Emir el Kebir mußte ständig über dem Herrscher einen goldgesäumten Sonnenschirm halten, der mit einem vergoldeten Adler auf der Spitze geziert war. Die Schabracke des Sultanspferdes war silber- und golddurchwirkt, rote Atlasseide bedeckte den Pferdeleib. Über der Kavalkade flatterte die schwere gelbe, mit Gold- und Silberfäden durchwirkte Standarte des Sultans, und vor dem Herrscher ritten auf Schimmeln mit silbernem Zaumzeug zwei Pagen, deren Mäntel und Kopftücher silberdurchwirkt und mit goldenen Rändern versehen waren. Außerdem ritt vor dem Sultan noch ein Flötenspieler, der seinen Herrn mit leisen Weisen erfreute; ein Sänger, der die Ruhmestaten des Herrschers zu preisen hatte, folgte ihm. Links vom Monarchen befand sich der Dschukandar mit den königlichen Krummdolchen, rechts ein Schildträger. Zur unmittelbaren Umgebung gehörte schließlich der Dschamakdar, der Zepterträger, und alle waren von den Tabardars, den Hellebardieren der persönlichen Leibwache, umgeben. Diesem Trupp folgten die Beamten des Hofes und der riesige Hofstaat mit Kämmerern, Sklaven und Eunuchen. Dann kamen, unter einer Wolke aufgewirbelten Staubs, die Mamelukenregimenter in ihrer martialischen, farbenprächtigen Aufmachung mit den Wappenschildern und unter den Bannern ihrer Emire. Den mächtigsten Emiren war es gestattet, eigene Musikkapellen mit Trompetern, Trommlern und Flötenspielern zu halten; es muß ein phantastischer Zug gewesen sein, der sich so auf Araberhengsten und Rennkamelen zu den aufreizenden Klängen arabischer Musik durch die Wüsten bewegte.

Wenn ein Nachtlager bezogen wurde, errichtete man das Zelt des Sultans schon vor dessen Ankunft. Lange Fackeln wurden vor und um den Herrscher herum getragen, wenn er bei Dunkelheit im Zeltlager eintraf. Seine Diener kamen ihm mit langen Kerzen entgegen und bildeten ein Spalier zum Zelt. Alle stiegen von ihren Pferden, außer dem Herrscher, der nun unter dem Gesang seiner Leibwache in das Zelt hineinritt, im Vorraum absaß und die rückwärtig gelegenen Gemächer betrat. Das orientalische Herrscherzelt war nahezu ein kleiner Palast mit mehreren Räumen, die mit kostbarem Mobiliar und zahlreichen Teppichen, mit Küchen und Bädern ausgestattet waren. Dieses Zelt war streng bewacht und gegenüber dem übrigen Feldlager, in dessen Mitte es sich befand, hermetisch abgeriegelt. Hohe Holzbarrikaden, bisweilen sogar Wachttürme wurden rund um das Herrscherzelt errichtet. Berittene Mamelukenwachen waren um den Zaun herum postiert und wurden vom Emir Babdar (arab.: Bab = Tür) kontrolliert. Diener und Eunuchen schliefen am Zelteingang, bereit, sich jedem unbefugten Eindringling entgegenzuwerfen.

Wenn der Sultan in den Krieg zog, folgten dem engsten Vertrautenkreis des Herrschers die Gruppen der Alfi, von denen jede ein eigenes Heer bildete, und der Troß, den man für den Feldzug benötigte. Die Chronisten berichten von endlosen Zügen aus Ochsenkarren, auf denen das Kriegsgerät, vor allem ballistische Apparate und die in Einzelteile zerlegten Belagerungsmaschinen, mitgeführt wurden. In einem Bericht ist von 3000 zusätzlichen Handpferden, 32000 Kamelen, zahlreichen Harems und riesigen Schaf- und Rinderherden die Rede, die dem Heer folgten.

Das halbe Jahrhundert nach Khalils Tod ist durch die wiederholt unterbrochene Herrschaft des dritten Sohnes von Kalaun, seines Lieblingssohnes Mohammed (im folgenden unter seinem Herrschernamen Nasir genannt), gekennzeichnet. Dieser Prinz, Sohn einer mongolischen Prinzessin, wurde im Alter von neun Jahren das erste Mal als »König Nasir, Schützer des Glaubens, Mohammed, Sohn von Kalaun« von den führenden Emiren auf den Thron gehoben, ein Jahr später allerdings schon wieder abgesetzt. Nach weiteren fünf Jahren bestieg er erneut den Thron, dieses Mal für zehn Jahre. Nach einer erneuten Unterbrechung übernahm er 1309 endgültig die Macht, die er nun dreißig Jahre lang, bis zu seinem Tode, behielt – eine bewegte Herrscherlaufbahn, die die Verhältnisse im Mamelukenstaat, die ununterbrochenen Machtkämpfe deutlich veranschaulicht. Die Tatsache, daß Nasir zum Herrscher gewählt, abgesetzt und immer wieder neu eingesetzt wurde, hängt zweifellos mit dem großen Ansehen zusammen, das sein Vater einst genoß. Jedoch läßt sich daraus nicht der Schluß ziehen, daß die Mameluken den Erbanspruch einer einzigen Familie anerkannten und eine erbliche Monarchie einzuführen oder zu tolerieren gedachten. Vielmehr hing Nasirs wiederholte Einsetzung mit den ständigen Rivalitäten der Emire zusammen; sie war die einzige Alternative zu den sonst unausbleiblichen Machtkämpfen, zu Herrschermorden und Aufruhr. Die erste Regierungsperiode von Nasir war nur nominell. Tatsächlich wurde die Macht von einigen der großen Emire ausgeübt, von einem Triumvirat, das aus dem Vizekönig von Ägypten namens Ketbugha (nicht zu verwechseln mit dem von Beybars geschlagenen Mongolenführer Kethboga), dem Wesir und einem der königlichen Speisevorkoster bestand. Diese Regierung machte als erstes die Mörder von Khalil, unter ihnen der ehemalige Wesir von Ägypten, dingfest und folterte sie zu Tode, um den Sultansmord zu sühnen. Zweifellos trauerte niemand dem unsteten und unberechenbaren Khalil nach, aber vor dem Volk machte es sich allemal gut, sich als Rächer des Hauses Kalaun auszugeben und die Verurteilten öffentlich vorzuführen. Zum Tode Verurteilte kreuzigte man damals häufig an Bretter, band sie auf einen Kamelrücken und führte sie so lange durch die Straßen von Kairo, bis sie an ihren von Fliegen schwarz bedeckten Wunden und an Durst gestorben waren. So hatte das gaffende Volk Gelegenheit, die Macht der Herrschenden zu spüren, und war vor den Folgen von Ungehorsam und Aufruhr gewarnt.

Und Aufruhr lag wieder einmal in der Luft!

Wie nicht anders zu erwarten, strebte jeder im Triumvirat nach der Alleinherrschaft. Es bildeten sich Parteien, Straßenkämpfe brachen in der Hauptstadt aus, und schließlich belagerte Ketbugha den Wesir, der sich in der Zitadelle verschanzt hatte. Der Kampf dauerte nur kurz, denn die Sultansmutter verriet den Wesir an ihren mongolischen Landsmann Kethbuga. Er wurde ermordet, und sein Haupt wurde auf einer Lanzenspitze unter Beifallsrufen durch Kairo getragen.

Ketbugha war nun der einzige wirkliche Inhaber der Macht, und sein Name wurde im Freitagsgebet unmittelbar nach dem des Kindes-Sultans Nasir genannt. Er hatte jedoch nicht alle Teilnehmer an der Verschwörung gegen Khalil beseitigt. Zwei von ihnen, der schon früher genannte Emir Ladschin und der Emir

Karasunkur, waren dafür viel zu mächtig und verfügten über eine stattliche Anhängerschaft. Deshalb schien es Ketbugha angebracht, sich mit diesen Emiren zu verbünden und mit ihrer Unterstützung nach dem Thron zu greifen. Diese offene Begünstigung der beiden Königsmörder empörte jedoch die Mameluken des ermordeten Sultans Aschraf Khalil, und die nach dem ersten Namen ihres früheren Herrn »Ashrafi« genannten Söldner stürmten den königlichen Marstall sowie den Kairoer Markt der Waffenschmiede und zerstörten und plünderten in offenem Aufruhr alles, was ihnen in den Weg kam. Schließlich gelangten sie zu den Mokattam-Bergen und belagerten die Tore der Zitadelle, aber ohne Erfolg: Ketbugha machte mit seinen Mameluken einen Ausfall und erstickte die Empörung. Die meisten der Aufrührer gerieten in Gefangenschaft und wurden geblendet, verstümmelt, enthauptet, ertränkt, am Bab es Suele aufgehängt oder gekreuzigt. Damit war der Weg zur uneingeschränkten Machtausübung frei. Ein Rat der großen Emire wurde am nächsten Tag einberufen, der angesichts der entsetzlichen Ausschreitungen vom Vortage einen energischen Mann an der Staatsspitze forderte. Dieser Mann war natürlich Ketbugha. Exsultan Nasir dagegen wurde aus Kairo entfernt. Man brachte ihn nach Kerak, jener alten Festung am Toten Meer, die schon früher einigen Prinzen als unfreiwilliger Aufenthaltsort gedient hatte.

Das Reich hatte nun wieder einen energischen, starken Sultan, und es bestand Aussicht, daß in der Hauptstadt Ruhe und Ordnung wiederhergestellt wurden. Ketbughas Herrschaft war jedoch nur von kurzer Dauer. Sie stand unter einem unglücklichen Stern, denn zu dieser Zeit herrschte in Ägypten Hungersnot, und es brachen Seuchen aus. Besonders schlimm war es in Kairo, wo in einem einzigen Monat 17500 Todesopfer gezählt wurden. Dieses allgemeine Unglück belastete die Regierungszeit des neuen Sultans und wurde als ein böses Omen aufgefaßt. Die ohnehin schon gereizte Stimmung wurde zusätzlich noch dadurch verschlechtert, daß Ketbugha bei der Ämterverteilung seine mongolischen Landsleute eindeutig bevorzugte. Protektionismus und Vetternwirtschaft hatte es unter den Mamelukenherrschern schon immer gegeben, und zwar aus einem einleuchtenden Grund: Die Mameluken waren allgemein sehr ungebildet, und auch ihre

Emire und Sultane sprachen oft nur die Sprache ihrer Herkunftsländer. Arabisch wurde am Sultanshof kaum gesprochen; es herrschte die Sprache des jeweiligen Herrschers vor, meist ein mongolischer, südrussischer oder türkischer Dialekt beziehungsweise ein Kauderwelsch aus allen diesen Sprachen. Sollte unter so schwierigen Verständigungsbedingungen einigermaßen vernünftig regiert werden, so mußte zumindest die engste Umgebung des Herrschers dessen Muttersprache verstehen, und so lag es nahe, daß sich Ketbugha vor allem mit Mongolen umgab.

Was auch immer der Hauptgrund gewesen sein mag: 1296 gab es eine weitere Verschwörung. Auf der Rückkehr von einer Reise nach Syrien überfielen die Aufrührer das Zelt des Herrschers, und Ketbugha hatte es nur dem tapferen Widerstand seiner Leibwache zu verdanken, daß er fliehen konnte und so mit dem Leben davonkam. Der Anführer der Verschwörung war Ladschin gewesen; er wurde jetzt zum Sultan gewählt.

Ladschin, der den Thron unter dem Titel »Sultan und siegreicher König, Schwertklinge des Glaubens, Vater des Sieges, Ladschin (Mameluk) von (Sultan) Mansur« bestieg, ist eine der schillerndsten Persönlichkeiten in der Reihe der Mamelukenherrscher. Von großer, imponierender Gestalt, blauäugig und von heller Gesichtsfarbe, wich er schon äußerlich von der üblichen Erscheinung der Mameluken ab. Von ihm wird behauptet, daß er ein deutscher Ordensritter gewesen sei, der als Gefangener oder wie auch immer in die ägyptische Sklaverei geraten war. Auszuschließen ist ein solches Herkommen nicht, aber eine adlige deutsche Abstammung ist historisch nicht belegbar. Fest steht nur, daß Ladschin ursprünglich Sklave bei El Mansur Ali, einem Sohn des Sultans Aybek, war und dann in den Besitz von Kalaun gelangte. Unter jenem war er zunächst Page und später Silahdar, eine Art Knappe, der die Waffen seines Herrn trug (arab. sialha = Waffe). Als Kalaun dann Sultan wurde, machte er Ladschin zum Emir und Vizekönig von Damaskus und gab ihm eine Tochter zur Frau.

Khalil, der sich, wie bereits erwähnt, nach seiner Thronbesteigung der bewährten Berater seines Vaters entledigt hatte, ließ auch seinen Schwager Ladschin gefangennehmen und einsperren. Er wollte ihn, wie schon beschrieben, töten; Ladschin rächte sich später dafür, indem er am Komplott zur Ermordung des Sultans teilnahm. Unter Ketbugha entging er seiner persönlichen Macht und seines Ansehens wegen der Bestrafung für den Sultansmord; ja, er gelangte sogar zu höchsten Ehren und wurde Wesir. Nun, da die Stellung auch dieses Sultans erschüttert war, hatte er sich gegen ihn erhoben, um die Macht an sich zu reißen.

Aber Ladschin besaß nicht die uneingeschränkte Macht seiner Vorgänger. Die Emire waren mächtiger geworden, und mit ihrer Macht waren auch Neid und Eifersucht gegen jeden gewachsen, der über sie herrschen wollte. Sie setzten den neuen Sultan deshalb nur unter der Bedingung ein, daß er sich stets als einer der Ihren betrachtete und bei allen wesentlichen Entscheidungen ihren Rat einholte. Dies mußte Ladschin feierlich beeiden. Der Argwohn der Großen des Reiches ging so weit, daß sie Ladschin sogar noch einen zweiten Schwur ablegen ließen, daß er niemals einen seiner eigenen Mameluken zum Nachteil eines der Emire, die ihn gewählt hatten, begünstigen würde. Erst nachdem sich die Emire diese Sicherheiten verschafft hatten, ließen sie den neuen Herrscher mit dem Pomp, der ihm zukam, von Syrien nach Kairo ziehen.

Es war ein prachtvoller Zug, der sich um die Jahreswende 1294/95 der Hauptstadt näherte. In jeder Stadt und jeder Burg, in die der Sultan unter dem Sonnenschirm, dem Zeichen seiner Herrscherwürde, einritt, wurde er aufwendig empfangen. In allen Moscheen wurde für ihn gebetet, Ehrenabordnungen ritten ihm entgegen, und die Beduinen der Wüstenstämme säumten seinen Weg. Überall wurde ihm gehuldigt, und die Ersten des Landes baten den Sultan um die Gnade, ihm Geschenke überreichen zu dürfen. Dies war nicht nur Ausdruck von Unterwürfigkeit gegenüber dem neuen Monarchen, sondern ein Zeichen der Erwartungen, die man in ihn setzte. Denn es hatte sich herumgesprochen, daß Ladschin kein brutaler Tyrann, vielmehr ein wohlwollender und großzügiger Fürst war, der gelobt hatte, die drückende Steuerlast zu verringern und der Bevölkerung keine neuen Steuern aufzuerlegen – Versprechungen, die sofort zu einem wirtschaftlichen Aufschwung führten und den Brotpreis, der als Folge der Hungersnot angestiegen war, auf den halben Preis fallen ließ. Als der neue Sultan schließlich vor den Toren von Kairo anlangte, kamen ihm die Würdenträger von Staat und Stadt sowie die höchsten Vertreter der Kirchen entgegen, um sich vor ihm in den Sand zu werfen, den Boden mit der Stirn zu berühren und dem neuen Herrscher Treue zu schwören. Umgeben von den Großen des Reiches und begleitet von El Hakim, dem Kalifen, der ihn offiziell zum Sultan ernannte, zog Ladschin dann unter dem Jubel der Kairoer Bevölkerung durch die festlich geschmückten Straßen der Hauptstadt zur Zitadelle, um seine Herrschaft anzutreten.

Es waren keine weltbewegenden Erfolge, die diese Herrschaft kennzeichneten. Aber Ladschins Größe lag gerade darin, daß er in dieser stürmischen Zeit für Ruhe, Frieden und Gerechtigkeit sorgte und den von Kriegen und Willkür in den letzten Jahrzehnten so sehr mitgenommenen Völkern von Ägypten und Syrien wenigstens für kurze Zeit das Gefühl von Geborgenheit verschaffte. Er reduzierte nicht nur die maßlosen und ungerechten Steuern, durch die die Bevölkerung ausgesaugt wurde, auf ein vernünftiges Maß, er setzte auch den willkürlichen Strafen und grausamen Folterungen, mit denen seine Vorgänger ihre Sicherheit festigen zu können vermeinten, ein Ende. Den Armen gegenüber zeigte er sich barmherzig und hilfsbereit, selbst gegenüber seinen Feinden war er gerecht und großmütig. Seinem Vorgänger Ketbugha, der dem Mordanschlag mit heiler Haut entkommen war, sicherte er Freiheit zu und gab ihm ein hohes Amt. Dem anderen ehemaligen Sultan, seinem Schwager, dem zwölfjährigen Nasir, versprach er, den Thron Kalauns nur als Vertreter von Nasir zu besetzen. Er sei es Kalaun, dessen Mameluk er gewesen war, schuldig, seinem Sohn die Treue zu halten.

Als frommer Moslem genoß Ladschin hohes Ansehen. Er war nicht von der im Mittelalter oft festzustellenden fanatischen und scheinheiligen Art, in der Blutvergießen und »Heilige Kriege« dafür herhalten mußten, persönliches Machtstreben, Grausamkeit und Gewaltanwendung religiös zu rechtfertigen, sondern ein Gläubiger, der seinem Volk die Tugenden des Islam vorlebte, der großzügig gegenüber anderen, selbst aber bescheiden war; der außer im Ramadan zwei weitere Monate im Jahr fastete und sich in jeder Hinsicht der Disziplin und den strengen Regeln seiner Religion unterwarf. Die Frömmigkeit des Sultans fand auch in seiner Bautätigkeit Ausdruck, deren schönstes Zeugnis die Wiederherrichtung und Erhaltung der »Ibn Tulun-Moschee« ist. Diese aus dem 9. Jahrhundert stammende Moschee, die schönste im heutigen Kairo und zweitgrößte* der Welt, war Ende des 13. Jahrhunderts völlig verwahrlost und dem Verfall preisgegeben. In dieser Moschee, in der zwischen herrlichen Arkaden und Schuttbergen, zwischen langen Säulengängen und stinkenden Abfallhaufen bisweilen Bettler und durchziehende Beduinen hausten, hatte Ladschin einst, nach dem Anschlag auf Sultan Khalil, mit wenigen Getreuen Unterschlupf und Versteck gefunden, und der Muezzin hatte für seine Sicherheit gesorgt. Damals hatte Ladschin gelobt, die Moschee, die ihn geschützt hatte, wiederaufzubauen. Diesem Gelübde ist vermutlich die Erhaltung dieses einmaligen Zeugnisses frühmittelalterlicher islamischer Baukunst zu danken.

Das segensreiche Wirken des Sultans verfehlte seinen Eindruck auf die Bevölkerung nicht. Keinem Sultan war es bisher gelungen, in so kurzer Zeit die Zuneigung seiner Untertanen zu erlangen. Hierfür gab es deutliche Zeichen: Als Ladschin infolge eines Reitunfalls für zwei Monate an sein Lager gefesselt war, nahm ganz Kairo an seiner Genesung lebhaften Anteil, und als der Sultan endlich das Krankenlager verlassen und sich auf einem Ritt durch die Stadt dem Volk zeigen konnte, war der Jubel unbeschreiblich. Die Menge säumte die festlich geschmückten Straßen und brach in Beifallsrufe aus, Trommeln dröhnten, und Flötenspieler lärmten. Der Sultan verteilte gerührt Almosen, verlieh Ehrenkleider und gab einigen Gefangenen ihre Freiheit zurück. Ladschin war ein großmütiger Fürst, der sich um das Wohlergehen seiner Untertanen sorgte. Ruhe und Frieden schienen nun im Mamelukenreich einzukehren.

Aber der Schein trog. Ladschin machte einen verhängnisvollen Fehler: Wie alle Mamelukenherrscher vor ihm umgab er sich, seinem Gelübde zum Trotz, bald mit Günstlingen. Anfangs hatte er nur – und das war wohl unvermeidlich in diesem Staat – seinen Mitverschwörern die höchsten Ämter verliehen. Nach und nach geriet er aber unter den verderblichen Einfluß eines dieser Favoriten, des Emirs Mangutimur, und wechselte alle hohen Beamten und Offiziere aus. Mangutimur machte sich offenkundig Hoffnung, einmal Ladschins Nachfolge anzutreten, und richtete alle Anstrengungen darauf, seinen eigenen Anhängern, angeblich im Namen des Sultans, Macht und Einfluß zu verschaffen. Die Emire, vor allem die Syrer, die mit Ladschins Wahl eben diesen Protektionismus hatten vermeiden wollen, fühlten sich betrogen und widersetzten sich. Aber Mangutimur verschärfte daraufhin seine Maßnahmen. Die ersten Emire wanderten wieder in die finsteren, nassen, von Ratten und anderem Ungeziefer verseuchten Verliese der Zitadelle, und alles war bald wieder wie ehedem: Parteien bildeten sich, Argwohn und Mißgunst machten sich wieder am Sultanshofe breit. Die Spannung erreichte ihren Höhepunkt, als der Emir Beysari, einer der mächtigsten und beliebtesten Mamelukenführer, verhaftet und eingekerkert wurde. Er war einst Oberkommandierender der Mameluken gewesen, und nach der Ermordung von Khalil war ihm als erstem die Sultanswürde angetragen worden. Er hatte sie jedoch ausgeschlagen.

Bald loderten die ersten Unruhen auf, denen der Sultan dadurch begegnete, daß er die unzuverlässige syrische Armee auf eine Expedition in das immer noch christliche Klein-Armenien entsandte. Damit nahm das Verhängnis jedoch seinen Verlauf. Die syrischen Emire zogen mit ihren Truppen nur widerstrebend zum Taurus-Gebirge; einige Offiziere liefen sogar zum Erzfeind, dem Ilkhan von Persien, über. In Syrien griff der Aufruhr um sich, und Anarchie brach aus.

Es scheint, daß Ladschin, der seiner Familie sehr zugetan war und ihr viel Zeit widmete, die Staatsgeschäfte zu dieser Zeit weitgehend Mangutimur überlassen hatte und der ehrgeizige Mongole seine Macht und seinen Einfluß insgeheim dazu nutzte, eine Erbfolge von Ladschin auf den Kalaun-Sohn Nasir zu verhindern, und hierfür die Anhänger der Familie Kalaun nacheinander aus allen Machtpositionen entfernte. Außerdem säte er Mißtrauen gegen die Familie Kalaun, in das auch der Sultan in subtiler Weise einbezogen wurde. Jedenfalls erfuhr der ahnungslose Herrscher nicht, daß die folgenschwersten personellen Umbesetzungen, die Mangutimur traf, stets ihm, dem Sultan, zur Last gelegt wurden. So nimmt es nicht wunder, daß die Unruhen in Syrien allmählich auf Ägypten übergriffen und es in Kairo zu einer Verschwörung von einigen unzufriedenen Mamelukenführern kam. Sie alle achteten zwar den aufrechten, gerechten Herrscher – ihr Ehrgeiz bezwang jedoch ihre Skrupel, und sie beschlossen den Tod des Sultans.

Es war zur Zeit des Sonnenuntergangs am 16. Januar 1299, als sich Ladschin mit seinem Gefolge, einige Almosen verteilend, zum abendlichen Gebet begab. Seine große, schlanke Gestalt war von den Sorgen um das Reich gebeugt, und Kummer zeichnete das Gesicht des Sultans. Boten hatten ihm vom Unwillen einiger Emire im Nildelta und von geheimen Kontakten der aufständischen syrischen Emire zu hohen Würdenträgern seines Hofes berichtet. Nun galt es, die Ursachen der Unzufriedenheit abzustellen und die Macht Mangutimurs einzudämmen. Der gläubige Moslem kniete nieder und beugte sich im Gebet gen Mekka. Da trat einer der Emire seiner Begleitung unvermittelt vor und stieß ihm mit voller Wucht seinen Dolch in den Rücken. Der Herrscher brach augenblicklich zusammen, sein Blut färbte den Gebetsteppich, und seine brechenden Augen suchten erstaunt die Augen seines Mörders, der sich über ihn beugte. Entsetzen machte sich im Gefolge des Herrschers breit, Trauer erfaßte seine Familie und den Hof.

Auch Mangutimur wurde kurz darauf überwältigt und in den Kerker geworfen. Seine Stunden waren ebenfalls gezählt. Denn als der Mörder von Ladschin erfuhr, daß Mangutimur noch lebte, rief er voller Schmerz und Empörung: »Was hat der Sultan getan, daß ich ihn tötete? Bei Allah, nur Wohltaten habe ich von ihm empfangen. Er war es, der mich zu dem machte, was ich bin. Ach, hätte ich vor der Mordtat nur gewußt, daß Mangutimur noch lebt, niemals hätte ich diesen Mord begangen. Denn dieses Mannes Untertanen waren es, die mich zu dem Mord verführten!« Daraufhin stürzte er sich in den Kerker und erschlug Mangutimur mit eigener Hand.

Wieder war ein Herrscher durch Mörderhand gefallen, und wieder machte sich einer der Verschwörer zum Sultan, jedoch nur für wenige Tage. Denn mit derselben Selbstverständlichkeit, mit der die Mamelukenemire sich zum Herrschermord bereitfanden, bestraften sie auch die Königsmörder, wenn diese nicht sofort in der Lage waren, die Macht an sich zu reißen und zu bewahren. Eben dies war den Verschwörern offenbar nicht gelungen, und alle wurden als Aufrührer und Mörder hingerichtet. Das war Mamelukenjustiz. Der Kampf um die Macht war erlaubt, und die Thronfolge basierte auf der Überlegenheit des Stärkeren. Wer den Einsatz gewagt und zur Macht gegriffen hatte, mußte sie auch halten. War er unterlegen und ließ er sich die Macht entreißen, genoß er nicht mehr die allgemein anerkannte rechtliche Sonderstellung und wurde wie ein Verbrecher zertreten.

Die kurzen Herrschaftszeiten von Ketbugha und Ladschin hatten nun allerdings doch eine gewisse allgemeine Ermüdung hervorgerufen. Die großen Emire waren nachdenklich geworden, es trat geradezu eine Besinnung ein: Sollte man nun wieder einen der Ihren zum Sultan machen, wieder einen Herrscher ohne besondere Legitimation an die Spitze des Staates stellen, der sofort von Neidern umgeben sein würde? Oder sollte man es mit einer Dynastie versuchen? Nach wie vor gab es ja die angesehene Familie Kalaun, die die erbliche Thronfolge ansatzweise eingeführt hatte. Man erinnerte sich des jungen Nasirs und auch daran, daß der einst hochverehrte Sultan Ladschin sich selbst nur als Reichsverweser für den jüngsten Kalaun-Sohn betrachtet hatte.

Der zweite Mongolensturm

Im Abendland interessierte man sich um die Wende vom 13. zum 14. Jahrhundert immer noch kaum für den Nahen Osten und Nordafrika. Die geographische Kenntnis der Europäer reichte damals im Süden nur etwa bis zum Atlasgebirge und dem nördlichen Rand der Sahara und war damit geringer als bei den Römern. Eine Ausnahme bildete lediglich das Heilige Land. Denn immer noch – und für einige weitere Jahrzehnte – war der Kreuzzugsgedanke, wenn auch zunehmend umstritten, virulent, existierten Träume und Pläne für eine Rückeroberung von Jerusalem. Andere, weniger christliche Eroberungsgelüste hatte es im Mittelmeerraum bereits zuvor gegeben: So war Karl von Anjou nur durch die Sizilianische Vesper, die die französische Herrschaft in Süditalien und Sizilien beendete, daran gehindert worden, Byzanz anzugreifen, wo der oströmische Kaiser Michael VIII. 1261 das fränkisch-lateinische Kaisertum, das in der Folge des vierten Kreuzzugs entstanden war, beseitigt hatte. Von Kairo aus hatte man diese Entwicklungen aufmerksam beobachtet – die Sorge vor neuen abendländischen Kreuzzugsabenteuern hielt an. Sie sollte bis in die jüngste Neuzeit, wenn auch unter völlig anderen Machtkonstellationen, lebendig bleiben.

Das Mamelukenreich bestand nun schon seit annähernd fünfzig Jahren, und dieses bewegte halbe Jahrhundert war mit unaufhörlichen Machtkämpfen und zahlreichen Kriegen angefüllt gewesen. Während der verschiedenen Feldzüge hatte die Mamelukenarmee vorwiegend in Syrien und Palästina operiert; dort lagen eindeutig die politischen und militärischen Schwerpunkte der Mamelukensultane. Dennoch darf man nicht vergessen, daß Ägypten ein Teil von Afrika war und daß das Reich, ohne dies anzustreben, die Basis für die fortschreitende Islamisierung Ostafrikas und der

Sahara-Region darstellte. Umgekehrt beeinflußten Ostafrika und der westliche Teil von Nordafrika die Entwicklung in Ägypten. Wie sah es nun um die Wende vom 12. zum 13. Jahrhundert westlich und südlich des Mamelukenreiches aus? Die geographische Kenntnis der Araber des Mittelalters umfaßte ungefähr die Hälfte von Afrika: den im Nordwesten gelegenen Maghreb (von arab. gharb = Westen), die Sahara (von arab.: sah'ra = Wüste), das von Berberstämmen bewohnte Lamta (etwa das heutige Mauretanien), Ghana mit der alten Stadt Timbuktu, Wangara (etwa im heutigen Niger), Kanem (im heutigen Westsudan), die christlichen Reiche Nubiens (am mittleren Oberlauf des Nil), Abessinien, Sudan (damals vom Atlantik bis zum Nil am Südrand der Sahara verlaufend) und Sansibar, das einen langen Küstenstreifen am Indischen Ozean darstellte.

Im Maghreb hatte sich 1269 das berberische Almohadenreich, zu dem auch Teile Spaniens gehört hatten, aufgelöst, und ehemalige Statthalter und Usurpatoren hatten die Macht übernommen. Dazu gehörten in Marokko die Meriniden, in Algerien die Ziyariden und in Tunis die Hafsiden. Unmittelbare Berührungspunkte dieser Herrschaftsbereiche zum Mamelukenreich gab es kaum, denn Tunis, der Ägypten nächstgelegene Staat, war durch die Libysche Wüste vom Nilland getrennt. Es gab hier keine klaren Grenzen, der Einflußbereich von Tunis hörte im Bereich der Kleinen Syrte auf, und die ägyptischen Sultane waren nur am Mittelmeerküstenstreifen bis etwa nach Sollum und an den östlich der Libyschen Wüste liegenden Oasen interessiert. Dazwischen befand sich – abgesehen von dem sehr schmalen Küstenstreifen am Mittelmeer – nur unfruchtbares Niemandsland, in dem unkontrollierte Beduinenstämme sich um die kargen Weideplätze stritten. Die Südgrenze des Mamelukenreiches trennte Ägypten vom tributpflichtigen Königreich Nubien. Sie war, da sie über das fruchtbare Niltal führte, klar festgelegt und entsprach etwa der heutigen ägyptisch-sudanesischen Staatsgrenze. Im weiteren Verlauf führte sie über das Rote Meer, dann unter Einschluß des Hedschas und der heiligen Städte Mekka und Medina nach Norden, nach Syrien, und verlief von dort zum Euphrat.

Wie war nun die ethnische Zusammensetzung in diesen Räumen beschaffen? Seit dem 11. Jahrhundert hat es in Nordost- und Ostafrika Wanderbewegungen gegeben, die zu einer verstärkten Arabisierung geführt hatten. Die Araberstämme Ägyptens und der Cyrenaika waren langsam in südwestlicher Richtung vorgedrungen, hatten sich mit den Berbern vermischt, waren sogar mit den stolzen Tuareg in Berührung gekommen. Einzelne Stämme waren mit ihren Herden zum Oberlauf des Nils aufgebrochen und gelangten über die Steppen am Südrand der Sahara bis zum Tschadsee in das Land Kanem. Aus dem Jemen kamen die südsemitischen Habaschat über das Rote Meer und ließen sich im heutigen Südsudan nieder; arabische Kaufleute und Siedler, später auch Seeleute und Händler aus Oman, drangen vom Horn von Afrika auf einem schmalen Küstenstreifen langsam nach Südwesten vor.

Für diese Wanderbewegungen, für diese allmähliche arabische Expansion stellten die Arabische Halbinsel und Ägypten gewissermaßen den Ausgangspunkt dar; der arabische Druck nach Südwesten und Westen ging vor allem vom Mamelukenreich aus. Hierfür gab es zwei Ursachen: die Suche arabischer Nomaden nach neuen Weideplätzen und Handelsinteressen. Auch hier war das Mamelukenreich von überragender Bedeutung. Denn über Kairo liefen die vom Abendland nach Süden, nach Asien und nach Ostafrika führenden Handelslinien. Kairo, das durch erhebliche Zölle von diesen Verbindungen profitierte, konnte nur daran interessiert sein, möglichst viele Märkte im Süden zu erschließen und zahlreiche sichere Handelswege zu schaffen. So gelangten Gold und Elfenbein aus Ghana durch die Sahara nach Kairo, aus Kanem schleppten endlose Karawanen Häute, die zu Lederwaren verarbeitet wurden, herbei; aus den Oasen der Libyschen Wüste kamen Datteln und aus den Dörfern der Arabischen Wüste Wolle. Schifffahrtslinien führten über den Nil nach Süden, zu den Reservoiren für den Sklavenhandel, und verbanden auf dem Roten Meer die Handelsstädte Djidda auf der Arabischen Halbinsel und Sawakin (Suakin) im heutigen Sudan. Die weiterreichenden Seeverbindungen führten um das Horn von Afrika nach Mogadischu und Sansibar, wo die ägyptischen Handelsgaleeren mit Elfenbein, Amber, Edelhölzern und Sklaven beladen wurden.

Hand in Hand mit der Ausbreitung des Arabertums und der arabischen Handelsverbindungen ging die zunehmende Islamisierung Nord- und Ostafrikas voran. In allen Oasen der westlichen Sahara wurde nun das Wort der Propheten verkündet, das christliche Nubien wurde allmählich vom Islam durchdrungen, und an der Küste zum Indischen Ozean schoben sich die Moscheen weiter nach Süden. Auf die kriegerische Islamisierung Nordafrikas und der Iberischen Halbinsel im 7. und 8. Jahrhundert folgte im 13. Jahrhundert eine zweite Welle, eine friedliche Ausdehnung des Islam vom Nordosten in den Südosten Afrikas. Für die Islamisierung des schwarzen Erdteils bildete Ägypten, wie erwähnt, eine Art Basis, was aus seiner geographischen Lage resultierte, mit den vom Niltal ausgehenden Wanderbewegungen und Handelsbeziehungen zusammenhing und auch damit, daß der Kalif seinen Sitz in Kairo hatte. Selbst wenn dieser oberste islamische Kirchenfürst in Ägypten völlig machtlos war und im Schatten des Sultans stand – für die zum Islam bekehrten Völker war er immer noch das geistige Oberhaupt und der höchste Vertreter ihres neuen Glaubens.

Bei den mongolischen Nachbarn im Osten bestand um die Jahrhundertwende das Ilkhanreich nun schon seit etwa vierzig Jahren. Seine Hauptstadt war Täbris, und seine Grenzen reichten vom Euphrat bis nach Kasachstan, vom Kaukasus bis zum Indus. Die Mongolen empfanden sich in dem eroberten Land immer noch als Besatzer und waren weit davon entfernt, sich mit der einheimischen Bevölkerung zu assimilieren. Persien verarmte und verödete, Ackerbau und Viehzucht kamen zum Erliegen, und das Land versteppte. Aber es gab bescheidene Anfänge einer Islamisierung der rauhen mongolischen Steppenreiter. Im Jahre 1295 bestieg ein gläubiger Moslem, Ilkhan Ghazan, den persischen Thron. Damit vollzog sich in Persien ein grundlegender Wandel, denn nun ging das ganze orientalische Mongolentum im Islam, in ethnischer Hinsicht jedoch im Türkentum auf. Reinrassige Mongolen fand man bald nur noch in der Führerelite, während in der breiten Bevölkerung eine allmähliche Vermischung stattfand.

Ghazan war ein Urenkel des Eroberers Hülegü, der siebte Ilkhan und ein Enkel jenes Abaga, der 1281 von Kalaun vor Homs geschlagen worden war. Anders als viele seiner Vorgänger war Ghazan sicher kein tollkühner Eroberer, der seine Aufgabe darin sah, fremde Völker zu unterwerfen und fremde Kulturen dem Erdboden gleichzumachen. Im Gegenteil: er war gebildet, baute ein modernes Verwaltungssystem auf, führte gerechte Steuern ein und kümmerte sich um den Wiederaufbau der Landwirtschaft. Aber wie seine Vorgänger drängte es auch Ghazan zum Mittelmeer hin. Als die am Ende der Herrschaft von Ladschin in Syrien zu den Persern übergelaufenen Mameluken ihm über die verworrene Situation im Mamelukenreich berichteten, ließ er im Sommer 1299 seine Reiter den Euphrat überschreiten. Damit begann der vierte und letzte Mongoleneinfall. Achtzig- bis hunderttausend Mongolen marschierten auf Homs.

Wie sah es zu dieser Zeit in der Hauptstadt des Mamelukenreiches aus, was hatte sich dort seit dem Tode von Sultan Ladschin abgespielt?

Anfang Februar 1299 fegte ein Sandstum, der mehrere Tage anhaltende »Khamsin«, über Kairo und hüllte die Stadt in eine gelbgraue Staubfahne. Nur diffuses Licht drang durch den Staub in die engen Gassen, durch die ein kalter Wind fegte und Dreck und Unrat aufwirbelte. Hin und wieder fielen einige Regentropfen, die den Lehm der Gassen aufweichten und in den von Mensch und Tier ausgetretenen Löchern zur Bildung von Pfützen führten. Gewöhnlich vermieden es die Stadteinwohner, während solcher Wüstenstürme auf die Straßen und Plätze zu gehen; man sah nur wenige verhüllte Gestalten an den Hauswänden entlanghuschen. Doch heute war es anders: Der neue Sultan ritt im Gefolge der großen Emire in die Stadt ein und wurde mit Trommelwirbel und knatternden Fahnen empfangen. Keiner ließ es sich entgehen, Zeuge dieses Gepränges zu sein.

Unmittelbar nach der Ermordung des Sultans Ladschin hatten die Emire Nasir aus Kerak heimgeholt, und zwei Tage nach seiner Ankunft wurde er vom Kalifen feierlich als Sultan eingesetzt. Der neue alte Herrscher war jetzt 14 Jahre alt. Er war verhältnismäßig klein und unscheinbar und hinkte mit einem Bein. Als Prinz war er in Kairo und später in Kerak in Luxus und Muße aufgewachsen; noch fehlte ihm jede für den Sultan unabdingbare kriegerische Erziehung. Dennoch zeigte der Junge einen erstaunlichen Willen und Begabungen, die ihm in seiner langen Herrscherlaufbahn noch von Nutzen sein sollten. In Kerak war er unter Arabern aufgewachsen und hatte deren Lebensweise kennengelernt. Er war der erste Mamelukensultan, der fließend arabisch sprach. Bei alledem war Nasir indessen noch keine Persönlichkeit, die den mächtigen Mamelukenführern ihren Willen aufzwingen konnte. In deren Händen war der neue Sultan zunächst nicht mehr als ein Spielball. Zwei Männer besaßen die wirkliche Macht: die Emire Salar und Beybars Dschaschnegir (»der Speisevorkoster«); der eine ein kleiner, dunkler Tatare mit schräggestellten Augen, der andere ein glattrasierter Tscherkesse. Die neu ernannten Provinzstatthalter, die altem Brauch entsprechend die Schwelle des Zitadellentors geküßt hatten und nun in ihre Provinzen abreisten, waren ihre Gewährsleute; mit ihrer Unterstützung hofften Salar und Beybars, das Reich unter Kontrolle halten zu können.

Der junge Sultan hielt einmal wöchentlich den Großen Rat ab, aber alles, was er dabei zu tun hatte, war nur, die von Salar und Beybars getroffenen Entscheidungen zur Kenntnis zu nehmen und formal durch Verkündigung in Kraft zu setzen. Im übrigen blieb er von der Staatsführung ausgeschlossen und mußte sich, um als Herrscher nicht zu sehr hervorzutreten, mit einer bescheidenen Lebensführung begnügen. Fast ärmlich waren die Mittel, die seiner Hofhaltung von den beiden mächtigen Emiren zugestanden wurden, während die Mamelukenfürsten selbst das Land ausplünderten und sich mit allen zu Gebote stehenden Mitteln bereicherten. Seinem Rang entsprechend erhielt der Sultan jedoch einen eigenen Harem mit Sklavinnen, die von Salar und Beybars sorgfältig ausgesucht worden waren. Für diese jungen Frauen mußte es natürlich eine Qual bedeuten, dem noch unfertigen, zerbrechlichen und körperlich schwachen Knaben als Geliebte gefügig zu sein. Die eigentliche Aufgabe dieser Frauen bestand indessen darin, den jungen Mann so in den Bann zu ziehen, daß er vollends von den ihm verbliebenen Herrscherpflichten abgelenkt wurde und sich seine Energie und Konzentration im Haremsbetrieb erschöpften. Versagte hierbei eine der Frauen, so wurde sie kurzerhand aus dem königlichen Haushalt entfernt und auf dem Sklavenmarkt angeboten – zum billigsten Preis an einen Käufer der ärmeren Schicht, da sie nicht mehr unberührt war. Kein Wunder, daß die Sklavinnen darin wetteiferten, die Gunst des Jünglings auf sich zu ziehen, daß Nasir den Verlockungen seiner Sklavinnen verfiel und daß Salar und Beybars damit freie Hand in der uneingeschränkten Ausübung der Macht hatten.

Aber dieser Zustand sollte sich bald ändern. Durch den Einfall von Ghazans Mongolen war ein neuer Feldzug notwendig geworden, und nach alter Überlieferung mußte der junge Sultan das Heer persönlich anführen. Dieser Feldzug stand unter einem denkbar ungünstigen Stern. Denn selbst wenn der junge Herrscher an der Spitze des 20000 Mann starken Heeres ritt, so blieb die militärische Führung doch in der Hand der kriegserfahrenen Emire, und diese neideten sich gegenseitig Ruhm und Einfluß. Schon während des Marsches wurden Intrigen gesponnen und Ränke geschmiedet. Ja, es gab sogar eine Verschwörung der Syrer gegen die Ägypter, die allerdings schnell und mit gewohnter Härte zerschlagen wurde. Naturkatastrophen kamen hinzu. Unwetter verzögerten den Marsch, und eine Sturzflut riß sämtliches Gepäck der Armee mit sich fort. Schließlich schien auch noch der Himmel schlimme Zeichen zu setzen; riesige Schwalbenschwärme verdüsterten die Sonne – ein Unheil verkündendes Omen – und versetzten die Armee in Schrecken. Flüchtlinge aus Damaskus und Aleppo kamen den Mameluken entgegen und verbreiteten Berichte und Gerüchte über die Mongoleninvasion, die den Mut der Ägypter weiter sinken ließen.

Im November 1299 standen die Mameluken, mit Lanzen und Säbeln bewaffnet, den zahlenmäßig weit überlegenen Mongolen, deren Hauptwaffe Pfeil und Bogen waren, im Wadi el Khazindar zwischen Homs und Hama gegenüber. Die Mongolen waren von ihren Pferden abgesessen und warteten in der Deckung ihrer Pferde auf den ersten Mamelukenangriff. Die Truppen des Sultans waren jedoch völlig demoralisiert. Viele der sonst so rauhen Reiter brachen angesichts der Überlegenheit der Mongolen in Tränen aus, und die Mullahs und Derwische versuchten vergeblich, den in drei Geschwadern aufgestellten Truppen mit anfeuernden Gesängen Mut zu machen. Schließlich griffen die Mameluken, denen es angesichts der weitreichenden Pfeile der Mongolen darauf ankommen mußte, den Nahkampf zu suchen, die Verbände des Ilkhans an. Zunächst setzten 500 Fußsoldaten »Griechisches Feuer« ein, jedoch ohne jeden Erfolg. Dann setzte sich die Mamelukenkavallerie in Bewegung.

Doch die Reiter wurden, noch bevor sie am Feind waren, von einer Wolke von Pfeilen überschüttet, und ihre Schlachtordnung geriet in Verwirrung. Nun sprangen die Mongolen auf ihre Pferde und jagten mit dem ihnen eigenen Ungestüm heran, weitere Pfeile auf die zaudernden Mameluken abschießend. Der Aufprall der beiden Heere war hart, und die Front der Mameluken geriet ins Wanken. Noch war die Schlacht aber nicht entschieden, und der sich anbahnende Nahkampf bedeutete, daß auch die Mongolen schwere Verluste würden hinnehmen müssen. Angesichts dieser Lage nahm der Ilkhan seine Truppen zurück und wagte einen zweiten Angriff, der auf das Zentrum der Mameluken-Schlachtordnung zielte. Diesmal hatte er Erfolg. Seine Reiter brachen durch das Zentrum der gegnerischen Schlachtenreihe und teilten die Mamelukenarmee. Der Ausgang des Treffens schien klar, das Schicksal der Mamelukenarmee schien besiegelt.

Nun aber wiederholte sich genau das, was vor Homs schon einmal geschehen war: Während der linke Flügel der Mameluken die Mongolen noch in Schach hielt, sogar plötzlich einige kleine Erfolge erzielte, lösten sich der rechte Flügel und die Mitte der mamelukischen Schlachtordnung vollends auf. In entsetzter Flucht stoben die Mameluken hier davon, dicht gefolgt von den Mongolen, die ihnen wieder in vollem Galopp ihre Pfeile in die Rücken schossen oder sie mit ihren kurzen Säbeln von den Pferden hieben. Der junge Sultan, der sich in der Mitte der Mameluken-Schlachtordnung aufgehalten hatte, war den Flüchtenden nicht gefolgt. Weinend war er mit nur achtzehn getreuen Mameluken zurückgeblieben und sah nun seinem sicheren Untergang entgegen. Doch auch jetzt wiederholten sich die Ereignisse von Homs bis ins Detail: Der erfolgreiche linke Mamelukenflügel brach den Kampf ab, als er der Niederlage auf dem rechten Flügel gewahr wurde, befreite den Herrscher, nach dem der Tod schon seine Hand ausgestreckt hatte, suchte die Verbindung zum flüchtenden rechten Flügel und ermöglichte damit einen einigermaßen geordneten Rückzug der Armee des Sultans. Über Damaskus kehrte die Armee dann nach Kairo zurück. Sie hatte die Schlacht verloren, eine Katastrophe war aber vermieden worden.

Die Mongolen besetzten unmittelbar nach ihrem Sieg Damaskus, das ihnen wehrlos ausgeliefert war. Widerstand war zwecklos und wäre von den Steppenreitern, die ihre Gäule durch den Baradafluß an die Stadtmauern herangetrieben hatten und sich nun eng gedrängt durch die nördlichen Tore in die Stadt ergossen, rücksichtslos im Keim erstickt worden. Hatte es jetzt überhaupt noch Zweck, sich zu wehren? Die meisten männlichen Einwohner versteckten ihre Frauen und Kinder und eilten auf die Straßen, um den Eroberern untertänig zu huldigen. Der Scheik von Damaskus, der oberste geistliche Würdenträger, empfing Ghazan unterwürfig als König und betete öffentlich für ihn in der altehrwürdigen Omaiyaden-Moschee.

Nur die Zitadelle, die von ihrem ägyptischen Kommandanten Argawasch tapfer verteidigt wurde, konnte sich halten. Der Kampf um diese Festung erforderte zahlreiche Opfer und Verwüstungen. Sonst aber hielten sich Grausamkeiten, Zerstörungen und Vergeltungsakte in Grenzen. Ghazan zeigte als Moslem und als großzügiger und weiser Herrscher Milde gegenüber seinen besiegten Glaubensbrüdern, aber auch gegenüber Christen und Juden. Er verbot Plünderungen und ließ die früher üblichen Grausamkeiten der mongolischen Eroberer bestrafen. Wenn trotzdem unschätzbare Kunstwerke aus der Omaiyaden- und Abbasidenzeit zerstört wurden und etwa 10000 Einwohner der Stadt getötet oder als Sklaven verkauft wurden, so lag das daran, daß eine Armee, die bisher auf allen Feldzügen es auf die Vernichtung ihrer Gegner abgesehen hatte, sich nicht über Nacht in einen disziplinierten Truppenkörper verwandeln ließ. Verwüstungen entstanden vor allem während des Kampfes um die Zitadelle, und unnötige Morde begingen die Mongolen überwiegend nur außerhalb der Stadt, wohin des Ilkhans Macht kaum reichte.

Inzwischen hatten die zerrütteten Mamelukenregimenter Ägypten wieder erreicht. Der Winterfeldzug war ein Mißerfolg gewesen, die Mittel waren verbraucht, die Truppen waren demoralisiert. Dennoch wurde ein neuer Feldzug sofort vorbereitet, denn die Gefahr einer Ausweitung der mongolischen Eroberung war groß. Zumindest aber mußten die Ägypter auf Verteidigungsmaßnahmen vorbereitet sein. Neue Soldaten wurden rekrutiert und die Regimenter neu geordnet, zusätzliche Steuern wurden erhoben und Vorräte angelegt. Aber noch bevor der nächste Feldzug begann, hatte Ghazan mit seinen Truppen Damaskus verlassen.

Die Stadt ließ sich nur schwer verteidigen, zumal wenn ihr Kernstück, die Zitadelle, mit ihren hohen, teilweise noch aus der Römerzeit stammenden Mauern innerhalb der Stadt gelegen, sich noch in der Hand des Feindes befand. Hinzu kam, daß das Ilkhanreich im Osten von anderen mongolischen Nachbarn bedrängt wurde und Truppen nach dort von dem Kontingent in Syrien abgezweigt werden mußten. Ghazan ließ deswegen in Damaskus nur die zu ihm während der Ladschin-Zeit übergelaufenen Mameluken zurück.

Er mag in die Zuverlässigkeit dieser Überläufer von vornherein keine allzu großen Erwartungen gesetzt haben. Und kaum hatte er die Stadt verlassen, erinnerten sich diese an Verrat und Untreue gewöhnten Mameluken plötzlich wieder an ihre Treuepflicht gegenüber dem Sultan, nahmen zum Statthalter der belagerten Zitadelle Verbindung auf und verbündeten sich mit ihm. Gemeinsam brachten sie Damaskus wieder unter die Herrschaft des Mamelukensultans, befreiten Aleppo und vertrieben die Mongolen aus dem übrigen Syrien. Darüber hinaus bestraften sie die stets aufsässigen Drusen im Libanon, die den Ägyptern bei ihrer Flucht nach der Schlacht im Wadi el Khazindar mit 12000 Bogenschützen in den Rücken gefallen waren. Diese Strafaktion wurde mit aller Härte durchgeführt, lang aufgestauter gegenseitiger Haß entlud sich – waren die stolzen Drusen, die in den schwer zugänglichen Bergen des Libanon nur ihren eigenen Emiren gehorchten, doch Fremdkörper in ihrer Umgebung. Keiner kannte ihre Religion, und ihre geheimen Glaubensriten waren den orthodoxen Moslems stets ein Greuel. Auch äußerlich unterschieden sich die großen, oft blonden und blauäugigen Drusen von den Arabern Syriens; man sagte ihnen nach, daß sie von den fränkischen Kreuzrittern abstammten. Möglich schien das, denn 70 Jahre nach der Religionsgründung kamen die Kreuzritter ins Morgenland, und viele der christlichen Kämpfer, darunter auch Tempelritter, zogen nach dem Abklingen der ersten Kämpfe in die Berge, um sich dort niederzulassen. Es mag durchaus sein, daß sie sich mit den Drusen vermischten und deren Religion annahmen. Noch heute lassen viele Familiennamen, wie »Salibi« (Kreuzfahrer) oder »Faranjiyah« (Franke), eine entsprechende Abstammung der Drusen vermuten. In Frankreich wurde später unter König Philip dem Schönen der Orden der Templer unter anderem deswegen verfolgt und vernichtet, weil seine Angehörigen angeblich Kulthandlungen der muslimischen »Heiden« übernommen hatten.

Insgesamt hatte sich die Lage für die Ägypter nun wieder etwas verbessert, aber eine endgültige Entscheidung stand noch aus. Ghazan operierte zunächst an den Grenzen zu Syrien, jedoch behinderten Schnee und Regen die Truppenbewegungen, und Krankheiten schwächten seine Armee. Schließlich schickte er eine Gesandtschaft nach Kairo, um über einen annehmbaren Frieden zu verhandeln. Doch die Mameluken hatten sich mittlerweile von ihrer Niederlage erholt und konnten es sich leisten, die Verhandlungen zu verzögern, um am Ende eine militärische Entscheidung zu suchen. Angesichts der Schwierigkeiten, die die persischen Unterhändler hatten, um für die Verhandlungsführung in Kairo Weisungen ihres Herrschers einzuholen, ist es kein Wunder, daß sich die Gespräche ohne Erfolg über ein Jahr hinzogen. Schließlich wurde es dem Ilkhan zuviel. Es war ihm klar, daß auf dem Verhandlungsweg nichts zu erreichen war. Unter dem Feldherrn Kutlugschah schickte er deshalb 1303 erneut eine 100000 Mann starke Armee nach Syrien.

Wieder war Damaskus bedroht, und Panik griff um sich. Zu Tausenden verließen die Einwohner die Stadt und suchten ihr Heil in der Wüste oder in den Bergen des Libanon. Für Tragtiere wurden Wucherpreise bezahlt, und Sklaven wurden wie Esel bepackt, um die eigene Habe vor den Mongolen in Sicherheit zu bringen. Mittlerweile war eine kleinere Mamelukenarmee unter Emir Beybars' Führung von Kairo aufgebrochen, um im Eilmarsch Damaskus zu erreichen und die Stadt vor dem Eintreffen der Mongolen zu besetzen. Diese Armee kam im April in der syrischen Metropole an und nahm sie ohne Kampf ein. Nach kurzem Aufenthalt verließ Beybars die Stadt jedoch wieder, um Feindkontakt mit den Mongolen zu suchen. Zur selben Zeit traf das Gros der ägyptischen Armee mit dem Sultan und dem Kalifen in Syrien ein und vereinigte sich bald darauf mit der Vorhut unter Beybars.

Die Schlacht war jetzt unausweichlich geworden. Bei Schaqhab, auf einer öden, leicht welligen Steppe, die zum Schlachtfeld wie geschaffen schien, stießen die beiden Armeen am 20. April 1303 aufeinander, und die letzte dramatische Auseinandersetzung zwischen Mameluken und Mongolen begann. Wie so oft schon, nahm auch diesmal das Treffen am linken und am rechten Flügel einen unterschiedlichen Verlauf. Auf dem rechten Flügel wurden die Ägypter zunächst zurückgeschlagen, während sie in der Mitte und auf dem linken Flügel alle Angriffe standhaft abwehrten. Es waren blutige und zermürbende Kämpfe, die an diesem ersten Tag unter der heißen Sonne Syriens stattfanden. Auf beiden Seiten gab es viele Tote, und diejenigen, die noch kämpften, litten unter quälendem Durst und erstickten fast an dem aufgewühlten feinen Staub der schwarzen Lavaerde. Am Ende dieses Tages hatten die Mameluken das Feld behauptet, während die Mongolen sich auf einen benachbarten Hügel zurückzogen.

Jederzeit gewärtig, daß die persisch-mongolische Armee zum nächsten Angriff ansetzen könnte, blieben der Sultan und seine Mameluken unter dem klaren Sternenhimmel Syriens auf dem Rücken ihrer Pferde. Kein Lagerfeuer wurde angezündet, und die erschöpften Kämpfer gönnten sich keinen Schlaf. Späher wurden ausgesandt, um die Mongolen zu beobachten, während Trommeln und Zimbeln ertönten, um den in der Schlacht Versprengten den Standort ihrer Armee anzugeben. Der aufreizend-monotone Gesang der Derwische hielt die Kämpfer wach. Die Mameluken nutzten die Dunkelheit der Nacht zu einer Umgruppierung ihrer Reiterregimenter, die sie rund um den Hügel, auf den die Mongolen sich zurückgezogen hatten, Aufstellung nehmen ließen. Als die ersten Strahlen der Morgensonne über die weiten Ebenen und Hügel im Osten hervorbrachen, sahen sich die Mongolen, denen es auf ihrer Höhe an Wasser gefehlt hatte, um ihre durstigen Pferde zu tränken, von allen Seiten eingeschlossen. Sofort traten sie zum Angriff an, und ein neuer, heißer Kampftag begann. Wieder warfen sich die Steppenreiter auf die Reihen der Mameluken und schossen in gewohnter Taktik im Vorbeipreschen ihre Pfeile ab. Aber so verzweifelt die Mongolen immer wieder herangaloppierten, der erhoffte Ausbruch gelang ihnen nicht. Die Schlacht zog sich so bis zum Nachmittag hin, und Kutlugschah zog seine schon halb verdursteten Truppen zurück, um sie zu einem letzten, entscheidenden Angriff neu zu formieren. Jetzt ging es ums nackte Überleben. Wollten die Mongolen nicht verdursten, so mußte ihnen der Ausbruch gelingen, koste es, was es wolle.

Wieder trieben sie ihre fast zusammenbrechenden Gäule den Hügel hinunter und suchten verzweifelt nach einer schwachen Stelle im eisernen Belagerungsring der Mameluken. Aber sie brauchten diesmal nicht zu suchen. Auch die Mameluken waren des kräftezehrenden Kampfes überdrüssig und am Ende ihres Durchhaltewillens. Bereitwillig öffneten sie an einer bestimmten Stelle die Umklammerung und ließen die Mongolen unbehelligt ausbrechen. Wahnsinnig vor Durst trieben nun die Mongolen ihre strauchelnden Pferde durch die Lücke und warfen stumpfe, mißtrauische Blicke auf die an der Lücke bereitgestellten, eng gedrängten Reitergruppen der Gegner. In stoischer Ruhe ließen diese die zusammengedrängten Scharen des Feindes passieren. Dann aber, als der letzte Mongole hindurch war, ertönten dumpfe Trommelschläge, und die Mameluken warfen sich mit aller Kraft, die ihnen geblieben war, den flüchtenden Mongolen in den Rücken und schlugen in einem unbeschreiblichen Blutrausch auf die abgehetzten Gestalten ein, die sich nur mühsam an den Pferdehälsen festhielten. Die kleinen Reiter wurden regelrecht in Stücke gehauen, und wer der Schlächterei entkam, den ereilte kein besseres Schicksal: Denn die wenigen Mongolen, denen es gelang, nach Südwesten in das Haurangebirge zu entkommen, wo es Quellen und Schatten gab, wurden von der eingesessenen Landbevölkerung gejagt und erschlagen. Andere wollten sich nach Süden, in das Ledscha, eine vegetationslose, lebensfeindliche Lavawüste, durchschlagen, wo sie in dem düsteren, bizarren Basaltgestein elend verdursteten oder von verbrecherischem Gesindel, das dort seit jeher seine unzugänglichen Schlupfwinkel hatte, ermordet wurden. Wieder andere versuchten, nach Osten in die Syrische Wüste zu entkommen, wo räuberische Beduinen auf sie Jagd machten oder sie sich in der Endlosigkeit der toten Vulkanlandschaft verirrten.

Nur wenigen Mongolen, unter ihnen Kutlugschah, gelang es, den Euphrat zu erreichen, 10000 gerieten in die Gefangenschaft. 20000 Stück Vieh, die der Versorgung der persischen Armee dienen sollten, teilweise Beutegut aus Syrien, fielen der Armee des Sultans in die Hände. Diesmal war die Katastrophe für die Mongolen vollständig und endgültig. Von dieser Niederlage sollte sich das mongolische Perserreich nie mehr erholen, sie leitete das Ende des Ilkhanreiches ein. Ghazan starb wenig später (1304) vor Gram über den Untergang seiner Armee, und sein Nachfolger Oljaitu wagte keinen neuen Einfall nach Syrien mehr. Unter Oljaitus Nachfolger Abu Said, der bis 1334 herrschte, brach das Ilkhanreich dann endgültig auseinander. Die Mongolengefahr war damit jedoch auf lange Sicht, wie noch später zu sehen sein wird, nicht gebannt.

Der junge ägyptische Sultan war als Held aus der Schlacht hervorgegangen. Im Triumph und in einer Woge von Bewunderung und Zuneigung kehrte Nasir nach Kairo zurück. Herolde ritten dem Zug voraus und verkündeten den glorreichen Ausgang der Schlacht. Die Großen des Reiches – Mameluken-Emire, islamische Würdenträger und Araber-Scheichs – säumten seinen Weg und küßten seinen Mantelsaum. Sie mieteten in den Städten, durch die die siegreiche Armee zog, Häuser an den Hauptstraßen, um der Prozession beiwohnen zu können. Kostbare Teppiche wurden in den Straßen, durch die der Herrscher ritt, ausgelegt, und Nasir nahm voller Stolz den Jubel und die Bewunderung entgegen, als er auf seine Hauptstadt zuritt. Ihm folgten seine siegestrunkene Armee und die in Ketten gelegten Gefangenen, von denen jeder einen abgeschlagenen Mongolenschädel am Halse tragen mußte. Aber der Hochstimmung, in welcher der junge Herrscher sich während dieses Triumphzuges befand, war nur kurze Zeit beschieden. Kaum an den Nil zurückgekehrt, ergriffen Salar und Beybars wieder die Macht, isolierten den Sultan und trafen wieder alle wesentlichen Entscheidungen selbst.

Umwälzende Entschlüsse standen in den nächsten Jahren allerdings nicht an, und das von den vielen Kriegen ausgezehrte Reich kam wieder etwas zur Ruhe. Einige kleinere Expeditionen nach Anatolien waren notwendig, um den König von Klein-Armenien an seine Tributpflicht zu erinnern; vielleicht auch nur, um die stets gewalttätigen und beutelüsternen Mameluken zu beschäftigen und ihre stete Bereitschaft zu Umsturz und Aufruhr einzudämmen. Auch der König von Nubien mußte wieder an seine Abgaben, vor allem an die traditionelle jährliche Lieferung von Sklaven gemahnt werden. 1302 wurde eine Flotte zur syrischen Küste geschickt, um die letzten Tempelritter, die auf der kleinen Insel Ruad* Zuflucht gefunden hatten, zu vertreiben.

Diese winzige Inselstadt, die mit ihren gut erhaltenen Befestigungsanlagen den heutigen Besucher in ihrer verträumten Einsamkeit ins Mittelalter versetzt, war nach dem Fall von Akkon und Tartus im Jahre 1291 für elf Jahre der allerletzte Stützpunkt der Kreuzfahrer im Nahen Osten geblieben – ein schwacher Stützpunkt freilich, kaum dazu angetan, für die von einigen christlichen Fürsten des Abendlandes immer noch erhoffte Wiedereroberung des Morgenlandes als Brückenkopf zu dienen. Die wenigen Tempelritter, die hier einige Jahre vor der grausamen Vernichtung ihres Ordens durch den König von Frankreich noch ausgeharrt hatten, konnten täglich über die Wasserstraße, die sie von Tartus trennte, auf ihre alte Kathedrale »Notre Dame de Tortose« schauen, in der sich jetzt die Moslems zu ihren Gebeten versammelten. Von dieser Insel aus konnten sie die Hafeneinfahrt von Tartus überwachen und der Schiffahrt dieser Seestadt zusetzen. Zu mehr reichte ihre Kraft allerdings nicht. Man trifft heute noch auf der Insel viele blonde, blauäugige Menschen an – was Wunder, wenn man bedenkt, wie sehr die Ritter sich bei ihrer eingeschränkten Bewegungsfreiheit langweilen mußten und es deshalb mit dem Ordensgebot der Keuschheit wohl nicht immer so genau nahmen.

Abgesehen von diesen kleineren militärischen Unternehmungen war es ruhig, und die Beziehungen des Mamelukenreichs zu den ausländischen Mächten gestaltete sich gut. Nach wie vor hielt die alte Allianz zu den Khans der Goldenen Horde, obwohl nach der Zerschlagung des Ilkhanreiches dafür eigentlich keine besondere Notwendigkeit mehr bestand. Der König von Frankreich und der Herrscher von Marokko schickten Gesandte, ebenso der Kaiser von Byzanz, dem die Wiedereröffnung einer christlichen Kirche in Jerusalem gestattet wurde.

Ärger gab es nur mit Zypern, wo die Johanniter nach ihrer Vertreibung aus dem Heiligen Land seit 1291 eine vorläufige Heimat und Bleibe gefunden hatten. Mit Duldung und Unterstützung des Königs von Zypern unternahmen die Ritter im Jahre 1306 einen Korsarenzug ins Niltal, nach Akka und Tartus. Es war der erste Raubzug, der unter der Devise »Kampf gegen die Ungläubigen« geführt wurde und der den Auftakt für regelmäßige Kaperfahrten des Ordens nach seiner Übersiedlung auf die Insel Rhodos im Jahr 1310 darstellte. Dieser Raubzug blieb jedoch der einzige Angriff auf das Mamelukenreich. In Kleinasien, wo früher endlose Scharmützel an der Tagesordnung gewesen waren, löste sich das Seldschukenreich weiter auf, nachdem es schon seit längerem Verfallserscheinungen gezeigt hatte. Zwar gab es dort einen tüchtigen türkischen Volksstamm, den die Herren von Ikonion an der Grenze gegen das byzantinische Nikäa angesiedelt hatten und der seit 1301 ein eigenes Reich mit einem Sultan und der Hauptstadt Brussa, dem heutigen Bursa, unweit dem Marmara-Meer gründete. Aber diese Kriegerschar hatte nicht einmal einen Namen; man nannte sie nach ihrem an anderer Stelle bereits erwähnten Anführer Osman einfach »Osmanen«. In Kairo kannte man sie jedoch nicht.

Im Innern des Reiches waren die Verhältnisse hingegen weniger zufriedenstellend; die Kriege hatten ihre Spuren hinterlassen. Die hohen Steuern zur Bestreitung der Kriegskosten hatten eine weitere Verarmung des Landes zur Folge und zur Unzufriedenheit der Bevölkerung beigetragen. Auch die Beduinen rührten sich wieder. Seit der Niederlage von Wadi el Khazindar waren sie unbotmäßig geworden, ernannten ihre Scheichs zu Emiren und erhoben von den Dörfern und Oasen in ihren Stammesgebieten eigenmächtig Steuern. Der alte Unabhängigkeitsdrang hatte sich in ihnen wieder geregt; sie, die reinen Nachkommen der ruhmreichen arabischen Eroberer und islamischen Glaubenskämpfer, verabscheuten nach wie vor aus ganzem Herzen den despotischen, militaristischen Beamtenstaat der Mameluken.

Ihre Revolte war jedoch mehr von heißblütigen Gefühlen als von kühlem Verstand diktiert, und es war für Salar und Beybars ein leichtes, den Aufruhr mit einigen geschickt koordinierten militärischen Operationen, die sich über ganz Ägypten erstreckten, zu ersticken. Die Emire riegelten das Nildelta und den Unteren Nil an beiden Seiten mit ihren Mamelukenregimentern ab und schickten Expeditionen nach Suez und in die Oase von Faiyum*. Der Statthalter von Kus* sperrte die Wüstenpisten zum Roten Meer, und mehrere Expeditionskorps wurden zu den großen Oasen El Dachla (»die Innere«) und El Kharga (»die Äußere«) in der Libyschen Wüste entsandt. Alle diese Vorbereitungen wurden unter völliger Geheimhaltung und sehr schnell getroffen, und dann schlugen die Mameluken überall zur gleichen Zeit los. Die unglücklichen Beduinen wurden in ihren Weidegebieten, in den Oasen oder auf ihren Wanderwegen völlig überrascht und unbarmherzig niedergemetzelt. Jeder Mann, der, wenn er gefragt wurde, in dem gutturalen Dialekt der Wüstenaraber antwortete, wurde geköpft, seine Frauen und Kinder und all seine Habe gingen in den Besitz der Mameluken über. Unbeschreibliche Massaker fanden in der Wüste statt. Die Oasen waren erfüllt vom Gestank der Verwesenden, und über den schwarzen Nomadenzelten am Rande der Wüste kreisten beutegierig die Geier. 16000 Beduinen verloren bei diesem planmäßig durchgeführten Völkermord innerhalb kürzester Zeit ihr Leben, während ihr mobiler Besitz – 4000 Pferde und 32000 Kamele, 8000 Rinder und 6000 Schafe und Ziegen – die Märkte des Niltals überschwemmte und zu Schleuderpreisen verkauft wurde. Mit dieser zweiten großen Strafaktion war das Wüstenarabertum als ethnisches Element ein für allemal in Ägypten ausgerottet, und die wenigen überlebenden Sippen führten zukünftig nur noch ein Schattendasein am Rande der Nation. Die heimkehrenden Mameluken ließen ein menschenleeres Land hinter sich zurück, sie hatten ganze Arbeit getan.

Die einheimische Bevölkerung der Städte war von den Massakern nicht betroffen. Sie bekannte sich zwar, soweit es sich nicht um Juden oder Kopten handelte, zu den gleichen arabischen Stämmen wie die Beduinen und bewohnte in den Städten geschlossene Quartiere, die den Stammesgebieten der Wüstenbewohner vergleichbar waren, aber ihre arabische Abstammung spielte kaum noch eine Rolle. Während die Wüstenbewohner auf ihre Eigenständigkeit stets höchsten Wert gelegt hatten, spielte bei den Städtern nur noch das Bekenntnis zum Islam eine Rolle, und Heiraten mit Abkömmlingen der Urbevölkerung des Niltals, mit ehemaligen Sklaven aus aller Herren Länder sowie mit Mameluken überwogen die Zahl von Eheschließungen mit Arabern. Nur die führenden Familien der Gelehrten und des islamischen Klerus beriefen sich noch auf ihre arabische Abstammung, auch wenn sie von Generation zu Generation immer fragwürdiger geworden war.

Als sei es des Unglücks für die Ägypter noch nicht genug, brach im Sommer des Jahres 1303 eine Naturkatastrophe über die ägyptische Bevölkerung herein: das Land wurde von einem verheerenden Erdbeben heimgesucht. Häuser und Moscheen stürzten bei dem Beben ein, die Nildämme barsten, und viele Menschen kamen in den Fluten des Stromes um. Das Beben war so stark, daß man seine Auswirkungen sowohl in Damaskus wie auch am Oberlauf des Nils spürte. Die wirtschaftlichen Folgen für Ägypten waren verheerend und sollten noch viele Jahre danach die Entwicklung des Landes beeinträchtigen. Viele Ägypter sahen in der Katastrophe die Strafe Allahs für das Beduinenmassaker.

Jahre der Ruhe

Nicht nur die Beduinen, auch andere Minderheiten, vor allem die Christen und Juden, waren zu Anfang des 14. Jahrhunderts im Mamelukenstaat der Verfolgung ausgesetzt. Sie stellten nicht nur religiöse Minoritäten dar, sondern nahmen auch in sozialer Hinsicht eine Sonderstellung ein, unterschieden sich von den anderen Bevölkerungsgruppen und sozialen Klassen.

Im gesamten Mamelukenreich gab es vier solche Klassen, die zum besseren Verständnis der inneren Struktur dieses Staates kurz beschrieben seien. An erster Stelle ist die herrschende Mamelukenschicht zu nennen. Es handelte sich bei ihr, wie bereits ausgeführt, um eine exklusive Soldatenkaste ohne persönliche oder familiäre Bindungen zu dem Land, dessen Beherrscher sie waren. Die eigentlichen Herren waren jedoch nur die Emire, die hohen Offiziere und Beamten. Sie hatten, wenn nicht zum Land und seiner Bevölkerung, so doch zum Staat, dem sie dienten, echte Bindungen. Die einfachen Söldner dagegen besaßen nur das Ethos von Legionären, denen das Korps die Heimat ist und denen Lohn, Beute und Karriere die höchsten Ziele sind.

Der Islam stellte für die Mameluken keinen tieferen Lebensinhalt dar, nicht einmal für die meisten ihrer Herrscher, obwohl sie ihre Kriege im Namen Allahs führten und viele von ihnen sich durch den Bau prächtiger religiöser Monumente und durch fromme Stiftungen hervortaten. In Glaubensfragen zeigten sie jedoch kaum noch den religiösen Bekehrungseifer früherer islamischer Herrscher. Aber nicht nur in der äußeren Mission und religiösen Durchdringung anderer Völker waren sie passiv, auch im eigenen Machtbereich beschränkten sie sich darauf, den Islam zu bewahren, bestenfalls die immer wieder aufkommenden besonderen Erscheinungsformen des Schiitismus zu bekämpfen. Die sunnitische Glaubensrichtung wurde so – und das war zweifellos ein großes Verdienst der Mamelukenherrscher – in ihrer reinsten Form bewahrt. Es gab keine religiösen Experimente und kein Sektierertum, sondern nur den Kalifen, ein paar mystische religiöse Orden und die Derwische, die islamische Gelehrtenschule El Ashar, die Religionslehrer und Vorbeter und das Heer der folgsamen Gläubigen.

Die zweite Schicht bestand aus den Nachkommen der arabischen Eroberer, zu denen, bis zu seiner Vernichtung, der Wüstenadel zählte und die Würdenträger der Geistlichkeit sowie die vornehmen Gelehrten von El Ashar gehörten. Die Angehörigen dieser Klasse stellten die geistige und geistliche Elite von Ägypten, und ihnen ist es zu verdanken, daß antike Kultur und griechisches Denken, das einstmals in Bagdad bewahrt worden war, für spätere Jahrhunderte in Kairo erhalten wurde. Auch diese arabischen Edelleute stellten eine herausgehobene Schicht dar, die gesellschaftlich auf einer Stufe mit den Großen der Mameluken stand. Sie mögen die ungebildeten Soldaten vielleicht insgeheim verachtet haben, dennoch suchten sie den Kontakt zu ihnen und nahmen auch im Staat oft hohe, erbliche Ämter ein. Die Schlüsselstellungen der Macht blieben ihnen allerdings meistens versagt.

Sozial tiefer stehend als diese beiden Herrenschichten, aber unentbehrlich als Händler und als niedere Beamte, folgten die Christen und die Juden. Sie repräsentierten die ältesten Religionen in Ägypten und Syrien, waren aber ständiger Verfolgung und blutigen Pogromen des städtischen Mobs ausgesetzt. Die Ursachen dafür lagen weniger im religiösen Glauben dieser beiden Bevölkerungsgruppen als vor allem in ihrer Tüchtigkeit und Isolierung. Denn beide waren Minderheiten, die sich absonderten und in eigenen Stadtvierteln lebten. Nur in Oberägypten gab es starke christliche Gemeinden; eine große Zahl koptischer Klöster hielt sich dort bis ins 14. Jahrhundert. Die geduldigen Kopten stellten insbesondere das Personal für die ägyptische Routineverwaltung. Als fleißige und intelligente Schreiber, Übersetzer und Steuereinzieher sorgten sie dafür, daß der ägyptische Verwaltungsapparat, ein Überbleibsel der strengen byzantinischen Verwaltung, der effizienteste im ganzen Orient war.

Obwohl nicht islamischen Glaubens, standen Kopten und Juden doch weit über der vierten Klasse, der Schicht der zahl- und namenlosen Fellachen, des Stadtproletariats und der zu den Stämmen (bis zu deren Vernichtung) sowie zu den vornehmen Stadthaushalten der mamelukischen Emire und arabischen Großbürger gehörenden Sklaven. Sie waren zwar meistens Moslems, aber völlig rechtlos und besaßen politisch keine Bedeutung. Persönlichen Besitz kannten sie kaum.

Die Kopten und Juden dagegen hatten durch ihre Unersetzbarkeit in den niederen Verwaltungsrängen und als tüchtige Händler um die Jahrhundertwende einigen Einfluß und Wohlstand erlangt. In den Städten ritten sie auf reich gezäumten Pferden und Mauleseln, sie trugen verschwenderische Gewänder und hielten oft zahlreiche Bedienstete in ihren Häusern. Ihr Lebensstil unterschied sich in vieler Hinsicht völlig von dem der Moslems und brachte jene bisweilen auf. Koptische Frauen und Mädchen gingen zum Beispiel unverschleiert durch die Straßen von Kairo, ein Verhalten, das ein Vierteljahrhundert zuvor noch unmöglich gewesen wäre. Und unannehmbar in den Augen strenggläubiger Moslems war auch der ungezügelte Alkoholgenuß der Christen. Denn tatsächlich hatte der Weinkonsum in den letzten Jahren erheblich zugenommen; die Feiern anläßlich der Rückkehr der siegreichen Armee aus Syrien waren bei den Kopten zu wüsten Trinkgelagen ausgeartet, und beim »Fest der Märtyrer«, einer Art Karneval, das auf Felludjen und Ruderbooten auf dem Nil gefeiert wurde, hatte es so ausschweifende Trinkgelage gegeben, daß der Sultan die Feiern ein für allemal verbot.

In den Augen der frommen Moslems kam das Verhalten der Kopten einer Gotteslästerung gleich, eine Anmaßung, ja geradezu eine Unverschämtheit. Als schließlich der Gesandte von Marokko, wo Juden und Christen ein besonders kümmerliches Dasein fristeten, Vergleiche darüber anstellte, wie man Ungläubige in Ägypten und in seinem Lande behandelte, änderte sich die Lage dieser Minderheiten. Die Kadis traten zusammen und setzten alte, längst vergessene Gesetze zur Diskriminierung der »Ungläubigen« wieder in Kraft. Kein Jude oder Christ durfte mehr auf einem Pferd oder Maulesel reiten. Es wurden ihnen nur Esel zugestanden, sie durften nur am Rande der Wege reiten und mußten die Straßenmitte für die Moslems freihalten. Sie mußten an ihrer Kleidung kenntlich sein; die Kopten mußten blaue Turbane, die Juden gelbe tragen. Es war ihnen auch verboten, ihre Stimme laut zu erheben oder in irgendeiner Form Aufsehen zu erregen. Alle Kirchen und Synagogen in Ägypten wurden für ein Jahr geschlossen, viele von ihnen verwüstete der Mob. Das Leben der »Ungläubigen« war wieder gefährlich geworden.

Etliche unter ihnen zogen es deshalb vor, zum Islam überzutreten. Diejenigen jedoch, die sich weigerten, diesen Schritt zu vollziehen, hatten als einzigen Beschützer nur noch den Kaiser von Byzanz, der sich beim Sultan für sie verwendete und so zumindest das Schlimmste verhütete. Ihm war es auch zu verdanken, daß einige christlich-koptische Kirchen von Kairo, vor allem der Patriarchatssitz El Moallaka* und die Michaelskirche, beide im Koptenviertel Kasr esch Scham gelegen, wieder eröffnet wurden. Auf den Einfluß des byzantinischen Reiches war es wohl auch zurückzuführen, daß die Patriarchen der verschiedenen christlichen Glaubensrichtungen in Ägypten, der Jakobiter und Melekiter, in Syrien außerdem noch der Karaiter, unangetastet ihr geistiges Amt ausüben konnten, was übrigens auch für die Oberrabbiner der Juden weitgehend zutraf. Groß war der Einfluß der Patriarchen und Oberrabbiner allerdings nicht. Sie wurden vom Sultan eingesetzt und konnten von ihm jederzeit wieder ihres Amtes enthoben werden.

Doch zurück zu den Geschehnissen im Reich unter dem jungen Sultan Nasir. So groß die inneren Probleme in Ägypten auch gewesen sein mochten, der Einfluß von Beybars und Salar sowie der großen Emire wurde dadurch nicht erschüttert. Ihre Macht nahm zu, und ihr Reichtum schwoll an. Sie waren die wirklichen Herren des Landes, während der Sultan, wie schon früher, ein freudloses Schattendasein führte und dafür herhalten mußte, den zunehmenden Machtmißbrauch und der willkürlichen Bereicherung der Magnaten den Anschein der Rechtmäßigkeit zu verleihen. Während die Emire das Land ausplünderten und Beybars und Salar sich um die Beute stritten, wurde Nasir wieder in strenger Abgeschiedenheit gehalten. Seine Lage wurde schließlich so schlimm, daß er ein Komplott zur Ermordung der beiden Mamelukenfürsten anstiftete. Die Verschwörung flog jedoch auf, und des Sultans Lage wurde nun noch schlechter. Gerüchte gingen um, daß Salar und Beybars ihrerseits einen Anschlag auf das Leben des jungen Herrschers vorbereiteten, und Unruhe machte sich unter der Bevölkerung von Kairo breit. Denn immer noch hielt das einfache Volk zum Hause Kalaun und wünschte sich wohl auch eine feste Dynastie anstelle der despotischen Soldaten-Diktatoren.

Aber trotz des Rückhalts, den Nasir im Volke hatte, war seine Lage in der Zitadelle mittlerweile untragbar geworden, und er resignierte schließlich unter den ständigen Demütigungen der Emire. Eines Tages verließ er unter dem Vorwand, eine Pilgerreise nach Mekka machen zu wollen, die Zitadelle und ritt nach Kerak. In dieser unbezwingbaren arabischen Festung angekommen, verkündete er seine Abdankung und gab zu verstehen, daß er fortan das ruhige Leben eines reichen, unabhängigen Edelmannes führen wolle. Für die Emire kam dieser Schlag völlig überraschend. Wenn sie auch dem jungen Herrscher das Leben schwergemacht hatten, so war er doch stets die personifizierte Rechtfertigung ihrer intriganten Politik gewesen. Ohne Herrscher ging es nun einmal nicht. Sie ersuchten Nasir deshalb, zurückzukehren. Der Exsultan lehnte jedoch ab, und ein neuer Herrscher mußte deshalb gewählt werden.

Beybars, der als Speisevorkoster zugleich Majordomus und Chef des königlichen Haushalts war, hatte im Laufe der Zeit großen Einfluß gewonnen. Rangmäßig überragte ihn zwar Salar als Wesir, hinter Beybars aber standen die in der Zitadelle stationierten Burdschi-Mameluken, deren Macht ständig zunahm. Sie hatten schon seit längerem geplant, Beybars auf den Thron zu heben, und der freiwillige Verzicht von Nasir kam ihren Absichten nun entgegen. Unter dem Herrschernamen (verkürzt) »Beybars II., der Siegreiche« trat der neue Sultan im April 1309 sein Amt an. Seine Herrschaft sollte aber nur von kurzer Dauer sein, und das Schicksal bediente sich dazu der Natur.

Das Leben in Ägypten wird weitgehend vom Nil (arab. Bahr en Nil = Nil-Meer) bestimmt. Er ist der Lebensquell des Landes, die Grundlage der Landwirtschaft und des Lebens überhaupt. So ist es heute, so war es in der Antike, und so war es im Mittelalter. Man wußte damals nicht, wo die Nilquellen eigentlich lagen; aber es war bekannt, daß der Wasserstand mit den Regenfällen im

Hochland von Abessinien und im Sudan zusammenhing. Die Höhe des Wasserstands aber war Jahr für Jahr zugleich der ägyptische Wohlstandspegel. Schon Herodot nannte im fünften Jahrhundert v. Chr. Ägypten ein Geschenk des Nils, denn in diesem fast regenlosen Land war alles Leben von der jährlichen Nilschwelle abhängig.

Die Nilschwelle beginnt Mitte Juni, und im September erreicht der Strom seinen höchsten Wasserstand, im Mai den niedrigsten. Der durchschnittliche Unterschied zwischen Höchst- und Tiefststand betrug im Mittelalter, als es noch keine Hochwasserregulierung gab, etwa acht bis neun Meter. Die Zeit des Hochwassers war die Zeit des Wachstums. Über ein von den Pharaonen stammendes Bewässerungssystem sowie mit Pumpen und von Ochsen angetriebenen Schöpfrädern wurde das Nilwasser bis an den Rand der Wüste geleitet, und der überaus fruchtbare Nilschlamm setzte sich im Niltal ab. Wasserstand und Wassermenge schwankten entsprechend den Regenfällen in Ostafrika, und so gab es magere und fette Jahre, die den Wohlstand und damit die Volksstimmung in Ägypten nachhaltig beeinflußten. Die Regierungszeit von Beybars II. fiel in eine Periode extrem niederen Wasserstands, was eine allgemeine Teuerung und Hungersnöte zur Folge hatte. Das Volk murrte, und der Unmut entlud sich wie üblich gegen die Spitze des Reichs. Hinzu kam, daß Beybars in der Verwaltung des Landes recht ungeschickt war und daß er in seinem ehemaligen Gefährten Salar, der natürlich auch den Herrscherthron für sich angestrebt hatte, jetzt einen eifersüchtigen Feind hatte. Salar war zwar auch unter Beybars Wesir, arbeitete aber insgeheim gegen seinen neuen Herrn.

Die Hauptgefahr kam indessen aus einer ganz anderen Richtung, von Kerak. Nasir, der sich dorthin zurückgezogen hatte, hatte dem Thron nämlich nur entsagt, um eine Rückkehr unter besseren Bedingungen vorzubereiten. Hier, in Kerak, war er vorläufig sicher. Der unweit vom Ostufer des Toten Meers gelegene ehemalige Hauptsitz der Moabiter, später eine mächtige Stadt der Nabatäer, dann ein byzantinischer Bischofssitz und danach Residenzstadt der fränkischen Ritterfamilien de Bouteiller und de Chatillon, war auch im Mamelukenreich aufgrund seiner zentralen und strategisch günstigen Lage von Bedeutung. Kerak war

Dienstsitz eines ägyptischen Vizekönigs, dessen Provinz vier unter der Aufsicht von Walis stehende Bezirke (die Wilaiyets Kerak, Zoghar, Schobak und Ma'an) umfaßte. Diese Provinz reichte vom Nordrand des Toten Meeres bis hinab zum Golf von Aqaba und zum Wadi Rum und schloß einen großen Teilabschnitt des Pilgerwegs von Damaskus nach Mekka ein, der stets der besonderen Aufmerksamkeit und des Schutzes durch die Behörden des Mamelukenherrschers bedurfte.

Die zum Schutz gegen räuberische Beduinen von einer wehrhaften Mauer mit einem durch einen Felsrand führenden Einlaß umgürtete Stadt lag auf einer Höhe, die den Abschluß eines nach Westen, zum Toten Meer hin, steil abfallenden Wadis bildete. Hinter der nördlichen Mauer befand sich ein großer Platz für Pferde- und Kamelrennen. Von dort schmiegten sich eng gedrängt graue Steinhäuser und gelbe Lehmhütten an einen Höhenrücken bis zur höchsten Erhebung im Süden der Stadt, wo die alte Kreuzritterburg, von der Stadt durch einen breiten Graben getrennt, mit ihren hohen Mauern aufragte. Diese Zitadelle war eine der stärksten Festungen des Mamelukenreichs. Hoch über der Stadt gelegen, hatte man von ihren Türmen bei guter Sicht einen Blick zum Toten Meer, zum Jordantal, ja sogar bis zum Ölberg von Jerusalem.

Die Burg war von Beybars I. nach der Eroberung noch verstärkt worden, ihre drei Haupttürme waren 1293 jedoch einem Erdbeben zum Opfer gefallen. Nasir hatte diese Türme nach seinem Eintreffen in Kerak sofort wieder aufbauen und die Verteidigungsanlagen verstärken lassen. Nach den vorangegangenen Erfahrungen fürchtete er auch hier noch um seine Sicherheit. Als überzeugter Moslem vertrieb er sodann die christliche Bevölkerung aus der Stadt und ließ Muslime ansiedeln; Keraks Bevölkerung war daher dem Exsultan immer noch ergeben. Als Residenz eines Vizekönigs hatte Kerak eine starke Garnison von Mameluken, ein Detachement von Bahri-Mameluken, die als einzige übrigens außerhalb von Kairo stationiert waren. Und Kerak lag, wie schon erwähnt, im Einflußgebiet der mächtigen Araberscheichs vom Stamme der Banu Oqba und Banu Zuhair, die Nasir weiterhin als ihren rechtmäßigen Herrscher anerkannten.

Es war eine kühle Nacht um die Jahreswende 1309/10, und Kerak lag in tiefem Schlaf. Das Kastell der Kreuzritter hoch über der Stadt ragte aus der grenzenlosen Stille der Felswüste, angestrahlt nur vom schwächer werdenden Licht der Sterne. Fahles Licht im Osten kündigte einen neuen Tag an. Dort dehnte sich schweigsam die endlose Wüste, lagen in weiter Ferne die Trockentäler des ›Wadi Sirhan‹, wechselten sich bis ins ferne Mesopotamien Stein- und Sandwüsten miteinander ab. Unbewohnbar und menschenleer schien diese trostlose, doch in ihrer Weite erhabene Gegend zu sein. Man konnte nur ahnen, daß sich in den wenigen Wadis die schwarzen Zelte von Beduinen befanden, daß Ziegenherden, Schafe und Kamele auf den kargen Steppenflächen zwischen den flachen Tafelbergen lagerten.

Die Stille der Nacht wurde von plötzlichem Kettengerassel unterbrochen. Auf der Burg wurde die Zugbrücke heruntergelassen und knarrend das Schloßtor geöffnet. Eben stieg die Sonne auf. Ihre Strahlen fluteten, von Minute zu Minute sich verstärkend, waagrecht über die endlosen Flächen und hoben die geringste Erhöhung mit langen Schatten hervor. Als sie auf die bis jetzt drohend und düster daliegenden östlichen Burgmauern trafen, erschien die Festung im noch harten Licht der Morgensonne – eine der erhabensten Zitadellen des Orients, die jeden Betrachter, wären rundherum nicht die vegetationslosen Berghänge und endlosen Geröllflächen gewesen, in das Frankenreich der mächtigen Rittergeschlechter versetzt hätte. Sie lag zweistufig auf einem Höhenzug mit beiderseits steil abfallenden Felsrücken oberhalb des Wadi Kerak, das sich unterhalb der Festung in zwei weitere Wadis (Trockentäler – das Wadi es Sitt und das Wadi el Franji) aufspaltete. Ganz links war der nicht sehr hohe, aber um so mächtigere Donjon zu sehen, unbezwingbar wegen der Mächtigkeit seiner Mauern und wegen seines felsigen Untergrunds auch vor Unterminierung sicher, anschließend das sogenannte Palais, der feudale Wohnbereich der früheren fränkischen Ritter und Fürsten, später der islamischen Prinzen und Emire. Lange Unterkünfte für die Burgbesatzung mit Kasematten und Schießscharten schlossen sich an, hinter ihnen erahnte man die unterirdischen Getreidespeicher und Zisternen. Das Ganze war von mächtigen Zinnen gekrönt, hinter denen sich zwei gelangweilte Wächter in ihre Burnusse hüllten. Im Hintergrund ragte das Minarett einer modernen Moschee hervor, auf dem, etwas verspätet, ein schlaftrunkener Muezzin erschien. Ganz rechts befand sich der mächtige Nordostturm, der drohend und abweisend den tiefen Graben überragte und die Burg von der Stadt trennte. Nur wenige Augenblicke währte das schnell wechselnde Spiel der Sonne, dann war die gelbrötliche Erde der Wüste in helles Morgenlicht getaucht. Im Westen fiel die Morgensonne auf die Dunstwolken, die über dem Toten Meer hochzogen.

Ein kleiner Trupp von Reitern, alle in weiten, weißen Burnussen, verließ die Zugbrücke, passierte den Palast des Vizekönigs, dessen Wachen erschreckt hochfuhren, trabte durch die erwachende Stadt den Burgberg hinunter und ritt nach Norden. Nasir war nur wenige Monate in Kerak gewesen, als ihn die Gerüchte über die allgemeine Unzufriedenheit der Ägypter erreichten. Nun ritt er los, begleitet von wenigen vornehmen Arabern und Mameluken, um sich sein Reich zurückzuerobern. Er konnte es nicht wagen, unmittelbar nach Kairo zu reiten, aber er wußte, daß besonders die Syrer mit der Herrschaft von Beybars unzufrieden waren. Es kam ihm deshalb darauf an, die syrischen Emire für sich zu gewinnen. Im Eilmarsch erreichte er Damaskus, wo ihm der Vizekönig sofort huldigte. Die Statthalter von Aleppo, Homs und Hama, von Jerusalem und Tripolis schlossen sich ihm an, und Nasir hatte bald eine stattliche Streitmacht zusammen, mit der er den Marsch auf die ägyptische Hauptstadt wagen konnte. Er erreichte kurz darauf den Sinai und schlug die schwachen ägyptischen Mameluken-Abteilungen in die Flucht, die Beybars ihm entgegengeschickt hatte.

Für Beybars war die Lage nun sehr schwierig geworden. Er hatte keine Truppen, denen er voll vertrauen konnte, und er wußte, daß viele Emire seinen Untergang herbeiwünschten. Er ließ es deshalb erst gar nicht auf eine Auseinandersetzung mit Nasir ankommen. Er dankte ab und schickte dem Exsultan eine Botschaft, in der er seine völlige Unterwerfung mitteilte. Nasir nahm diese Huldigung an und bot Beybars ein hohes Regierungsamt an. Aber Beybars wußte natürlich, wieviel ein solches Versprechen von einem Sultan der Mameluken wert war. Er zog es deshalb vor, zu fliehen, und verließ die Hauptstadt mit seiner persönlichen Mamelukengarde. Doch diese fiel schon bald von ihm ab, und der ehemalige Herrscher über Ägypten und Syrien zog vagabundierend durch das Land, bis er schließlich in Gaza erkannt und von den Soldaten Nasirs gefangengesetzt wurde.

Nasir hatte mittlerweile seine dritte Herrschaft angetreten. Aber der Herrscher, der im Frühjahr des Jahres 1310 in seine Hauptstadt einritt, war nicht mehr der jugendlich unbekümmerte Sieger von Schaqhab. Er war zwar noch ein junger Mann, aber die fortwährenden Demütigungen während seiner Jugend hatten seine Seele verhärtet. Der Sultan, der jetzt Kairo betrat, war finster und rachsüchtig geworden. Er hatte den Haß seiner Feinde kennengelernt und war dabei selbst unaufrichtig und hinterhältig geworden. Sein Wort galt nichts mehr, und keiner konnte ihm trauen. Als erstes ließ Nasir nach seiner Rückkehr Beybars erdrosseln. Salar erging es nicht viel besser. Der Wesir war zwar zum Ende hin ein Feind von Sultan Beybars gewesen und hatte die Wiedereinsetzung von Nasir befürwortet; aber das verschaffte ihm nur eine kurze Spanne des Überlebens. Der Sultan betraute ihn mit der Statthalterschaft von Schobak*, berief ihn jedoch kurz darauf nach Kairo zurück und ließ ihn einkerkern. In einem tiefen Verließ der Zitadelle ließ er den ehemaligen Wesir langsam verhungern und ergötzte sich schadenfroh an dessen Qualen. Am zwölften Tag seiner Haft wurde Salar, der vor Hunger bereits an seinen Schuhsohlen gekaut hatte, tot in seinem Gefängnis gefunden. Sein zusammengeraubter Reichtum wurde vom Sultan beschlagnahmt.

Waren es Rachsucht und Blutdurst, die den einst so freundlichen Prinzen zu solchen Scheußlichkeiten trieben? Zweifellos nicht nur allein. Die Emire waren einfach zu mächtig geworden. Er mußte sich, wollte er seine Herrschaft sichern, der Mächtigsten von ihnen entledigen, den anderen zur Abschreckung ein grausames Exempel statuieren und sie damit in ihre Schranken weisen. Einen nach dem anderen lockte er deshalb die alten Emire, zum Teil ehemalige Generale seines Vaters Kalaun, in eine Falle, überführte sie angeblicher oder tatsächlicher Vergehen, sperrte sie ein und brachte sie um. Er hatte aus den zurückliegenden Jahren seine Lehren gezogen, und er wußte, zu welcher Mißwirtschaft und Korruption die Herrschaft der Emire geführt hatte. Er beschloß, alleine zu regieren und dafür alle notwendigen Voraussetzungen zu schaffen. Nur dadurch, daß der Sultan als Despot regierte, konnten

Gerechtigkeit, Sicherheit und Ordnung in diesem Reich einkehren. Nur so war es schließlich möglich, daß in den kommenden dreißig Jahren unter Nasir die glanzvollste Periode der Mamelukenherrschaft anbrach.

Nasir war jetzt im 26. Lebensjahr. Er war immer noch verhältnismäßig klein und schmächtig und auf einem Auge erblindet. Er besaß jedoch eine unbändige Energie und einen eisernen Willen, der ihn, gepaart mit hohen moralischen Ansprüchen, herausragendem Intellekt und kritischem Geschmack, zum Herrscheramt prädestinierte.

Als erstes bemühte sich der Sultan nach seiner Machtübernahme, die völlig darniederliegende Wirtschaft seines Landes wiederaufzubauen. Er verstand etwas von Ackerbau und Viehzucht und war ein begeisterter Pferdezüchter. Als Landwirt und Großgrundbesitzer ging er seinen Emiren mit gutem Beispiel voran; die weiträumige Zitadelle wurde zum landwirtschaftlichen Großbetrieb, in dem 30000 Schafe gehalten wurden und in den das hierfür erforderliche Wasser über einen Aquädukt aus dem Nil geleitet wurde. Er kümmerte sich auch um die Bewässerungsanlagen des Nils und ließ einen Nildamm errichten, der zugleich als befestigte Straße diente. Ebenso ist der Kanal von Alexandria, der die Hafenstadt heute noch unmittelbar mit dem Nil verbindet (Mahmudiya-Kanal, zwischen Alexandria und Juwa), sein Werk. Nasir ordnete das Finanzwesen neu und führte eine gerechte Besteuerung seiner Untertanen ein. Er ließ das Land und die Einkünfte der großen Magnaten schätzen und erhöhte die darauf liegenden Steuern. Andere Abgaben hingegen, wie zum Beispiel jene auf Salz und Zucker, auf Hühner, Pferde, Sklaven, Boote und Fährpassagen über den Nil, schaffte er ab. Er ließ Getreide aus Syrien einführen und bestimmte feste Marktpreise für Korn und Mehl. Mit harten Strafen ging er gegen jede Art von Wucher vor und sorgte dafür, daß die reichen Emire daran gehindert wurden, in ihren Speichern Lebensmittel zu horten. Der Muhtasib, der Marktaufseher, mußte ihm jeden Verstoß gegen die Marktordnung und jeden Wucher melden. Der Herrscher kannte in solchen Fällen keine Gnade. So schlug er bei einer solchen Gelegenheit einmal öffentlich einem seiner Schwiegersöhne, dem mächtigen Emir Kausun, sein Schwertblatt über den Schädel und ließ dessen Verwalter auspeitschen.

Seine Strafen waren überaus hart und oft sehr willkürlich. Geradezu grausam war er bei jeder Art von Unmoral, bei Verstößen gegen die Gebote des Korans, etwa wenn Gläubige oder Ungläubige sich betranken. Seine Strafen waren so schlimm, daß sich manchmal sogar die Kadis genötigt sahen, sich für die Übeltäter einzusetzen. Der Herrscher zollte ihnen hohe Achtung, und sie konnten in solchen Fällen immer sicher sein, beim Sultan Gehör zu finden. Er war zwar äußerst despotisch, schenkte aber allen berechtigten Beschwerden Gehör und nahm zweimal wöchentlich von jedem, der es wünschte, persönliche Beschwerden und Eingaben entgegen.

Auch gegenüber den Christen zeigte sich der Sultan jetzt toleranter als in Kerak. Er bemühte sich, das demütigende Gesetz von 1301, das die Kopten und Juden zu Menschen zweiter Klasse stempelte, in seiner Schärfe abzumildern. Er schützte die koptischen Klöster und Kirchen vor mutwilliger Verwüstung und trat dem fanatischen Aberglauben entgegen, daß jedes Unglück, Krankheit, Feuer, Erdbeben oder Nilüberschwemmung auf eine Verschwörung der »Ungläubigen« mit dem Scheitan zurückzuführen sei. Aber damit hatte er nur geringen Erfolg. Die Macht der Geistlichen war in diesem Punkt stärker, und immer wieder schürten Fanatiker unter ihnen den Glaubenshaß. Es gab Aufläufe und spontane Zusammenrottungen, bei denen der aufgehetzte Mob schrie: »Oh Sultan, schütze uns und nicht die Ungläubigen!«. Der Sultan mußte sich 1321 schließlich den Forderungen des Klerus beugen, und die alten Gesetze wurden wieder unter Androhung der Todesstrafe in Kraft gesetzt. Christen und Juden schlossen ihre Kirchen und Synagogen und wagten es nicht mehr, sich offen zu ihrem Glauben zu bekennen. Zweifellos waren die Christen selbst nicht ganz unschuldig daran, daß es so weit gekommen war. Auch sie waren im Mittelalter nicht nur Märtyrer im Orient gewesen, sondern eifrige Glaubenskämpfer, denen das Anzünden von Moscheen ein gottgefälliges Werk zu sein schien. Aber Nasir bemühte sich dennoch, sie soweit wie möglich zu schützen. Viele seiner Berater, ja sogar einige Wesire waren ehemalige Kopten, die ihre früheren Glaubensbrüder insgeheim begünstigten. Der Sultan anerkannte ihre Tüchtigkeit und wußte, daß von ihrer Seite keine Gefahr für seinen Thron drohte.

Denn auch dieser Sultan schwebte in Gefahr, auch bei Nasir warteten die großen Emire stets auf ihre Stunde, auf ein Zeichen der Schwäche oder mangelnder Wachsamkeit. Nasir suchte dieser steten Herausforderung dadurch zu begegnen, daß er sich eine starke Hausmacht schuf. Von den 24 Mamelukenregimentern nahm er die zehn zuverlässigsten in seinen eigenen Sold, während die restlichen vierzehn der Rangordnung gemäß auf die sich gegenseitig argwöhnisch kontrollierenden großen Emire entfielen. Um diese großen Herren an sich zu binden, verheiratete er außerdem zehn seiner Töchter mit den Mächtigsten von ihnen.

Gegenüber dem Ausland erwies sich Nasir ebenfalls als kluger und vorsichtiger Diplomat. Im wesentlichen setzte er die Außenpolitik, die Beybars I. und Kalaun in die Wege geleitet hatten, fort, mit der Ausnahme allerdings, daß er jetzt enge Beziehungen zu Persien anstrebte. Militärisch geschlagen und innerlich nicht mehr sehr gefestigt, war Persien kein Gegner mehr für das Mamelukenreich, und beide Staaten schlossen 1333 einen Freundschaftsvertrag. Auch nach dem Tod des Ilkhans Abu Said, als das Perserreich mehr oder weniger auseinanderfiel, blieben die Beziehungen zu den persischen Mongolen gut, so gut sogar, daß Nasir bei den nun einsetzenden Thronwirren als Vermittler und Ratgeber angerufen wurde und einer der mächtigsten Thronbewerber, Scheich Hasan Burzug, den ägyptischen Sultan in der vergeblichen Hoffnung auf militärische Hilfe in den öffentlichen Gebeten als seinen Oberherrn bezeichnen ließ. Zu den Mongolen der Goldenen Horde hielt der Sultan die schon traditionell guten Beziehungen wach. Nasir bemühte sich um die Heirat mit einer Tochter des Herrschers der Goldenen Horde, Usbek Khan; die Mongolen verlangten jedoch ein so hohes Brautgeld, daß aus dem Vorhaben nichts wurde und Nasir sich mit einer entfernteren Verwandten des Khans, der Prinzessin Tulbiya, begnügte.

An der Nordgrenze des Mamelukenreichs gab es, wie schon immer, kleinere Scharmützel mit dem christlichen Klein-Armenien, Plänkeleien, die kaum ernstzunehmen waren, aber dem militärischen Betätigungsdrang der Mameluken sehr entgegenkamen und sie von anderen Gedanken abhielten. Das war gut so, denn Syrien war weit entfernt von der Kapitale des Sultans, und mit der Entfernung nahmen offenbar auch so manche Träumereien der

Statthalter zu, sich selbständig zu machen und die ägyptische Vorherrschaft abzuschütteln. Einer dieser Statthalter, allerdings ein treuer Freund des Sultans, war der Fürst von Hama, der Aiyubidenprinz Abu el Fida, der sich vor allem als Gelehrter, als bedeutender Geograph und Historiker einen Namen machte. Er war der Nachkomme eines Bruders von Saladin, 1273 in Damaskus geboren, wohin seine Eltern vor den Mongolen aus Hama geflohen waren. Der Prinz wurde von Nasir wie ein Bruder behandelt und als Statthalter von Hama, jedoch mit dem Titel und den Privilegien eines Fürsten, eingesetzt. Dieses Amt blieb bis zum Aussterben der Familie im Jahre 1341 in der Hand der Aiyubiden.

Auch auf der Arabischen Halbinsel war die Lage gefestigt. Die Scherifen von Mekka, Hüter der heiligen Stätten und zugleich Fürsten des Hedschas, wurden vom Sultan ernannt, und ihr Herrschaftsbereich wurde von den Mamelukentruppen gegen nomadisierende Wüstenaraber geschützt. Der südliche Nachbar, Jemen, war stets um das Wohlwollen des großen Reiches im Norden bemüht, und die Imame schickten von Zeit zu Zeit wertvolle Geschenke, die der Sultan wie eine selbstverständliche Tributleistung entgegennahm. Tatsächlich verfügten die Mameluken in diesem schwer zugänglichen Gebirgsland über keinen Einfluß. Eine ägyptische Expedition, die auf Bitten des Imams 1325 dorthin geschickt wurde, um in einen Thronfolgekonflikt einzugreifen, endete in einem völligen Desaster. Im Süden konnte Nubien zwar immer noch seine Unabhängigkeit wahren, war aber zur Tributzahlung an den Sultan verpflichtet und stellte keine Gefahr dar.

Im Westen nahm der Einfluß des Sultans zu. Der Hafside Abu Yahia war in Tunis mit Nasirs Hilfe auf den Thron gelangt und zeigte sich stets dankbar dafür. Dieses Verständnis kam fast schon einer Abhängigkeit gleich und ist ein gutes Beispiel für die erfolgreiche friedliche Politik des Mamelukenherrschers. Er führte keine Kriege, denn er mußte um seine eigene Macht besorgt sein, wenn er einen Emir mit einer zu großen Armee betraute. Und er selbst betrachtete sich nicht als Feldherrn. Aber Nasir mischte sich gerne in die inneren Angelegenheiten der Nachbarländer ein, intervenierte bei Thronfolgestreitigkeiten und ergriff bei Bürgerkriegen und Unruhen aktiv Partei für eine Seite. Ohne seine Armee dabei einzusetzen, gebrauchte er sie als Mittel seiner Außenpolitik. Denn nur weil der Sultan über schlagkräftige Mamelukenkader verfügte, ließen die Nachbarländer sich diese Einmischung gefallen, ja, erkannten Nasir mehr oder weniger als ihren Lehnsherrn an – ein Beispiel völliger Militarisierung der Außenpolitik.

Der Sultan war damit zufrieden. Er hatte kein Interesse daran, sein Reich zu vergrößern. Er beließ es bei den Grenzen, die vom Taurus über die Syrische Wüste zum Euphrat und von Sawakin am Roten Meer über Assuan nach Tripolis an der Kleinen Syrte reichten. Er mußte zwar gelegentlich Aufstände der Drusen niederwerfen, und auch andere religiöse Sekten, die von Zeit zu Zeit aufbegehrten, mußten wieder unter Botmäßigkeit gebracht werden; die großen Probleme löste Nasir jedoch auf diplomatischem Wege. Er tauschte regelmäßig Botschaften mit den Khans der Goldenen Horde und der persischen Mongolen, mit den Herrschern des Jemen, Abessiniens und Westafrikas aus, ebenso mit dem Kaiser von Byzanz und den Herrschern von Bulgarien. Sogar die Moguln von Indien, aber auch die Könige von Aragon und von Frankreich sowie der Papst schickten Gesandtschaften an seinen Hof. Der Heilige Vater ließ außerdem 1327 beim Sultan Verhandlungen mit dem Ziel führen, die Christen im Herrschaftsbereich der Mameluken menschlicher zu behandeln, wofür der Papst den Schutz aller Moslems in den Ländern der Christenheit anbot. Philip VI. von Frankreich ersuchte den Sultan 1330, Jerusalem aufzugeben und den Christen zu überlassen, ein Ansinnen, das Nasir natürlich verächtlich zurückwies.

Auch auf kulturellem Gebiet machte sich Nasir, selbst hochgebildet, einen Namen, und das bedeutete damals sehr viel. Denn zu Anfang des 14. Jahrhunderts waren in den Ländern des Islam schöpferischer Geist und wissenschaftliches Forschungsstreben nahezu zum Erliegen gekommen. Magie und uralter Aberglaube, wie sie einst bei den Stämmen der vorislamischen Zeit vorherrschten, hatten sich in Ägypten wieder breitgemacht. Die wissenschaftliche Forschung und Lehre begnügte sich mit dem Zusammentragen und Erhalten, mit dem Kopieren und Imitieren des Wissens früherer Zeiten oder anderer Regionen. Ein höherer Grad an Wissen hatte sich im 13. Jahrhundert nur noch bei den

Ismailiten und den Scheichs der Assassinen erhalten; mit ihrer Zerschlagung waren jedoch auch diese Kulturzentren ausgelöscht. Es war nur noch die El Ashar-Universität mit ihren Gelehrten und zahlreichen bildungsdurstigen Schülern aus aller Welt geblieben.

Nasir verstand es, die gelehrten Männer seiner Zeit an sich zu ziehen. Ganze Tage verbrachte er in der El Ashar-Moschee, wo im Halbdunkel der riesigen Säulenhalle oder in den Riwaks, den Lehrsälen für die Studierenden, kleine Schülergruppen um die an ihren schwarzen, weiten Mänteln und weißen Turbanen kenntlichen Professoren versammelt waren. Religion wurde hier gelehrt und Rechtswissenschaft, Rhetorik und Verslehre, Arabisch und Griechisch. Der Sultan saß zwischen den Studierenden auf dem mit großen Teppichen ausgelegten Boden und beteiligte sich an den halblaut und gestenreich geführten Disputen. Mit den Schülern folgte er dem langgezogenen, klagend-melodischen Gebetsruf des Muezzins, trat zu den vorgeschriebenen Waschungen auf den Hof, ordnete sich in die Reihen der Gläubigen ein, ließ sich auf die Knie nieder und folgte den vorgeschriebenen Gebetsübungen. Dabei entstanden viele Kontakte zu den gelehrten Männern seiner Zeit. An Nasirs Freundschaft zu dem Aiyubidenprinzen Abu el Fida sei hier noch einmal erinnert; auch viele andere Gelehrte und Künstler kamen an seinen Hof und fanden im Herrscher einen großzügigen und verständnisvollen Mäzen. Vor allem große Baumeister erlangten die Gunst des Sultans; Nasir sowie die reichsten seiner Emire gaben viel Geld für die Errichtung prachtvoller Bauwerke aus. Mehr als dreißig Moscheen wurden in dieser Zeit von den Emiren gebaut, darunter die heute noch vorhandene El Mardani-*, Es Sunkur-* und in der Zitadelle die En Nasir-Moschee. Diese Moscheen zeichnen sich wie die Paläste dieser Zeit durch einen eigenen, unverwechselbaren Stil aus, der dem stolzen, hochmütigen und Anerkennung fordernden Führungsanspruch der Mamelukenfürsten entsprach: hohe, festungsartige Bauwerke mit riesigen, kunstvollen Toren, abweisend und erhaben zugleich.

Die Architektur der Mamelukenzeit stellt wahrscheinlich die schönste Periode in der islamischen Kunst Ägyptens und Syriens dar. Aber nicht nur die eindrucksvollsten Bauleistungen wurden unter Nasir vollbracht; auch die Kleinkunst, die anspruchsvolle

Gestaltung täglicher Gebrauchsgegenstände, kam zur höchsten Vollendung. Nie zuvor und nie mehr danach wurden so schöne, mit Silber eingefaßte Messingtische, Schüsseln und Kannen, so wunderbar geschnitzte Stühle, Decken- und Wandtäfelungen, so prachtvolle Fliesenornamente, herrliche Emailarbeiten und kunstvoll getriebene Bronzeleuchter hergestellt.

Im Juni 1341 starb Nasir im Alter von fast achtundfünfzig Jahren, einer der bemerkenswertesten und widersprüchlichsten Herrscher des Mittelalters, ein Despot von eiserner Selbstdisziplin, mißtrauisch, betrügerisch und oft voll grausamer Rachsucht, aber auch ein Mann von hohen Ansprüchen an Sittlichkeit und Moral und ein Diener seines Staates, der persönlich anspruchslos lebte. Er war ein kluger Diplomat, ein weiser und vorsichtiger Herrscher, ein Förderer von Kunst und Wissenschaft, dessen Herrschaft den Höhepunkt mittelalterlicher Kultur und Zivilisation in Ägypten und Syrien darstellte.

Der dritte Mongolensturm

Mit Nasirs Tod war eine lange Periode der inneren Ruhe zu Ende gegangen, und sofort brachen wieder die alten Machtkämpfe aus. Neu war jetzt nur, daß die Burdschi-Mameluken, das heißt die Garnisonssoldaten der Zitadelle, ein gewichtiges Wort mitzureden hatten. Sie waren dem Thron am nächsten und hatten in den letzten Jahren den Einfluß der Bahri-Mameluken zurückgedrängt. Im Unterschied zu den rohen und stets gewalttätigen Bahri-Mameluken, die sich vor allem aus Türken und Mongolen rekrutierten, waren die Burdschi-Mameluken überwiegend tscherkessische Sklaven, die aus dem Kaukasus stammten. Sie waren intelligenter und standen auf einer höheren Kulturstufe, aber sie waren auch verschlagener und raffinierter, freilich etwas weniger gewalttätig, was sicher nicht zum Vorteil eines Staates war, der auf unverhohlener Gewaltausübung beruhte. Die Tscherkessen hatten ein besonders stark ausgeprägtes Stammesbewußtsein und hielten ihre kaukasischen Familienbande auch in Ägypten und Syrien aufrecht. Dies führte natürlich zu einer gewissen Exklusivität, zu gegenseitiger Begünstigung und Protektion. Aber die Burdschi-Mameluken hoben sich nicht nur im menschlichen Verhalten und in der körperlichen Statur und im Gesichtsausdruck von den Bahri-Mameluken ab; auch in der Kleidung gab es Unterschiede. Es mag an dieser Stelle nützlich sein, das Erscheinungsbild der Mameluken zu Anfang des 14. Jahrhunderts zu beschreiben.

Es gibt eine ägyptisch-syrische Reitanleitung, eine Art Exerzierreglement für die Mamelukenkavallerie aus dem 14. Jahrhundert*, die für die Beschreibung der Mamelukentracht von unschätzbarem Wert ist, da sie mit Illustrationen von Menschen versehen ist – in der islamischen Literatur dieser Zeit ungewöhnlich und nur gelegentlich für ausgesprochene Lehrbücher erlaubt. Die Schrift befaßt sich mit dem Reitexerzieren und mit verschiedenen Reit- und Waffenübungen, denen sich die Mameluken im Hippodrom unterziehen mußten. Es gab viele Einzelübungen für den Waffenkampf, aber auch Spiele und Wettbewerbe wie Polo, das »Kabaq«-Spiel, bei dem ein Kürbiskopf mit einem Pfeil vom Rücken eines herangaloppierenden Pferdes getroffen werden mußte, und das Birdschas-Spiel, Zielübungen mit Palmzweigen vom Pferderücken. Bei all diesen Übungen wurden oft artistische Höchstleistungen vollbracht, und die besten Reiter erhielten den Titel eines »Mu'allim« (Meister).

Bei den Mamelukenpferden handelt es sich in dieser und in anderen Beschreibungen überwiegend nicht um reinblütige Araber. Vielmehr bevorzugten die Mameluken Berberpferde oder Kreuzungen von Berbern mit türkischen oder turkmenischen Pferden. Die Reitpferde waren verhältnismäßig gedrungen und hatten kurze Beine, kräftige Rümpfe und lange Hälse. Satteldecken und Sättel waren meistens ohne Gurt und wurden nur von einem Hals- und einem Schweifriemen gehalten. Das Zaumzeug war überaus bunt und prächtig; um den Hals trugen die Pferde Bänder mit Troddeln, deren Farbe vermutlich die Zugehörigkeit zu bestimmten Regimentern beziehungsweise Emiren anzeigte. Die Pferde wurden ohne Trense geritten, sondern mit einer großen, im Pferdemaul überaus qualvoll wirkenden, hebelartigen Kandare. Zusammen mit den langen, scharfen Sporen setzte diese Kandare den Reiter in den Stand, sein Tier grob und ruckartig in jede gewünschte Richtung zu dirigieren.

Die Reiter trugen im allgemeinen eine gelbe oder braune Kappe, um die ein weißer Turban geschlungen war. Das lange, schwarze Haar war zu einem Zopf zusammengebunden, der über den Rücken fiel, kurze Bärte waren nicht selten. Zur Tracht gehörte ein vorne offenes, farbiges Oberkleid, das bis zu den Füßen reichte. Die reich bestickten, weiten Ärmel bedeckten nur die Oberarme. Darunter trugen die Mameluken ein eng anliegendes Unterkleid, eine Art Djellaba, die zur Farbe des Oberkleides einen harmonischen Kontrast abgab.

Die Mameluken bedienten sich einer Vielzahl von Waffen. Zur Standardausrüstung gehörte eine vorne rechts am Sattel befestigte eiserne Keule in der Form eines viereckigen, groben Hammers. Eine Lanze, ein verhältnismäßig kleiner, runder Schild, Pfeile und Bogen sowie ein kurzes Krummschwert vervollständigten die Ausrüstung. Alles in allem waren die Mameluken schwer bewaffnet, trugen aber nur selten Rüstungen und Helm, was sie in der Schlacht zwar verwundbar machte, ihre Beweglichkeit im Angriff aber erhöhte. Im äußeren Erscheinungsbild glichen die Mameluken eher den Angehörigen südrussischer und turkmenischer Völker als den Orientalen; vor allem bei den Burdschi-Mameluken war der lange Tatarenmantel ein hervorstechendes Bekleidungsstück.

Ihr Leben war hart und rauh, sie unterlagen unmenschlichen Strafen, von denen die Auspeitschung noch eine der mildesten war, und ihre Umgangsformen waren von Rohheit und Gewalt gekennzeichnet. Je nachdem, ob sie zu den Regimentern des Sultans oder eines der großen Emire gehörten oder Eigentum eines rangtieferen Mamelukenobersten waren, lebten sie in Kasernen, in den Mauertürmen der Stadt, den Befestigungen der Zitadelle oder auch nur in den Pferdeställen der Paläste auf engstem Raum miteinander zusammen. Diese Kasernierung, verbunden mit der Unmöglichkeit, sich eine Frau zu nehmen, führte unausbleiblich zu vielen Formen der Männerfreundschaft. Homosexualität war nichts Ungewöhnliches und wurde allgemein als nicht besonders verwerflich empfunden, war doch im Orient die Freundschaft unter Männern seit jeher oft sehr intensiv und gilt auch heute noch der körperliche Kontakt unter Männern als nicht so abstoßend wie in anderen Kulturkreisen. Außerdem hatten die Haremswirtschaft und die Polygamie der Oberklasse zwangsläufig einen Frauenmangel bei den minderbemittelten Schichten der Bevölkerung zur Folge. Bei den Männerbeziehungen der Mameluken überwog die tiefe beiderseitige Zuneigung, die wesentlich zur Kameradschaft im Mamelukenkorps beitrug. Schließlich begünstigte auch der Koran die Männerliebe, heißt es doch in der Sure über »Die Weiber« (4. Sure): »Wenn sich zwei Männer miteinander durch Unzucht vergehen, so straft beide. Wenn sie aber bereuen und sich bessern, dann laßt ab von ihnen, denn Allah ist versöhnend und barmherzig«. Um wieviel schlimmer erging es hingegen den Frauen, denn für sie fordert der Koran im gleichen Fall: »Wenn Eure Frauen sich durch Unzucht vergehen, und vier Zeugen aus

Eurer Mitte bezeugen dies, dann kerkert sie in Eurem Hause ein, bis der Tod sie befreit oder Allah ihnen sonst einen Versöhnungsweg weist« – es sei denn, sie waren Sklavinnen, denen man ein geringeres Maß an Moral zugestand und über die es heißt: »Auch diese müssen züchtig und dürfen nicht Dirnen sein, noch sich geheim Geliebte halten. Vergehen sich solche nach der Ehe durch Ehebruch und Hurerei, sollen sie die Hälfte der Strafe, die in diesem Falle (freie) Frauen träfe, erleiden ...«.

Wirklich abstoßend in dieser rauhen Männergesellschaft waren Fälle von Sodomie, der Unzucht mit Tieren, die, wenn sie bekannt wurden, meist mit dem Totschlagen des Täters durch die eigenen Kameraden geahndet wurde. Nicht weniger abstoßend war die Rücksichtslosigkeit, mit der bisweilen ältere Mameluken sich der jungen und wehrlosen Sklaven, die oft noch im Jünglingsalter waren, bemächtigten und sie mißbrauchten. Wehrten sich diese, so erhöhte der Widerstand nur die Brutalität der Älteren und steigerte die Begierden zu Quälereien, Mißhandlungen und zur Anwendung und Erfindung immer neuer Perversionen. Die schönsten und kräftigsten Jünglinge wurden leidenschaftlich umworben, bisweilen wurde um sie mit der Waffe gekämpft, Nebenbuhler auch hinterrücks ermordet. In der Enge der Unterkünfte waren die Liebesbeziehungen natürlich ständigen Veränderungen ausgesetzt; es kam zu häufigem Wechsel der Partnerschaften, und Geschlechtskrankheiten grassierten.

Erreichten Mameluken einen höheren Rang, der es ihnen erlaubte, alleine zu wohnen, so zögerten einige von ihnen nicht, von der Straße oder aus den öffentlichen Bädern Mädchen und Frauen zu entführen, sie in ihre Behausungen zu zerren, ihnen dort, oft mehrere Mameluken gemeinsam, die Kleider vom Körper zu reißen und sich brutal an ihnen zu vergehen. Am Ende mußten die unglücklichen Frauen noch froh sein, wenn die Soldaten sie in ihren Häusern behielten, denn eine Rückkehr ins Elternhaus kam für eine geschändete muslimische Frau nicht mehr in Frage: hatte sie unverehelicht ihre Unschuld verloren, wurde sie aus der Familie ausgestoßen, und oft wurden solche unglücklichen Geschöpfe sogar noch von den eigenen Familienmitgliedern umgebracht, um die Schmach zu tilgen. Den mamelukischen Sittlichkeitsverbrechern geschah hingegen selten etwas. Zwar standen ihre Verbrechen nach den Gesetzen des Islam unter Todesstrafe, nur selten wagten es Moslems, Juden oder Christen jedoch, Mameluken vor dem Kadi oder vor den Behörden anzuzeigen, da sie mit grausamen Racheakten rechnen mußten.

Der Dienst der Mameluken war, wenn sie sich nicht gerade auf einem Feldzug befanden, hart und eintönig. Monotoner Wachdienst auf den Festungsmauern wechselte mit anstrengenden religiösen Exerzitien und mit der harten Kampfausbildung zu Pferde. Diese fand im allgemeinen in den Hippodromen statt, großen Reitbahnen, in deren Mitte sich kleine, »Bahrab« oder auch »Hawd« genannte künstliche Teiche befanden. Hier übten sich die Mameluken in anspruchsvollen Wettkämpfen und, unter den kritischen Augen zahlreicher Zuschauer, im aufgesessenen Kampf mit Schwert und Schild, Lanze und Schild, im beidhändigen Kampf mit zwei Säbeln und im Gebrauch der Armbrust. Solche Übungen zogen sich stundenlang hin, und oft stürzten Mensch oder Tier infolge der körperlichen Anstrengungen oder des allzu vollkommenen Waffengebrauchs zu Boden. Unterbrechungen gab es nur, wenn die Stimme des Muezzins gebieterisch zu den vorgeschriebenen Gebetsübungen rief und die Reiter zum Gebet niederknieten.

Und natürlich zu den Mahlzeiten. Dann schleppten schwarze Sklaven riesige Wannen mit Reis herbei, in deren Mitte gesottene Hammel aufgetürmt lagen. Um diese dampfenden, fetttriefenden Berge ließen sich die Mameluken nieder. Mit der Rechten – die Linke galt im Islam als unrein – rissen sie kleine Fleischfetzen von den Hammelknochen, die sie mit dem heißen Reis zu Kügelchen formten und hinunterschlangen. Es war selbstverständlich, daß den älteren Soldaten die fettesten Fleischstücke gebührten; von den jungen Mameluken wurde erwartet, daß sie ihren Vorgesetzten die besten Bissen in den Mund schoben. Auch hier, bei den untersten Rängen, war die hierarchische Ordnung ehernes Gebot.

Doch zurück zu den Ereignissen in Kairo. Der Tod des Sultans Nasir hatte im ganzen Land große Bestürzung hervorgerufen. Klageweiber heulten wochenlang in den Straßen, und die Männer rauften sich die Haare und Bärte. Ehrliche Trauer hatte die ganze

Bevölkerung erfaßt. Aber es machte sich auch Unruhe breit, denn der Herrscher hatte keinen Nachfolger bestimmt, der befähigt gewesen wäre, sein Werk fortzusetzen. Die großen Emire hatten am Sterbebett des Sultans geschworen, daß »sie die Mameluken seines Hauses seien und daß sie, solange es auch nur noch eine blinde Tochter des Herrschers gäbe, seinem Hause bis zu ihrem Tode die Treue halten würden«. Dieser Schwur führte dazu, daß in den folgenden 41 Jahren zwölf Nachkommen von Nasir, die von verschiedenen rivalisierenden Gruppierungen der führenden Mameluken favorisiert waren, nacheinander den Thron bestiegen. Acht Söhne, zwei Enkel und zwei Urenkel folgten einander, und keiner von ihnen sollte sich als ein der Nachfolge des großen Nasir würdiger Herrscher erweisen. Einige waren noch Kinder, andere herrschten nur einige Monate lang. Nasirs Sohn Hassan regierte zunächst vier Jahre, wurde abgesetzt und dann wieder für weitere sechs Jahre inthronisiert. Ein Enkel von Nasir, Scha'ban, konnte sich 14 Jahre an der Macht halten. Alle waren sie, als sie zur Macht kamen, hilflose Kinder, Schwächlinge oder ausschweifende Wüstlinge, keiner war wirklich zur Regierung befähigt.

Die geistlichen Herrscher waren weiterhin, zumindest dem Scheine nach, die Nachkommen der Bagdader Abbasiden, von denen einer, El Mutawekkil I., mit Unterbrechungen dreimal und insgesamt 37 Jahre als Kalif herrschte. Die wirkliche Macht lag aber immer noch bei den führenden Emiren, deren Einfluß und Reichtum sich von Jahrzehnt zu Jahrzehnt vergrößerte. Diese Mamelukenfürsten waren jetzt nicht mehr ausschließlich ehemalige Sklaven, sondern auch Mamelukensöhne, die entgegen der ursprünglichen Sozialordnung Macht, Ämter und Besitz geerbt hatten. Eine Art Erbadel formierte sich; die einstige Sklavenelite degenerierte zu einer Oligarchie mächtiger Familien mit Standesbewußtsein und Besitz. Die Angehörigen dieser Familien waren jetzt die Herren des Reichs, sie besaßen riesige Latifundien, ihnen gehörten Heere von Sklaven und Mameluken, sie bauten sich glanzvolle Paläste in Kairo, Damaskus und Aleppo, und sie beherrschten die über das Mamelukenreich führenden Handelswege und Märkte.

Diese Familien häuften unermeßlichen Reichtum an, während das Land einmal mehr zu darben begann und unter den einander widerstreitenden Machtinteressen der Großen in Anarchie verfiel. Das Faustrecht gewann in Ägypten die Oberhand. Statthalter führten sich wie regierende Alleinherrscher auf, die wenigen Überlebenden der Beduinenstämme wurden Wegelagerer, schlossen sich zu Räuberbanden zusammen und überfielen Karawanen und Oasen. Bauern und Kaufleute, die zum Markt von Kairo wollten, wurden von den Emiren gefangengenommen und ihrer Waren beraubt, die Frauen in den Straßen wurden überfallen und in die Harems der Mamelukenoffiziere verschleppt, während sich die Emire untereinander blutige Gefechte lieferten. Trotz des allgemeinen Verfalls waren die Mamelukenemire beileibe keine Schwächlinge; einige von ihnen, wie Kausun, ein Gefolgsmann von Nasirs mongolischer Frau, oder Taschtemir, Aksunkur, Jelbugha und Sargitmisch, spielten in der Führung des Reiches eine große Rolle. Sie hielten glanzvoll Hof, bauten die herrlichsten Moscheen und Paläste und ließen Ägypten, ungeachtet der Armut und Rechtlosigkeit, in der übrigen Welt als mächtigen und reichen Staat erscheinen.

Besonders der Emir Jelbugha übte einen starken Einfluß auf die Geschicke des Reiches aus. Bis 1354 war er Majordomus des Sultans Nasir Hassan gewesen, gegen den er sich erhob und den er gefangengesetzt und beseitigt zu haben scheint. Um selbst die Regentschaft zu führen, setzte er den etwa 15jährigen Prinzen El Mansur, einen Sohn des Sultans Muzaffar und Enkel von Nasir, als Herrscher ein. Doch schon zwei Jahre später, als der Knabe auf dem Sultansthron zum selbstbewußten Manne heranreifte, ließ Jelbugha ihn für verrückt erklären, entthronen und gefangensetzen. Es folgte der erst zehnjährige Prinz Aschraf Scha'ban, den Jelbugha, weil er selbst mit seinen Kreaturen regieren wollte, unter Umgehung von dessen Vater Hussain auf den Thron setzte. Hussain starb einige Monate später; angeblich war er von Jelbugha vergiftet worden. Es gab aber auch rechtschaffene Männer unter den Emiren, Scheikhu zum Beispiel, der sich auf dem Höhepunkt der allgemeinen Verschwendung und Auflösung als Wesir darum bemühte, den Staatsverfall zu bremsen. Er kürzte die Staatsausgaben, schritt gegen die räuberischen Beduinen ein, die die Bewohner des Niltales belästigten, und stellte ein Mindestmaß an Rechtssicherheit her.

Aber der in der Folge eingetretene Aufschwung wurde bald durch eine Katastrophe größten Ausmaßes im Keime erstickt. Im Jahre 1348 brach in Ägypten die Pest aus. Es war eine Jahrhundertplage, die schnell auf andere Länder übergriff, vor allem die Mittelmeerküsten und -häfen, Sizilien und Marseille, Genua und Venedig heimsuchte und sich schnell über ganz Nordafrika und Europa ausbreitete. Allein in Venedig fiel ein Drittel der Bevölkerung der Seuche zum Opfer, und das war noch verhältnismäßig wenig und lediglich darauf zurückzuführen, daß das Kanalsystem eine hygienische Durchspülung der Lagunenstadt bewirkte.

Besonders grausam wütete der »Schwarze Tod« in Kairo. Die Angesteckten verspürten als erstes ein schmerzhaftes Anschwellen der Lymphknoten und das Auftreten eitriger Geschwüre. Nach kurzer Zeit führte die Krankheit zu schleimigem, blutig-schwarzem Hustenauswurf – daher die Bezeichnung »Schwarzer Tod« – und starken Atembeschwerden. Nach wenigen Tagen starben die Infizierten an Lungenödemen und Kreislaufkollaps. An einem einzigen Tag starben in Kairo 10000 bis 20000 Menschen, in den ersten drei Monaten ungefähr 300000. Der Muristan des Sultans Kalaun war ständig überfüllt; die Kranken und Sterbenden wurden draußen auf der Gasse in langen Reihen abgelegt und dort, soweit noch möglich, von ihren Angehörigen versorgt. Doch diese Verwandtenbesuche wurden immer seltener, denn in jeder Familie wütete der Tod. Des Nachts wurden die Toten aus den Häusern auf die Straße getragen. In den ersten Morgenstunden rumpelten unter eintönigen Gongschlägen schwere Karren durch die Gassen, und tief in Tücher vermummte Sklaven, die selbst schon vom Tode gezeichnet waren, warfen die Leichen darauf. Ein Todeshauch lag über der Stadt, über den Stadträndern schwebten lautlos und immer tiefer die Geier. In den Straßen huschten die Menschen tief verschleiert an den Hauswänden entlang, sich dabei gegenseitig argwöhnisch musternd. Viehseuchen und Mißernten begleiteten die Katastrophe, das Nilwasser war verseucht, und die Fische starben zeitweilig fast aus. Verzweiflung ergriff die Menschen, die in dem Unheil eine Strafe Gottes sahen. Heulend warfen sich die Gläubigen zum Gebet auf den Boden und geißelten sich in religiöser Erregung. Um Allah milde zu stimmen, wurden die »Ungläubigen«, die einmal mehr an allem schuld sein sollten, erneut drangsaliert; der Sultan und seine Emire erhoben erbarmungslos neue Steuern von Christen und Juden.

Die Beziehungen zum Ausland gestalteten sich unter den Nachkommen von Nasir, den letzten Herrschern aus dem Hause Kalaun, wenig spektakulär. Im Jahre 1350 wurde der Herrscher des Jemen bei Mekka besiegt, und in Mesopotamien wurde eine kurdische Erhebung zerschlagen. 1365 unterstützten die Mameluken den persischen Statthalter von Bagdad, der Münzen prägen ließ, auf denen er sich als Vasallen des ägyptischen Sultans bezeichnete, und im gleichen Jahr unternahm man einige Strafexpeditionen gegen verzweifelte, aufständische Beduinen in Oberägypten und in das christliche Nubien. Auch Klein-Armenien bedrängten die Mameluken immer wieder, nahmen Adana und Tarsus ein und errichteten dort starke Garnisonen. Damit gerieten die Mameluken jedoch mit Venedig, der stärksten Handelsmacht des Mittelmeerraums, in Konflikt. Denn die Seerepublik unterhielt in der kleinarmenischen Hauptstadt eine bedeutende Handelsniederlassung und wickelte von dort ihren Asien- und Indienhandel ab. Nun mußte Venedig diese Niederlassung aufgeben und war völlig auf Alexandria angewiesen, wo die Sultane unverschämt hohe Zölle verlangten.

Ein Ereignis von größerer Bedeutung, das den Mamelukenstaat in dieser Zeit berührte, war der nochmalige Versuch abendländischer Ritter, im Morgenland Fuß zu fassen. Seit fast sechzig Jahren hatten die Johanniter nach ihrem kurzen Zwischenaufenthalt auf Zypern auf der Insel Rhodos, die bis dahin zu Byzanz gehört hatte, eine endgültige Bleibe gefunden. Der Orden hatte sich schnell auf der Insel etabliert und stieg zu einer von den Völkern des Islam gefürchteten Seemacht auf. Aus ganz Europa flossen Gelder auf die Insel für den Ausbau einer gewaltigen Flotte, die sich bald zu einer Art Mittelmeerpolizei entwickelte. Überall und unverhofft tauchten die schnellen und wendigen Ordensgaleeren auf, und todesmutig rammten die Ritter, nach deren Gelübde es nur Sieg oder Tod gab, die schwerfälligen Kauffahrtschiffe der Moslems. Sie befreiten bei diesen »Karawanen« genannten Kaperfahrten die christlichen Galeerensklaven auf den Moslemschiffen und pflegten sie in ihrem großartigen Hospital auf Rhodos gesund. Vor allem aber machten sie dabei reiche Beute, und als ein solcher Beutezug war auch eine größere Expedition mehrerer Christenstaaten zu verstehen, an der der Orden sich beteiligte.

Im Jahre 1365 landete Peter I. von Lusignan, der König von Zypern, unterstützt von den Rittern von Rhodos, den Genuesen und Venetianern, mit 12000 Mann in Alexandria. Immer noch erfüllt von der alten Kreuzzugsidee, hoffte dieser fromme Fürst, Alexandria gegen Jerusalem eintauschen und das Königreich seiner Vorfahren wieder in Besitz nehmen zu können. Dies erwies sich jedoch als verhängnisvoller Fehlschlag, denn Peters Heer hatten sich neben den Ordensrittern und den Soldaten der beiden Seerepubliken zahlreiche europäische Abenteurer angeschlossen, denen es nur um Raub und Plünderung ging und die die Befehle des Königs mißachteten. Alexandria wurde gegen den Willen des Königs geplündert und verbrannt, und entgegen Peters ursprünglicher Absicht verließ die völlig undisziplinierte Streitmacht unmittelbar darauf mit 5000 Gefangenen Ägypten. Der Feldzug war völlig umsonst gewesen, hatte nur böses Blut zwischen Moslems und Christen geschaffen.

In der farbigen Beschreibung eines Zeitgenossen, eines Einwohners von Alexandria (Herzsohn, 1886, nach einer arabischen Quelle) liest sich das ganze Abenteuer so: »Heran kam auf dem Meer mit seiner Flotte an der Spitze seines in Irrtum befangenen Heeres der verfluchte Hund Ribir Brutus (arabisiert von ›Re' Piero‹ = König Peter), Fürst von Cypern, wie ein Räuber und Bandit ... Man hat gesagt, er sei von hoher Statur – Gott zerbreche seinen Rücken! –, blauäugig – Gott erwecke ihn bei der Auferstehung als Blinden, Gott tauche ihn in den Flammenbrunnen der Hölle ein und mache ihn in allen seinen Unternehmungen elend und verächtlich! – Der Name seines Vaters ist Riyuk (Ré Ugo) … Ribir, der Sohn des besagten Riyuk, bemächtigte sich Alexandriens unter der Regierung von El Malik el Aschraf Scha'ban, dem Sultan des ägyptischen, syrischen und sonstigen Landes. Es war dieser damals noch ein Kind, und Befehlshaber seiner Heere war der Atabeg Jelbugha … Wie konnte denn geschehen, was der ungläubige, verfluchte Fürst von Cypern Alexandrien, dem Grenzplatz der Muslime, zugefügt, da er doch unter den Königen der Christen gleichsam nur ein

Schafhirt war oder einer, der den Schafen mit der Schere die Wolle schor?! Aber er kam zu einer Zeit nach Alexandrien, als dessen Beschützer sorglos waren. Er plünderte es und floh daraus. So aber ist der Könige Gewohnheit nicht!« Nach dieser für sie beschämenden Niederlage bauten die Mameluken eine große Flotte von Galeeren, um gegen derartige Überfälle in Zukunft besser gewappnet zu sein.

Dennoch griffen die Zyprer 1367 Tartus, Latakia und Lajazzo (das heutige Ayas in der Türkei) in Syrien an und drangen 1369 erneut gewaltsam in den Hafen von Alexandria ein. Der Chronist gibt dazu folgende Schilderung: »Ich werde erzählen, in welcher Weise Sunguwan Dimurf (arabisiert von »Jean du Morf«, dem Befehlshaber der zyprischen Flotte), der verfluchte Hurensohn, in den ersten zehn Tagen des Su' el Hejja des Jahres 770 (7.–16. Juli 1369 nach christlicher Zeitrechnung) die Muslime angriff, nachdem er auf seinen Kriegsgaleeren zum westlichen Hafen Alexandriens gekommen war. Die Truppen der Muslime besiegten ihn, und er sowie die, welche mit ihm gekommen waren, kehrten enttäuscht und mit Verlust dahin zurück, woher sie gekommen.« Ägypten und Zypern schlossen 1370 nach längeren Verhandlungen Frieden, aber die Piratenakte der Christen sollten schlimme Folgen haben: Der Haß zwischen Moslems und Christen war wieder neu aufgebrochen, und der erste Schritt zum Untergang des christlichen Königreichs Zypern war damit getan.

Wie stand es insgesamt im Abendland in dieser Zeit um den Kreuzzugsgedanken, war er nach dem Abzug der Kreuzfahrer aus dem Heiligen Land verstummt? Die Frage ist nicht ganz eindeutig zu beantworten. Denn einerseits war immer noch, zum Beispiel durch den Orden der Templer bis zu seinem Untergang in Frankreich im Jahr 1314, Geld für einen neuen Kreuzzug gesammelt worden. Noch wesentlich später, 1464, berief der Papst in den Adria-Hafen Ancona, allerdings ohne nennenswerten Erfolg, Kreuzfahrer für einen neuen Kreuzzug ein. Auch in den vorgeschobenen christlichen Brückenköpfen, dem Königreich Zypern und dem Johanniterstaat Rhodos, traf man eifrige Vorkehrungen für einen neuen Kreuzzug. Ansonsten war das Abendland indessen viel zu sehr mit sich selbst und mit profaneren Problemen beschäftigt. Denn in Italien entstanden mächtige, miteinander rivalisierende städtische Republiken; aus ihren reichen urbanen Signorien entwickelten sich feudale Fürstentümer. Frankreich und England waren durch den Hundertjährigen Krieg völlig in Anspruch genommen, und in Zentraleuropa verlagerte sich der historische und machtpolitische Schwerpunkt von Deutschland nach Österreich.

All diese Ereignisse spielten sich in einer Zeit ab, in der auch Ägypten von inneren Machtkämpfen erschüttert wurde, die von dem machthungrigen Jelbugha ausgingen. Die Willkürherrschaft dieses Emirs mündete schließlich in einen Konflikt mit den anderen großen Emiren, und es kam zu einer allgemeinen Erhebung des Sultans und seiner Getreuen gegen den allmächtigen Atabeg. Die Flotte, die Jelbugha zur Bekämpfung Zyperns hatte bauen lassen, wurde nun zum Teil gegen ihn selbst eingesetzt, und nach einigem Hin und Her wurde er gestürzt. Vergebens versuchte er noch, den Sultan zu entthronen und dessen Bruder als Herrscher einzusetzen. Er wurde besiegt, sodann in seinem Palast gefangengenommen, wohin er sich, von allen verlassen, geflüchtet hatte, und von einem seiner Mameluken enthauptet. Sein Kopf wurde in Gegenwart des Sultans auf eine brennende Fackel gesteckt. Zuvor traten jedoch noch einige andere Geschehnisse ein, die außerhalb des Einflußbereichs der Mamelukensultane lagen, sich auf Ägypten und Syrien noch nicht unmittelbar auswirkten, für die weitere Zukunft des Reiches aber von entscheidender Bedeutung waren. Hauptakteure waren diesmal Byzanz, die Osmanen und, wieder einmal, die Mongolen.

In Byzanz war Kaiser Andronikos III. Palaiologos unter Hinterlassung seines minderjährigen Sohnes Johannes V. 1346 gestorben, und der Heerführer Johannes Kantakuzenos, der schon unter Andronikos III. großen Einfluß auf die Politik gehabt hatte, wurde zum Gegenkaiser ausgerufen. Johannes VI. Kantakuzenos schloß einen Bündnisvertrag mit den Osmanen und ebnete diesen damit den Weg nach Europa. Die Partei der Palaiologen, deren Einfluß nunmehr auf das Gebiet von Konstantinopel beschränkt war, rief daraufhin die ebenfalls um ihre Existenz ringenden Seldschuken aus Anatolien zu Hilfe, die auch kamen, aber profitable Raubzüge nach Bulgarien dem Kampf im verheerten Thrakien vorzogen. Dennoch gelang es den Palaiologen schließlich, Kaiser Johannes VI., der durch das Bündnis mit den »heidnischen«

Türken an Anhang verloren hatte, zu stürzen. Die Türken hatten mittlerweile jedoch ganz Thrakien besetzt und 1361 Adrianopel zu ihrer Hauptstadt erhoben. Der Kaiser von Byzanz hatte zwar den Papst für sein bedrängtes Reich gegen die Zusage der Kirchenunion um Geld- und Waffenhilfe gebeten und auch versucht, den Ungarnkönig zu einem Kreuzzug gegen die Türken zu bewegen. Aber alles war umsonst. Das Abendland sah wieder einmal nicht die Gefahr aus dem Osten, wollte nicht erkennen, daß das christliche Bollwerk an den Dardanellen unmittelbar bedroht war. Johannes V. mußte für den Rest seines Reiches die türkische Oberhoheit anerkennen, dem türkischen Sultan Heerfolge leisten, mit ihm zusammen sogar eine Erhebung osmanischer und byzantinischer Untertanen niederschlagen. An der Spitze dieses Aufstands standen die Söhne beider Herrscher. Auf Veranlassung des allmächtigen Osmanensultans wurden beide Prinzen zur Strafe geblendet.

In immer stärkerem Maße traten die Osmanen jetzt die Machtnachfolge des oströmischen Reiches an. Nach dem Tod des Reichsgründers Osman war 1326 Orkhan als Sultan gefolgt, der bis 1360 regierte und Brussa, das heutige Bursa, zu seiner Residenz machte. Orkhan war es auch, der nach Europa übersetzte, Adrianopel zu seiner Hauptstadt erklärte und von dort aus versuchte, den Kernbestand des byzantinischen Reiches zu zerschlagen. Vor Konstantinopel erlitt er jedoch 1337 eine Niederlage, und es kam zu dem oben erwähnten zeitweiligen Bündnis mit Byzanz. Auf Orkhan folgte dessen Sohn Murat I., der die Serben und Bulgaren in der berühmten Schlacht vom Amselfeld 1389 vernichtend schlug, dabei aber selbst den Tod fand. Sein Nachfolger war Bayazid I., von dem später noch im Zusammenhang mit den Mongolen Timur Lenks die Rede sein wird.

Wer war dieser Timur Lenk (genau: Timur i Lenk = »der lahme Timur«), aus dessen Namen abendländische Geschichtsschreiber »Tamerlan« machten; wer waren diese Mongolen? Waren denn nicht die persischen Mongolen 1303 vernichtend geschlagen worden? Wo kam Timur Lenk her? Das Erbe von Dschingis-Khan war bekanntlich in vier Reiche – das chinesische Großkhanat, das Russische Reich der Goldenen Horde, das Reich der persischen Ilkhane und in Transoxanien (das heutige Turkmenistan/Afghanistan) – zerfallen. Während drei dieser Reiche fortbestanden, war Persien nach dem Tod des Ilkhans Abu Said 1134 auseinandergebrochen. Einer der Emire des letzten Ilkhans, Hassan i Buzurg (»der große Hassan«) aus dem mongolischen Stamm der Dschelair, hatte im Irak und in den umliegenden Ländern eine eigene Herrschaft mit der Hauptstadt Bagdad errichtet, wo fortan die Dschelairiden herrschten.

Unterdessen war in Transoxanien in einem der türkisierten mongolischen Stämme im Jahre 1336 Timur geboren worden, der sich zunächst als verwegener Bandenführer einen Namen machte und seinen Beinamen »der Lahme« von einer Pfeilwunde im Bein erhielt. Er war ein ehrgeiziger Mann, der an Rücksichtslosigkeit alles bisher Dagewesene übertraf und die Grausamkeiten seiner Vorfahren weit in den Schatten stellen sollte. Er war einer der großen Weltbeweger, aber seine historische Rolle sollte sich darauf beschränken, der Welt ein Beispiel rücksichtslosen Völkermordes und sinnloser Blutbäder zu geben und für die Nachwelt das Mongolentum in die Nähe der Bestialität zu rücken. Timur machte sich zunächst seine engere Heimat untertan und nahm den Titel eines Emir i kebir (Großfürst) an. Sodann eroberte er das Gebiet des ehemaligen Ilkhanreiches, überrannte Täbris und das christliche Königreich Georgien und ließ sich seit 1388 Sultan nennen. Nachdem er sich in den alten mongolischen Eroberungsgebieten eine Basis geschaffen hatte, wandte er sich gegen das russische Reich der Goldenen Horde. 1391, 1395 und 1396 fiel er in die Ukraine ein und stieß bis auf einige hundert Kilometer vor Moskau vor. Damit war das Ende des Reichs der Goldenen Horde besiegelt. Timur wandte sich nun Indien zu und plünderte Delhi. 1399 kehrte er nach Persien zurück, hinter sich nur Grauen, verbrannte Städte und Dörfer und die verwesenden Leichen der von seiner Soldateska zu Tode gefolterten Männer und geschändeten Frauen lassend.

Wie einst Dschingis-Khan rottete Timur alles Leben in den eroberten Städten aus, bevor er sie niederbrannte. Jedoch übertraf er Dschingis-Khan zweifellos noch an blutigem Atavismus und Sadismus, denn regelmäßig ließ er seine Opfer erst mehrere Tage quälen, bevor er sie umbrachte. Er ließ die Köpfe der Getöteten abschneiden und daraus Türme formen, die an seine Siege erinnern sollten. Es wird berichtet, daß er lebende Gefangene wie Ziegelsteine mit Mörtel verband, um Wälle daraus zu bauen. Nie unternahm er den Versuch, in den eroberten Gebieten eine Verwaltung aufzubauen. War das Land erobert und verwüstet, waren die Menschen getötet, wandte er sich seinem nächsten Ziel zu. Nach seiner Rückkehr aus Delhi fiel Timur nochmals in Georgien ein, dann wandte er sich nach Westen gegen das Osmanische Reich und das Mamelukenreich. Im Jahre 1400 nahm er Siwas in Ostanatolien ein, anschließend zogen seine Heere nach Syrien und auf Aleppo zu. Damit war das Mamelukenreich ein weiteres Mal unmittelbar von einem Mongolensturm bedroht. Wie gestalteten sich nun angesichts dieser tödlichen Gefahr die Verhältnisse in Ägypten?

Dort hatte sich der in seinen Ursprüngen eher spartanische Soldatenstaat in einen ausgesprochenen Feudalstaat verwandelt. Die Mamelukenkommandeure hatten bei allen Staatsangelegenheiten immer noch ein entscheidendes Wort mitzureden, und ihre kampferprobten Regimenter stellten den wichtigsten Machtfaktor im Staate dar. Sie besaßen einen hohen Kampfwert, weit über dem rein arabischer Heere, deren Beduinenkrieger vor allem auf Beute aus waren. Eine harte, oft unmenschliche und grausame Zucht hielt diese Regimenter zusammen, Korpsgeist und das fünfmal täglich gemeinsam ausgeübte Pflichtgebet stellten darüber hinaus ein Höchstmaß an Gehorsam und Disziplin sicher. Diese Regimenter waren nicht übersehbare Machtfaktoren in der Hand der Emire. Aber nicht mehr alle Emire waren Befehlshaber von nennenswerten Mamelukengarden geblieben. Eine Art von Beamtenadel hatte sich nämlich im Laufe der Zeit herausgebildet, der seine Macht weniger auf die Gefolgschaft treuer Waffensklaven als vielmehr auf einflußreiche Positionen am Sultanshof, auf Statthalter- und Gouverneursposten sowie auf persönlichen Besitz begründete. Dieser persönliche Besitz der herrschenden Klasse war in den letzten Jahrzehnten gewaltig angewachsen und hatte zu Wohlstand und Verschwendung geführt.

Einer zeitgenössischen Katasterübersicht zufolge bezog ein Alfi-Emir jetzt etwa das Dreihundertfache eines einfachen Halqa-Mannes aus seinen Lehen, wovon etwa zwei Drittel für seine Untergebenen, und ein Drittel für seinen persönlichen Gebrauch bestimmt war. Hinzu kamen zahlreiche Einnahmen in Geld und Naturalien, und es war nicht selten, daß ein Emir mehrere Lehen innehatte, also gewissermaßen mehrfacher Tausender-, Vierziger- oder Zehner-Emir war und seine Lebenseinkünfte somit ein Mehrfaches betrugen. Aber das war noch nicht alles. Der Mißbrauch der Lehen griff immer mehr um sich und spiegelte so die schwindende staatliche Kontrolle wider: Grund und Boden wurde jetzt vererbt – und zwar nicht nur an Söhne, sondern auch an Brüder, Vettern und Neffen. Söhne waren jetzt oft, obwohl selber nie Mameluken gewesen, Fünfer-Emire und wurden beim Tode ihrer Väter Vierziger-Emire oder gar Alfi. Die Emire verkauften oder vertauschten ihre Lehen an Dritte, und zwar nicht nur an Mameluken, sondern auch an reiche arabische Kaufleute, die dafür hohe Summen bezahlten. Sichtbarer Ausdruck des Reichtums waren die vielen Paläste, die um diese Zeit in den ägyptischen und syrischen Städten entstanden, aber auch viele in ihrer Schönheit einmaligen Moscheen und Medressen, die die Großen des Reiches um ihres Seelenheiles oder um ihres Ansehens willen errichten ließen. Dieser Stil war sehr bezeichnend für das kriegerische, herrische und arrogante Wesen seiner Bauherren: grob und aggressiv, aber auch stolz und imponierend. Die Lebenshaltung des Adels war ebenfalls von diesem neuen Reichtum geprägt. Mit großem Gefolge zogen die Emire vor die Tore von Kairo oder Damaskus und veranstalteten ausgedehnte Jagden in der Wüste, hetzten Antilopen und ließen ihre Jagdfalken aufsteigen. Aufwendige Pferderennen wurden veranstaltet. Jeder von ihnen besaß einen eigenen Rennstall, und alle wetteiferten in der Aufzucht edler Pferde miteinander.

Die heißesten Monate verbrachten sie auf ihren Ländereien in großen, kühlen Landhäusern unter den Palmen des Nildeltas oder syrischer Oasen. In der gemäßigten Jahreszeit feierten sie glanzvolle Feste in ihren Stadtpalästen. Luxus und Verschwendung trieben immer neue Blüten, das Heer der Diener und Sklaven schwoll an, und die Harems übertrafen sich in der Zahl gekaufter, geraubter oder geschenkter Frauen und Mädchen aller Herren Länder und Hautfarben. Vom Emir Beysari wird berichtet, daß er nie ein zweites Mal aus demselben Becher trank – alle seine Becher waren aus getriebenem Silber. Bei den Festen wurde entgegen den Geboten des Koran auch der Wein nicht verachtet. Die Mameluken liebten die Geselligkeit und waren bei diesen Anlässen gerne in froher und ausgelassener Gesellschaft. In kostbaren Roben saßen sie auf ihren mit Teppichen bedeckten Kissen. Ihre Bärte waren parfümiert, ihre Kleider mit Rosenwasser besprenkelt, und die Räume waren von Amberduft und Weihrauch erfüllt, das von Sklaven verbrannt wurde. Altarabische Musik ertönte mit aufreizendem Rhythmus, Berberinnen sangen Liebeslieder und tanzten zu den Klängen, Dichter berichteten von den Heldentaten Beybars' und Saladins. All das spielte sich in Palästen ab, die mit unerhörtem Luxus und erlesenem Geschmack ausgestattet waren. Es waren nicht mehr die kleinen Familienburgen der Emire aus der frühen Mamelukenzeit, sondern weitläufige Palastanlagen mit großen, künstlich bewässerten Gärten und zahlreichen Gebäuden und Nebengebäuden. Herrenhaus und Harem beherbergten große, kühle Räume, und die bunten Fenster ließen nur gedämpftes Licht eindringen.

Die Hofhaltung der Herrscher war natürlich am prunkvollsten. Während den Sultanen ursprünglich »nur« fünf Zwölftel aller Einkünfte des ägyptischen Lehensgebiets zu ihrem eigenen Gebrauch zur Verfügung standen, waren ihnen inzwischen aus Zöllen und Steuern weitere unermeßliche Einkünfte erwachsen, die jede Prachtentfaltung und einen unbeschreiblichen Luxus erlaubten. Wie weit diese Prunksucht ging, ergibt sich zum Beispiel daraus, daß die Sultane sich unter großem Aufwand Schnee aus dem Libanon herbeischaffen ließen, um sich ihre Getränke mit Eis kühlen zu lassen. Der Anschaulichkeit wegen sei dieser Schneetransport geschildert, der auf Sultan Nasir zurückging: Zunächst wurde der Schnee von den Bergen des Libanon mit Mauleseln zur Küste geschafft und dort auf Spezialschiffe verladen. Elf Frachter, so berichten die Chronisten, standen der Schneeflotte zur Verfügung, die entlang der Küste nach Damietta und von dort nilaufwärts bis nach Bulak fuhren. Dort wurde der Schnee wieder auf Maulesel verladen und zur Zitadelle transportiert, wo er bis zum Sommer in besonderen Magazinen eingestampft wurde. Aber der Seetransport erwies sich im Laufe der Zeit als unrentabel, weil zuviel Schnee während der langen Reise schmolz. Deshalb ging man zum schnelleren Landtransport über. Wie alles und jedes im Mamelukenreich war auch dieser Schneetransport zu Lande bis ins Detail organisiert und reglementiert. Ein Schneetransporttrupp bestand aus fünf Lastkamelen und einem Kameltreiber mit Reitkamel. Hinzu kamen ein berittener Schneespezialist, der für die kältesichere Verpackung der Schneelasten verantwortlich war, sowie ein Angehöriger des Pferde-Postdienstes als Karawanenführer. Dieser Postmeister war vor allem für die Schnelligkeit des Transports zuständig; aber auch dafür, daß dem Schnee kein Gift beigemengt wurde. Denn stets bestand die Gefahr eines Giftattentats auf den Sultan, und es ist bezeichnend, daß das Eis, bevor der Sultan sich daran gütlich tat, in Gegenwart hochgestellter Würdenträger von einem Vorkoster probiert werden mußte.

Man kann sich wohl kaum einen größeren Kontrast vorstellen als den zwischen der erhabenen, kühlen Vornehmheit der Mamelukenpaläste und der lärmenden, schmutzigen Armut der Kairoer und Damascener Bevölkerung, die sich unmittelbar unter den hohen, fensterlosen Außenmauern der Emirhäuser feilschend, schreiend und gestikulierend auf den staubigen, sonnendurchglühten Straßen drängte. Auch die Gegensätze in der Geschichte der Mameluken sind überraschend, so die Tatsache, daß ein stehendes Heer roher, ungebildeter und isoliert lebender Söldner zu einer derartigen Prachtentfaltung, zum Bau so vieler kunstvoller Monumente und religiöser Stiftungen befähigt war. Vielleicht ist dies nicht so ganz erstaunlich, wenn man bedenkt, daß es sich bei den Emiren im Grunde genommen um Emporkömmlinge handelte, die wie alle Parvenüs ein großes Bedürfnis zur Selbstdarstellung hatten, zumal wenn ihnen fast unbegrenzte Mittel zur Verfügung standen.

Denn die Ausbeutung hatte sich verschärft. Die Reichen waren in den letzten Jahrzehnten reicher, die Armen ärmer geworden; Unrecht und Willkür hatten zugenommen. Die Macht der Zentralgewalt, der Sultane und ihrer Wesirate, war zerbröckelt, der Einfluß der großen Mamelukenfamilien hingegen gestärkt. Diese Familien bestimmten das Geschehen, saugten das Land mit hohen Steuern und Zöllen aus, stritten sich ständig um Macht und Einfluß, schmiedeten Komplotte und Intrigen. Das Land verfiel, die soziale Unzufriedenheit nahm zu, und die Herrscher, von denen einige ausgesprochene Despoten, andere Schwächlinge und dem Alkohol verfallene Wüstlinge waren, sahen dem Niedergang tatenlos zu. Das Ende der Herrschaft des Hauses Kalaun war unausweichlich geworden, und es kam in der Gestalt eines der großen Emire namens Barkuk.

Barkuk war Tscherkesse. Er war auf der Krim von einem Sklavenhändler Othman eingekauft und an den unheilvollen Emir Jelbugha vermittelt worden. Anschließend kam er zum Burdschi-Regiment, das jetzt die Sultansgarde stellte und dessen Offiziere den größten Einfluß auf der Zitadelle hatten. Sultan war seit 1381 Salah es Din Hadschi, ein frühreifes und verdorbenes Kind, ein Sadist, dessen größtes Vergnügen darin bestand, die Frauen seines Harems so zu quälen, daß sie vor Schmerzen laut schrien. Unter Hadschi war Barkuk zu hohen Ämtern und Würden aufgestiegen, und er hatte die Gunst der Stunde genutzt, um seine persönlichen Rivalen auszuschalten. Sein Ziel war von vornherein der Sultansthron gewesen, und ohne besondere Schwierigkeiten setzte er Hadschi schließlich ab und ließ sich selbst 1382 von den Emiren als Sultan anerkennen. Aber er saß nur kurze Zeit auf dem Thron, denn neue Schwierigkeiten tauchten am Horizont auf. In Ägypten, vor allem aber in Syrien gab es unter den Mameluken eine Richtung, die, unterstützt von arabischen Theologen, den Abbasiden wieder alle geistliche und weltliche Macht überantworten und den Kalifen Mutawekkil als Sultan einsetzen wollte. Mutawekkil war der achte Kalif im Mamelukenreich und hatte dieses Amt bereits zum zweiten Mal seit 1377 inne.

Schon ein Jahr nach Barkuks Machtübernahme kam es zu einer Verschwörung, die aber aufgedeckt und blutig unterdrückt wurde. Die Mameluken waren durch diese Erhebung, auch wenn sie keinen weiteren Schaden angerichtet hatte, unruhig geworden und zweifelten an der Autorität von Sultan Barkuk. Wieder einmal fragten sich einige der mächtigsten Emire, warum nicht sie selbst als Herrscher in Frage kämen. Das alte Spiel begann von neuem: Ein Aufruhr wurde in Nordsyrien angezettelt. Zwei Emire, die Statthalter von Malatiya (in Ostanatolien) und Aleppo, namens Mintasch und Yelbugha (nicht identisch mit dem an anderer Stelle genannten Atabeg Jelbugha) nahmen über die Grenzen hinweg Verbindung zu den Feinden des Reiches, den Turkmenen und Mongolen, auf. Sie stellten eine Armee auf, besetzten Damaskus und marschierten im Frühjahr 1389 auf Kairo zu. Hier hatte

Barkuk Waffen an die Bevölkerung verteilen lassen, die Straßen verbarrikadiert und in aller Eile die Befestigungsanlagen der Zitadelle verstärkt. Alles war in Eile, improvisiert und wenig erfolgversprechend vonstatten gegangen. Ohne weitere Schwierigkeiten drangen die Aufrührer in die Hauptstadt ein; Barkuk verlor völlig die Nerven und flüchtete, um sich zu verbergen, zunächst in einen Schneiderladen und setzte sich dann bei einer günstigen Gelegenheit in die nun schon bekannte Festung Kerak ab. Damit schien die Lage geklärt und die Auseinandersetzung beendet zu sein. Die Aufrührer plünderten Kairo und setzten Hadschi wieder in seine alten Rechte ein.

Wollte man den weiteren Gang der Ereignisse als »normal« bezeichnen, so bedeutet dies im Mamelukenreich immer noch, daß die Sieger uneins wurden und übereinander herfielen. Mintasch und Yelbugha, der eine hinter den Mauern der Zitadelle, der andere hinter den Dachzinnen der riesigen Sultan Hassan-Moschee* verborgen, bekämpften sich nun gegenseitig und ebneten damit den Weg zur Restauration von Barkuks Herrschaft. Und dieser ließ nicht lange auf sich warten. Er verließ Kerak 1390, sammelte eine Armee um sich, zog die Truppen des Sultans auf seine Seite, nahm Hadschi und den Kalifen gefangen und zog am 1. Februar 1390 als Sultan im Triumph wieder in Kairo ein. Dort ließ er Hadschi in der Zitadelle einsperren und überließ ihn dort seinen zweifelhaften Vergnügungen. Ein neuer Zeitabschnitt hatte in der Geschichte der Mameluken begonnen, denn mit der Wiedereinsetzung Barkuks als Sultan begann die Herrschaft der Burdschi-Mameluken. Die Bahri-Mameluken und deren Nachkommen sollten nach der Absetzung von Hadschi nie mehr den Herrscherthron besetzen; sie hatten ihren einstmals beherrschenden Einfluß endgültig verloren.

Aber auch die Stellung der Sultane änderte sich unter den Burdschis, und zwar mit tiefgreifenden Folgen für Gesellschaft und Staat. Die Burdschi-Sultane unterschieden sich von den Bahri-Herrschern vor allem durch ihre Herkunft. Sie waren, wie das Mamelukenregiment, dem sie entstammten, fast ausschließlich Tscherkessen, außer zweien, Khuschkhadam und Timurbugha, die griechischer Abstammung waren. Keinem von ihnen, außer Barkuk, gelang es, seinen Nachkommen die Thronfolge zu sichern. Sie waren eher Präsidenten auf Lebenszeit als Monarchen im strengen Sinne des Orients. Der typische Burdschi-Sultan konnte sich nur als »primus inter pares« verstehen, der von seinen Anhängern gewählt worden war und der während seiner Herrschaftsdauer auf sein Geschick vertrauen mußte, sich die Militäroligarchien von Ägypten und Syrien gewogen und fügsam zu halten. Denn die Kaste der Emire stellte unter den Burdschi-Sultanen mehr noch als bisher die wahre Autorität im Reich dar. Erfolg oder Mißerfolg des Herrschers standen in unmittelbarem Zusammenhang mit seiner Fähigkeit, die verschiedenen Fraktionen der Mameluken gegeneinander auszuspielen, und mit seiner Bereitschaft, Übergriffe der Mächtigen unter den Mameluken mit Geduld und Nachsicht hinzunehmen.

Dieser Fraktionen und Parteien unter den Mameluken gab es viele. War ein Sultan gestorben, so bildeten seine ehemaligen unmittelbaren Gefolgsleute, die dann oft in die Defensive gedrängt wurden, unter dem Namen ihres früheren Herrn eine Partei, zum Beispiel die der ›Nasiri‹, ›Aschrafi‹, ›Muaiyadi‹, ›Zahiri‹ und so weiter. Diese Parteien wurden vom Korpsgeist und von mancherlei gegenseitigen Verpflichtungen, die man unter der Obhut des Herrschers eingegangen war, zusammengehalten; vor allem aber von dem Willen, so viel wie möglich von den bisher genossenen Privilegien zu behalten. Wenn ein Emir, der die Macht anstrebte, es verstand, diese Fraktionen gegeneinander auszuspielen, Bündnisse herzustellen, Eifersüchteleien zu steuern, Intrigen anzuzetteln und die richtigen Leute zu bestechen, mochte er vielleicht eine Chance haben, Sultan zu werden. Saß er dann jedoch endlich auf dem mühsam erkämpften Thron, so wurde er schnell gewahr, welche bescheidene Rolle ihm zugedacht war. Er konnte meist nur im Namen derjenigen herrschen, die ihn gewählt hatten, und war völlig auf deren Duldung angewiesen. Es war unmöglich, gegen den Willen dieser Emire zu regieren und ihren absoluten Gehorsam zu erzwingen.

Behielt ein Sultan den Thron bis zu seinem Tode, folgte ihm normalerweise einer seiner Söhne nach, in der Regel jedoch nur für einige Monate und nicht etwa in Anerkennung eines Erbanspruches, sondern nur, um während der auf den Herrschertod folgenden unausbleiblichen Machtkämpfe als Puffer zwischen den

Parteien zu dienen und während der Übergangszeit, gewissermaßen als Reichsverweser, den Thron zu verwalten. Der Sultanssohn saß ohne wirkliche Herrscherrechte auf dem Thron, während die Großen des Reiches um die Nachfolge stritten und kämpften. Hatte sich schließlich einer der Emire als der Stärkste durchgesetzt, wurde der Prinz entfernt. Von wenigen Ausnahmen abgesehen, brachte man ihn dann nicht mehr, wie früher üblich, um. Er wurde in irgendeine Stadt verbannt und dort in einer Art lebenslänglicher Ehrenhaft gehalten.

Von den dreiundzwanzig Burdschi-Herrschern, die in den nächsten 134 Jahren die Macht in Händen hielten, erstreckte sich die Regierungszeit von neun Sultanen, nämlich von Barkuk, Farradsch, Scheykhu, Bars-Bey, Dschakmak, Inal, Kuschkhadam, Kait-Bey und Kansuh el Ghuri, auf über 125 Jahre. Dies bedeutet, daß für die restlichen vierzehn Herrscher insgesamt nur neun Jahre blieben. Diese neun Sultane drückten ihrer Zeit den Stempel auf. Sie waren, überwiegend im negativen Sinne, herausragende Persönlichkeiten, was allein schon daraus hervorgeht, daß sich einige von ihnen acht, sechzehn, ja sogar siebenundzwanzig Jahre als Herrscher behaupten konnten. Es bedurfte schon außerordentlicher Fähigkeiten, auch nur einen geringen Grad an Autorität über die stets mißgünstigen Emire und aufrührerischen Mameluken zu wahren und sich an der Macht zu halten.

Aber es war nicht mehr das Ansehen der großen Heerführer vergangener Zeiten, mit dem die Sultane ihre Macht ausübten. Sie waren über die Leichen ihrer Rivalen auf den Thron gelangt. Hatten sie ihr Ziel erreicht, so beschränkten sie sich – vielleicht mit einer Ausnahme, der des Sultans Farradsch – darauf, sich selbst zu schützen und ihre persönliche Macht zu erweitern. Aber sie besaßen auch Eigenschaften, durch die sie sich wohltuend von den türkisch-mongolischen Bahri-Sultanen abhoben: Einige von ihnen, Barkuk, Scheykhu, Dschakmak, Kait-Bey, auch Tatar und Timurbugha, förderten die Wissenschaften, liebten die Literatur und setzten sich für Kunst und Forschung ein. Es waren besonders strenggläubige Moslems darunter, die fromme Stiftungen gründeten, Moscheen, Medressen und Krankenhäuser bauten und dabei oft ein beeindruckendes Zeugnis guten Geschmacks ablegten.

Vielleicht bestand der Zweck solcher frommen Werke, die heute noch in den großartigen Moscheen von Barkuk und Kait-Bey* sichtbar sind, darin, die dem Islam fremde sinnlose Grausamkeit vieler Burdschi-Sultane gutzumachen, Allah zu versöhnen. Denn die Mamelukenherrscher der Burdschi-Periode gaben zahlreiche Beispiele sinnloser und brutaler Tyrannei, sie schrieben das düsterste Kapitel der ägyptischen Geschichte. Manche waren so habgierig, daß sie wichtige Nahrungsmittel, Zucker und Gewürze, zu ihrem persönlichen Monopol machten und damit ihre Untertanen auspreßten. Andere waren Trunkenbolde, homosexuell oder abartig veranlagt. Einer von ihnen konnte nicht einmal das erste Kapitel des Korans, einen Teil des vorgeschriebenen Gebetes, fehlerlos aufsagen, und ein anderer konnte keine Unterschrift leisten, wenn sein Namenszug nicht von einem Schreiber vorgezeichnet war. Einer der Herrscher ließ seine zwei Leibärzte enthaupten, weil sie ihn nicht von einer Krankheit hatten befreien können. Sie waren überwiegend rachsüchtig und blutgierig, wenn es darum ging, ihre Gegner auszuschalten.

Aber nicht nur die Herrscher waren grausam und heimtückisch; die Emire, Kommandeure, Statthalter und Offiziere verhielten sich nicht besser. Sie kannten keine Hemmungen, wenn es darum ging, Macht und Wohlstand zu erringen; ihre Habgier wuchs von Generation zu Generation, während ihre Moral tiefer und tiefer sank. Die Bevölkerung des Reiches litt unsäglich unter dieser Herrschaft. Die immer wieder ausbrechenden Streitigkeiten der verschiedenen Parteien, die Straßenkämpfe und das ungezügelte Verhalten der Mamelukensöldner führten zeitweise zu einer wahren Schreckensherrschaft. Die Mamelukensoldateska kannte keinerlei Erbarmen mit der eingesessenen Bevölkerung, denn sie waren Fremde in diesem Land und so brutal, daß es selbst unter Bars-Bey, dem strengsten der tscherkessischen Sultane, für Frauen unmöglich war, sich auf den Straßen blicken zu lassen. Hochzeitsumzüge mußten verboten werden, damit die Bräute nicht geraubt wurden. Frauen, die wenigstens zu Beerdigungen oder zu den Gräbern ihrer Angehörigen gehen wollten, mußten in den Häusern zurückgehalten werden.

Die Bauern wagten es nicht mehr, ihr Vieh auf den Markt von Kairo zu bringen. Sie mußten fürchten, daß die Mameluken es für den

Sultanshof requirierten, der zu Bars-Beys Zeiten täglich 120 Zentner Fleisch benötigte. Die Regierung war korrupt und konnte nicht durchgreifen. Die Richterämter wurden an diejenigen Bewerber vergeben, die die höchsten gesellschaftlichen Stellungen innehatten. Während der Herrschaft von Sultan El Mu'aiyad unterschlug der Scheik el Islam, der höchste Richter, ihm anvertraute Mündelgelder. Er stammte aus Herat in Persien und konnte kein Wort arabisch sprechen, was sich aber erst herausstellte, als er sich wegen der Veruntreuung verantworten sollte. Das Volk war, wie konnte es anders sein, unzufrieden, und von Zeit zu Zeit gab es örtliche Revolten, die jedoch meist blutig niedergeschlagen wurden. In Alexandria zum Beispiel nahmen die Fischer das Recht in ihre Hände und setzten ihre Unterdrücker, den Statthalter und seinen Stellvertreter, gefangen. An biblische Vorbilder erinnernd, rasierten sie dem Stellvertreter die eine Gesichtshälfte kahl, führten ihn auf einem Kamel, begleitet von Sängern und Musikanten, durch die Straßen der Stadt und töteten ihn. Den Statthalter zerrten sie nackt vor ein Gericht und erschlugen ihn anschließend. Solche Fälle von Lynchjustiz kamen vor allem in den Siedlungs- und Wandergebieten der wenigen Beduinen vor, die den früheren Massakern entgangen waren. Sie hatten immer noch besonders stark unter der Verfolgung durch die Mameluken zu leiden. Ihre gelegentlichen Revolten verschlechterten jedoch ihre Lebensbedingungen nur noch mehr und führten zu um so stärkerer Unterdrückung und Ausrottung. So wird berichtet, daß unter Sultan Farradsch die ägyptische Bevölkerung aufgrund des Völkermords, verbunden mit Seuchen und Hungersnöten, um zwei Drittel zurückging.

Zunehmend entglitt den Herrschern die Gewalt über den Staatsapparat. Viele von ihnen waren nicht mehr in der Lage, der Willkür ihrer Beamten Einhalt zu gebieten. Die schlimmsten Greueltaten ereigneten sich unter Sultan Mu'ayad Scheykhu. Er war zwar ein eifriger Muslim, der viele fromme Werke vollbrachte, dabei aber besonders rücksichtslos und brutal. In seinem Glaubenseifer ließ er gelegentlich korrupte Beamte auspeitschen, die Unterdrückung und Ausbeutung beseitigte er damit aber nicht. Er machte sich nur bei seinen Offizieren und Beamten unbeliebt. Nach einigen Mißgriffen in der Staatsführung, vor allem in der Steuer- und Finanzpolitik, war er schließlich einsam und unbeliebt, als er zweiundfünfzigjährig starb. Seine frommen Werke waren vergessen, und er wurde wie ein armer Sünder verscharrt. Keiner seiner Gefolgsleute mochte ihn zu Grabe tragen. Seine Leiche wurde nicht gewaschen, nicht einmal ein Grabtuch gab es für ihn. Die Angst vor der Vergeltung durch seinen Nachfolger erstickte jedes Mitgefühl für den Toten.

Ein anderer Herrscher, der Grieche Kuschkhadam, versuchte erst gar nicht, seine Untergebenen zu mäßigen, sondern nutzte ihre Korruption und Gewalttätigkeit zu seinem eigenen Vorteil. Er hetzte die verschiedenen Parteien gegeneinander auf, die Aschrafi gegen die Zahiri, die Mu'aiyadi gegen die Nasiri, neutralisierte damit deren Macht und konnte seinen eigenen Mameluken für Gewaltanwendung und Mord, für Fehden und Raubzüge um so mehr Freiheit lassen. Bei alledem war der Sultan nur auf seinen eigenen Nutzen bedacht. So verkaufte er beispielsweise die hohen Staatsämter an die Meistbietenden. Der Wali von Tripolis zahlte 45000 Dinar, um Vizekönig von Damaskus zu werden. Sein alter Posten in Tripolis war nur 10000 Dinar wert und wurde für diese Summe an einen anderen Emir verkauft. Die Bestechlichkeit dieses Sultans ging so weit, daß er sogar Bestechungsgelder dafür nahm, um seinen Emiren das Recht zu gewähren, ihre persönlichen Feinde ungestraft zu foltern. So wurde zum Beispiel ein unbeliebter Wesir des Sultans von seinen Feinden ausgepeitscht, gefoltert und getötet, nachdem Kuschkhadam dafür, gewissermaßen als makabres »Schmerzensgeld«, 75000 Dinar erhalten hatte. Solche Foltervergnügen ließ sich der Sultan immer teuer bezahlen, und wenn seine Kasse dennoch leer war, lud er wohlhabende Mitglieder des Mamelukenadels ein, denen er ihr Geld und ihren Schmuck kurzerhand als Gegenleistung für die Ehre einer Einladung beim Herrscher abnahm.

Bei all ihrer gegenseitigen Mißgunst und Cliquenwirtschaft, ihrem Neid und ungezügelten Machtstreben, den zahlreichen Verschwörungen und Revolten, die sie gegeneinander anzettelten, hielten die Burdschi-Mameluken doch fest zusammen. Wenn sie gegeneinander konspirierten und intrigierten, so suchten sie ihre Anhänger und Mitverschwörer fast immer nur unter den tscherkessischen Mameluken. Es war ein ungeschriebenes Gesetz, daß vorwiegend Tscherkessen die Machtkämpfe ausfochten und nur Burdschi-Mameluken für die Anwartschaft auf den Thron in Frage kamen. Sie erlaubten keinem Fremden, in ihren Kreis einzudringen, und bildeten im ägyptischen Ständestaat und innerhalb der herausgehobenen Klasse der Mameluken eine neue Elite. Etwas Elitäres haftete ihnen bei all ihrer Verdorbenheit, ihrer unberechenbaren Grausamkeit, ihrer Verschlagenheit und ihrem oft tödlichen Neid tatsächlich an: Sie waren tapfere Soldaten und stellten die beste Armee ihrer Zeit. Diese Armee garantierte in einer überaus unruhigen Zeit dem Land weitere 127 Jahre lang äußere Sicherheit, bot, als ganz Vorderasien unter den erbarmungslosen Schlägen des Mongolen Timur Lenk zusammenbrach, dem asiatischen Barbaren mutig die Stirn und verwehrte ihm, gemeinsam mit den Türken, den Zugriff zur Mittelmeerregion.

Barkuks Sieg über Hadschin bedeutete noch nicht, daß sich die Macht des wiedereingesetzten Sultans endgültig stabilisierte. Überall gärte es. Mintasch hatte sich in den stets unruhigen und unsicheren Norden von Syrien zurückgezogen und operierte dort weiter gegen Barkuk. Der islamische Klerus sah sich um seine Hoffnungen auf die Vereinigung aller Macht in der Hand des Kalifen getäuscht, und viele ranghohe Mameluken mißgönnten Barkuk seinen Erfolg. Aber der wiedereingesetzte Herrscher griff hart und energisch durch. Nach der Aufdeckung einer Verschwörung, die von einigen Burdschi-Mameluken geplant war, säuberte er seine Leibgarde und ersetzte, obwohl selbst Tscherkesse, alle tscherkessischen Mameluken durch griechische, türkische und mongolische Sklaven, 5000 Mann an der Zahl. Als lokale Aufstände in Ober- und Unterägypten ausbrachen und die Beduinen wieder in Bewegung kamen, verstärkte er dieses Mamelukenkorps auf 7000 Reiter, die in einzelnen Abteilungen durch das Land streiften und jeden niederstachen, der auch nur den Anschein von Ungehorsam erweckte.

Gegenüber der islamischen Geistlichkeit konnte Barkuk, selbst ein gläubiger Moslem, natürlich nicht so hart verfahren. Immerhin reichte sein Einfluß dazu aus, um den Kalifen El Mutawekkil, der mittlerweile zum dritten Mal dieses Amt innehatte, zur bedingungslosen Treue zu zwingen. Als auch dieses Problem gelöst war, konnte sich Barkuk Anfang der neunziger Jahre schließlich dem Aufstand in Nordsyrien zuwenden, der seine Macht bedrohte.

Nordsyrien stellte im Mamelukenreich eine Besonderheit dar, war im arabischen Raum schon immer eine Besonderheit gewesen. Die ausdauerndsten Stämme aus Südarabien waren bei dem langsamen Vordringen des Arabertums bis hierher gelangt. Die griechische Besiedlung und später das Christentum von Byzanz hatten der Landschaft und ihren Menschen den Stempel aufgedrückt. Dann kam mit der Islamisierung die zweite arabische Welle, die das Christentum bis auf wenige Reste fortfegte. Viele der sehenswerten »toten Städte« Nordsyriens, die damals von ihren Bewohnern aufgegeben wurden, zeugen noch heute eindrucksvoll von diesem Sturm, der damals über Nordsyrien hinwegging. An ihrer Stelle entstanden die lehmfarbenen Dörfer und Städte des Mittelalters, in denen sich die ursprüngliche Bevölkerung im Laufe der Jahrhunderte mit Türken, Kurden und Turkmenen vermischte. Hier lebten nicht die stumpfen Fellachen des Niltals, mit denen die Mamelukenemire leichtes Spiel hatten, sondern hochaufgeschossene, stolze Wüstenkrieger und selbstbewußte Händler und Handwerker. Sie waren zwar hauptsächlich Araber, aber auch mit den Mameluken verwandt, wie sie mit den Aiyubiden verwandt gewesen waren. Ihr Verhältnis zu den Emiren, bei denen es sich nicht nur um Mameluken, sondern bisweilen auch um eingesessene Aristokraten handelte, war anders als in Ägypten.

Die Emire nahmen in Syrien eher die Rolle von Stammesfürsten ein. Sie saßen auf den zahlreichen über das Land verstreuten Burgen aus früharabischer Zeit oder in den ehemaligen Festungen der Kreuzritter und herrschten in der Art mächtiger Scheichs. Sie kleideten sich arabisch und zogen unter zahlreichen bunten Fahnen mit den berittenen Stammesaufgeboten der Einheimischen in den Krieg. Sie kümmerten sich um die Stammesfehden, heirateten Töchter der Stammesscheichs und hielten den »Diwan«, das heißt den Staatsrat und die Gerichtssitzungen, vor den Toren ihrer Paläste ab, wie es altarabischer, persischer und später osmanischer Sitte entsprach (daher die »Hohe Pforte« im Osmanischen Reich). Zu dieser Gelegenheit saßen sie vor den sonnendurchglühten Mauern ihrer Burgen auf großen Teppichen, umgeben von den Stammesfürsten, Ulemas und Kadis. Diener hielten über ihnen große Sonnenschirme und reichten Kaffee und kandierte Früchte herum, während sie in halblauter Unterredung mit den Notabeln die Landesangelegenheiten besprachen und den neben ihnen hockenden Schreibern ihre Weisungen diktierten. Bittsteller kamen und machten von ihrem verbürgten Recht Gebrauch, ihrem Herrn unmittelbar ihre Beschwerden vorzutragen; Streitende in Rechtshändeln suchten den Urteilsspruch des Emirs, erhielten Recht oder wurden an Ort und Stelle mit einer mit den Kadis beratenen und genau bemessenen Anzahl von Stockschlägen gezüchtigt.

Angesichts dieser Verwurzelung der Emire im Land ist es verständlich, daß sie ein hohes Maß an Autorität genossen und von der Armee des Sultans nicht ohne weiteres vertrieben oder gestürzt werden konnten. Sie mußten einzeln in ihren die unwirtlichen, öden Wüsten und Steppen weit überragenden Burgen ausgeräuchert oder, in den Festungen des Küstenstreifens, ausgehungert werden. Dann zogen sie mit ihren in Bandenart kämpfenden Aufgeboten in die Palmenhaine der Ebene von Aleppo oder in Trockentäler der Wüste um das antike Palmyra. Wurden sie dort aufgestöbert, so gingen sie über den Euphrat, um an anderer Stelle wieder in Nordsyrien einzufallen.

Zwei Jahre nahmen diese Kämpfe in Anspruch, bis die aufständischen syrischen Mameluken überwältigt waren und Mintasch in Barkuks Gefangenschaft geriet. Natürlich konnte der Emir keine Gnade erwarten. Der Sultan ließ ihm seine Knochen einzeln, einen nach dem anderen, brechen und setzte ihn einem qualvollen Verhör aus, um ihn zu zwingen, das Versteck seines Staatsschatzes preiszugeben, aber umsonst. So schauerlich das Gebrüll des Gefolterten auch war, er wußte, daß er ohnehin sterben mußte. Seine Lippen öffneten sich nur zu schauerlichen Verwünschungen, und er nahm sein letztes Geheimnis mit in den Tod. Sein Haupt wurde anschließend von dem zerfetzten Körper abgeschlagen, auf einer Lanzenspitze durch die Städte Syriens getragen und schließlich der Kairoer Bevölkerung auf dem Bab es Suele zur Schau gestellt. Seinen Mitverschwörern erging es nicht besser: Sie wurden an Kamelsättel genagelt und in glühender Hitze so lange auf den Tieren durch Kairo geführt, bis ihre Schmerzensschreie allmählich erstarben und sie tot vor Pein und Durst zusammensackten. Von Barkuk wird auch berichtet, daß er eine ganze Nacht lang die Kehlen gefangener Mameluken eigenhändig durchschnitten und voller Haß auf die Leichen seiner Opfer uriniert habe.

Wie so viele Mameluken-Sultane hatte Barkuk bei all seiner Grausamkeit auch Verdienste aufzuweisen. Er war ein Förderer der Kunst und schöner Bauwerke, umgab sich gerne mit gelehrten Männern, wie zum Beispiel dem berühmten berberischen Historiker Ibn Chaldun, den er zum Großkadi ernannte, setzte einige der drückendsten Steuern herab und vollbrachte zahlreiche mildtätige Werke gegenüber den Ärmsten im Volke. Sein größtes Verdienst war aber, wie schon das vieler seiner Vorgänger, seine Wachsamkeit gegenüber den Mongolen.

Timur Lenk war 1393/94 auf Aleppo marschiert, nachdem er zuvor mit seinen Reiterhorden 1393/94 in Mesopotamien und Persien, in Indien, Rußland und der östlichen Türkei operiert hatte. Barkuk hatte diese Bewegungen mißtrauisch verfolgt, und seine Spione sowie zahlreiche Flüchtlinge hatten ihm von den Greueltaten des Mongolenherrschers berichtet. Er hatte alles getan, um einer Machtausweitung der Mongolen Einhalt zu gebieten. Eine seiner Taktiken war die der »verbrannten Erde«. Wann immer die Mongolen, die auf ihren Kriegszügen keine Getreidevorräte und kein Korn für ihre Pferde mitzuführen pflegten, sondern sich vom eroberten Land ernährten, nach Westen vorstießen, fanden sie nur verbrannte Scheunen und Felder vor.

Schon seit den Zeiten Hülegüs wurden sie in ihren eigenen Gebieten in regelmäßigen Abständen von mamelukischen »Getreidebrennern« heimgesucht, die ihre Felder verwüsteten: Agenten, die zur Erntezeit mit Rudeln von Hunden und eingefangenen Füchsen in die Siedlungsgebiete der Mongolen einsickerten und sich dort versteckten, um einen günstigen Zeitpunkt abzuwarten. Dieser bot sich, wenn Sommerhitze, Trockenheit und Wind besonders stark waren. Dann schlichen die Getreidebrenner zu den Kornfeldern und Weideplätzen der Mongolen und banden an die Schwänze der Hunde und Füchse brennende Lunten. Die losgelassenen Tiere jagten angstgehetzt mit ihren flammenden Schleppseilen durch das trockene Getreide oder durch das getrocknete Heu und setzten so alles in Brand. Wenn die Mongolen auf ihren Streifzügen gen Westen vordrangen, zog vor ihnen eine Welle ägyptischer und syrischer professioneller Brandstifter in die gleiche Richtung, um den Mongolen nur ein verkohltes Land, über dem die Rauchschwaden lagen, zu hinterlassen.

Barkuk war beileibe kein säbelrasselnder Kriegsherr. Er war eher ängstlich und lebte ständig in panischer Furcht vor einem Mordanschlag. Aber was die Mongolengefahr anbelangte, so erwies er sich dennoch als kühl überlegt und standhaft. Er hatte sich mit den Herrschern der turkmenischen Völker, vor allem mit Burhan ed Din, dem Fürsten von Siwas, mit Toktamisch, dem Khan der »Goldenen Horde«, und mit Bayazid, dem Sultan des Osmanischen Reiches, verbündet. Er hatte die Gefahr erkannt und wußte, daß man ihr nur mit einer gemeinsamen, gewaltigen Anstrengung würde begegnen können. Zu oft schon waren die Mongolen geschlagen und scheinbar für immer besiegt worden, und immer wieder hatten sie sich erholt und den Westen aufs neue bedroht. Als Timur eine Gesandtschaft nach Kairo geschickt hatte – offenbar in der Absicht, das Bündnis mit den Turkmenen und Osmanen zu sprengen –, hatte er den Gesandten kurzerhand töten lassen. Barkuk machte auch sonst gegenüber Timur keinerlei Hehl aus seiner Feindschaft und lud den aus Bagdad vor den Mongolen geflüchteten letzten Dschelairidenherrscher, Sultan Ahmed, nach Kairo ein, wo er ihn mit großen Ehren empfing. Auf einen mit vielen blumenreichen Floskeln geschriebenen Brief Timur Lenks, der im Kern aber unübersehbare Drohungen enthielt, antwortete der Sultan mit ausgesprochenem Hochmut und verglich den Stil des Schreibens mit dem Kratzen einer ausgeleierten Geige. Die Ereignisse kamen, wie sie kommen mußten: Die Lage verschärfte sich schnell, die Haltung der Mongolen wurde immer bedrohlicher.

Barkuk sah sich deshalb gezwungen, seine Armee aufzurüsten und 1394 an der Spitze des Heeres nach Syrien einzumarschieren. Über Damaskus und Aleppo stieß er bis nach Bira am Euphrat vor. Hier traf er jedoch nicht, wie erwartet, auf die Mongolen, denn Timur war zu dieser Zeit, wie an früherer Stelle schon beschrieben, mit seinen Horden in Georgien und auf dem Weg in die Ukraine, wo er gegen Toktamisch, den Khan der »Goldenen Horde«, kämpfte. Die unmittelbare Gefahr schien damit fürs erste gebannt; Syrien war nicht mehr direkt gefährdet. Der Sultan war zufrieden, daß die verbündeten Turkmenen Timur ablenkten. Toktamisch mit seiner Mamelukenarmee zur Seite zu springen, hielt er in diesem Augenblick für unklug, denn er fürchtete die wachsende Macht des anderen Verbündeten, der Osmanen. Ihretwegen hielt er es nicht für geboten, Syrien von der Mamelukenarmee zu entblößen.

1399 starb Barkuk im Alter von über sechzig Jahren. Mehr als zwanzig Jahre lang hatte er, mit einer kurzen Unterbrechung, über das Reich geherrscht. Von seinen drei Söhnen folgte der älteste, En Nasir Farradsch, ihm auf den Thron nach. Seine Mutter war Griechin, und sein ursprünglicher Name lautet Bulghak (»Unheil«) in Erinnerung an den Aufstand des Emirs Mintasch, zu dessen Zeit er geboren worden war. Nach dem Sieg des Sultans über Mintasch erhielt der Prinz jedoch einen neuen Namen und wurde nun Farradsch (»Errettung«, »Erlösung«) genannt. Als er sein Herrscheramt antrat, war er erst dreizehn Jahre alt, aber es blieb ihm keine Zeit, sich an seine Aufgabe zu gewöhnen und mit den inneren Querelen fertigzuwerden, die jetzt jedem Thronwechsel folgten.

Denn der Mongolenherrscher Timur Lenk war 1399 von Delhi zurückgekehrt, war nach einem kurzen Aufenthalt in seiner Hauptstadt erneut in den Kaukasus vorgestoßen, schwenkte von dort nach Kleinasien ein, eroberte im Jahre 1400 das zum Osmanischen Reich gehörende Siwas und zog anschließend über Malatiya auf Aleppo zu. Im Oktober 1400 stürmten die Mongolen Aleppo, und für die Bevölkerung begann eine schreckliche Zeit. Vier grausige Tage lang wüteten die Eroberer in dieser schönen und reichen Stadt. Alle Männer und Kinder wurden von den Mongolen sofort umgebracht, nur die Frauen ließ man noch einige Tage länger leben, damit die Soldateska sich an ihnen vergehen konnte. Aleppo war nach diesen Schreckenstagen eine tote Stadt. Nicht anders sollte es Hama ergehen, der nächsten Stadt, über die Timur nur wenige Tage später herfiel. Der Weg nach Damaskus war damit frei. Wo hielt sich zu dieser Zeit die Mamelukenarmee auf?

So unglaublich es klingt: Obwohl Aleppo bereits Ende Oktober geplündert und dem Erdboden gleichgemacht worden war, verließ die Armee des Sultans erst am achten Dezember Kairo, um den Mongolen entgegenzutreten. Thronwirren und die Machtlosigkeit des Kindes auf dem Thron waren die offensichtlichen Ursachen dieser unverantwortlichen Verzögerung, und es dauerte bis zum 26. Dezember, bis die Mameluken den Mongolen außerhalb von Damaskus endlich gegenüberstanden. Aber auch jetzt fiel keine Entscheidung. Es gab einige unentschlossen geführte Gefechte und einige unerhebliche Scheinerfolge, aber als die Mameluken schließlich die endgültige Entscheidung suchten, wurde ihr Angriff von den Mongolen zurückgeschlagen. Mutlosigkeit und Verzagen griffen daraufhin in der Armee des Sultans um sich. Es wurde immer offenkundiger, daß ein starker Führer und Feldherr fehlte. Zu alledem kam hinzu, daß die Machtkämpfe innerhalb der ägyptischen Führung keineswegs beendet waren. Anfang 1401 erreichten Gerüchte das ägyptische Feldlager, daß in Kairo ein Staatsstreich unmittelbar bevorstehe.

Es war eine dunkle, stürmische Nacht, die dem Eintreffen der Unglücksboten aus Kairo folgte. Die meisten Feuer des Heerlagers waren niedergebrannt, die Krieger hatten sich in ihre Decken eingewickelt, um für einen ungewissen neuen Kampftag Kräfte zu sammeln. Nur die zu den Mongolen ausgesandten Späher kamen und gingen in bestimmten Abständen, und die um das Feldlager verteilten Wachen harrten fröstelnd auf ihren Pferden und riefen sich von Zeit zu Zeit ihre Losungsworte zu. In der Lagermitte, dort, wo die Zelte des Sultans und der großen Emire standen, gab es gegen Mitternacht jedoch Raunen und geschäftige Bewegung. Unter größter Geheimhaltung ließen der Sultan und seine höchsten Offiziere ihre Pferde satteln und verließen das Lager. Unter den schwarzen, vom Wind zerfetzten Wolken, durch die der Mond nur ab und zu sein fahles Licht auf die syrische Wüste und die kahlen Hänge des Hermongebirges warf, jagten sie in scharfem Trab in Richtung ihrer Hauptstadt davon. Ihre Absicht war es, sich im Eilmarsch nach Kairo zu begeben, um dort jedem Umsturzversuch zuvorzukommen.

Das aber bedeutete das Ende des Feldzugs. Als die Armee sich am nächsten Morgen von ihrem Monarchen und von den höchsten Fürsten in überaus kritischer Situation verlassen sah, machte sich Verbitterung breit. Die Soldaten waren nun vollends entmutigt. Sie brachen den Kampf ab und zogen sich ebenfalls in unordentlichen Gruppen einzeln nach Kairo zurück. Timur hatte jetzt freies Feld, und nur die starken Mauern von Damaskus konnten ihn noch daran hindern, die syrische Kapitale in Besitz zu nehmen. Ohne eine zeitraubende Belagerung würde es allerdings nicht gehen, und der Mongolenherrscher konnte nicht wissen, ob die Mamelukenarmee nicht nach Damaskus zurückkehrte, wenn in

Kairo Ruhe und Ordnung wiederhergestellt waren. Timur nahm deshalb mit den Verteidigern von Damaskus Verhandlungen auf und versprach, die Bevölkerung zu schonen, wenn die Tore geöffnet und die Stadt mit ihrer Zitadelle kampflos übergeben würden.

Guter Rat war teuer, als der Rat der Stadt zusammentrat. Die Würdenträger der Stadt und die Scheichs mit ihren weißen Bärten und besorgten Gesichtern unter hohen Turbanen hatten Angst vor den Mongolen und kannten die Wortbrüche und Grausamkeiten der Barbaren. Aber blieb ihnen bei einer Belagerung durch die unübersehbaren Heerscharen des Gegners eine Chance? Sie wußten besser als die Mongolen, wie es um einen möglichen Entsatz aus Kairo bestellt war. Geheime Boten hatten sich nämlich nach Damaskus durchgeschlagen und von neuen Unruhen in Kairo berichtet. Von dort war also keine Hilfe mehr zu erwarten. Schweren Herzens gingen die Notabeln deshalb auf Timurs Vorschlag ein. Sie hofften, damit wenigstens den Blutdurst des Eroberers zu mildern. Damaskus wurde zur »offenen Stadt« erklärt, die Bevölkerung wurde der Gnade des Mongolenherrschers überantwortet.

Kaum aber hatte man die Tore geöffnet, als die Mongolen auch schon in die Stadt stürmten und über die Bevölkerung eine Orgie an Grausamkeit und Bestialität herniederging, wie sie die Welt bisher noch nicht gesehen hatte. Wie Herden wurden die Frauen zusammengetrieben und kompanieweise vergewaltigt. Die Männer wurden in öffentlichen Schauspielen gefoltert, wobei der Einfallsreichtum an Sadismus keine Grenzen kannte. Johann Schiltberger, ein bayerischer Legionär des Osmanischen Reiches, der zeitweise in mongolischer Gefangenschaft war und die Besetzung von Damaskus miterlebte, schildert, wie 30 000 Damascener in die Omaiyaden-Moschee gepfercht und diese dann angesteckt wurde. Neunzehn Tage dauerten diese Greuel. Aus allen Winkeln und Verstecken wurden die verängstigten Einwohner der Stadt herausgezogen und wie Tiere durch die Straßen gehetzt. Ihre Angst- und Todesschreie, vermischt mit dem Gröhlen der foltertrunkenen Sieger, gellten durch die Stadt, Blutlachen sammelten sich auf den Plätzen, und Leichengeruch lag über den Wohnvierteln, über die die Aasgeier schwebten. Dann, als niemand mehr von der Einwohnerschaft lebte, ließ

Timur die Stadt anzünden und marschierte über Aleppo und Mossul auf Bagdad zu.

Die Einwohner von Bagdad hatten vom Schicksal der Damascener gehört und waren gewarnt. Sie beschlossen, zu kämpfen. Schnell trafen sie die notwendigen Vorbereitungen, und tatsächlich konnte sich die Stadt sechs Wochen lang halten. Aber auch die größte Anstrengung nützte nichts, der letzte verzweifelte Kampf war umsonst. Timurs Horden drangen in die Stadt ein und töteten etwa 100000 Menschen. Von den abgeschlagenen Köpfen ließ der Mongolenherrscher 120 Pyramiden zu seinem Triumph errichten. Dann zog er nach Aserbeidschan und von dort nach Kleinasien, wo er am 20. Juli 1402 den türkischen Sultan Bayazid in der Schlacht von Angora (das heutige Ankara) besiegte. Der Osmanenherrscher geriet dabei in Timurs Gefangenschaft und wurde in einem Käfig auf den Feldzügen des Mongolenherrschers mitgeführt, bis er sieben Monate später an einem Gichtanfall starb.

Kleinasien lag in Trümmern, und nur das von den Osmanen bedrohte Byzanz konnte hier geringfügig profitieren. Das Mamelukenreich war nun stärker als je zuvor bedroht, und Farradsch wagte es nicht mehr, wie einst sein Vater, dem Mongolenherrscher die Stirn zu bieten. Er empfing Gesandte Timurs und beugte sich deren Forderungen. Er ließ die mongolischen Gefangenen frei und erklärte sich sogar damit einverstanden, Münzen im Namen des Mongolenherrschers zu prägen. Trotz dieser deutlichen Schwächeeingeständnisse war die größte Gefahr bald vorbei, denn Timur Lenk starb nur wenig später, im Jahr 1405, und die gepeinigte Welt konnte aufatmen. Sein einst so mächtiges Reich zerfiel schnell, und seine Nachfolger, die Timuriden, zogen sich nach Herat zurück, wo sie sich in einem Restreich behaupteten. Auch Bagdad gaben sie bald auf, und der Dschelairide Ahmed kehrte in die Stadt zurück. Somit war der dritte und letzte Mongolensturm undramatisch und ohne Heldenepos in sich selbst zusammengefallen. Das epochale Verdienst der Mameluken, den Mittelmeerraum vor der Überschwemmung durch das Mongolentum bewahrt zu haben, das »Liegnitz« des Morgenlandes zu sein, muß somit gut hundert Jahre zurück, auf die siegreiche Schlacht von Schaqhab, datiert werden. Dort, in dem schäbigen Weiler Schaqhab, erinnert heute nicht einmal ein einfacher Gedenkstein an dieses Ereignis von möglicherweise welthistorischer Bedeutung; keiner der ärmlichen Bauern weiß, mit wieviel Blut der Boden, den er pflügt, gedüngt ist.

Sultan Farradsch hatte durch sein Verhalten gegenüber den Mongolen alle Glaubwürdigkeit verloren und sich die offene Verachtung seiner Emire zugezogen. Man vertraute ihm nicht mehr und sehnte sich nach einem starken und entschlossenen Herrscher. Verschwörungen wurden wieder angezettelt, es bildeten sich Parteien und Fraktionen, bewaffnete Unruhen brachen aus. Plötzlich war der Sultan verschwunden, und keiner wußte, wo er sich aufhielt. Die Emire setzten deshalb seinen Bruder, Abd el Asis, auf den Thron. Aber schon nach zwei Monaten erschien Farradsch wieder auf der Bildfläche und wurde von Emir Yeschbek, einem der mächtigsten Männer des Reichs, erneut an die Macht gebracht. Farradsch regierte noch bis 1412 und versuchte in dieser Zeit, die Ordnung in Syrien wiederherzustellen. Dieses Land war in zunehmendem Maße der Ausgangspunkt für alle Unruhen und Unzufriedenheit geworden. Die syrischen Mamelukenemire, an ihrer Spitze zwei Männer namens Scheykh el Mahmudi und Nauruz, rebellierten gegen die ägyptische Zentralgewalt. Sieben Feldzüge führte der Sultan in Syrien, um sich die Emire gefügig zu machen. Aber alles, was er erreichte, war die Schwächung seiner eigenen Position.

Zu dieser Zeit gab es in Syrien – also außerhalb Ägyptens mit seinen vier Provinzen Oberägypten, Unterägypten, Alexandria und Barka (Westägypten) und neben den zwei arabischen Emiraten im Hedschas unter den Fürsten der Stämme der Banu Hassani und Banu Husseini – wie schon an anderer Stelle erwähnt, sechs bis sieben Provinzen (Niyabat), jeweils unter einem Vizekönig (Naib es Sultana), der auch »Kafil el Mamlaka« (Verantwortlicher für die Mameluken) genannt wurde. Diese Provinzen waren in sehr unterschiedlicher Anzahl in Distrikte (Wilayat) mit einem Wali an der Spitze unterteilt. Dazu kamen noch die Naibs der großen königlichen Zitadellen, die zu den Vizekönigen der Provinzen ein Machtgegengewicht darstellten. Die meisten der Provinz-Vizekönige waren Emire des ersten oder zweiten Grades, denen als Walis in den Provinzen und auf den kleineren Burgen Emire des zweiten, dritten oder vierten Grades unterstanden. Unter den Vizekönigen hatte der Naib es Sultana von Damaskus, dem mit dem Titel »Malik el Umara« (König der Emire) eine begrenzte Führungsrolle für ganz Syrien zukam, eine Sonderstellung inne. Sein Herrschaftsbereich erstreckte sich von Homs bis nach Jerusalem, vom Mittelmeer bis zum Euphrat und umfaßte 26 Distrikte. Die zweitwichtigste Provinz war Aleppo mit 40 Distrikten, die teilweise weit bis nach Kleinasien hineinreichten. Es folgten Safad mit 16, Tripoli mit 13, Gasa und Kerak mit je vier und Hama mit drei Distrikten. Anders als in Ägypten mit seiner zentralistischen Verwaltungsstruktur und seinen streng überwachten Vizekönigen, wurde Syrien eher förderalistisch regiert: Der Sultan war fern, und der Naib von Damaskus nahm nur in begrenztem Umfang eine Vormachtstellung ein. So hatte jeder Vizekönig seine eigene Regierung mit einem Wesir (der allerdings nur noch die Machtbefugnis eines obersten Steuereinnehmers hatte), und wie in Ägypten beruhte die Verwaltung und die Führung der Streitkräfte auf der Machtausübung durch die Mameluken-Emire unterschiedlicher Grade. Auch im religiösen Bereich gab es in den Provinzen, wenn auch wegen der verschiedenen sunnitischen Glaubensschulen in unterschiedlicher Zahl, eigene Kadis. Und mehr noch als in Ägypten traten auch in Syrien gelegentlich Probleme zwischen den Religionsgemeinschaften auf, vor allem im Niyabat Damaskus: Wiederholt verdächtigte der Vizekönig die Christen in der Küstenregion des Libanon, konspirative Verbindungen zum christlichen Abendland zu unterhalten, um einen neuen Kreuzzug vorzubereiten. Im unzugänglichen Nusairigebirge in Nordsyrien versuchte die Sekte der Ismailiten, im Schufgebirge die Sekte der Drusen sich der religiösen Vormachtstellung des orthodoxen islamischen Glaubens, der Sunna, zu entziehen, und im südlichen Libanon hatte sich der Vizekönig von Damaskus schon 1363 genötigt gesehen, die Schiiten mit einer Art Bannfluch zu belegen, weil sie versuchten, sich in Beyruth und in Sidon niederzulassen und damit den Einfluß der vorherrschenden Sunniten zu schmälern.

Doch zurück zu der Krise im Lande: Insgesamt operierten in Syrien jetzt 25 000 Mameluken. Hinzu kamen die irregulären Kontingente der Araberstämme, der Drusen und Kurden. Ein Großteil dieser Streitkräfte, ferner zahlreiche Truppen aus Ägypten, waren in und um Damaskus versammelt und standen sich in zwei feindlichen Lagern gegenüber, während ihre Emire wie so oft mit Intrige, Drohung und Bestechung um die Macht feilschten.

Es war der 8. Mai 1412. Der Sultan, jetzt 26jährig, jedoch seit seinem 14. Lebensjahr inmitten der unübersichtlichen, lebensgefährlichen Machtkämpfe und während langer, kräftezehrender Feldzüge sowie als Folge seines ausschweifenden Lebenswandels vorzeitig gealtert, stand an der Mauerbrüstung der Zitadelle. Bleich blickte er auf das Dar es Sa'ada hinüber, den Palast des Vizekönigs von Damaskus, der von der Zitadelle nur durch die hohe Festungsmauer und dem aus dem Barada mit Wasser gespeisten Graben sowie von einer Straße getrennt war. Was mochte in den Mauern des Palastes vorgehen? Wurde dort der Umsturz vorbereitet – sein Tod beschlossen? Er blickte nach links, wo nur einige hundert Meter entfernt die Omaiyadenmoschee aufragte. Wie stand der Kalif, der seine Machtstellung in den Wirren der letzten Jahre geringfügig ausbauen konnte, zu ihm? Wie die Geistlichkeit, die ihm nicht verzieh, daß er Alkohol trank und damit gegen den Koran verstieß, und die ihm vorwarf, daß er eine seiner Frauen, nachdem er sie verstoßen hatte, noch mit eigener Hand erschlug? Er sah in das Gewirr von Häusern und Höfen der hinter ihm liegenden Festung hinunter, und ihn fröstelte bei dem Gedanken, daß viele Mitglieder seiner eigenen Familie, Prinzen aus dem Hause Barkuk, Frauen seines Harems, zu seinen Todfeinden gehörten. Stumm patrouillierten die angesichts der Machtwirren verstärkten Wachen auf der Mauer und warfen verstohlene Blicke auf den einsamen Herrscher. Wer von ihnen war bestochen, würde sich plötzlich auf ihn werfen und ihm seinen Dolch in den Rücken stoßen? Seine persönlichen Leibwächter, die ihn umgaben, drängten ihn, die Mauer zu verlassen und sich in den Schutz eines festen Gebäudes zu begeben.

Zur gleichen Zeit trafen draußen vor der Stadt in der Wüste an der zerfallenen Ruine einer einsamen Karawansaray kleine Gruppen von Reitern auf Pferden und Kamelen ein. In der endlosen Stille, unter dem Sternenhimmel der Wüste trafen sich die Mächtigen des Reiches, die an ihren tatarischen Tuniken und mit Jade besetzten Silbergürteln erkennbaren Mamelukenführer, arabische Wüstenaristokraten in ihren weißen und braunen Gewändern und die Vertreter der Geistlichkeit in den schwarzen Roben und Turbanen. Während draußen die Pferde scharrten und die Wachen und Sklaven miteinander raunten, berieten die Großen des Reiches in der Ruine über neue Bündnisse und die zukünftige Verteilung der Macht. Es wurde eine lange Beratung, und die ersten Sonnenstrahlen blitzten über die östlichen Wüstenberge, bevor eine Einigung erzielt wurde. Dann aber ging alles sehr schnell: Die Emire hatten beschlossen, Farradsch abzusetzen, und der Kalif Musta'in sowie der Emir Nasir ed Din, ein Halbbruder des Herrschers, erklärten den Sultan für seiner Macht enthoben. Daraufhin sprachen alle dem Kalifen ihr Vertrauen aus und drängten ihn, daß »er die Staatsführung übernehme«. Der Kalif indessen, 19jährig und bereits seit seinem 13. Lebensjahr oberster »Befehlshaber aller Gläubigen«, zögerte, denn er wußte, daß die einflußreichen Emire Scheyk el Mahmudi und Nauruz zur Macht drängten, und er befürchtete einen neuen Umsturz, wenn er die Staatsführung erst einmal übernommen hatte.

Nachdem aber die Kadis eine Absetzung von Farradsch für rechtmäßig erklärt hatten und seine Ernennung unterstützten, erklärte er sich schließlich einverstanden, die Macht zu übernehmen. Farradsch blieb in dieser Lage nichts anderes übrig, als sich gegen die Zusicherung seines Lebens Emir Scheyk in Damaskus zu übergeben. Aber die Ulema*, die religiösen Schriftgelehrten, hatten seinen Tod beschlossen; zu sehr wog in ihren Augen das Maß seiner Verfehlungen, zu sehr fürchteten sie vermutlich auch, daß ein lebender Ex-Sultan eine Gefahr für einen Kalifen auf dem Thron des Sultans bliebe. Die finstere Ulema kannte in ihrem religiösen Starrsinn selten Erbarmen. Der Tod eines politischen Widersachers war für sie kein Mord, sondern lediglich ein notwendiges religiöses Opfer, ist doch die Politik im fundamentalen Islam seit jeher Mittel und Werkzeug der Religion und der Geistliche der von Allah Auserlesene, der über Leben und Tod zu entscheiden hat.

Farradsch wurde verhaftet, der Tod war ihm gewiß. Einige Emire, die den wechselvollen, tragischen Weg dieses Herrschers seit seiner stürmischen Kindheit begleitet hatten, setzten sich für das Leben des angstbebenden Ex-Sultans ein. Gegen den fanatischen Glaubenseifer der Geistlichkeit waren sie jedoch machtlos. Farradsch wurde getötet, als die Emire untereinander noch um sein Leben verhandelten, und seine Mörder warfen die Leiche des jungen ehemaligen Herrschers haßerfüllt auf einen Dunghaufen.

Glanz und Verfall unter den Burdschi-Mameluken

Nach Farradschs Tod wurde der Kalif Musta'in als Sultan eingesetzt. Zum ersten und einzigen Mal hatte damit in diesem Reich ein Mann die Macht inne, der nicht dem Mamelukenkorps entstammte. Zum ersten Mal auch saß im Mamelukenreich ein Nachkomme aus dem Geschlecht Harun el Raschids auf dem Thron, jenes Geschlechts, das einstmals 130 Jahre lang die beherrschende Rolle in der islamischen Welt gespielt hatte. Aber der Abbaside war nur dazu ausersehen, während der nun folgenden Machtkämpfe als Lückenbüßer zu dienen und den Thron dem Scheine nach besetzt zu halten. Denn ein Herrscher auf dem Thron war notwendiger denn je: Ägyptens Wirtschaft lag darnieder; die syrischen Feldzüge und die damit verbundenen hohen Steuererhebungen hatten zu einer völligen Verarmung des Landes geführt. Piraten trieben an der ägyptisch-syrischen Mittelmeerküste ihr Unwesen, brachten den Seehandel zeitweise zum Erliegen und hatten sogar Alexandria, Beyruth, Tripolis und Saida (Sidon) überfallen. Im Norden wuchs währenddessen in aller Stille ein mächtiger und gefährlicher Nachbar heran: das türkische Reich der Osmanen.

Noch unter Bayazid I. waren die Türken auf den Peloponnes, nach Athen, nach Bosnien und in die Steiermark vorgestoßen. Als Bayazid in der Schlacht von Angora in die Gefangenschaft Timur Lenks geraten war, folgte ein zehnjähriges Interregnum mit unklaren und turbulenten Machtverhältnissen im Osmanischen Reich. Doch dann kam Sultan Mehmed I. an die Macht, ein kraftvoller Herrscher, der das junge Reich reorganisierte und es den Erfordernissen späterer Machtausweitung anpaßte. Er war es auch, der für seinen Sohn Murat II. und dessen Sohn Mehmed II. die Grundlage für weitere Eroberungen schuf.

Unmittelbar nach der Absetzung und Ermordung von Farradsch brandeten im Mamelukenreich die Machtkämpfe erneut auf. Die mächtigen syrischen Emire Scheykh und Nauruz begannen sofort, die Macht des Sultans zu untergraben, und bemühten sich zugleich, sich gegenseitig von der Machtnachfolge auszuschließen. Der Sultan hatte nach seiner Thronbesteigung Scheykh zum Atabeg el Asakir, zum militärischen Oberbefehlshaber aller Streitkräfte des Reichs, und Nauruz zum Vizekönig von Syrien ernannt, aber vergeblich: Die beiden dankten es ihm nicht, denn sie hatten ein höheres Ziel vor Augen: den Thron des Herrschers. Scheykh verhinderte als erstes kühn und herausfordernd den traditionellen Festzug des neuernannten Sultans zur Zitadelle, unterband alle öffentlichen Erklärungen des Herrschers, versammelte den Staatsrat zu dessen Sitzungen in seinem eigenen Palast und zog alle Amtsinhaber des Hofs aus der Zitadelle ab. Musta'in lebte damit völlig isoliert in der Zitadelle, wie ein Gefangener. Ausritte wurden ihm untersagt, und alle Besucher hielt man von ihm fern.

Einsam irrte der Sultan durch die leeren Hallen der Festung, an deren kahlen Wänden seine Schritte widerhallten und hinter deren hohen Säulen er das Hohnlachen des toten Farradsch wähnen mochte. Musta'in mußte um sein Leben fürchten, und Grauen beschlich ihn. War er das nächste Opfer eines machtlüsternen Königsmörders? Die Rechnung Scheykhs ging auf: Der Sultan war dem psychischen Druck dieser Einzelhaft nicht lange gewachsen. Er dankte noch im November 1412 nach weniger als einem halben Jahr ab und war froh, sein bisheriges Amt als Kalif behalten zu dürfen. Allerdings nur für einige wenige Monate. Dann wurde er auch dieses Amtes zugunsten seines Verwandten Mo'tadid II. enthoben und nach Alexandria verbannt, wo sich seine Spur in erneuter Gefangenschft verlor. Zwar vollkommen machtlos und daher nur symbolisch, hatte er doch noch einmal für einige Zeit die Einheit von Staat und Kirche, wie sie ursprünglich dem Kalifat eigen war, verkörpert.

Scheykh hatte nun nur noch einen Gegenspieler auf dem Weg zur Alleinmacht, den Emir Nauruz. Die Auseinandersetzungen zwischen diesen beiden mächtigen Fürsten wurden mit der üblichen Härte und Verschlagenheit geführt. Sie zogen sich einige Monate hin, bis der Sieger feststand: Im August wurde Nauruz als Naib abgesetzt, und Ende 1412 wurde Scheykh unter dem Namen »El Mu'ayad Scheykhu« neuer Sultan des Mamelukenreichs. Es folgten die üblichen Säuberungen der wichtigsten Staatsämter von jenen Emiren, die die Machtverhältnisse falsch eingeschätzt und sich während der Machtkämpfe auf die Seite von Nauruz geschlagen hatten. Ehemals mächtige Emire wurden über Nacht ihrer Lehen beraubt und gingen, wenn sie Glück hatten, mit einer bescheidenen Rente nach Mekka, Medina oder Jersusalem, der dritten heiligen Stadt des Islam, wo sie hofften, Gott nahe und dem Sultan fern zu sein.

Mu'ayad war ein großer, hagerer Mann mit scharf geschnittenen Gesichtszügen und harten Augen, die ruhelos umherwanderten. Schon von furchterregendem Äußeren, verbreitete er in besonderem Maße Angst und Schrecken durch die Verschlagenheit, die ihn und seine Herrschaft auszeichnete. Er war, wie die meisten Sultane, nicht besonders belesen, zeigte aber scharfen Verstand, wenn es darauf ankam, die gefährlichen Machtströmungen in seinem Reich zu kanalisieren und seine Rivalen gegeneinander auszuspielen. Er sicherte sich dadurch eine über achtjährige Herrschaft.

Die wesentlichsten Ereignisse dieser Zeit waren zwei Feldzüge an die Nordgrenze von Syrien, um drei turkmenische Vasallenstaaten, Dhu el Kadr, Karaman und Ramadan, an ihre Pflichten zu erinnern. Die Turkmenen waren, schon in ihrem Erscheinungsbild, stolze Untertanen: hohe, hagere Gestalten in faltenreichen, kostbar bestickten Kaftanen, ernste, hochmütige Gesichter unter roten Filzkappen, um die in verschwenderischer Fülle die Dürbenden (Turbane) geschlungen waren. Auch in ihrem Verhalten waren sie selbstbewußt und unbeugsam, hart gegen sich selbst und erbarmungslos gegenüber dem Feind. 1418 marschierte Mu'ayad in Abulusteyn und Tarsus ein und unterwarf die Turkmenen. Ihre Fürsten mußten ihm einige ihrer Ländereien als Garantie überantworten und versprechen, ihre Münzen im Namen des Sultans prägen zu lassen. Kaum waren die Mameluken jedoch abgezogen, als die Turkmenen ihre alten Ländereien auch schon wieder in Besitz nahmen. Mu'ayad schickte deshalb im darauf folgenden Jahr eine neue Strafexpedition unter dem Kommando seines Sohnes Ibrahim nach Kleinasien, die bis nach

Kayseri, Konya und Nigde vorstieß. Ibrahim setzte dort loyale turkmenische Prinzen als Statthalter des Mamelukensultans ein, während er Eregli, Karaman (damals Laranda, die Hauptstadt der Dynastie Karaman, die hier seit 1275 geherrscht hatte), Adana und Tarsus annektierte. Damit war das Mamelukenreich bis 1419 weit über die alte syrische Nordgrenze bis tief nach Kleinasien hinein erweitert worden, und Ibrahim wurde bei seiner Rückkehr nach Kairo als Held gefeiert.

Lange konnte sich der Prinz seines Ruhmes allerdings nicht erfreuen, denn schon im nächsten Jahr fiel er einem Giftanschlag zum Opfer. Gerüchte gingen um, daß sein Vater, der dem Prinzen den Ruhm neidete, der Mörder gewesen sei. Die Bevölkerung von Ägypten hatte wenig von dem militärischen Erfolg und von der Vergrößerung des Reiches. Sie litt unter der Unberechenbarkeit des Sultans, der sich im übrigen auch als unfähig erwies oder nicht willens war, die Übergriffe der Emire unter Kontrolle zu halten. Er herrschte bis Anfang 1421.

Auf Mu'ayad folgte unter der Regentschaft des Emirs Tatar Mu'ayads Sohn Ahmed, dann Tatar selbst und schließlich, wieder nur für einige Monate, Tatars Sohn Mohammed unter der Regentschaft des Emirs Bars-Bey, der schließlich 1422 die Macht als Sultan übernahm. El Aschraf Bars-Bey herrschte 16 Jahre lang mit harter Faust über das Reich. Er war von seinen Untertanen gefürchtet, und Ägypten stöhnte unter den Ausschreitungen seiner Mameluken und der Ausbeutung des Landes, die durch hohe Steuern verursacht wurde sowie dadurch, daß der Herrscher sich das Handelsmonopol für alle wichtigen Güter persönlich sicherte. Aber Bars-Beys energische Führung gab dem Reich auf der anderen Seite ein hohes Maß an äußerer Sicherheit, ja sogar einen erheblichen Machtgewinn, und verhinderte Aufstände und Revolten. Dazu trug vor allem die Stärke der Armee bei, die sich jetzt zu einem großen Teil im persönlichen Besitz des Sultans befand. Durch den schnellen Wechsel der Herrscher waren alle Mamelukenkontingente vorausgegangener Sultane in den Besitz ihrer Nachfolger gelangt, auch die Armeen jener Emire, die in Ungnade gefallen waren oder deren Emirate durch Tod an den Sultan gefallen und nicht weiterverliehen worden waren. So gab es unter Bars-Bey sieben Gruppen oder Klassen von Mameluken, die nach ihren früheren Besitzern benannt wurden – die Zahuriten, Nasiriten, Mouayyaditen, Hakimiten, Nuruziten, Tatariten und Aschrafiten.

Der Name des Sultans Bars-Bey ist vor allem mit der Eroberung von Zypern verbunden, die nicht einmal so sehr der Expansion, sondern vielmehr dem Schutz des Reiches dienen sollte. Denn die Küstenstädte Ägyptens und der Levante wurden in immer stärkerem Maße von europäischen Piraten heimgesucht, von Freibeutern, die für ihre Raubzüge Versorgungsbasen und Schlupfwinkel benötigten und diese im Königreich Zypern fanden. Sicher waren die zypriotischen Ritter und ihr König aus dem Hause Lusignan, das zu den vornehmsten Kreuzrittergeschlechtern gehörte, keine uneingeschränkten Förderer der Piraten. Aber es gab natürlich auch gemeinsame Interessen zwischen den Seeräubern, die an den afrikanisch-arabischen Küsten operierten, und den Rittern, die in den Beherrschern dieser Küsten und der Heiligen Stätten die Feinde ihres Glaubens sahen. Zwar gab es den bereits erwähnten Vertrag, den Ägypten 1370 mit Zypern und einigen anderen christlichen Staaten geschlossen hatte. Aber die Insel bildete weiterhin eine Basis für die Seeräuber, und der König mit seinen wenigen fränkischen Rittern war sicherlich nicht in der Lage, alle Piratenschlupfwinkel auf seiner Insel aufzuspüren und auszumerzen. 1414 verpflichtete er sich in einem weiteren Abkommen, die Seeräuber nicht zu unterstützen; das Mittelmeer wurde dadurch jedoch keineswegs sicherer, und die Seeräuberplage nahm nicht ab. Der Sultan befestigte, um den Piratenschiffen zu begegnen, die Küstenstädte und verstärkte die ägyptische Flotte. Als aber diese Maßnahmen nichts nützten und einige kleinere Expeditionen zur Aushebung ausgesuchter Piratenschlupfwinkel keinen Erfolg brachten, entschloß sich Bars-Bey zu einer großen Aktion.

An einem heißen Sommertag des Jahres 1424 wurden mehrere Kriegsschiffe aus dem Hafen von Damietta herausgerudert. Langsam bewegten sich die Schiffe, langgezogene Galeeren mit etwa vierzig bis sechzig Ruderern und einem mächtigen Segelmast mit einer weitausladenden Rahe, zur Hafenausfahrt. Dann ertönten Kommandos, und verwegene Gestalten, die mit ihren bunten Stirnbändern selber wie Piraten aussahen, setzten die

Segel, das Tuch blähte sich in der Morgenbrise, die Galeerensklaven zogen die Ruder ein, und die Schiffe nahmen die Fahrt nach Norden auf. Zur gleichen Zeit verließen zwei andere kleine Flotteneinheiten die Häfen von Bulak (bei Kairo am Nil) und Tripoli (im Libanon) und segelten aufs offene Meer, um sich mit den Schiffen von Damietta zu vereinigen. Die Piratenjagd konnte beginnen. Die ägyptisch-syrische Flotte segelte jedoch nur nach Zypern, um die Stadt Limassol zu plündern. Danach kehrte sie mit reicher Beute und vielen Gefangenen für den Kairoer Sklavenmarkt in ihre Heimathäfen zurück.

Der Erfolg ermutigte die Mameluken, die nun auf den Geschmack gekommen waren; schon im darauffolgenden Jahr lief die nächste Flotte aus, deren Angriff sich auf die zyprischen Städte richtete und kaum noch die Vernichtung der Seeräuber zum Ziel hatte. Famagusta, das von einer genuesischen Besatzung verteidigt wurde, fiel den Ägyptern in die Hände, ebenso die Städte Larnaka und Limassol. Mehr als tausend christliche Gefangene wurden auf die ägyptischen Schiffe getrieben, nur die kräftigsten und gesündesten Bewohner der zyprischen Städte. Oft handelte es sich dabei um ganze Familien, die auf des Sultans Geheiß nicht auseiandergerissen werden durften, sondern familienweise auf dem Sklavenmarkt angeboten wurden. Der Kaufpreis dieser bedauernswerten Geschöpfe, die sich aufgrund ihrer höheren Kultur deutlich von den übrigen asiatischen und afrikanischen Sklaven abhoben, fiel aufgrund des hohen Angebots unter den üblichen Preis: nur Knaben und Jünglinge, die für das Mamelukenkorps als Nachwuchs in Frage kamen, erzielten gerade noch sieben Dinar. Die übrigen wurden zu Schleuderpreisen angeboten. Der Gewinn floß in die Kasse des Sultans und der erfolgreichen Menschenjäger.

Selbst nach diesem Kriegszug war der Appetit des Sultans noch nicht gestillt. Er schlug ein Vermittlungsangebot des Kaisers von Byzanz in den Wind und entsandte im Sommer 1426 eine noch größere Flotte nach Zypern, die er mit Mameluken, Beduinen und freiwilligen Abenteurern aller Herren Länder bemannt hatte. Dort hatte man in aller Eile die Städte befestigt, aber trotzdem fiel Limassol schon nach wenigen Tagen. Von hier aus zog die Invasionsarmee, seewärts von der Flotte gedeckt, die Küste entlang nach Larnaka, wo es zum entscheidenden Gefecht kam. Als erstes forderten die Ägypter die Verteidiger zur Übergabe auf. König Jakob ließ jedoch den Herold, der diese Forderung überbrachte, töten und trat seinerseits zu Lande und zur See zum Angriff an. Mit dem Mut der Verzweiflung und im Bewußtsein dessen, was sie im Falle einer Niederlage zu erwarten hatten, stürzten sich die Christen auf die Ägypter und erzielten anfangs einen kleinen Erfolg. Aber der Angriff von Heer und Flotte war schlecht koordiniert und brach zusammen, als die Ägypter sich neu formiert hatten und sich kraftvoll mit allen Reserven auf das Heer des Königs warfen. Noch bevor die königliche Flotte in das Geschehen eingreifen konnte, war die Entscheidung in der Landschlacht bereits gefallen, waren der König und viele seiner fränkischen Ritter in ägyptische Gefangenschaft geraten. Das Übrige ging schnell vonstatten. Nikosia fiel wenig später, und die ganze Insel geriet in die Hand der Mameluken.

In Kairo herrschte unbeschreiblicher Jubel, als die Eroberer von diesem kurzen, aber so überaus erfolgreichen Kriegszug zurückkehrten. Die Krone des Königs von Zypern und sein Banner wurden, gefolgt von Tausenden von Gefangenen, durch die Straßen der Stadt getragen, in denen das Volk tanzte, jubelte und lärmte. König Jakob wurde barhäuptig und in Ketten zur Zitadelle gebracht, wo ihn der Sultan, umgeben vom Hofstaat und von den Gesandten des türkischen Sultans, des Scherifen von Mekka und des Herrschers von Tunis sowie in Anwesenheit der Vertreter der turkmenischen Stammesfürsten und arabischer Scheichs, empfing. Es war ein ergreifender Anblick, als der besiegte König mit klirrenden Fesseln vor den auf seinen Kissen ruhenden Sultan trat, sich auf die Knie warf und den Boden vor dem Sieger küßte. Dann verließen Jakob die Kräfte, und er sank in eine erlösende Ohnmacht.

Der besiegte König blieb nur acht Monate in ägyptischer Gefangenschaft und wurde dann gegen ein Lösegeld freigelassen. Mutig hatte er seine Auslösung zunächst abgelehnt und dem Sultan, als dieser ihm mit dem Tode drohte, geantwortet: »Ich habe nicht mehr als mein Leben, über das der Sultan verfügen möge, wie er es für richtig hält.« Aber der venetianische Konsul und einige europäische Kaufleute wurden aktiv und boten einen beträchtlichen Betrag an: 100000 Dinar wurden sofort gezahlt und die gleiche Summe für den Tag der Rückkehr des Königs nach Zypern zugesagt. Der Sultan war damit einverstanden, Jakob wurde aus seinem Gefängnis freigelassen und konnte sich bis zu seiner Abreise wie ein Staatsgast in Kairo bewegen, wo er den Basar besuchte und Ausritte unternahm. Bevor König Jakob aus Kairo abreiste, wurde unter Vermittlung des Gesandten des rhodesischen Johanniterordens ein Vertrag aufgesetzt, demzufolge Jakob weiterhin König von Zypern blieb, allerdings nunmehr als tributpflichtiger Vasall des Sultans von Ägypten. Für Zypern war dies nicht einmal von Nachteil, denn Ägypten übernahm damit die Rolle einer Schutzmacht für das schwache Inselreich. Natürlich waren alle Träume, das Heilige Land zurückzuerobern, damit beendet, aber wer dachte denn Anfang des 15. Jahrhunderts noch ernsthaft an einen Kreuzzug? Kein europäischer Fürst jedenfalls, und die Ritter auf Rhodos und Zypern beobachteten mit Sorge das Anwachsen der osmanischen Macht.

Jakob, der seit 1398 regierte, starb 1432. Ihm folgten Johann II., der die Beziehungen zum Sultanshof noch verbesserte, und dessen unehelicher Sohn Jakob II. Die Herrschaft dieses Königs war nicht unangefochten und veranlaßte den ägyptischen Sultan zu einem erneuten Eingreifen. Denn die legitime Erbin Charlotte von Lusignan und ihr Gemahl Ludwig von Savoyen machten Jakob mit Hilfe der rhodesischen Ritter und der Republik Genua, die eine bedeutende Handelsniederlassung auf Zypern unterhielt, den Thron streitig. Sultan Inal indessen, zu diesem Zeitpunkt Herrscher von Ägypten, unterstützte Jakob mit Waffengewalt, und so kam es, daß sich das Mamelukenreich und der Johanniterstaat Rhodos zum ersten Mal unmittelbar gegenüberstanden. Wir wollen indessen nicht vorausgreifen und unser Augenmerk wieder auf Bars-Bey und seine militärischen Unternehmungen richten.

Die Eroberung von Zypern war nicht sein einziger Feldzug gewesen, denn auch in Asien hatte es Schwierigkeiten gegeben. Die Turkmenen, deren Stammesgebiete zwischen den Reichen der Osmanen, Timuriden und Mameluken eingekeilt waren, hatten an Bedeutung gewonnen und versuchten nun, die großen Mächte zum eigenen Vorteil gegeneinander auszuspielen. Bars-Bey schickte eine Armee nach Mesopotamien, die zwar einige Anfangserfolge erzielte, dann jedoch geschlagen wurde und als unordentlicher, disziplinloser Haufen nach Kairo zurückkehrte. Die Turkmenen waren bei dieser Auseinandersetzung insgeheim von den Timuriden unterstützt worden. Die Mongolen wagten zwar nicht mehr den offenen Angriff, aber ihr Herrscher, Schah Rukh, der vierte Sohn Timur Lenks, sympathisierte immer noch mit den Gegnern der Mameluken. Besonders bemühten sich die Timuriden, Einfluß auf der Arabischen Halbinsel zu gewinnen, und dazu war ihnen jede Gelegenheit willkommen. So forderten sie zum Beispiel vom Mamelukensultan das Recht, die Kaaba von Mekka mit einem eigenen Tuch, »und sei es nur für einen Tag«, bedecken zu dürfen. Der Sultan lehnte dieses Ansinnen jedoch ab, denn es war ein altes Vorrecht der Ägypter, dieses Tuch, das »Kiswa«, zu stellen.

Bars-Bey hatte ohnehin allen Grund, seine Vorrechte im Hedschas zu wahren und fremde Einflüsse zurückzudrängen. Wie alle seine Vorgänger war er der Schutzherr der Heiligen Stätten des Islam, der Städte Mekka und Medina, und seiner Obhut unterlag der Schutz der Pilgerzüge, der Karawanen, mit denen die Pilger anreisten, und der Häfen des Roten Meeres, in denen sie anlegten. Dem stellten sich jedoch die Scherifen von Mekka entgegen, als Großscherifen die Ersten unter allen Scherifen, das heißt unter den Hunderten von Prophetennachkommen aus der Linie des Musa, die es im Hedschas gab. Sie waren die Macht-Nachfolger der früher erwähnten Bani Ḥassani- und Bani Husseini-Emire. Die Scherifen, die die unmittelbare Aufsicht über die Heiligtümer führten und eine gewisse Teilsouveränität genossen, hatten die Wirren der letzten Jahre dazu benutzt, sich ein größeres Maß an Unabhängigkeit zu verschaffen. Sie hatten die Rivalitäten zwischen den islamischen Ost- und Westreichen erfolgreich ausgenutzt und versuchten nun, sich selbst als übernationale Hoheitsträger darzustellen. In militärischer Hinsicht hatten sie sich auf die stets unruhigen Stämme des Hedschas gestützt; Stämme, die untereinander stets zerstritten waren und den Gesetzen jahrhundertealter Blutfehden und des nicht enden wollenden Kampfes um Brunnen und Weideplätze folgten, die aber zusammenhielten, sobald ihre Unabhängigkeit von außen bedroht wurde.

Eine Loslösung der Scherifen von Mekka vom Reich konnte natürlich kein ägyptischer Herrscher hinnehmen. Mit politischen und militärischen Mitteln mußten die Großscherifen und die Scheichs der Hedschasstämme immer wieder in ihre Schranken gewiesen werden, und die Sultane mußten ihnen von Zeit zu Zeit die Grenzen ihrer beschränkten Autonomie aufzeigen. Auch Bars-Bey folgte dieser Politik. Er machte Mekka zur Garnison und richtete sein Augenmerk besonders auf die Häfen des Roten Meeres. Denn die Heiligen Stätten waren nicht der alleinige Grund für das anhaltende Interesse der Mameluken-Sultane am Hedschas; mindestens ebenso wichtig waren die Seeverbindungen des Roten Meeres, der Handel, der über das Rote Meer abgewickelt wurde.

Dieser Seehandel hatte schon in der Zeit der Fatimiden und Aiyubiden eine große Rolle für die Wirtschaft Ägyptens gespielt, er stellte die Basis des Osthandels dar. Gewürze, Seidenstoffe und Edelhölzer kamen über diese Route und waren auf den ägyptischen Märkten mit Profit weiterverkauft worden. Außerdem unterhielten die Kaufleute regelmäßige Schiffsverbindungen und investierten viel Geld in den Bau ihrer Schiffe sowie in den Unterhalt ihrer Handelsniederlassungen. Aber wo der Seehandel gedieh, blühte auch das Piratenunwesen. Die Kaufleute, die mit ihren schweren Lastschiffen in der schwülen, dunstigen Hitze des Roten Meeres oft genug ohne Wind mit schlaffen Segeln dahintrieben, fürchteten nichts mehr als die schnellen Dhaus verwegener arabischer und sudanesischer Räuber, die aus ihren Schlupfwinkeln von beiden Seiten des Roten Meeres auf ihre Beute zuschossen. Hier war von jeher eine Schutzmacht notwendig gewesen, und die Herrscher von Ägypten hatten mit ihren Flotten die Sicherung der Seewege übernommen. Dies geschah freilich nicht umsonst; die Sultane erhoben auf den Güterumschlag gewaltige Zölle, und diese Einnahmen hatten schon immer einen beachtlichen Teil des ägyptischen Staatshaushalts ausgemacht.

Im 13. Jahrhundert hatte es jedoch einen plötzlichen Rückschlag gegeben: Mit dem Zusammenbruch des Aiyubidenreichs war der Jemen zu mehr Selbständigkeit gelangt und hatte eine unabhängige Handelspolitik verfolgt, die dem Land Reichtum und Wohlstand brachte. Die Herrscher des Jemen konnten ihre Handelsbeziehungen auf der Arabischen Halbinsel erweitern; sie schickten Handelsmissionen nach Indien, Ceylon und China und bauten den Hafen von Aden aus, der damit allmählich zur Drehscheibe des gesamten Fernosthandels wurde. Die Mamelukensultane betrachteten diese Entwicklung mit großem Argwohn. Sie mußten erkennen, daß der Land/See-Güterumschlag sich mehr und mehr von den ägyptischen Häfen weg nach Aden hin verlagerte. Sie sahen auch, daß eine neue Handelsmacht den Weg in den Westen suchte, ohne bis nach Ägypten vorzustoßen: China.

Das Reich der Mitte war Anfang des 15. Jahrhunderts unter der Ming-Dynastie ebenfalls zu Wohlstand gelangt und suchte für seinen Handel neue Märkte. Ohne Erfolg hatten die Chinesen sich zunächst darum bemüht, die alten Karawanenwege über Tibet, Kaschmir und Persien wieder zu eröffnen. Sie waren dabei an der Unbeweglichkeit der Timuriden und der anderen Herrscher in Persien sowie an den unsicheren Reiseverhältnissen, die dort herrschten, gescheitert und wandten ihr Interesse deshalb dem Seeweg zu. Chinesische Dschunken kreuzten nun am Eingang zum Roten Meer auf und liefen den Hafen von Aden an. In den zwanziger Jahren des 15. Jahrhunderts trat indessen eine plötzliche Änderung ein: Als Folge der Bemühungen von Bars-Bey, im Hedschas die ägyptische Autorität zurückzugewinnen, verlor der Jemen an Macht und Einfluß auf der Arabischen Halbinsel, und anhaltende innere Unruhen und Wirren folgten. Damit war dieses Land für China jedoch zu einem unzuverlässigen Handelspartner, Aden zu einem unsicheren Hafen geworden, und die chinesischen Kauffahrer zogen es vor, weiter im Norden vor Anker zu gehen. So kam es, daß sie auf der Suche nach günstigeren Häfen das Rote Meer hinauffuhren und in Dschidda anlegten.

Dschidda befand sich aber unter der Herrschaft des Sultans. Der Hafen dieser Stadt wurde alsbald der Hauptumschlagsplatz am Roten Meer; seine Bedeutung stieg in dem Maße, wie Aden an Bedeutung verlor. 1425 entzog der Sultan den Scherifen von Mekka das Zollrecht von Dschidda und stellte den Hafen unter seine unmittelbare Kontrolle. Ständige Schiffsverbindungen zwischen Dschidda und den Häfen auf der ägyptischen Seite des Roten Meeres wurden hergestellt und die notwendigen Anschlußverbindungen zu Lande geschaffen. Der Handel im Gebiet des Roten Meeres kam damit völlig unter die Kontrolle des Sultans, und die sich daraus ergebenden Einnahmen erhöhten sich beträchtlich.

Es erscheint an dieser Stelle sinnvoll, etwas länger auf dem Gebiet der Wirtschaft zu verweilen und näher auf das ägyptische Steuer- und Finanzwesen einzugehen: Das Mamelukenreich war ein Staat mit extrem hohen Ausgaben. Armee und Flotte verschlangen jährlich Riesensummen, erhebliche Geldmittel mußten ständig für die Bewässerung des Niltals sowie für die Instandhaltung der Nildeiche bereitstehen, und auch Brücken- und Straßenbau, die Post und eine aufwendige, starre Verwaltung verursachten hohe Kosten. Wo kamen die hierfür erforderlichen Mittel her?

Neben dem Erlös aus der immer wieder reichlich anfallenden Kriegsbeute und den Tributen verschiedener Vasallen flossen die Staatseinnahmen hauptsächlich aus drei Quellen: An erster Stelle sind die Steuern zu nennen, vor allem die Grundsteuern, die entweder – zum Beispiel in Oberägypten – in Naturalien oder, im wirtschaftlich höher entwickelten Delta, in Geld eingezogen wurden. Dabei gab es erhebliche Unterschiede: Das Land wurde geschätzt, und bei fruchtbaren Böden waren die Steuern besonders hoch, auf schlechten Böden und bei Mißernten konnte die Belastung hingegen verringert werden. Die Nutznießung des Steueraufkommens der verschiedenen Verwaltungsbezirke teilten sich verschiedene Personen und Institutionen. Der Hauptanteil kam dem Sultan zugute, der davon die allgemeinen Staatsausgaben bestritt und dem für seine Privatschatulle zwanzig Prozent der Steuern aus dem Bezirk Alexandria zur Verfügung standen. Die anderen Bezirke waren unter den Emiren ihrem Rang entsprechend aufgeteilt; von diesen Einnahmen mußten die Emire auch ihre Mamelukenregimenter bezahlen. Schließlich gab es noch besondere, meist kleinere Bezirke, deren Steueraufkommen ausschließlich zur Unterhaltung der Moscheen und Medressen verwendet wurde, also eine Art Kirchensteuer.

Darüber hinaus wurden viele besondere Steuern erhoben. Das Abgabensystem änderte sich jedoch ständig, und jeder Herrscher ließ sich in dieser Hinsicht etwas Neues einfallen. Da gab es zum Beispiel Steuern auf die Bodenschätze, die von den Minenbesitzern erhoben wurden, und eine Almosensteuer, die den reichen

Kaufleuten von Alexandria und den wohlhabenden Viehhändlern auferlegt wurde. Die christlichen und jüdischen Minderheiten mußten einen besonderen Tribut entrichten, angeblich um ihren Schutz vor den Moslems sicherstellen zu können, und von den Häfen und großen Karawanen wurden spezielle Abgaben gefordert. Neben dem Steuersystem verschaffte die wirtschaftliche Monopolstellung, die der Sultan genoß, dem Staat und seinem Herrscher nicht unerhebliche Einkünfte. Bei praktisch jeder Handelsware konnte sich der Sultan das alleinige Ankaufsrecht sichern und, ohne eine Konkurrenz fürchten zu müssen, die Höhe des Verkaufspreises festlegen. So machte Bars-Bey zum Beispiel 1423 den Zuckerhandel zu seinem Monopol. Eine besondere Behörde wurde eigens dazu eingerichtet, den Zuckerpreis zu bestimmen; alle privaten Raffinerien wurden geschlossen, und die Pasteten- und Kuchenbäcker durften den Zucker nur noch vom Staat kaufen.

Drittens schließlich zog der Sultan reichen Profit aus dem Zollwesen; jede Ware, die durch Ägypten transportiert wurde, mußte verzollt werden. So zahlten ausländische Importeure, die in Alexandria oder Damietta, in Dschidda, Medina oder Sawakin Ware entluden, zehn Prozent des Warenpreises. Das war aber noch nicht alles, denn wenn die Ware in Ägypten verkauft wurde, schlugen die Behörden weitere zwanzig Prozent auf. Wurde die Ware indessen nicht in Ägypten verkauft, sondern auf dem Landweg von den Mittelmeerhäfen zu den Häfen des Roten Meeres oder in die umgekehrte Richtung transportiert, so erhob man Transitzölle, die oft ein Mehrfaches des Einfuhrzolls ausmachten. Nahezu für alles wurde Geld verlangt, und wer nicht bezahlte, dessen Ware wurde auf Nimmerwiedersehen beschlagnahmt. Für Sklaven, die durch Ägypten getrieben wurden, mußten Abgaben entrichtet werden, und die Mekkapilger, die in Dschidda an Land gingen, mußten ihr Seelenwohl mit klingender Münze erkaufen. Eine Pfefferladung, die in Kairo 50 Dinar kostete, wurde in Alexandria für 130 Dinar an abendländische Kaufleute veräußert. Die Habgier der Mameluken war so groß, daß sich für die europäischen Handelsherren immer wieder die Frage stellte, ob sich der Fernosthandel überhaupt noch lohnte.

Auch politische Spannungen wurden durch das Handelsgebaren der Mameluken oft heraufbeschworen. So beauftragten zum

Beispiel die Venetianer ihren Konsul, am Sultanshof gegen die hohen Zölle zu protestieren, und brachen, als dies nichts nützte, ihre Beziehungen zum Mamelukenreich ab. Als sie schließlich Schiffe nach Alexandria schickten, um ihre Kaufleute heimzuholen, kam Bars-Bey endlich zur Vernunft und gewährte den Venetianern bessere Konditionen. Die Könige von Kastilien und von Aragon wurden ebenfalls vorstellig und baten um Handelserleichterungen. Sie hatten damit jedoch weniger Erfolg als Venedig und begannen daraufhin, ägyptische Schiffe vor der syrischen Küste zu kapern. Am Roten Meer war die Zollschraube nicht weniger hart. Kurz nachdem Ägypten den Fernosthandel von Aden nach Norden in den eigenen Einflußbereich gezogen hatte, schröpften die Mameluken die Kauffahrer auch schon so kräftig, daß diese sich nach neuen Märkten umsahen. Auch hier gaben die Mameluken jedoch rechtzeitig nach. Sie erzielten auf diese Weise stets die höchsten Gewinne, erwiesen sich aber für die ausländischen Kaufleute mehr und mehr als unsichere, erpresserische Handelspartner. Sie führten durch ihr Verhalten eine Entwicklung herbei, die schließlich ihrer beherrschenden Stellung im Ost-West-Handel ein Ende setzte.

Noch war es aber nicht soweit, noch konnten die Mameluken ihre Forderungen bis an die Grenze des gerade noch Zumutbaren hochtreiben. Sie bedienten sich dabei nicht nur des Zollwesens, sondern auch der Währungspolitik. 1425 verbot der Sultan den Geldverkehr in abendländischen Währungen. Europäische Münzen durften höchstens – um die mangelnde Stabilität der auf dem Dinar ruhenden Mamelukenwährung auszugleichen – entsprechend ihrem Gold- oder Silberwert gehandelt werden. Zu diesem Zeitpunkt waren vor allem venetianische Dukaten in Umlauf gewesen, Münzen mit geeichtem Gewicht und kontrollierter Metallreinheit. Bars-Bey zog diese Münzen, die eine Art internationaler Währung darstellten, ein und ließ sie durch ägyptische Münzen ersetzen. Zweifellos machte er dabei Gewinn, den abendländischen Kaufleuten versetzte er damit indessen einen empfindlichen Schlag, und das war wohl auch seine Absicht gewesen. Später wurden ausländische Währungen wieder zugelassen; unter Sultan Inal wertete man auch die ägyptischen Silbermünzen auf, aber weder die europäischen Handelsherren noch die einheimische Bevölkerung hatte jetzt noch Vertrauen in die ägyptische

Kurspolitik. Die Finanzverhältnisse verschlechterten sich trotz der hohen Staatseinnahmen ständig, und die Steuern wurden zunehmend härter und ungerechter.

Bars-Bey starb im Jahre 1438, und niemand trauerte ihm nach. Er war ein harter und tyrannischer Herrscher gewesen; seine Unterdrückungsmaßnahmen wurden selbst durch seine außenpolitischen und militärischen Erfolge nicht wettgemacht. Sein siegreicher Feldzug gegen Zypern hatte ihm natürlich viel Ruhm eingebracht, und die Großen unter den Mameluken hatten von den Steuern, Zöllen und Monopolen profitiert, aber das Volk war ärmer, die Faust der Unterdrückung war härter geworden. Eine seiner letzten Handlungen vor dem Tode war es, seine beiden Ärzte hinrichten zu lassen, weil es ihnen nicht gelungen war, ihn zu heilen – und das, obwohl sich seine Emire für die angesehenen Wissenschaftler eingesetzt und um deren Leben gefleht hatten.

Auf Bars-Bey folgte dessen 14jähriger Sohn El Asis Yussuf, jedoch nur für kurze Zeit, denn schon nach wenigen Monaten wurde der unter dem Sultan die eigentliche Macht ausübende Regent (Nizam el Mulk) Dschakmak auf den Thron gehoben. Er war bereits etwa 65 Jahre alt, als er die Herrschaft antrat. Ursprünglich ein Sklave des Sultans Barkuk, war er schon unter Mu'ayad Offizier, unter Tatar Oberst gewesen und hatte schließlich unter Bars-Bey einen hohen Ministerrang eingenommen. In der langen Reihe der Mamelukensultane stellte Dschakmak einen Lichtpunkt dar. Verglichen mit vielen seiner Vorgänger galt er als charakterlich untadelig, und seine Herrschaft zeichnete sich durch Güte und Milde aus. Gewissenhaft befolgte er die Gesetze des Koran, was allerdings auch dazu führte, daß die alten diskriminierenden Sonderbestimmungen für Christen und Juden wieder in Kraft traten. Er war ein gebildeter Mann, hatte Theologie studiert und sprach Arabisch und Türkisch. Die herausragenden Ereignisse seiner Regierungszeit waren die wiederholten Kriegszüge gegen die Johanniter auf Rhodos, mit denen er offenbar die Zypernangriffe seines Vorgängers Bars-Bey zu überflügeln suchte.

Wer waren diese Ritter von Rhodos, von denen an anderer Stelle schon wiederholt die Rede war? Die Johanniter wurden ursprünglich »Hospitaliter« genannt. Diese Bezeichnung rührte daher, daß ihre Gründer und ersten Ordensbrüder, fromme Kaufleute aus Amalfi, im 11. Jahrhundert, also noch vor dem ersten Kreuzzug, vom ägyptischen Kalifen das Recht erhalten hatten, in Jerusalem zur Pflege kranker christlicher Pilger ein Hospital zu errichten. Dieses Hospital und seine Ordensbrüder trugen ursprünglich rein religiösen Charakter, der Orden stand ganz unter dem Zeichen der Krankenpflege und des Gesundheitsdienstes – Eigenschaften, die den Orden auch heute wieder kennzeichnen. Im 12. Jahrhundert hatte der Orden als Folge der Kreuzzüge und anderer militärisch-politischer Ereignisse jedoch militante Züge angenommen und sich zu einem feudalen Ritterorden entwickelt, der sich an den christlichen Eroberungen beteiligte und später tapfer an der Verteidigung der Kreuzfahrerstaaten teilnahm.

Nach dem Untergang der Kreuzfahrerstaaten siedelte der Orden 1291 zunächst in das christliche Königreich Zypern über. Dort blieben die Ritter aber nur wenige Jahre; 1309 begaben sie sich nach Rhodos, das sie dem Kaiser von Byzanz abgekauft hatten. Auf dieser Insel gründeten die Ordensbrüder unter ihren Großmeistern, die über sich nur den Papst duldeten, einen festgefügten, wehrhaften Ordensstaat, der neben Rhodos die Inseln Kos, Kalymnos, Leros, Nisiros und Simi sowie einige Stützpunkte auf dem kleinasiatischen Festland umfaßte. So wurde der Orden zu einer im ganzen Mittelmeer von allen Völkern des Islam gefürchteten Seemacht. Die Ritter umgaben ihre Hauptstadt mit den stärksten Verteidigungswerken der damaligen Zeit, aus dem christlichen Europa floß Geld für den Ausbau einer schlagkräftigen Flotte, und ein hervorragend organisiertes Spionagenetz informierte den Großmeister über alle Vorgänge in den Städten des islamischen Orients. Von Rhodos aus brachen die Ritter zweimal im Jahr zu ihren »Karawanen« auf, See-Raids, bei denen sie alle islamischen Schiffe, die ihnen in den Weg kamen, rammten und kaperten. Ihre Expeditionen verunsicherten die Küsten ganz Nordafrikas. Schon über 130 Jahre hatte der Orden über Rhodos geherrscht, als sein Großmeister Jean de Lastic, der von seinen Agenten ständig Berichte vom Festland erhielt, sich von zwei Seiten bedroht sah: vom Osmanischen Reich und von Ägypten. Es gelang Lastic, mit dem türkischen Sultan Murat I. ein friedliches Übereinkommen zu schließen; Dschakmak forderte jedoch, daß Rhodos und die benachbarten Inseln dem Mamelukenreich einverleibt würden.

Bislang hatten sich die Beziehungen zwischen dem Mamelukenreich und dem Ordensstaat eigentlich recht gut gestaltet; beide Staaten hatten Gesandte ausgetauscht, und in Jerusalem, Damietta und Ramleh saßen sogar Konsuln der Johanniter. Nun aber bereitete der Sultan einen Angriff auf Rhodos vor.

1440 segelten fünfzehn große ägyptische Kriegsschiffe über Zypern, wo die Ägypter ihre Vorräte ergänzten, nach Rhodos. An der türkischen Küste entlang aufkreuzend, kamen die Ägypter an einem heißen Augusttag gegen Mittag vor der Insel an. Ihr Plan bestand darin, die Insel in einem überraschenden Handstreich zu nehmen. Aber die Ritter waren durch ihren Nachrichtendienst gewarnt. Ihre stolze Armada war vor der Insel zur Schlacht aufgezogen, acht kampfkräftige Galeeren und vier kleinere Kriegsschiffe, die die ägyptische Flotte unverzüglich angriffen und von der Insel abdrängten. Angesichts der heftigen Gegenwehr erschien es den Ägyptern wenig sinnvoll, den Angriff auf Rhodos fortzusetzen, und die Mamelukenflotte versuchte nun, wenigstens die Insel Kos in Besitz zu nehmen, deren Hauptstadt von einer Mauer und von einer im Entstehen begriffenen starken Seefestung gesichert war. Aber auch hier war die Johanniterflotte rechtzeitig zur Stelle, und es kam zu einem für die Ritter erfolgreichen Seegefecht. Die Ägypter verloren dabei etwa tausend Mann und traten schließlich den Rückzug an. Ihr einziger Landgewinn war die winzige Insel Kastelorizon vor dem südlichsten Punkt des türkischen Festlandes, wo die Johanniter ein kleines Fort besaßen, das ihnen als Gefängnis für ungehorsame Ordensritter diente (Alfons von Aragon, der König von Neapel, sollte die Insel aber später – 1450 – für den Orden wieder zurückerobern.

Vier Jahre später wiederholte Dschakmak seinen Versuch, Rhodos zu erobern. 1000 Mameluken und 18000 Söldner, die in Tripoli angeworben waren, segelten im Jahre 1444 zur Insel des Johanniterordens, und es gelang ihnen, auf der Insel zu landen. Die Hauptstadt und Festung Rhodos mit ihren gewaltigen Mauern und Bastionen, ihren massiven steinernen, zinnenbesetzten Wällen, zwischen denen sich tiefe Gräben und ein unübersehbares Gewirr von Kampfgalerien und Contreescarpes, Scheinmauern und vorgeschobenen Türmen, kilometerlangen Laufgängen und Brustwehren, Schießscharten und Fallgruben verbargen, wurde von 600

Rittern und 5000 Söldnern sowie einheimischen Kämpfern verteidigt – zu viele Hindernisse für einen militärischen Erfolg. Nach vier Monaten ergebnisloser Belagerung zog die äygptische Armee unverrichteterdinge ab, und zwischen dem Sultan und dem Großmeister wurde ein Friedensvertrag geschlossen.
Dschakmak starb im Jahr 1453 im Alter von ungefähr achtzig Jahren. Obwohl bei seinen Untertanen hochgeachtet, hatte er seinem Sohn keine feste Herrschaft hinterlassen können. Allzu mächtig waren die Mamelukenfürsten nun geworden, und das Prinzip der Wahlmonarchie war inzwischen schon zu sehr im Bewußtsein aller verankert. El Mansur Othman, der bereits zum Herrscher proklamiert worden war, als sein Vater noch mit dem Tode rang, wurde nach anderthalb Monaten von einem der Emire, Al Aschraf Inal, schon wieder vom Thron verdrängt.

Inal jedoch war ein träger, alter Mann, dumm und so ungebildet, daß er kaum seinen eigenen Namen schreiben konnte. Trotz seiner Unfähigkeit – vielleicht gerade auch wegen seiner Machtlosigkeit, die den anderen Emiren viel Spielraum für ihre Eigenmächtigkeiten erlaubte – konnte er sich acht Jahre lang an der Spitze des Reiches behaupten. Was war aus diesem einst so mächtigen Reich geworden, daß es im Herrscheramt so ungeeignete Männer favorisierte, daß das mamelukische Cäsarentum so degenerierte! Das Land verfiel weiter, und die Bevölkerung litt unsäglich unter den nicht enden wollenden Rivalitäten der sich immer selbstherrlicher aufführenden Emire. Inals Sohn El Mu'aiyad Ahmed, der 1461 an die Macht kam, war für dieses Amt ebenfalls völlig ungeeignet und wurde bald von seinem Regenten, dem Griechen Es Sahir Khuschkadam, abgelöst. Auch dieser war eine ausgesprochen negative Herrschererscheinung, ein Mann, unter dem Machtmißbrauch und Korruption blühten. Er herrschte sechs Jahre lang.

Khuschkadams Sohn Es Sahir Yel-Bey, bekannt als El Magnun (»der Irre«), wurde, wie üblich, nach wenigen Monaten abgesetzt, um einem älteren Albaner, Es Sahir Timurbugha, als Sultan Platz zu machen. Dieser war schon 1421 als Sklave nach Syrien gekommen, ein kultivierter und gebildeter Mann, der sich sehr für theologische Fragen interessierte und gute Kenntnisse auf den Gebieten der Philologie und Geschichte besaß. Timurbugha mußte von einer bestimmten Partei unter den Emiren gedrängt werden, die Sultanswürde anzunehmen. Er war ein friedfertiger Herrscher, der sich, nachdem er den Thron gegen seinen Willen bestiegen hatte, um Ausgleich zwischen den stets rivalisierenden verschiedenen Parteien bemühte und viele der von seinen Vorgängern eingekerkerten Emire sowie die Ex-Sultane Ahmed und Mansur Othman freiließ. Dies brachte ihm jedoch sofort die Feindschaft mehrerer anderer Mamelukenführer ein, und er besaß überdies nicht genügend Geld, um sich die Gefolgschaft der Emire zu erkaufen. Schließlich verloren die Mameluken ihre Geduld mit dem für sie unverständlichen Verhalten des neuen Herrschers, stürmten mit ihren Garden in die Zitadelle, schlossen den gelehrten Sultan bei seinen Büchern ein und setzten einen der Ihren, den Emir Kheyr-Bek, mit dem Herrschernamen El Adil als Sultan ein. Ihm blieb jedoch nur die Zeit, den Harem seines Vorgängers zu besichtigen und in Besitz zu nehmen, bis ein noch stärkerer Emir, Kait-Bey, seine Mameluken um sich sammelte, den Thronusurpator Kheyr-Bek verjagte, Timurbugha nach Damietta verbannte und selbst den Thron bestieg.

Erschütterungen

Kait-Bey wurde 1468 Sultan, herrschte ungefähr 29 Jahre lang und wies damit nach Kalauns Herrschaft die längste Regierungszeit als Sultan auf. Sie sollte nicht nur die längste, sondern auch die erfolgreichste im Vergleich zu allen anderen Burdschi-Sultanen sein. Kait-Bey hatte sich nach üblicher Mamelukenart hochgearbeitet. Sultan Bars-Bey hatte ihn als Sklaven für ungefähr fünfzig Dinar gekauft und ihn dann an Dschakmak weiterveräußert, unter dem er Offizier wurde. Unter Inal avancierte Kait-Bey zum Hauptmann, unter Khuschkadam wurde er Oberst und unter Timurbugha schließlich Oberbefehlshaber aller Truppen. Er war ein ausgesprochener Krieger sowie ein anerkannt guter Fechter und Faustkämpfer. Darüber hinaus verfügte er über Welterfahrung, unternahm gerne weite Reisen und entfaltete überall, wo er sich aufhielt, große Aktivitäten. Er ließ das Straßennetz erneuern und baute viele Festungen und Moscheen. Die nach ihm benannte Grabmoschee in Kairo, die heute noch fast unversehrt ist, stellt eines der schönsten Zeugnisse dieser Zeit dar. Zahlreiche Moscheen seiner Vorgänger ließ er renovieren und die Inschriften vieler Ornamente erneuern.

Kait-Bey war ein Autokrat, und seine Herrschaft zeichnete sich durch ein äußerstes Maß an Strenge aus. Er war ein Sultan, der zum ersten Mal seit langer Zeit wieder die Mameluken vollständig beherrschte und der es wagen konnte, führende Emire und sogar den Präsidenten des Staatsrats öffentlich zu züchtigen. Unbarmherzig hob er die Steuern an. Neben der Grundsteuer, die bereits ein Fünftel des Gewinns ausmachte, führte er einen weiteren Zehnt ein, und Juden und Christen hatten wieder einmal das Nachsehen. Unter Kait-Bey geschahen viele unmenschliche Mißhandlungen. Unschuldige Menschen ließ er zu Tode peitschen;

den Alchimisten Ali ibn el Marschuschi ließ er blenden und ihm die Zunge herausreißen, weil er wertloses Metall nicht in Gold verwandeln konnte. Dennoch war er einer der größten Sultane, der für eine gewisse Ordnung sorgte und seinem Land die innere und äußere Sicherheit erhielt. Das war sicher ein großes Verdienst in einer Zeit, in der im Norden des Reichs dunkle Wolken aufzogen und eine neue schwere Bedrohung heranwuchs. Sie ging von einem jungen, militärisch kraftvollen Staat aus, der sich anschickte, die Vorherrschaft im Mittelmeerraum zu übernehmen: dem Osmanischen Reich.

Die Türkei hatte mittlerweile Byzanz endgültig als Mittelmeer-Vormacht abgelöst. 1354 waren die Osmanen bei Gallipoli erstmals nach Europa übergesetzt, und 1362 hatten sie das bis dahin byzantinische Adrianopel eingenommen. 1389 hatten sie den serbischen Adel in der Schlacht auf dem Amselfeld vernichtet und damit die Stellung von Byzanz weiter geschwächt. Erst 1402, als Sultan Bayazid I. von Timur Lenk in der Schlacht von Angora geschlagen worden war, hatte eine kurze Ruhepause begonnen, in welcher der byzantinische Kaiser Johannes VIII. Palaiologos sich verzweifelt um Hilfe an das Abendland wandte, dafür sogar zum katholischen Glauben übertrat und eine Union mit dem Papst einging. Aber alles war umsonst; die erhoffte Unterstützung gegen die Türken blieb aus. Nach unsicheren Jahren, die der Schlacht von Angora gefolgt waren, hatte sich das Osmanische Reich unter Sultan Mehmet I. (1414–1421) wieder erholt. Murat II. (1421–1451) schlug die Byzantiner, Genuesen und Venetianer 1444 in der Schlacht von Warna, und Mehmet II. (1451–1481) eroberte 1453 nach längerer Belagerung Konstantinopel. Damit hatte eine Schicksalsstunde der Geschichte geschlagen; nach über elfhundertjährigem Bestehen verlosch das byzantinische Reich. Mehr als hundert Kaiser hatten über Ostrom geherrscht; der letzte, Konstantin XI. Palaiologos, fand bei der Verteidigung Konstantinopels den Tod.

Für das Mameluken-Sultanat war der Untergang von Byzanz, der in Kairo eher beiläufig zur Kenntnis genommen wurde, besonders schicksalhaft. Denn mit Byzanz hatte es in der Vergangenheit nie wesentliche Interessenkollisionen gegeben, und solange eine gemeinsame Grenze zwischen beiden Reichen existiert hatte, bezeichnete sie zugleich die von beiden Seiten respektierte Trennlinie zwischen Abendland und Morgenland, Christentum und Islam. Nun entstand eben hier ein neuer, ungestüm expandierender muslimischer Staat, der zum einen den Machtbereich des Islam weiter nach Norden vorschob und andererseits bereits jetzt erahnen ließ, daß er den gemächlich verrottenden Mamelukenstaat aus seiner Rolle als Führungsmacht des südlichen Mittelmeerraums und der islamischen Welt drängen würde.

Mehmet herrschte bereits über ganz Anatolien, über Serbien, Bosnien, die Walachei und die Krim. Er annektierte Albanien und Epirus, konnte sich nun als Erben des Kaisers von Byzanz betrachten und legte sich mit Recht den Titel »Herr beider Kontinente und beider Meere« zu. Alle diese Erfolge beruhten auf der Schlagkraft des türkischen Heeres, das in mancher Hinsicht dem Mamelukenheer glich. Wie dieses war auch das osmanische Heer überwiegend eine Sklavenarmee, zu deren Rekrutierung jährlich 20000 Menschen aus Rußland, Asien und Afrika eingeführt wurden. Außerdem erhoben die Türken den sogenannten »Knabenzins«, das heißt, jeder fünfte Christenknabe aus den eroberten und besetzten Ländern wurde zur Ergänzung der Janitscharen, einem Korps besonders fanatisch erzogener Soldaten, herangezogen.

Das türkische Heer gliederte sich in leichte Truppen (Akindschi) und in die feudale Kavallerie, die Sultansgarde. Seinen Kern bildeten jedoch berittene Spahis, ein Korps von zum Islam übergetretenen Renegaten, und vor allem die Janitscharen, die zeitweise bis zu 100000 Mann stark waren und einen Staat im Staate darstellten. Diese Armee nahm an Umfang ständig zu und erhöhte ihre Mannschaftsstärke mit jeder neuen Eroberung. Sie wurde durch die zahlreichen Eroberungskriege auf dem Balkan natürlich auch gebunden, dennoch war sie an Kampfkraft dem Mamelukenheer ebenbürtig, wenn nicht sogar überlegen, und das, obwohl Kait-Bey, der selbst ein echter Soldatensultan war, die ägyptisch-syrische Armee ebenfalls vergrößerte und modernisierte. Unter ihm gab es vierzehn Alfis (Tausend-Mann-Befehlshaber bzw. -Besitzer); die monatlichen Militärausgaben des Reichs betrugen 46000 Dinar und hatten sich damit gegenüber dem Militärbudget des Sultans Bars-Bey mehr als verdoppelt. Kait-Bey führte gegen Ende des Jahrhunderts auch die ersten Arkebusen in die sonst eher konservativ bewaffnete und nach überkommenen Grundsätzen ausgebildete Mamelukenarmee ein.

Es liegt auf der Hand, daß die türkische Armee ein Dorn im Auge des Sultans war, um so mehr, als es jetzt ständig Schwierigkeiten an der syrischen Nordgrenze gab, die dem osmanischen Sultan leicht einen Vorwand zum Eingreifen geben konnten. Die dramatische Auseinandersetzung zwischen den so nahe beieinander liegenden großen Mittelmeerreichen warf erste Schatten voraus. Zunächst waren einige kleine Randstaaten betroffen, die zwischen den beiden Giganten sich in ängstlichem Wohlverhalten übten und deren nervöse Diplomatie sich darin erschöpfte, je nach politischer Großwetterlage bald gegenüber diesem, dann gegenüber jenem mächtigen Nachbarn devot nachzugeben.

Wie war die Diplomatie im Machtbereich des ägyptisch-syrischen Sultans beschaffen in einer Zeit, als im Italien der Renaissance, vor allem im Kirchenstaat, in Florenz und Venedig, bereits feste Gesandte residierten und die Geheimdiplomatie mit Lügen, Versprechungen und Verschwörungen, mit Dolch und Gift zur Hochform auflief? Der Mamelukenstaat pflegte intensive diplomatische Beziehungen zu anderen Staaten – soweit seine Macht reichte und er vor allem Anspruch auf Tribute und Dienstleistungen hatte. Auch zum Abendland, bei dem es, übrigens nicht ohne Grund, darum ging, vor immer wiederkehrenden neuen Kreuzzugsideen auf der Hut zu sein – ein Trauma, dem die Orientalen, ob es nun realistisch ist oder polemisch aufgeheizt wird, bis in die Gegenwart unterliegen. Allerdings kannten die Mameluken keine ständigen diplomatischen Vertretungen oder, wie Venedig und Genua, ständige Handelsniederlassungen, sondern nur Reisemissionen, für die hochgestellte Emire ausgesucht wurden. Das war allerdings eine zweifelhafte Ehre, da die Adressaten solcher Missionen, namentlich in Kleinasien und Asien, je nach Inhalt der überbrachten Botschaft die Gesandten bisweilen zwar wie Staatsoberhäupter empfingen und mit reichen Geschenken zurückschickten, oft aber mit unmißverständlicher Eindeutigkeit nur die Köpfe der Gesandten zurückzuschicken pflegten – eine Form des diplomatischen Verkehrs, derer man sich auch in Kairo gegenüber ausländischen Gesandten gerne bediente.

Schon Sultan Mu'aiyad Scheykhu hatte des öfteren die unbotmäßigen Randstaaten unterwerfen und unter seine zeitweilige Kontrolle bringen müssen. Bei diesen Randstaaten handelte es sich um die Siedlungsgebiete der turkmenischen Stämme, die ursprünglich viel weiter im Osten gewohnt hatten, aber von Timur Lenk aus der Gegend um Täbris vertrieben worden waren. Viele dieser Stämme nomadisierten seitdem in den Randgebieten der syrischen Wüste, während andere, vor allem die zu den »Schwarzen Hammeln« gehörenden Qara Quyunli, Dynastien in Armenien, Aserbeidschan und nördlich von Aleppo errichtet hatten.

Bars-Bey hatte 1433 einen Feldzug gegen die turkmenischen Khans derer vom »Weißen Hammel« geführt und deren Hauptstadt Amid, das heutige Diyabekir, belagert. Sultan Dschakmak hatte es dagegen mit diplomatischen Mitteln versucht und nacheinander mehrere Töchter der turkmenischen Stammesführer geheiratet. Dies hatte ihm zumindest die formale Anerkennung als Oberherr eingebracht, und an der Grenze herrschte wenigstens vorübergehend etwas Ruhe. Sultan Inal hatte versucht, die Politik des Ausgleichs und der Verständigung fortzusetzen, und sich dabei auch dem Osmanischen Reich angenähert. So ließ er zum Beispiel 1453, als eine osmanische Gesandtschaft die Nachricht vom Fall Konstantinopels brachte, Kairo schmücken und Feste zu Ehren von Sultan Mehmet II. feiern. Zu den Turkmenen unterhielt er ebenfalls freundliche, gutnachbarliche Beziehungen, die nur einmal unterbrochen wurden, als er Ibrahim, den Fürsten von Karaman (auf dem Gebiet des früheren Klein-Armenien gelegen), zwingen mußte, die zuvor von den Turkmenen eroberten Städte Tarsus und Adana wieder herauszugeben.

Die Beziehungen verschlechterten sich jedoch schlagartig, als einer der turkmenischen Stammesfürsten, Usun Hassan, einige syrische Städte und Festungen überfiel. Er meinte den Sultan von Ägypten dadurch besänftigen zu können, daß er ihm die Schlüssel beider Städte schickte und damit zum Ausdruck bringen wollte, daß er die Lehnshoheit des Sultans formal anerkannte. Der Sultan mußte dies jedoch geradezu als Hohn empfinden. Derartige Unbotmäßigkeiten konnten sich die Turkmenen natürlich nur erlauben, wenn sie sich eines gewissen Rückhalts bei ihrem nördlichen Nachbarn, dem türkischen Sultan, sicher waren. Und tatsächlich gab es Anzeichen dafür, daß sich die Beziehungen zwischen den beiden Sultanshöfen verschlechterten: Mehmet II. hatte 1464, nach dem Tode Ibrahims von Karaman, eine Gesandtschaft nach Kairo geschickt, um über die Erbfolge in Karaman zu verhandeln. Beide Seiten verfolgten bei diesen Verhandlungen unterschiedliche Ziele, und fast wäre es im Verlauf der Gespräche zu Handgreiflichkeiten gekommen.

Reibereien gab es auch um die Thronfolge im Land der Dhu el Kadr, einem anderen turkmenischen Randstaat, der Ägypten tributpflichtig war. Die Osmanen unterstützten insgeheim Schah Siwar als Thronanwärter, während die Mameluken dessen Bruder für die Thronfolge ausersehen hatten. Es kam zu Kämpfen, bei denen die Mameluken eine Niederlage am nördlich der heutigen türkisch-syrischen Grenze gelegenen Fluß Ceyhan erlitten. Die Türken ließen ihren Favoriten schließlich aber im Stich, und Schah Siwar mußte sich den Mameluken ergeben. Er wurde nach Kairo gebracht und dort aufgehängt. Ähnlich erging es Usun Hassan, der weiterhin Tarsus und Adana besetzt hielt und fortfuhr, die Lehnshoheit des ägyptischen Sultans scheinbar anzuerkennen, indem er unaufgefordert Tribute in Form von Kamelen und tscherkessischen Sklaven an den Kairoer Hof schickte. Mit diesem Verhalten setzte er sich im Grunde genommen nur zwischen alle Stühle. Mehmet entzog schließlich auch ihm seine geheim gewährte Unterstützung, betrachtete ihn letztlich doch als Vasallen des Mamelukensultans und vernichtete ihn deshalb. Alle diese Zwischenfälle deuteten für die Mameluken auf den zunehmenden Einfluß des Osmanischen Reichs hin. Es wurde immer deutlicher, daß die Schwierigkeiten an der syrischen Nordgrenze leicht zu einer größeren Auseinandersetzung zwischen den beiden Sultanaten führen konnten. Kait-Bey war sich dessen durchaus bewußt und darum bemüht, allen Konflikten mit dem nördlichen Nachbarn möglichst aus dem Wege zu gehen. Unversehens geriet er aber bald in eine ernste Auseinandersetzung mit der Hohen Pforte, die zeigte, daß das Schicksal des Mamelukenreichs in zunehmendem Maße von den Geschehnissen im Osmanischen Reich beeinflußt wurde.

In der Türkei war auf Mehmet II. im Jahre 1481 nämlich dessen Sohn Bayazid II. als Herrscher gefolgt. Mehmet hatte zwar noch, um Thronwirren zuverlässig auszuschließen, zu seinen Lebzeiten ein Gesetz erlassen, das jedem Thronfolger erlaubte, nach seiner Machtübernahme alle seine Brüder umzubringen. Von diesem Gesetz sollten spätere Sultane mit Erfolg reichlichen Gebrauch machen; bei den Erben von Mehmet kam es aber trotz dieses Erlasses zu Auseinandersetzungen um den Osmanischen Thron. Denn gegen Bayazid lehnte sich dessen jüngerer Bruder Dschem auf, der, unterstützt vom Großwesir, selbst Sultan werden wollte. Dschem nahm die alte Sultansstadt Brussa in Besitz, konnte sich dort aber nicht lange halten und wurde schließlich von Bayazid geschlagen. Er konnte sich der Gefangennahme jedoch durch Flucht entziehen und ging nach Ägypten, wo Sultan Kait-Bey ihn mit kaiserlichen Ehren empfing.

Kait-Bey mag Bayazids Machtposition falsch beurteilt haben, als er den Prinzen Dschem mit offenen Armen empfing. Vermutlich erhoffte er sich von Dschem als Türkensultan Frieden und Freundschaft und hielt die Position von Bayazid trotz dessen Siegs über Dschem für angeschlagen. Jedenfalls unterstützte Kait-Bey Dschem bei der Vorbereitung eines Feldzugs nach Anatolien. Dschem griff aus Nordsyrien das Osmanische Reich an und stieß über Konya nach Angora vor. Dort ließen ihn aber seine Truppen im Stich, und der unglückliche Prinz mußte zum zweiten Mal flüchten. Dschems weiteres abenteuerliches und tragisches Schicksal hat mit der Geschichte des Mamelukenreiches nichts mehr zu tun, ist aber dennoch von Interesse: Der osmanische Prinz flüchtete zunächst nach Rhodos, wo er sich sicher wähnte, denn der Ordensstaat war erst 1480 von den Osmanen erfolglos angegriffen worden und lebte seither in einer Art Kriegszustand mit der Türkei. Auf Rhodos wurde Dschem von Großmeister d'Aubusson, ähnlich wie seinerzeit in Kairo vom Sultan, mit fürstlichen Ehren empfangen. Für die Johanniter war der Prinz eine wertvolle Geisel, die sie gegen den Sultan der Osmanen ins Spiel bringen konnten. Und richtig: Bayazid bot dem Orden gegen die Auslieferung seines Bruders sofort Frieden an. Der Großmeister, ein Ritter aus einer der vornehmsten Familien Frankreichs, lehnte dieses Ansinnen jedoch ab. So vorteilhaft das Angebot auch war, einen Treuebruch wollte der Orden nicht begehen. Daraufhin bot der türkische Sultan dem Orden eine jährliche Rente von 4500 Dukaten an, wenn die Johanniter Dschem in Gewahrsam hielten und verhinderten, daß der osmanische Prinz einem fremden Staat als Vorwand dienen konnte, das Osmanische Reich anzugreifen, um die Thronansprüche des Prinzen zu sichern. Die Ritter nahmen dieses Angebot an und hatten damit vor Bayazid Ruhe. Dschem fühlte sich auf Rhodos allerdings bald sehr eingeengt, und der Großmeister ließ ihn auf Betreiben des Papstes frei. Möglicherweise war das Ganze nur ein von Bayazid mit Hilfe des Papsts angezetteltes Komplott, um den Bruder und Rivalen endgültig aus der Welt zu schaffen. Denn kaum war Dschem in Italien, als er auf Veranlassung von Papst Alexander VI. durch dessen Sohn, den verbrecherischen Fürsten Cesare Borgia, damals noch Kardinal von Valencia, vergiftet wurde.

Für das Mamelukenreich war die Dschem-Episode insofern von Bedeutung, als sich die Beziehungen zu Bayazid als Folge des Empfangs, den Dschem einstmals in Kairo erhalten hatte, erheblich verschlechterten. Bayazid schickte seinen General Ahmed Pascha an die syrische Grenze, und die osmanische Armee eroberte Adana und Tarsus. Doch das Kriegsglück änderte sich bald. Der Mamelukensultan entsandte ebenfalls ein Heer unter dem fähigen Emir Esbek in das Grenzgebiet, und 1488 wurden die Türken in der Ebene von Agha-Cairi geschlagen.

Dieser Krieg war für beide Seiten völlig sinnlos gewesen, und beide Sultane mochten das eingesehen haben. Im übrigen war Bayazid vollauf im Norden engagiert und wandte sein Interesse zunächst wieder dem Balkan zu. Dort hatte er ohne Erfolg Belgrad belagert. Nun durchzogen seine Truppen Albanien, Kärnten und die Steiermark, und das Abendland war ein weiteres Mal von Osten her aufs äußerste bedroht. Unmenschliche Greuel fanden auf beiden Seiten statt. So sollen die Türken kleine Kinder auf Zäune gespießt und sie mit den Köpfen gegen Mauern geschlagen haben. Mädchen wurden vor ihren Müttern, die Mütter vor ihren Männern geschändet, die Männer wie Tiere zusammengepfercht. Aber auch die Ungarn quälten ihre türkischen Gefangenen zu Tode, ließen sie gefesselt von hungrigen Schweinen auffressen, bei lebendigem Leibe braten oder, in Säcke eingenäht, im Wasser ertränken. Dem Mamelukenreich boten Bayazids Balkanfeldzüge noch einmal die Möglichkeit einer gewissen Entspannung, und Kait-Bey unterbreitete Istanbul Friedensangebote. Der erste Gesandte, den er dorthin schickte, Mamay, wurde von den Osmanen zwar eingesperrt; doch der zweite, Emir Dschanbalat ibn Yeschbek, fand beim türkischen Herrscher Gehör. Es kam zu Verhandlungen, und 1491 wurde Friede geschlossen.

Stabilität in den äußeren Beziehungen war für das Mamelukenreich dringend notwendig geworden, denn Ägypten und Syrien waren durch die fortgesetzten Kriege völlig ausgeblutet, das Land verarmt. Aber die Ursache für das um sich greifende Elend lag nicht allein in den Kriegen, vielmehr in der systematischen Ausplünderung des Landes durch die Mameluken, die jetzt nicht mehr nur eine elitäre Kriegerkaste darstellten, sondern aus denen sich auch die Beamtenschaft und der Landadel rekrutierten. Mächtige Familien hatten sich im Laufe der Zeit herausgebildet, denn die Nachkommen derjenigen Sklaven, die zu Macht und Reichtum gekommen waren, ließen sich nicht mehr ohne weiteres entmachten und stellten eine Art Mittelstand dar. Tonangebend blieben allerdings immer noch die echten Mameluken, die Emire und Beys*, die sich selbst aus dem Militärsklavenstand hochgearbeitet hatten. Diese fremdländischen Söldnerführer kannten weiterhin kein ägyptisches oder syrisches Geschichtsbewußtsein, hatten keine blutsmäßigen Beziehungen zu dem Land, das sie beherrschten, und sahen deshalb auch keinen entsprechenden geschichtlichen Auftrag. Ihre Heimat war das Mamelukenkorps, die Kaste, der sie angehörten. Ihr Auftrag war es, dieser Kaste zu dienen; dieser Klasse, die jedem einzelnen, wenn er nur stark und rücksichtslos genug war, das Äußerste an Macht und Reichtum in Aussicht stellte.

Es ist nur schwer zu verstehen, wie sich das Mamelukenreich ohne jede Reichsidee nun schon über zweihundert Jahre hatte behaupten können und dabei das Geschick des Morgen- wie des Abendlandes, vor allem durch die Abwehr der Mongolen, so entscheidend beeinflussen konnte. Als Folge des fehlenden Reichsgedankens nahmen jedenfalls der Kastengeist und die Unterdrückung derer, die nicht der Herrenkaste angehörten, ständig zu. Die Städte und Marktflecken Ägyptens, Palästinas und Syriens hatten in den letzten Jahren schwer unter der weit verbreiteten

Rechtlosigkeit, unter der Ausbeutung und den ständigen Revolten der örtlichen Statthalter gegen die Reichsgewalt gelitten. Es gab kaum noch privaten Landbesitz in arabischer Hand; selbst die öffentlichen Gebäude wie Kirchen, Schulen und Krankenhäuser wurden von den Mameluken für eigene Zwecke in Beschlag genommen. Die Landbevölkerung wurde von den mamelukischen Feudalherren völlig unterdrückt, Beduinen und turkmenische Banden zogen plündernd durch Syrien und Palästina. Die Beduinen hatten es 1480 sogar gewagt, Jerusalem in ihren Besitz zu bringen.

Eine weitere Geißel für Land und Menschen war eine rasch um sich greifende Seuche, von der bis heute nicht genau bekannt ist, ob sie die spanischen Eroberer von Südamerika nach Europa eingeschleppt hatten und sie von dort oder aber aus den östlichen Mittelmeerhäfen und dem Roten Meer nach Ägypten gelangt war. Viele Zeitgenossen beschuldigten die spanischen Mauren und die Franzosen – weshalb die Seuche in Europa bald »Franzosenkrankheit« genannt wurde –, an deren Verbreitung schuld zu sein. Selbst ein Papst aus spanisch-italienischer Familie, der bereits genannte Alexander VI., oder dessen Sohn Cesare aus dem Hause der Borgia soll von der Lustseuche befallen gewesen sein, deren spätere Bezeichnung auf das Gedicht eines Veroneser Arztes zurückgeht, in dem ein geschlechtskranker Schweinehirt namens Syphilus vorkommt. Die Syphilis grassierte besonders in den Mameluken-Regimentern, da sie von älteren Söldnern auf die von ihnen zur sexuellen Gefügigkeit gezwungenen Jungen übertragen wurde. Bei vielen galt es als ein Beweis von Männlichkeit, von der Krankheit befallen zu sein. Aus den Mameluken-Unterkünften gelangten die Krankheitserreger in die heimlichen Bordelle. Von dort griff sie auf weite Teile der Bevölkerung über – insbesondere auf arbeitslose Stadtrandbewohner, Bettler und Tagediebe. Aber auch an Syphilis erkrankte Emire, ja sogar Sultane und Kalifen soll es gegeben haben. Da es kein Gegenmittel gab, bewirkte der Kontakt mit der ebenfalls durchseuchten osmanischen Armee in den folgenden Jahrhunderten eine weitere Verbreitung der Epidemie.

Zu alledem häuften sich die Hungersnöte, und die Bevölkerung ging innerhalb von fünfzig Jahren auf ein Drittel ihrer ursprünglichen Stärke zurück. Städte, die seit der islamischen Eroberung geblüht hatten, wurden von ihren Bewohnern aufgegeben und waren bald vom Wüstensand bedeckt. Dumpfe Gleichgültigkeit und Schicksalsergebenheit machten sich im Lande breit. Als ob damit des Übels nicht genug gewesen wäre, trat im Jahre 1492 erneut die Pest auf und griff mit einer bisher nicht gekannten Heftigkeit um sich. An einem einzigen Tag starben in Kairo 12000 Menschen, ein Drittel der Mameluken fiel der Seuche zum Opfer. Der Sultan verlor an einem Tag seine einzige Frau und eine Tochter. Auf die Pest folgte eine schwere Viehseuche, die ihrerseits eine neue Hungersnot zur Folge hatte. Um das Maß des Elends vollzumachen, brachen Aufstände und Kämpfe zwischen zwei großen Mamelukenabteilungen aus. Kait-Bey fuhr zwar mit Waffengewalt dazwischen und schlug die Unruhen nieder, aber die Lage blieb gespannt, und die Intrigen und Eifersüchteleien hielten an.

Der Sultan war alt und müde geworden; eine Krankheit zeichnete den mittlerweile über Achtzigjährigen. Am 7. August 1496 dankte er zugunsten seines Sohnes ab. Am darauffolgenden Tag starb er. Bei aller Härte und Gnadenlosigkeit war er ein großer Mamelukenherrscher gewesen. Zwar war das Reich während seiner Herrschaft weiter verarmt, und die Willkür der Mameluken hatte zugenommen. Das lag aber weniger an der Person des Sultans als am System dieses seltsamen Staates; die Verhältnisse mußten zwangsläufig, über kurz oder lang, zu Degeneration und Verfall führen. Der Untergang des Mamelukenreichs kündigte sich unausweichlich an. Kait-Beys Verdienst war es, den Niedergang verzögert und die Gefahr, die vom Osmanischen Reich ausging, für einige Jahrzehnte gebannt zu haben.

Will man den Sultan gerecht bewerten, so darf nicht übersehen werden, daß Kait-Bey dem wirtschaftlichen Verfall entgegenzutreten versuchte, die Infrastruktur des Reiches verbesserte und sich zum Nutzen seines Landes und späterer Generationen als großer Bauherr betätigt hatte. Die orientalische Kunst erlebte unter der Herrschaft dieses kunstsinnigen Tscherkessen noch einmal einen gewaltigen Aufschwung, der sich in Bauwerken niederschlug, die noch jetzt vom frommen Baueifer des ausgehenden 15. Jahrhunderts künden. Es sei hier lediglich die in ihrer zierlichen Schönheit einzigartige Kait-Bey-Moschee erwähnt, heute von einem schmutzigen Armenviertel umgeben und vom Verfall bedroht. Sie ist ein typisches Beispiel für die hochentwickelte, lebendige Gestaltungskraft der späten Mamelukenkunst. Auch die Moscheen Sultan en Nasir und El Ashar ließ Kait-Bey restaurieren, erweitern und letztere um ein schönes Minarett ergänzen.

Viele andere öffentliche Gebäude wurden in dieser Zeit von reichen, wohltätigen Stiftern gebaut, zum Beispiel die Medressen des Emirs Ghanim, des Kadis Abu Bekr, des Emirs Kigmas und des Emirs Usbek el Yusufi. In der profanen Baukunst entstanden zahlreiche Adelspaläste, wie der des Emirs Yeschbek oder der heute Beyt el Kadi (»Haus des Richters«) genannte Wohnsitz des Emirs Mamay es Seifi. Viele öffentliche Bauten kamen hinzu: Khans (Handelshäuser) und Karawansarayen, von denen die »Wekala« (Agentur) am Bab el Nasr in Kairo heute noch erahnen läßt, wie es einst aussah, als Händler, Kameltreiber und Beduinen sich hier drängten und in orientalischer Lärmkulisse die Kamele für den Markt von Kairo be- und entladen wurden. Einst trafen diese verstaubten Karawanen aus der Wüste ein: Kleine Gruppen vornehmer Reisender auf edlen Rennkamelen, gefolgt von ihren Sklaven, die zu zweit oder dritt auf grobknochigen Lastkamelen saßen; Beduinen, die scheu zusammengedrängt in kleinen Gruppen zu den Märkten strebten, und die langen Reihen hochbepackter und aneinandergebundener Tragtiere, die von müden, zerlumpten Treibern durch die Stadttore hereingetrieben wurden. Dazwischen ein alter Fellache, der auf trippelndem Eselchen versuchte, einige Schafe durch das Gewühl von Menschen und Tieren zum Fleischmarkt zu dirigieren. Es lagerten lange Reihen der von ihren Lasten befreiten Kamele, andere löschten ihren Durst an Brunnen, an denen sich einige gläubige Moslems zum Gebet wuschen. Einige Kamele erhoben sich unter den Zurufen ihrer Treiber mit unwilligem Brüllen, um mit neuen Lasten in die Wüste hinauszuziehen. Dazwischen hockten zusammengebundene halbnackte, halbwüchsige Jungen und Mädchen aus Abessinien auf dem Boden. Sie waren für den Sklavenmarkt bestimmt, und es war ihren verängstigten Gesichtern anzusehen, wie sie während des wochenlangen Marsches hierher unter den Gewalttätigkeiten und dem Mißbrauch durch die »Dschellabs«, ihrer oberägyptischen und nubischen, mit weißer Dschellaba bekleideten Sklaventreiber, zu leiden gehabt hatten. An schnell entfachten Feuern buk man auf den Höfen und in den Winkeln der Wekala Brotfladen. Schwatzend und gestikulierend saßen die Reisenden um die Feuerstellen und sahen erwartungsvoll zu, wie Kaffeebohnen unter metallischem Klopfen in starken Mörsern zerschlagen und gemahlen wurden. Fliegende Händler boten ihnen gestenreich Süßigkeiten zum Kauf an, und flinke Jungen, barfüßig und in langen Hemden, huschten mit Tabletts voller Gläser mit Fruchtsäften von Gruppe zu Gruppe. Kaufleute aus aller Herren Länder sicherten sich laut feilschend den ersten Zugriff auf eben eingetroffene Waren, und in endlosem Palaver wurden im Innern der Gebäude die größeren Geschäfte abgeschlossen, während an den Außenwänden der Wekala Krüppel und zerlumpte Bettler für ein Almosen, ein kleines Bakschisch, den Segen Allahs herbeiwünschten.

Zu den von Kait-Bey errichteten Profanbauten gehörten schließlich mehrere stattliche Festungen, wie zum Beispiel die heute noch gut erhaltene Seefestung an der Mole des Osthafens von Alexandria, die der Sultan wegen der Türkengefahr erbauen ließ – ein nach italienischen Vorbildern entworfenes, hohes, quadratisches Kastell auf einer felsigen Sandbank und mit einer weiträumigen Umfassungsmauer.

Die Wende zum 16. Jahrhundert brachte dem Morgenland wie dem Abendland tiefgreifende Veränderungen. Im Italien der Renaissance waren neben die älteren Feudalstaaten die Stadtstaaten der Signorien getreten. In Süditalien ging die Macht vom französischen Haus Anjou 1505 auf die Spanier über, während der König von Frankreich sich als Erbe der Herzöge von Mailand in die norditalienischen Angelegenheiten einmischte. Dadurch – sowie wegen seiner Ansprüche auf die deutsche Kaiserkrone – geriet er in scharfe Rivalität zum habsburgischen König von Spanien. In Italien hatte der Florentiner Machiavelli sein Werk über den rein weltlichen Machtstaat geschrieben. Der Machtbegriff erhielt eine neue Dimension, Denken und Politik verliefen in neuen Bahnen. Die Welt stand an der Wende vom Mittelalter zur Neuzeit. Die Impulse, die in Italien mit dem Beginn dieses neuen Abschnitts der Weltgeschichte ausgelöst wurden, strahlten bis über das Mittelmeer und berührten auch das Mamelukenreich.

Von allen italienischen Staaten unterhielt Venedig nach wie vor die engsten Beziehungen zu Ägypten. Immer noch wickelte die Republik, die Genua schon längst als Konkurrenten ausgeschaltet hatte, fast allein den ganzen Mittelmeerhandel ab. Dazu gehörte natürlich auch weiterhin der Seetransport aller Waren zwischen Alexandria und den europäischen Mittelmeerhäfen, auch derjenigen Waren, die von fernöstlichen und indischen Kauffahrern ins Rote Meer gebracht, von ägyptischen Karawanen zum Nil geschleppt worden waren und auf ägyptischen Felludschen nach Alexandria hinuntertrieben, um dort in die Bäuche der venetianischen »Caracas«, der großen Kauffahrtschiffe des 15. und 16. Jahrhunderts, verladen zu werden. Der Doge von Venedig war der mächtigste Handelspartner des Sultans von Ägypten; beide waren, so sehr sie sich auch gegenseitig zu erpressen und zu übervorteilen versuchten, aufeinander angewiesen. Aber Venedig war kein stabiler Partner mehr.

Die Republik beherrschte zwar die Adriaküste von Triest bis nach Ragusa (das spätere Dubrovnik), besaß Korfu, Negroponte (Euböa), Athen, Kreta, die Inseln des Dodekanes und seit 1489 auch Zypern. Sie hatte überall ihre Handelsniederlassungen, neben Alexandria zum Beispiel in der Levante und auf dem Peloponnes, in Tunis, in den Schwarzmeerhäfen und in Istanbul. Aber neben Venedig hatte Florenz mit Pisa als Hafenstadt als Handelsmacht des Mittelmeerraumes in den letzten Jahrzehnten von sich reden gemacht. Vor allem Tuche und Stoffe kamen halbfertig von Brüssel, Gent, Lille und Mechelen dorthin und gelangten als Fertigwaren über Pisa nach Alexandria, wo sie umgeschlagen und nach Kairo weiterbefördert wurden. Florentinische Agenten, die bald als die kompetentesten Kaufleute im Mittelmeer galten, konkurrierten in den großen Khans mit ihren venezianischen Kollegen.

Venedig war eine Kontinentalmacht geworden, deren »Terra ferma« bis vor die Tore von Mailand und Bozen und im Osten bis nach Triest reichte. Eben dies verstrickte die Republik in die kontinentalen Machtkämpfe und in die schärfer werdenden Auseinandersetzungen zwischen Deutschland, Frankreich und Spanien. Venedigs Position als Seemacht wurde dadurch geschwächt. Hinzu kamen die Schwierigkeiten mit dem Osmanischen Reich. Der türkische Sultan liebäugelte mit den venetianischen Besitzungen direkt vor seiner Haustür, in der Ägäis und in Griechenland. Als Handelspartner waren die Türken weitaus störrischer, als es ihre Vorgänger, das griechische und das lateinische Kaiserreich von Byzanz, jemals gewesen waren.

Auch im äußersten Westen, auf der Iberischen Halbinsel, brachte die Jahrhundertwende große Veränderungen: Durch die Vereinigung von Kastilien und Aragon war 1479 das Königreich Spanien entstanden, das jetzt mit vereinten Kräften die letzten Bastionen des Islam im Süden des Landes bekämpfte. Mit dem Fall von Granada im Jahr 1492 siegte die »Reconquista«, und der Islam wurde auf die afrikanische Seite der Meerenge von Gibraltar zurückgedrängt.

Und wie waren die Verhältnisse im Osten beschaffen? Es wurde bereits erwähnt, daß der Dschelairiden-Sultan Ahmed nach dem Tod von Timur Lenk im Jahre 1405 aus seinem Exil in Kairo in das von den Mongolen verwüstete Bagdad zurückgekehrt war. Eine kraftvolle Herrschaft konnte er in dem ausgebluteten Land, das unter den Folgen des Mongolensturms verödet war, jedoch nicht mehr errichten; bald darauf übernahmen die turkmenischen Häuptlinge der »Schwarzen« und der »Weißen Hammel« die Macht. Als Krieger waren sie an geistigen Dingen zwar uninteressiert, aber unter ihrer Herrschaft bahnte sich eine Entwicklung an, die für die Geschichte des Islam und für die Zukunft des Mamelukenreichs von entscheidender Bedeutung war.

In Ardebil, in der Nähe des Kaspischen Meeres, hatte von 1252 bis 1334 ein frommer Scheich namens Safiyudin gelebt, der von sich behauptet hatte, vom siebten Imam der sogenannten Zwölfer-Schiiten abzustammen. Safiyudin hatte einen Derwischorden, die Safaviya, gegründet; seine Scheichwürde ging wie üblich auf seine Nachkommen über. Der Orden besaß eine hohe Ausstrahlungskraft und verbreitete sich unter den Türken und Persern. Ardebil wurde ein vielbesuchter Wallfahrtsort.

Der vierte Nachfolger von Safiyudin dehnte bald nach seiner Amtsübernahme den Glaubenskampf auch auf weltliche Bereiche aus. Unterstützt von seinen Söhnen, betrieb er im Kaukasus eine eifrige Propaganda und wurde binnen kurzer Zeit als politische Kraft von einiger Bedeutung in gleichem Maße bekämpft wie umworben. So gedieh die safawidische Sache, bis der Orden so mächtig war, daß der erst 13jährige Scheich Ismail im Jahre 1499 das Zeichen für den Aufstand gegen die turkmenischen Machthaber geben konnte. 1509 eroberte er Täbris, nannte sich fortan »Schah« und breitete seine Herrschaft über das ganze westliche Persien und über Mesopotamien aus. Damit kam Ismail in die unmittelbare Nachbarschaft zu den beiden Vormachtstaaten des Orients, Türkei und Ägypten.

Mit dem Mamelukenstaat hatte das neu entstandene Safawidenreich keine Schwierigkeiten: die menschenleere syrische Wüste wirkte als Puffer. Wohl aber gab es Probleme mit dem Osmanischen Reich, das sich zum orthodoxen Islam bekannte. Denn die schiitischen Safawiden setzten auch nach ihrer Machtübernahme in Persien ihren Glaubenskampf fort, und sie fanden zahlreiche Anhänger in den Dörfern Anatoliens. Der türkische Sultan ließ diese Schiiten grausam verfolgen; 40000 Anhänger des Schahs wurden getötet oder gefangengenommen. Aber das neue Glaubensbekenntnis wurde damit nicht ausgemerzt, denn seine Wurzeln lagen jenseits der Grenze, in Persien. So lag es nahe, daß sich die Beziehungen zwischen dem Osmanischen Reich und dem jungen Safawidenstaat schnell verschlechterten.

In Kairo wurde diese Entwicklung mit großer Aufmerksamkeit verfolgt. Auf Kait-Bey waren als Sultane dessen Sohn Nasir Mohammed (1496–1498), ein völlig unfähiger und grausamer Herrscher, Sahir Kansuh (bis 1500), Aschraf Dschanbalat (bis 1501) und Adil Tuman-Bey, der nur ein Vierteljahr regierte, gefolgt. Die Machtkämpfe der Emire waren immer turbulenter geworden. Alle Herrscher waren auf die Gnade bestimmter Parteien angewiesen gewesen und hatten sich ihre kurzen Herrschaftsperioden durch Wohlverhalten gegenüber den Emiren erkaufen müssen.

Erst El Ghuri, ein energischer Mann von sechzig Jahren, der im April 1501 auf den Thron gelangte, brachte wieder etwas Ordnung in den von Zerfall bedrohten und von Aufruhr und Bürgerkriegen zerrütteten Staat. Mit drastischen Maßnahmen stellte er in Kairo, wo die mächtigsten Emire residierten, die Ruhe wieder her. Er besetzte die wichtigsten Staatsämter mit Offizieren und Beamten seines Vertrauens, um der Staatsautorität wieder etwas mehr Gewicht zu verleihen. Die Staatskassen waren, als Folge der ständigen Ausplünderungen, leer, und El Ghuri zögerte nicht, den Staatsschatz mit rigorosen Mitteln aufzufüllen: Auf einen Schlag erhob er die Steuern für zehn Monate im voraus, und die Besteuerung, die sich im wesentlichen nur auf den Landbesitz und Handel erstreckt hatte, wurde weiter ausgedehnt. Auf Mühlen und Wasserschöpfräder, Boote und Lasttiere, Juden und Christen, Bedienstete aus den Palästen der Reichen und sogar auf fromme Stiftungen wurden neue Abgaben erhoben. Die Erbschaftssteuern stiegen ins Unermeßliche, die Zölle wurden bis an die Grenze des Tragbaren hochgetrieben, und das umlaufende Geld wurde zugunsten des Staatsschatzes entwertet.

Der Staatshaushalt wurde durch diese Maßnahmen zwar schlagartig saniert, doch Armut und Unzufriedenheit der Bevölkerung hatten wieder zugenommen. El Ghuri verwendete die Einnahmen dazu, seine Streitkräfte zu stärken und die Zahl der Mamelukensöldner zu erhöhen. Er ließ Moscheen und Medressen bauen, die Pilgerstraße nach Mekka instandsetzen und mit zahlreichen Forts zum Schutze der Pilger säumen und die Nildeiche reparieren. Er errichtete Kanäle und Aquädukte und verstärkte die Zitadelle von Kairo sowie die Befestigungsanlagen von Alexandria und Rosetta. Das Geld floß während der Herrschaft dieses Sultans indessen nicht nur in öffentliche Arbeiten, auch der Glanz und Reichtum des Herrschers und seines Hofes erlebte eine höchste Blüte. Nie zuvor war der Hofstaat so prachtvoll und verschwenderisch gewesen, waren die Gewänder der Höflinge so mit Edelsteinen geschmückt, die Speisen am Sultanshof so erlesen gewesen. Nie zuvor hatte es am Kairoer Hof so viele Dichter, Komponisten und Musikanten gegeben. Die europäische Renaissance zeitigte bis in die ägyptische Metropole Wirkung. Die Zitadelle selbst, das »Schloß auf dem Berg«, wie sie von den Einwohnern von Kairo genannt wurde, erstrahlte in fürstlichem Glanz. Die weiten Säle waren mit Marmor gepflastert, und die mit Gold eingelegten Decken der von Marmorsäulen getragenen Gänge schimmerten im Halbdunkel. Vergoldete Brunnen sorgten stets für angenehme Kühle, und in weiträumigen Gärten wurden allerlei exotische Tiere gehalten. Überall herrschte rege Geschäftigkeit, die nur unterbrochen wurde, wenn die Muezzins von den zahlreichen Minaretten mit klagendem Ton zum Gebet riefen oder wenn der Abend sich über die Zitadelle senkte und zahlreiche Fackeln vor den Palästen und Kasernen entzündet wurden, während im Westen, weit hinter den Grabmälern der Pharaonen, die Sonne unterging und die Schutthügel, Windmühlen, islamischen Heiligtümer und Mamelukenfriedhöfe beiderseits der Zitadelle in dunkles Violett getaucht wurden.

Nicht nur die Zitadelle erstrahlte im Glanz spätmittelalterlicher Prachtentfaltung: Jeder der großen Emire hielt in der ägyptischen und syrischen Metropole oder in einer der Provinzhauptstädte fürstlich Hof und umgab sich mit hochgestellten Beys und einem aufwendigen Hofstaat. Der Landbesitz, oft riesige Latifundien, ging zunehmend in erblichen Besitz über, denn kein Sultan wagte es mehr, das Land nach dem Tod eines Emirs einzuziehen und an andere Mamelukenführer zu verteilen. Titel, Macht, Ämter und Ländereien blieben jetzt meist im Besitz bestimmter Familien; eine Art erblicher Adel bildete sich heraus.

Auf dem Höhepunkt dieser Macht- und Prachtentfaltung der herrschenden Mamelukenschicht wurde das Reich plötzlich von einem Schlag getroffen, der den Staat in seinen Grundfesten erschütterte. Er war um so härter, als ihn keiner erwartet hatte. Es war das größte Ereignis der Jahrhundertwende, die Entdeckung der Neuen Welt durch spanische und portugiesische Seefahrer. Im Jahre 1492 hatte der im Dienste Isabellas von Kastilien stehende Genuese Christoph Columbus Amerika entdeckt, eine Tat, die eine ganze Serie von Entdeckungsfahrten auslöste. Schon zuvor waren portugiesische Seefahrer beiderseits von Afrika nach Süden vorgedrungen: Pedro da Cavilha war 1487 in Portugal aufgebrochen und gen Indien gereist. Bei seiner Rückkehr war er an der Ostküste Afrikas bis nach Sofala im späteren Mocambique vorgestoßen. Damit hatte er Ende des 15. Jahrhunderts die äußerste südliche Grenze des Schwarzen Erdteils und den südlichen Rand des islamischen Einflusses erreicht. Zur gleichen Zeit hatten andere portugiesische Seefahrer ihre Entdeckungsfahrten an der Westküste Afrikas etappenweise vorangetrieben. 1486 drang Coao bis zur Walfischbay vor. Damit wäre die beiderseitige Umrundung des neuen Erdteils fast abgeschlossen gewesen, aber noch bestand eine kleine Lücke unentdeckter Küstenregionen vom Kap bis nach Safala, und es sollte weitere zehn Jahre dauern, bis Vasco da Gama das südliche Afrika umrundete und von dort zur Ostküste des Schwarzen Erdteils segelte. Dort fand er in einem der islamischen Häfen einen indischen Lotsen, der ihm 1498 den Weg nach Indien wies.

Mit der Entdeckung des Seewegs um Afrika nach Indien nahm der König von Portugal den großartigen Titel »Herr der Eroberung, der Seefahrt und des Handels mit Äthiopien, Arabien, Persien und Indien« an. Portugiesische Handelsflotten fuhren jetzt am »Kap der Guten Hoffnung« vorbei nach Diu oder Goa in Westindien und kehrten vollbeladen mit Tuchen und Gewürzen, Arzneien, Elfenbein und Edelmetallen auf demselben Wege zurück. Der Anfang portugiesischer Kolonialpolitik in Südasien, der später die Niederländer, Franzosen und Briten folgten, war damit gemacht. Der zeitraubende und wegen der vielen Zölle so teure alte Handelsweg, der von Venedig über das Mittelmeer nach Alexandria, von dort zum Mittleren Nil nach Kus, auf dem Landweg nach Quseir oder gar Aydhab oder Sawakin am Roten Meer und von dort wieder per Schiff nach Südarabien, Persien, Indien und China führte, war mit einem Mal durch die billige Kaproute ausgeschaltet worden. Das muß ein Schlag für Kairo gewesen sein! Spätestens als die Aufträge aus dem Abendland ausblieben, als die großen Handelsherren Europas ihre Warenzüge von Venedig nach Lissabon umleiteten und die Kamelkarawanen am Roten Meer, die arabischen Dhaus in Aden vergeblich auf Fracht warteten, mußte es den venetianischen Handelsherren und den Mameluken-Beys klar geworden sein, was die Stunde geschlagen hatte. Beide Staaten hatten fast über Nacht ihr einträgliches Monopol im Indienhandel verloren.

Diese Herausforderung wurde nicht widerspruchslos und ohne an Gegenmaßnahmen zu denken, hingenommen. Am Rialto entstand der Plan, die Landenge von Suez zu durchstechen und das Mittelmeer mit dem Roten Meer zu verbinden. Der Sultan von Ägypten war damit einverstanden, und der Ausführung stand nichts mehr entgegen. Dann aber bekamen die Venetianer Bedenken: Mehr noch als bisher könnten die Mameluken nach Fertigstellung dieses riesigen Bauprojekts Venedig erpressen. Ob die jetzt so mächtig gewordenen Portugiesen dem Vorhaben tatenlos zusehen würden, war ebenfalls keineswegs sicher. Es blieben also nur Gewaltanwendung oder diplomatische Verhandlungen übrig.

Der Sultan wandte sich an den Papst und drohte mit dem Niederbrennen der Heiligen Stätten in Palästina, falls die Portugiesen nicht sofort ihre Fahrten nach Indien einstellten. Sogar der Abt des berühmten St. Katharinenklosters auf dem Sinai wurde nach Rom geschickt, um zu intervenieren, aber umsonst. Der Papst und die Fürsten Europas wußten nur zu gut, daß der Sultan nach dem Wegfall der Transiteinnahmen mehr denn je auf das Geld angewiesen war, das christliche Pilger nach Jerusalem und Palästina brachten, und daß er aus diesem Grund die Heiligen Stätten bestimmt nicht anrühren würde. So kam es zur unmittelbaren Auseinandersetzung zwischen dem Mamelukenreich und Portugal. Sultan Ghuri hatte sich der Unterstützung einiger Fürsten Südarabiens und des islamischen Königs von Gudscharat, einer Halbinsel an der Westküste von Indien, versichert, und Venedig hatte ihm Holz zum Bau einer schlagkräftigen Flotte geliefert. Das Kriegsziel war kein geringeres, als die Portugiesen ein für allemal aus dem Indischen Ozean zu vertreiben.

Sawakin, das Venedig Afrikas, war eine uralte arabische Handelsstadt, eine Insel im Roten Meer, umgeben von gefährlichen Korallenriffs und vom Dunst des fast bewegungslos daliegenden Meeres, eine weiße Stadt voller schlanker Minarette, pittoresker Zinnen, breiter Kuppeln und mehrstöckiger vornehmer Paläste, deren Einfahrten, wie in Venedig, teilweise nur mit einem Boot zugänglich waren. Hier wohnten die reichen arabischen und sudanesischen Handelsherren, die den Handel des Roten Meers, den Transport der afrikanischen Mekkapilger nach Dschidda und die Verfrachtung schwarzer Sklaven zu den arabischen Sklavenmärkten organisierten. Von allen Seiten trafen die Sklavenkarawanen hier ein, und wie jede andere Ware wurden die von den langen Märschen ausgemergelten Schwarzen in den Laderäumen der arabischen Dhaus verstaut. Doch diesmal war es anders.

Wie in allen Häfen, die das Mamelukenreich am Roten Meer besaß, wurden auch in den Werften von Sawakin mit Hochdruck die für den bevorstehenden Seekrieg benötigten Schiffe gebaut, und zu diesem Zweck wurden die für Arabien bestimmten Sklaven hier festgehalten. Unter glühender Sonne schufteten sie unter der Aufsicht erbarmungsloser Aufseher, deren schwere Nilpferdpeitschen auf ihre Körper klatschten. Ohne Unterbrechung wurde hier gearbeitet. Nachts entzündete man auf den Werften Fackeln, um die Arbeit voranzutreiben, und neue Sklaven ersetzten die unter den Anstrengungen und Entbehrungen tot zusammengebrochenen Schwarzen. So entstand eine große Flotte.

1508 setzte die ägyptische Armada unter ihrem Admiral Hussein Segel und begab sich auf die Suche nach den Portugiesen. Diese hatten die strategisch wichtigen Inseln Sokotra und Hormus besetzt und konnten sich entlang ihrer Handelsschiffahrtsroute auf ein Netz gut befestigter Häfen und Küstenplätze stützen. Dennoch erlitten sie bei den ersten Seegefechten einige Niederlagen; tollkühn brausten die Mamelukenschiffe unter dem Zeichen des Islam heran und rammten die Christenschiffe. Wo immer möglich, gingen die Mameluken längsseits, sprangen mit ihren Krummsäbeln auf die portugiesischen Schiffe und enterten sie. Vor Chaul in Westindien verloren die Portugiesen sogar ihr Flaggschiff mit dem Admiral Lorenco Almeida, dem Sohn eines der beiden portugiesischen Vizekönige von Indien.

Aber den Mameluken war kein langer Triumph beschieden. Ihre Fahrzeuge waren für den Indischen Ozean viel zu leicht gebaut, ihre Besatzungen nur an die geschützten Gewässer des Roten Meers gewöhnt. Den schweren, gut bestückten und mit erfahrenen Seeleuten bemannten Kriegskoggen der Portugiesen, für deren Ausbildung der Infant Heinrich der Seefahrer die erste Seefahrtschule der Welt gegründet hatte, waren sie auf die Dauer nicht gewachsen. Alle ihre Angriffe auf die portugiesischen Küstenbefestigungen am Indischen Ozean schlugen fehl, und nur ein Jahr nach Beginn des Seekriegs holten die Portugiesen zum großangelegten Gegenschlag aus. Vor Diu in Westindien stellte ihre Flotte unter dem Befehl des zweiten Vizekönigs, Admiral de Albuquerque, die Mamelukenflotte, und es kam zur entscheidenden Schlacht – der einzigen großen Seeschlacht der Mameluken und der ersten Seeschlacht zwischen Christen und Moslems. Die Überlegenheit der Portugiesen trat deutlich zutage. In dramatischem Gefecht wurde die ägyptische Flotte geschlagen, wurde Schiff um Schiff in Brand geschossen oder versenkt. Die Hoffnungen auf eine Wiederbelebung des ägyptischen Indienhandels hatten sich damit fürs erste zerschlagen, das Sultanat hatte seinen bisher schwersten Schlag erhalten.

Zwar hatten die Mameluken, nachdem die Portugiesen 1513 vergeblich versucht hatten, die Seemauern von Aden mit Sturmleitern ersteigen zu lassen und dem Sultan von Lahedsch den strategisch bedeutsamen Hafen zu entreißen, ihrerseits zwei Jahre später Teile des südlichen Jemen, die Küstenebene Tihama, Sana'a und Taiz, besetzt. Aber auch sie scheiterten 1515 und 1516, obwohl von türkischen Soldaten mit Feuerwaffen unterstützt, vor Aden bei dem Versuch, den Hafen in Besitz zu nehmen, um von dort aus die portugiesisch-indische Seeverbindung zu unterbrechen. Das Mamelukenreich hatte nun zwar seine größte Nord-Süd-Ausdehnung erreicht, von der syrisch-türkischen Grenze bis zum Südzipfel der Arabischen Halbinsel – aber der Verlust des Monopols auf die Seeverbindung zwischen Europa und dem Mittleren und Fernen Osten wog viel schwerer.

Auch in den nördlichen Gewässern erlitten die Mameluken nur noch Mißerfolge. Immer schon war das Reich ja mehr eine Landmacht als ein Seefahrerstaat gewesen, seine Schiffe waren denen, die an der Nordküste des Mittelmeers gebaut wurden, weit unterlegen, seine Seeoffiziere waren weniger befähigt und besaßen weniger Ansehen als die der mamelukischen Landmacht und verfügten nicht über die nautischen Kenntnisse der Offiziere anderer seefahrender Mittelmeerstaaten. Auch die Küstenbefestigungen entsprachen dieser Vernachlässigung maritimen Denkens: In Ägypten verließ man sich auf die Unpassierbarkeit des Nildeltas, das in einer Breite von dreißig Kilometern mit Papyrussümpfen und Lagunen den geordneten Vormarsch eines Gegners erschwerte. Und an der Levanteküste, an der man stets die Anlandung eines neuen Kreuzzugsheeres befürchtete, hatten die Mameluken in einer Breite von zehn bis zwanzig Kilometern ein »Land der verbrannten Erde« geschaffen und verließen sich auf die Gegenstoßkraft ihrer Kavallerie.

Auf See stießen die ägyptisch-syrischen Schiffe jedoch auf maghrebinische Piraten sowie auf die schnellen Kriegsgaleeren des Johanniterordens von Rhodos, der sich gerne als »Bollwerk der Christenheit« bezeichnete und das nordafrikanische Piratenunwesen bekämpfte, selber aber ebenfalls als »Korsaren Christi« jedes muslimische Schiff, und sei es noch so harmlos und friedfertig, kaperte oder rammte. Gab es doch sogar private adlige Raubunternehmer, die auf eigene Rechnung unter der Flagge mit dem Ordenskreuz und mit Billigung des Großmeisters auf Kaperfahrt gehen durften. 1507 hatte eine gemeinsame Flotte von Portugiesen und Ordensrittern in der Bucht von Ayas (südlich von Ceyhan, Türkei) mit 23 Schiffen eine ägyptische Flotte von 30 Schiffen, darunter das größte Schiff des Sultans, die »Königin der Meere« – ein Fahrzeug mit fünf Decks, das tausend Mann aufnehmen konnte, überfallen. Die Mamelukenschiffe sollten aus der Türkei Holz für den Bau der gegen die portugiesische Indikflotte gerichteten Kriegsschiffe nach Ägypten bringen. Aber den Ordensrittern und Portugiesen war es gelungen, 15 Schiffe, darunter die »Königin der Meere«, zu kapern und die Mittelmeer-Seemacht der Ägypter damit ein für allemal zu zerschlagen.

Den Mameluken blieb keine Zeit, um über ihr Unglück nachzudenken. Die Ereignisse in der Region überschlugen sich, und die nächste Katastrophe kündigte sich bereits an. Die Gefahr kam nun aus dem Norden; dort hatte das Osmanische Reich seine Macht weiter gefestigt und erweitert. Im Jahr 1481 war die Walachei unterworfen und zum Vasallenstaat gemacht worden, 1512 hatten die Türken die Moldau erobert. Anschließend wandten sie sich dem Osten zu und nahmen 1515 Ostanatolien und Kurdistan in Besitz. Drohend tauchten sie jetzt an der syrischen Grenze auf.

Der Zusammenbruch des Reiches

La ilaha, illaha wi mohammedun rasulullah« – »Es gibt keinen Gott außer Gott, und Mohammed ist sein Prophet«. Hundertfach hallte der Ruf der Muezzins am Neujahrstag, am ersten »Muharram« des Jahres 1516, von den Minaretten Kairos. Seit mehr als achthundert Jahren schwebte dieser Ruf fünfmal täglich über die Stadt und vereinte die Gläubigen in den Innenhöfen der Moscheen zum Gebet. Arm und Reich knieten hier nebeneinander, der reiche Kaufmann neben dem vornehmen Rechtsgelehrten und dieser neben dem zerlumpten Bettler, der nachts auf der Straße oder in einer der vielen Ruinen der Stadt schlief. Alle waren sie in der Anbetung Gottes vereint, aber auch in der Furcht vor den Gefahren des heraufziehenden Jahres. Wie immer hatte es am Vorabend des neuen Jahres ein großes Feuerwerk gegeben. Am Neujahrsmorgen waren die Mamelukenkolonnen durch die Stadt geritten und am Schluß der Parade von ihren Pferden gestiegen, hatten sich vor dem Sultan in den Sand geworfen und den Boden vor dem greisen Herrscher geküßt. Die Gesandten fremder Mächte waren gekommen, um dem Sultan die Glückwünsche ihrer Herrscher zu entbieten; der Kalif und die vier Großkadis der vier sunnitischen Glaubensrichtungen hatten, wie üblich, Ehrenkleider vom Sultan empfangen. Alles war so wie in früheren Jahren, und doch spürte jeder den Hauch des nahenden Unheils.

El Ghuri herrschte nun schon im fünfzehnten Jahr. Es war eine Zeit voller Erschütterungen, eine Herrschaft voller Härte gewesen. Immer noch wurden die grausamsten Folterstrafen angewandt, und der Herrscher ging unnachsichtig gegen seine Feinde, aber auch gegen jede Verletzung der Gebote des Korans vor. Gotteslästerer erhielten die Bastonade, Ehebrecher wurden zu Tode gesteinigt. In leichteren Fällen wurden den Delinquenten die Hände abgehackt, Todeskandidaten wurden erdrosselt, ertränkt oder gepfählt, eine besonders grausame Strafe, bei welcher der nackte Verurteilte auf einen angespitzten Pfahl gesetzt und langsam heruntergezogen wurde. Trotz dieser unmenschlichen Strafmaßnahmen besaß El Ghuri keine unumschränkte Autorität. Immer wieder war es zu Revolten gekommen, und oft genug mußte sich der Sultan dem Willen aufsässiger Mameluken fügen, so zum Beispiel wenige Monate vor diesem Neujahrsfest.

Ein Prinzenerzieher, Sunbul, ein wohlhabender und geachteter schwarzer Eunuche, hatte gehört, wie ein Mameluke unflätige Reden führte. Zur Strafe hatte er den Lästerer einer Bastonade unterzogen, und der Mameluk war an den Folgen der Strafe gestorben. Daraufhin hatten sich seine Kameraden zum Aufruhr erhoben und plünderten wie üblich die Läden unschuldiger Kaufleute. Dann zogen sie zur Zitadelle, deren Tore sofort geschlossen wurden. Aber die aufgebrachten Mameluken beruhigten sich nicht. Sie verlangten vom Sultan, daß er ihnen Sunbul ausliefere, oder sie würden in die Innenstadt ziehen und den Suq verwüsten. Dem machtlosen Herrscher blieb nichts anderes übrig, als seinen treuen Diener den Aufständischen zu überlassen, und so wurde der angstschlotternde Schwarze an die Mameluken übergeben. Flehentlich versprach er den Mameluken all sein Geld, wenn sie ihn verschonten; es half nichts, sie zersägten seinen Körper in zwei Teile.

Diese inneren Erschütterungen wurden jedoch von der Türkengefahr überragt. Auf Sultan Bayazid II. war 1512 Selim I. als Osmanischer Herrscher gefolgt, ein ausgesprochen kriegerisch veranlagter, auch persönlich furchterregender Sultan. Selims Machtübernahme war von einem Bürgerkrieg begleitet gewesen, in dem sein Bruder Ahmed gegen ihn revoltiert hatte. Selim hatte den größten Teil des Heeres hinter sich und konnte den Aufruhr schließlich niederschlagen. Er ließ Ahmed und seinen zweiten Bruder Korkud hinrichten sowie fünf Neffen, in denen er ebenfalls eine Gefahr für seinen Thron sah, strangulieren. Wie alle seine Vorgänger wandte er sich nun der weiteren Machtausdehnung des Osmanischen Reiches zu. Der Aufstieg des Osmanischen Reiches erfolgte fast zwangsläufig, denn an der Peripherie des Abendlands, im östlichen Mittelmeerraum, war das nach dem Untergang des Oströmischen Reichs entstandene Machtvakuum bislang von keiner anderen Macht ausgefüllt worden. Das Abendland, in sich zerstritten, hatte seine Interessen zurückgeschraubt, nicht einmal Träumer dachten jetzt an einen neuen Kreuzzug. Die Mongolen waren an den Mameluken gescheitert, die Mameluken wiederum hatten in Ermangelung einer Reichsidee die Chance verpaßt, die Nachfolge von Byzanz anzutreten. Ihr Staat war, obwohl nur ein Vierteljahrtausend alt, vorzeitig verfallen und zeigte schon beachtliche Auflösungserscheinungen.

Selims Interesse war auf die Länder im Süden und Südosten seines Reiches gerichtet, und einige Ereignisse, die er als Provokation empfinden mußte, mochten seiner weitgesteckten Zielsetzung entgegenkommen: Der Schah von Persien, der Safawide Ismail, stellte nämlich mit seiner schiitischen Glaubenslehre eine zunehmende Gefahr für das Osmanische Reich dar. Und nicht nur das – Ismail hatte auch Selims hingerichteten Bruder Ahmed unterstützt und dessen Sohn Murad bei sich aufgenommen. Selim sah deshalb die Gelegenheit für einen Vergeltungsschlag, für einen Feldzug nach Persien gekommen. In Abulusteyn, dem heutigen Elbistan in Südanatolien, zog er unter Führung seines Heerführers Sinan Pascha seine sieggewohnten Armeen zusammen. Den Kern bildeten wiederum die gefürchteten Janitscharen, aber auch die anderen Einheiten besaßen höchste Schlagkraft. Dreihundert Geschütze begleiteten das Heer, und die Infanterie war mit Musketen ausgerüstet. Dieser modernen Armee hatten die Safawiden nur ihre mittelalterliche Kavallerie und eine Infanterie entgegenzusetzen, die noch mit Pfeil und Bogen kämpfte.

Die Chancen standen von vornherein deshalb für die safawidische Sache schlecht; nur starke Verbündete konnten Schah Ismail vor der drohenden Niederlage retten. Aber gab es solche Verbündete, gab es Mächte mit gleichen Interessen? Diese Alliierten gab es. Auch den Mameluken wurde die nördlich der syrischen Grenze operierende türkische Armee immer unheimlicher, und man mochte in Kairo wohl ahnen, gegen wen sich Selim nach einem Sieg über die Safawiden wenden würde.

Sultan Ghuri war jetzt ein alter, unentschlossener Mann; zu sehr lastete die von den Portugiesen herbeigeführte Katastrophe auf dem Reich. El Ghuri untersagte zwar seinem Vasallen in Dhu el Kadr, die Osmanen zu unterstützen, traf zögernd auch einige Kriegsvorbereitungen und hoffte insgeheim wohl auf einen Sieg der Safawiden; zugleich nahm er aber auch Verhandlungen mit den Osmanen auf. Jedenfalls nutzte er nicht die einmalige Chance, sich mit den Safawiden, zu denen er gute Beziehungen unterhielt, militärisch zu vereinen. Damit gab er Selim indirekt das Signal, in Persien einzufallen. Der türkische Sultan zog 1514 gegen das Zentrum der safawidischen Macht in Aserbeidschan und schlug Schah Ismail am 23. August in einer großen Schlacht nördlich des Urania-Sees bei Tschaldiran. Nach diesem Sieg besetzte Selim mühelos weite Teile von Mesopotamien und Armenien und drang Anfang September in Täbris, Ismails Hauptstadt, ein. Persien war damit entscheidend geschlagen, und die Gefahr des Schiitismus war vorerst für die Türkei gebannt. Dennoch gedachte Selim zunächst, seinen Feldzug fortzusetzen, denn das Safawidenreich war noch nicht völlig zerschlagen, und der türkische Sultan wollte einer Wiederbelebung des Schiitismus rechtzeitig vorbeugen*.

Aber die unsichere, im Grunde genommen zweideutige Haltung des Sultans von Ägypten zwang ihn zur Vorsicht. Spione hatten ihn von den – wenn auch zögerlichen – Kriegsvorbereitungen der Mameluken unterrichtet, und Selim war sich der Gefahr bewußt, die drohte, wenn er abgeschnitten von Anatolien einen Zweifrontenkrieg führen mußte. In diesen Bedenken wurde der türkische Sultan noch bestärkt, als das Mamelukenreich nun allmählich eine Haltung einnahm, die er als feindlich empfinden mußte. Der Sultan von Ägypten erlaubte nämlich Flüchtlingen aus der Türkei die Durchreise durch das Mamelukenreich und gewährte einigen flüchtigen Prinzen aus dem Hause Osman Asyl und Obdach. Selim mußte annehmen, daß der Herrscher von Dhu el Kadr den Osmanen nicht ohne Weisung des Kairoer Hofes die Unterstützung versagt hatte und daß El Ghuri geheime Verbindungen zu Schah Ismail unterhielt. Selim verließ deshalb Täbris nach wenigen Tagen und kehrte mit reicher Kriegsbeute nach Südanatolien zurück.

Für Ägypten war die Lage damit noch gefährlicher geworden. Gerüchte drangen nach Syrien durch, daß das Osmanische Heer sich auf einen Einfall in das Mamelukenreich vorbereitete; Boten jagten durch Syrien und Palästina nach Kairo und berichteten von türkischen Aufmärschen. Als unmißverständliche Geste schickte Selim an El Ghuri das abgeschlagene Haupt des Herrschers von Dhu el Kadr, um zu demonstrieren, wie er mit den Vasallen des Mamelukensultans verfuhr. Dunkle Wolken zogen also im Nordosten des Reiches auf; El Ghuri konnte die Hände nicht weiter im Schoß behalten. Die Aufstellung einer den Türken ebenbürtigen Armee bereitete jedoch beträchtliche Schwierigkeiten. Es war nicht genügend Geld vorhanden, und eine endlose Zeit des Feilschens mit den Mameluken verging. Nur fünfzehn der sechsundzwanzig mächtigen Tausender-Emire, die es zu dieser Zeit gab, waren schließlich bereit, den Sultan in einen Krieg zu begleiten. Die anderen stellten ihre eigenen Interessen in den Vordergrund und entzogen sich der Autorität des Sultans. Zum Teil waren sie auch keine befähigten Mamelukenkommandeure mehr, sondern nur noch bequeme Landedelleute und hohe Hofbeamte. Schließlich erließ der Sultan für alle in den Gefängnissen sitzenden Verbrecher eine Amnestie und rekrutierte die Freigelassenen für die Armee. Auf diese Weise kam doch noch eine beachtliche Streitmacht zusammen.

An einem sonnigen Tag im Mai des Jahres 1516 stand die Armee zur Musterung bereit, und es wurde die Anzahlung des Kriegslohns verteilt. Unter Trommelwirbel und Fanfarenklängen trabten die Kolonnen der Mameluken sodann von der Zitadelle zur Stadt hinunter, ritten durch das Suele-Tor und durchquerten eng aufgeschlossen das Stadtinnere. Dicht drängten sich die Zuschauer in der Beyn el Kasreyn, der uralten Hauptstraße; auf den Dächern der Häuser standen die schwarz verschleierten Frauen und stießen mit schnellem Zungenschlag ihre schrillen Freudenschreie aus. Zuversicht hatte die Bevölkerung und die Armee wieder erfaßt, und mit gewohntem Stolz ritten die Mameluken durch das Siegestor aus der Stadt und lagerten zum letzten Mal unter den Mauern der Stadt.

Dann kam der lange Marsch nach Syrien. Der greise Sultan, in schwarzem Mantel und Turban, der Kleidung des Herrschers, ritt der Armee voraus, zu seiner Rechten der Kalif El Mutawekkil III. (seit 1498), gefolgt von einem großen Stab von Rechtsgelehrten. Denn El Ghuri hoffte trotz seines kriegerischen Aufmarsches insgeheim auf eine friedliche Verständigung mit den Osmanen und ließ öffentlich verbreiten, daß er nur auszöge, um mit Hilfe des Kalifen und der Juristen im Streit zwischen den Osmanen und den Safawiden zu vermitteln – eine Behauptung, die den türkischen Sultan freilich überhaupt nicht beeindruckte. In schillernder Farbenpracht zog die ägyptisch-syrische Armee in den Krieg. Die Chronisten machen keine genauen Angaben über die Stärke des Heeres. Allein die Zahl der berittenen Truppen schwankte zwischen 5000 und 14000 Reitern. Hinzu kamen noch Fußvolk und Troß, frei geworbene Söldner und die Kontingente der syrischen Beduinenstämme.

Wie im Europa des ausgehenden Mittelalters waren im Orient die Armeen in ihrem Erscheinungsbild glanzvoller, die Kleider der Soldaten bunter und kostbarer geworden. Zugleich hatte sich auch bei den Mameluken eine gewisse Uniformität der Kriegsbekleidung durchgesetzt: Zu einer enganliegenden Jacke, die vorne von dicht aneinanderliegenden Knöpfen oder Haken zusammengehalten wurde, trugen die Mameluken jetzt weite Pluderhosen und einen vorne offenen, im Winde wehenden Burnus. Den Kopf zierte eine hohe Kappe, um die ein buntes Band geschlungen und an die, bei Offizieren, eine Feder geheftet war.

Den Kern des Heeres bildeten immer noch die zum persönlichen Besitz des Sultans und der Emire zählenden Reitergeschwader der Mameluken, die in Abteilungen unterteilt waren, welche von Beys geführt wurden, stolze, selbstbewußte Regimenter, die, mit klingendem Spiel und angefeuert von fanatischen Derwischen, unter bunten Fahnen dahertrabten. Diese Reiter waren rauhe Gesellen, aber hervorragend im Kriegshandwerk ausgebildet. Als Kinder islamischer, christlicher oder heidnischer Eltern waren sie aus den Balkanländern und dem Gebiet um das Schwarze Meer zusammengekauft und von spezialisierten Menschenhändlern auf Galipoli zu Schiffstransporten zusammengestellt worden. Am teuersten waren jetzt im allgemeinen die Tataren, für die bis zu 140 Dukaten gezahlt wurden. Ihnen folgten tscherkessische Jungen, die bis zu 120 Dukaten einbrachten, Griechen, die etwa 90 Dukaten kosteten, sowie Albaner und andere, die für 60 bis 70 Dukaten verschleudert wurden. Diese Jungen wurden in Kairo als Kadetten zu Klassen zusammengefaßt und unter der Leitung kriegserprobter Veteranen und asketischer Geistlicher einer harten Ausbildung unterzogen, die mit einer Besichtigung durch den Sultan abschloß. Am Ende dieser Militärschulung waren sie harte, unerbittliche Krieger und überzeugte Gläubige.

Den Mamelukenregimentern folgten jene Abteilungen, in denen die Nachkommen von Sklavensoldaten dienten, die einheimische Frauen geheiratet hatten. Dann kamen, im Ansehen tiefer stehend, Regimenter schwarzer Sklaven, schließlich eine Art Miliz, die aus ausgehobenen Landesbewohnern und fremden Söldnern, zum Beispiel turkmenischen Nomaden, bestand. Um dieses buntgewürfelte Heer schwärmten auf ihren hochbeinigen Kamelen Beduinen, die auf Kriegsbeute hofften und sich deshalb dem Feldzug angeschlossen hatten. Es gab zwar in Ägypten nach den wiederholten Beduinenmassakern kaum noch geschlossene, größere Stämme, aber im Sinai und in Syrien fand sich so mancher Scheich, der die Krieger seines Stammesgebiets gesammelt hatte und nun dem Sultan gegen Beuteversprechen zuführte, im übrigen aber schon den Aufmarsch des Heeres zum Beutemachen, zu Diebstahl und Raub nutzte.

So sehr sich die Mameluken im äußeren Erscheinungsbild verändert hatten, in ihrer Bewaffnung war die Armee altmodisch geblieben und damit den Osmanen gegenüber von vornherein im Nachteil. Und dabei waren sie einstmals die ersten Orientalen gewesen, die bereits um 1370 Gebrauch vom Schießpulver gemacht hatten, während die Türken erst etwa 1420 von den Europäern die Anwendung von Feuerwaffen erlernt hatten. Arabische Quellen berichten von Kanonen, die es bereits 1365 in Alexandria und 1376 in Kairo gegeben haben soll. 1432 hatte ein französischer Reisender berichtet, daß er in der Zitadelle von Beyruth Kanonen gesehen habe. Aber die letzten Sultane, vor allem El Ghuri, waren in starren, ritterlichen Ehrbegriffen verfangen und hatten der Reiterei, dem Säbel, der Lanze und dem Bogen stets Vorrang eingeräumt. Nur einige Milizen und Hilfstruppen waren mit den verachteten Feuerwaffen ausgerüstet.

Im Juni kam die Armee in Damaskus an und wurde von der Bevölkerung triumphal empfangen. Noch einmal zeigte sich das Mamelukenreich in seiner schillernden Pracht. Verstärkungen aus den Provinzen Syriens trafen ein, und man traf letzte Vorbereitungen für die Entscheidungsschlacht. Aber Untergangsstimmung und Todesahnung lagen dennoch in der Luft, denn die Mameluken wußten, gegen wen sie aufmarschiert waren. Deutlich genug hatte das junge Osmanische Reich seit der Eroberung von Konstantinopel seine gewaltige militärische Schlagkraft und seinen Expansionsdrang unter Beweis gestellt. Im Norden, im Balkan, war es mittlerweile etwas ruhiger geworden. Waren jetzt der Nahe und Mittlere Osten an der Reihe?

In der glühenden Hitze des syrischen Hochsommers verließ die Mamelukenarmee unter Wolken feinen, aufgewirbelten Wüstenstaubs bald die schützenden Mauern von Damaskus und zog weiter nach Norden, nach Aleppo, wo sie im August ankam. Nun nahmen die Ereignisse einen schnellen, dramatischen Verlauf: Eine Gesandtschaft des türkischen Sultans traf mit der Versicherung Selims ein, daß er keinerlei Angriffsabsichten gegen das Mamelukenreich hege, sondern weiterhin gegen Persien Krieg zu führen gedenke. El Ghuri schenkte dieser Zusicherung wohl keinen Glauben, schickte aber seinerseits zwei Gesandte zu Selim, die im Krieg gegen Persien vermitteln sollten. Diplomat in diesen Zeiten und in diesen Ländern zu sein, war für die Betroffenen höchst ehrenvoll – die Krönung solcher Missionen war aber oft genug, wie schon früher angedeutet, eine schlichte Hinrichtung. Selim nahm den Vorschlag des ägyptischen Sultans jedenfalls nicht an und ließ einen der beiden Gesandten töten. Dem anderen ließ er – eine grobe Demütigung – den Bart abrasieren und schickte ihn auf einem Maultier mit einer förmlichen Kriegserklärung zu El Ghuri zurück. Der Krieg war nicht mehr zu vermeiden.

El Ghuri verließ mit seinen Truppen die hoch über der Stadt thronende Zitadelle von Aleppo, eine der stärksten Festungen des Orients. Sie wäre uneinnehmbar gewesen, wenn die Ägypter einige Geschütze gehabt hätten, um die türkische Artillerie auf Distanz zu halten. Ohne Kanonen war die Festung aber eine tödliche Falle, schutzlos dem türkischen Beschuß ausgeliefert. Die Mameluken mußten alleine deshalb schon die offene Feldschlacht suchen. Sie mußten das Feuer der gegnerischen Geschütze, dem sie nichts entgegenzusetzen hatten, unterlaufen und den Feind zum Nahkampf zwingen.

Was hätten sie zudem in der Zitadelle bewirken können, wenn Selim Aleppo einfach umgangen hätte und auf Damaskus marschiert wäre? Schließlich waren sie ja nicht in Nordsyrien aufmarschiert, um die Festung von Aleppo zu verteidigen, sondern um die türkische Armee zu vernichten und damit die Gefahr aus dem Norden völlig auszuschalten. Darüber hinaus hatten sie den weiten Anmarsch auf sich genommen, weil die aus etwa 6000 Mann bestehende Garnison von Aleppo dem ägyptischen Sultan schon seit längerem als ein Unsicherheitsfaktor galt. Denn der Statthalter von Aleppo, im Rang eines Vizekönigs, unterstand der komplizierten Militärhierarchie des Mamelukenstaates zufolge dem in Damaskus residierenden Vizekönig von Syrien nur formal; seine Loyalität gegenüber dem Sultan im fernen Kairo war mehr als zweifelhaft. Hinzu kam, daß die Mameluken in Nordsyrien überwiegend turkmenischer Abstammung und damit blutsverwandt mit den Türken waren. Das alte System, den Nachwuchs auf den Sklavenmärkten weit entfernter Länder zu rekrutieren, mochte in Kairo zwar noch funktionieren, nicht aber in den Randgebieten des Reichs, wo die hierfür erforderlichen Verbindungen fehlten und man deshalb auf die näher gelegenen Grenzgebiete zurückgriff.

Am Sonntag, dem 24. August, prallten die beiden Armeen nördlich von Aleppo in der Ebene von Marg Dabic zusammen. Es gab eine heftige, aber nur kurze Schlacht. So heldenhaft die Mameluken auch kämpften – sie wurden von den Feuerwaffen der Osmanen einfach niedergemäht. Es gelang ihnen zwar im Nahkampf, einige dieser kostbaren Wunderwaffen zu erobern, den Ausgang der Schlacht konnten sie jedoch dadurch nicht mehr für sich entscheiden.

Zwei andere, noch bedeutsamere Geschehnisse führten dazu, daß sich die anfänglichen Mißerfolge schnell zur Katastrophe ausweiteten. Zum einen war dies der Verrat des Statthalters von Aleppo, Kheir-Bey, der mitten in der Schlacht mit seinen nordsyrischen Truppen zu den Osmanen überlief und damit die linke Flanke der Mamelukenarmee aufriß. Möglicherweise hatte er schon vor Kampfbeginn mit Selim in Verbindung gestanden und nur noch auf einen günstigen Augenblick gewartet. Zweifellos stellte der Übertritt der Nordsyrer zu den Türken einen verwerflichen

Vertrauensbruch gegenüber ihren Kameraden dar. In den Augen der syrischen Emire, denen in allen Rangstufen seit jeher nur etwa zwei Drittel der Einkünfte ihrer ägyptischen Genossen zustanden, folgte der Verrat vermutlich nur konsequenter Söldnerlogik. Für diese etwa fünfunddreißig Emire aller vier Klassen zählte nicht der ägyptisch-syrische Staat, sondern nur ihr Korps, und es ist nicht ausgeschlossen, daß sie vom türkischen Sultan Zusicherungen erhalten hatten, daß ihre Einheiten geschlossen in das türkische Heer übernommen würden. Das zweite Unglück war der Tod des alten Mamelukensultans, der während der Schlacht plötzlich einen Schlaganfall erlitt und tot vom Pferd sank. Beide Ereignisse verbreiteten sich in Windeseile als Schreckensnachrichten in den Reihen der Mameluken. Ihre aufgerissene Schlachtordnung wankte, und innerhalb weniger Minuten kam es zu Panik und kopfloser Flucht. Kein Mamelukenführer war unter den stets zerstrittenen, einander mißtrauenden Emiren, der genug Autorität gehabt hätte, die Flüchtenden aufzuhalten, neu zu ordnen und nochmals in den Kampf zu führen.

Die Berichte über die unglückliche Schlacht von Marg Dabic verbreiteten sich auch über Syrien und Ägypten und erreichten bald die in Kairo zurückgebliebenen Emire. Noch nie war die Lage des Reichs so kritisch gewesen, hatte der Staat in so gefährlicher Lage führerlos dagestanden. Während die geschlagene Mamelukenarmee in völliger Auflösung durch Syrien nach Ägypten zurückflutete und Selim mit 130000 Soldaten Damaskus kampflos in Besitz nahm, bemühten sich die Emire in Kairo, in aller Eile einen neuen Sultan zu wählen. Von den 26 Tausender-Emiren des Reiches hatten, wie erwähnt, elf nicht am Feldzug in Syrien teilgenommen, sondern waren in Ägypten geblieben – das Schicksal des Reichs lag bis zur Wahl eines neuen Herrschers in ihren Händen.

Aschraf Tuman-Bey, ein Mann in mittleren Jahren und von hoher Gestalt, besaß unter den in Frage kommenden Mamelukenführern das höchste Ansehen. Er galt als ein aufrechter und unbestechlicher Emir, der mutig war, ohne tollkühn zu sein, und der seine eigenen Belange stets den Interessen des Staates untergeordnet hatte. Als ehemaliger Sklave und Page von Sultan El Ghuri hatte er so sehr das Vertrauen des Herrschers gewonnen, daß dieser ihn zu seinem Adoptivsohn bestimmt hatte; in einer glänzenden Laufbahn hatte er sich bis zum Vizekönig von Ägypten hochgedient. Er war nicht, wie einige andere Emire der ersten Klasse, aus Feigheit oder Bequemlichkeit in Kairo zurückgeblieben, sondern weil sein Amt als Stellvertreter des Sultans dies gebot. Tuman-Bey war der vornehmste unter den Emiren, und viele von ihnen hatten schon seit langem angenommen, daß dieser charakterfeste, besonnene Offizier einmal als Sultan das Reich zu neuem Glanz führen würde. So trugen ihm die Großen des Reiches – von denen sicher einige in weniger gefährlichen Zeiten selbst in gewohnt gewalttätiger Weise die Hand nach der Macht ausgestreckt hätten – einmütig die Herrscherwürde an.

Tuman-Bey zögerte zunächst, die Sultanswürde anzunehmen. Vielleicht fühlte er, daß der Untergang des Reichs jetzt unabwendbar war, und scheute sich, zum Hauptakteur der letzten Szene in der Tragödie zu werden. Der ungebrochenen Schlagkraft der Osmanischen Armee hatten die Mameluken nicht mehr viel entgegenzusetzen. In Kairo waren nur wenige schwache Mamelukeneinheiten geblieben, überwiegend Militärzöglinge, und die kleinen, ungeordneten Trupps, die aus Syrien zurückströmten und vor den Mauern der Stadt anlangten, waren keine Armee mehr. Sie waren demoralisiert; der Schreck von Marg Dabic saß ihnen tief im Nacken. Es gab keine Reserven mehr, zu neuen Rekrutenaushebungen in Oberägypten fehlte die Zeit, und die Bevölkerung des Nildeltas und der Hauptstadt war von Angst und Panik erfaßt. Eindringlich beschworen die Emire Tuman-Bey in dramatischen Ratssitzungen, sich jetzt, in der Stunde der höchsten Not, nicht dem Ruf zur Verantwortung zu entziehen. Tuman-Bey gab schließlich sein Jawort, nachdem ihm die Mameluken unverbrüchliche Treue bis in den Tod und die Emire ihre uneingeschränkte Loyalität zugesagt hatten. Sein Herrschertitel enthielt den traditionellen Passus »Besitzer der ägyptischen Länder, Syriens, der Küstenfestungen und des Hedschas«. Wie üblich, wurde seine Wahl durch den Kalifen förmlich bestätigt.

Wie es um die beschworene Treue und Gefolgschaft der Mameluken bestellt war, sollte sich schon bald erweisen. Als erstes verlangten sie trotz der leeren Staatskassen rücksichtslos ihren Sold. Würden sie nicht bezahlt, so drohten sie, kämpften sie auch nicht mehr. Als alle Verhandlungen nichts halfen und die allgemeine Gereiztheit gefährlich zunahm, rieten einige Emire, die wertvollen Kirchenschätze und öffentlichen Kunstschätze zu verkaufen, um Gelder für die Besoldung flüssigzumachen. Dies lehnte der fromme und geradlinige Sultan jedoch ab, worauf viele ältere Mameluken Kairo verließen und nach Oberägypten zogen.

Auch um die Treue der Emire war es, aller Versprechungen und des Ernstes der Stunde zum Trotz, nicht besser bestellt. Unmittelbar nach Tuman-Beys Thronbesteigung im Oktober 1516 trafen zwei Gesandte Selims in Kairo ein. Der türkische Sultan bot Tuman-Bey Frieden an, wenn der Mamelukensultan bereit wäre, die Osmanische Oberhoheit über das Mamelukenreich anzuerkennen und sich mit der Würde und dem Amt eines ägyptischen Vizekönigs von Selims Gnaden zu begnügen. Tuman-Bey war angesichts der aussichtslosen Lage, in der er sich befand, durchaus geneigt, auf dieses Angebot einzugehen. Was blieb ihm auch anderes übrig? Aber hier sollte sich wieder einmal der starre Eigensinn der Emire zeigen. Sie, die El Ghuri nicht in die Schlacht gefolgt waren, als noch einige Erfolgsaussichten bestanden hatten, nahmen jetzt eine Haltung des »Alles oder Nichts« ein und zwangen ihren Sultan, die Vorschläge des osmanischen Herrschers abzulehnen. Gegen Tuman-Beys Willen wurden die Gesandten, liebgewordener Gewohnheit folgend, am Bab Suele aufgehängt.

Über all den unwürdigen und törichten Querelen war viel Zeit verstrichen, und Selim war mit seinen Truppen weiter vorgerückt. Das nächste Ziel war Jerusalem. »Qouds«, wie diese Stadt auf arabisch (abgeleitet von »muqaddas« = heilig) hieß, war zu dieser Zeit ein unbedeutender, verträumter Provinzort, der einst dem mamelukischen Vizekönig von Damaskus unterstanden hatte. Längst hatte sie die Bedeutung, die sie in der Antike besaß, verloren, und auch vom Glanz der arabischen Zeit zwischen dem 8. und 10. Jahrhundert und ihrer späteren Bedeutung als erste Residenzstadt der Kreuzfahrer war nicht mehr viel übrig geblieben. Hier lebten die Angehörigen der drei großen Religionen, Moslems, Juden und Christen, friedlich neben- und miteinander, tolerierten sich und verdienten einträglich am Geschäft mit den Pilgern. Hierher zogen sich die arabischen Aristokraten, islamischen Würdenträger, christlichen Patriarchen und aus dem Dienst ausgeschiedenen hohen Mamelukenoffiziere zurück, um ihre letzten Jahre in der Nähe der heiligen Stätten zu verbringen, ihre Dotationen und Pensionen in beschaulicher Ruhe genießen zu können – eine Stadt der Snobs, die mit Hochmut auf ihre Umgebung herabschaute. Diese Stadt nahm Selim nun in Besitz, sie hatte für den Osmanenherrscher besondere Bedeutung.

Selim, von seinen Zeitgenossen von furchterregendem Äußeren dargestellt, war zwar ein ausgesprochener Machtmensch von unbeugsamer Härte, dessen zahlreiche Hinrichtungen ihm den Beinamen Yavuz (»der Unnachgiebige«) eingebracht hatten. Aber er verfolgte auch ausgesprochen religiöse Ziele. Ihm wird nachgesagt, daß er die panislamische Idee geprägt habe, und es scheint, daß er alle islamischen Länder unter seiner Herrschaft hat vereinen wollen – zumindest die orthodoxen sunnitischen Länder. In seiner Sicht waren die Mameluken Glaubensverräter, weil sie als bisherige Vormacht der Sunniten mit den persischen Schiiten gegen ihn paktiert hatten. Es ging ihm deshalb bei der Auseinandersetzung mit den Mameluken, den Hütern der drei heiligen Städte Mekka, Medina und Jerusalem, auch darum, der Sunna eine neue Führungsmacht zu geben. Auf Selim ist die endgültige und klare Abgrenzung der arabischen Sunna vom persischen Schiitismus zurückzuführen, und indem er den Mameluken eine der drei heiligen Städte des orthodoxen Islam entrissen hatte, kündigte er seinen Anspruch als künftige sunnitische Schutzmacht an.

Noch befanden sich die beiden anderen heiligen Städte Mekka und Medina unter mamelukischer Kontrolle. Aber die osmanischen Streitkräfte rückten weiter vor, und die Mameluken hatten die Gelegenheit versäumt, Selim am Verlassen der für seine Armee auf längere Zeit tödlichen Sinai-Wüste zu hindern. Am 22. Januar 1517 standen die Türken bereits im Nildelta, hart nördlich von Kairo.

Erst jetzt traten ihnen die mamelukischen Truppen aus Kairo entgegen, und es kam außerhalb der Stadtmauern, bei Raidaniya, zum Gefecht. Die weit unterlegenen Mameluken griffen das osmanische Heer tapfer an, und Tuman-Bey gelang es sogar, gefolgt von wenigen besonders verwegenen Getreuen, bis zum Prunkzelt des türkischen Sultans vorzustoßen. Aber über den Ausgang der Schlacht konnte es von vornherein keinen Zweifel geben, und die

Mameluken mußten sich schließlich hinter die Mauern von Kairo zurückziehen. Wie ein Hohn klingt es, daß die Mameluken durch die Nordosttore der Stadt mit den Namen »Tor des Sieges« (Bab en Nasr) und »Tor der Eroberungen« (Bab el Futuh) zurückhasteten. Was hatte sie überhaupt veranlaßt, außerhalb der Stadtmauern die entscheidende Auseinandersetzung mit den Türken zu suchen? Es entzieht sich jedem militärischen Verständnis, daß sie, unterlegen wie sie waren, die schützenden Stadtmauern verließen. Noch erfolgversprechender wäre gewesen, sich rechtzeitig in das für den Gegner unübersichtliche Nildelta oder in das leicht zu sperrende obere Niltal zurückzuziehen, um von dort, aus gesicherter Versorgungsbasis, einen Abnutzungskrieg gegen die türkische Armee zu beginnen. Die Situation vor Kairo war nicht mit jener von Aleppo zu vergleichen, wo die Gegner annähernd gleich stark waren und die Vernichtung der türkischen Armee durchaus realistisch war. Vermutlich verführte ein letzter Rest des alten ritterlichen Kampfgeistes die Mameluken zur offenen Feldschlacht, hieß sie die Verteidigung beziehungsweise einen hinhaltenden Abnutzungskrieg verschmähen. Sie hatten sich noch nie in ihrer Geschichte verteidigt.

So waren sie denn auch in der Verteidigung von Kairo nicht erfolgreich. Die Stadtmauern und Befestigungen waren bald von der türkischen Artillerie zertrümmert, und am 30. Januar drangen die Janitscharen, über die Mokattamberge kommend, in die Stadt ein. Ein fürchterlicher Straßenkampf entbrannte, und beide Seiten fochten heldenhaft um jeden Meter Boden. Die ganze Stadt war vom Geschrei der Kämpfenden, vom Wehklagen der Sterbenden, vom dumpfen Dröhnen der Trommeln und von Musketenschüssen erfüllt; Blutgeruch hing in den engen Gassen. In verschiedenen Stadtteilen brach Feuer aus, und die Menschen, die sich teilweise in den Häusern verbarrikadiert hatten, erstickten fast im Rauch. Wenn die Verteidiger der Häuser das Feuer überlebten, wurden sie von den wutentbrannten Janitscharen, soweit sie nicht entkamen, als Gefangene zusammengetrieben und gruppenweise aneinandergebunden. Viele solcher Menschenbündel wurden mit den Füßen an Kamele und Pferde gefesselt und durch die Stadt geschleift.

Mehr und mehr brach der Widerstand der erschöpften Mameluken zusammen. Sie flüchteten aus der Stadt oder gaben einfach auf. Ein grausames Blutgericht folgte; Hunderte von Gefangenen wurden in den mit Blutpfützen bedeckten Straßen auf der Stelle hingerichtet. Tuman-Bey hatte dem Gemetzel mit knapper Not entrinnen können, während der Kalif in Selims Gefangenschaft geraten war. Der Mamelukenherrscher wußte, daß der Kampf, der von vornherein nicht sehr aussichtsreich gewesen war, jetzt entschieden war. Es mußte ihn mit Bitterkeit erfüllen, daß die hochmütigen Eigenmächtigkeiten einiger seiner Emire, die ihm kurz zuvor noch unverbrüchliche Treue geschworen hatten, eine ehrenvolle Kapitulation Ägyptens verhindert hatten.

Aus dem Kampfgetümmel kommende Boten berichteten ihm, daß einige dieser Emire gefallen waren. Andere waren rechtzeitig geflüchtet, und wieder andere suchten mit ihren überlebenden Gefolgschaften den Herrscher auf und versicherten ihn erneut ihrer Treue bis in den Tod. Trauer und Stolz erfüllten den Herrscher, und er beschloß, den Untergang des Mamelukenreichs vor Augen, den Kampf fortzusetzen und sich erneut an die Spitze der Todgeweihten zu stellen. Außerhalb der Stadt sammelte er alle Flüchtenden sowie Hunderte von Beduinen und versuchte noch einmal, eine Wende herbeizuführen. In einem kühnen Gegenangriff stieß er mit seinen Getreuen bis in das Zentrum der von den Kämpfen verwüsteten Stadt vor und warf die Türken auf ihr Feldlager in Bulak, der Kairoer Hafenstadt am Nil, zurück. Doch dieser Erfolg war nur von kurzer Dauer. Schon am nächsten Morgen wurden die Mameluken wieder aus Kairo vertrieben.

Sultan Selim scheint von der Tapferkeit seines königlichen Gegners sehr beeindruckt gewesen zu sein, denn er schickte eine weitere Delegation, der neben den türkischen Gesandten auch die vier Kairoer Kadis angehörten, in das Feldlager von Tuman-Bey, um über eine Unterwerfung des Mamelukensultans zu verhandeln. Aber wieder trafen einige der noch überlebenden Emire hinter dem Rücken ihres Herrschers die Entscheidungen und betrogen Tuman-Bey. Um die Verhandlungen unmöglich zu machen, ermordeten sie ohne Wissen des Sultans die türkischen Gesandten und einen ägyptischen Kadi. Damit war die endgültige Entscheidung gefallen; Selim kannte nun verständlicherweise kein Pardon mehr. Er setzte mit seinen Truppen über den Nil, und in der Nähe der Pyramiden von Gise kam es zu einer zweitägigen

Schlacht, in der die zusammengewürfelten Reste der Mameluken-armee völlig vernichtet wurden. Noch einmal hatte sich Tuman-Bey während dieses letzten Kampfes der Gefangennahme entziehen können und für kurze Zeit in einem Beduinenlager Unterschlupf gefunden. Dort aber wurde er verraten und an Sultan Selim ausgeliefert.

Zuvor schon, am 26. Januar, war der türkische Sultan, gefolgt vom gefangenen Kalifen, in feierlicher Prozession in Kairo eingezogen. Tödliche Stille hatte seinen Einzug begleitet, wußte doch keiner der Einwohner, ob die Herrschaft der Osmanen nicht noch schlimmer als die der Mameluken würde. Alle Anzeichen sprachen dafür, denn Selim ließ als erstes etwa achthundert Gefangene hinrichten. Er überwachte selbst die öffentliche Enthauptung, ließ die Köpfe der Beys zur Schaustellung auf lange Seile aufziehen, die Köpfe der Sklaven zu großen Haufen auftürmen und die Rümpfe aller Hingerichteten in den Nil werfen. Eine so sinnlose Mordlust hatte es unter den Mameluken nicht gegeben, und die verschüchterten Einwohner von Kairo empfanden fast eine Art Sympathie und Mitleid für ihre einst so verhaßten Herren.

Als letztes kam Tuman-Bey an die Reihe. Gefolgt von einem großen Aufgebot türkischer Soldaten, wurde der letzte Mamelukensultan nach zehnwöchiger Gefangenschaft am 14. April vom Lager der Osmanen in Bulak zum Suele-Tor geführt. Bleich, aber aufrecht schritt der tapfere Mann im schwarzen Mantel und Turban durch die Menge, die die Straßen säumte und ihn ehrfürchtig grüßte. Es konnte keinen Zweifel für ihn geben, was ihm bevorstand, und scheinbar furchtlos sah er seinem Schicksal entgegen. Aber in seinen Augen flackerte ein unstetes Licht, ein Ausdruck des Nichtverstehens, der Blick eines Mannes, dem etwas Unverständliches geschieht und der es immer noch nicht zu glauben vermochte. Am Suele-Tor, der traditionellen Hinrichtungsstätte so vieler Opfer seiner Vorgänger, angekommen, umgeben von osmanischen Offizieren mit gezogenen Säbeln, richtete er sich zu majestätischer Größe auf und rief den Zuschauern die Worte zu, mit denen die Suren des Korans eröffnet werden: »Bismillahi r-rahmanu il rahimi«. Gemeinsam wiederholten die Menge und seine Wächter: »Im Namen Gottes, des Gnädigen, des Barmherzigen«. Dann wandte sich Tuman-Bey an den Scharfrichter: »Nun, oh Henker, tu Deine Pflicht!«. Der Sultan wurde erhängt, seine Leiche wurde unter dem oberen Torbogen eine Woche lang zur Schau gestellt.

Eine große Epoche nahöstlicher Geschichte war mit diesem letzten tragischen Akt zu Ende gegangen, eine Epoche, die von den Ägyptern und Syrern als Teil ihrer arabischen Geschichte angesehen wird – sicher zu Unrecht, denn die Araber waren ja nur Zuschauer der Mameluken-Geschichte. Dennoch bleibt hervorzuheben, daß das Arabertum von den überwiegend türkischen und tscherkessischen Mameluken, von Persern, Mongolen und Seldschuken zwar zurückgedrängt, nie aber völlig ausgeschaltet worden war. Auch unter den Usurpatoren hatte sich die arabische Kultur weiterentwickelt, sogar neue Höhepunkte erreicht. Der Islam, Sunna und Schia, stand weiterhin unter arabischem Einfluß, hatte seine Impulse aus dem Arabertum erhalten. Die Kalifen waren zwar nur Marionetten der Mamelukensultane gewesen; immerhin hatten sie aber, und sei es in noch so geringem Maße, arabisches Blut in den Adern gehabt, und ihre Residenz war eine der großen, alten arabischen Metropolen gewesen. Auch wenn viele Mamelukensultane das Arabische nicht beherrscht hatten, war es doch die Umgangssprache geblieben. Die arabische Schrift herrschte nicht nur in der Kirche, sondern auch in der Verwaltung und in der Literatur vor.

All dies sollte sich nun schlagartig ändern. Islam und Arabertum verfielen unter der türkischen Vorherrschaft in völlige Geschichtslosigkeit, lebten höchstens in dem spärlichen Aufflackern von Auflehnung und Widerstand gegen die durch die Hohe Pforte ausgeübte Fremdherrschaft fort. Die Geschichte Ägyptens, Syriens, Palästinas und des Hedschas wurde für die nächsten Jahrhunderte Teil der osmanischen Geschichte. Die Zerschlagung des Mamelukenreiches hatte für die gesamte Region weitreichende Folgen. Syrien, Palästina und Arabien wurden unter der osmanischen Herrschaft von Ägypten losgelöst; jedes dieser Länder wurde türkische Provinz. Sie waren fortan Ausgangspunkte für die weitere türkische Expansion und ermöglichten die Ausdehnung der osmanischen Macht nach Südarabien und über fast ganz Nordafrika. Die politische Geographie des gesamten Mittelmeerraums erhielt mit dem Untergang des Mamelukenreichs ein neues Gesicht und legte die zukünftige Entwicklung bis in die Gegenwart hinein fest.

Auch in der Geschichte des Kalifats – und damit des Islam – gab es weitreichende Veränderungen. Selim war nun der Herrscher und Beschützer der heiligen Stätten des Islam geworden und außerdem das weltliche Oberhaupt des Kalifen. Er ließ diesen nach Istanbul bringen und dort einsperren. Aber Suliman I. (»der Prächtige«), der Selim 1520 auf den Thron folgte, gab ihm seine Freiheit wieder und ließ ihn nach Kairo zurückkehren. Dort übte sein Nachfolger Mutawekkil III. noch bis zu seinem Tod im Jahr 1538 das Kalifenamt aus. Einen Nachfolger aus seiner Familie duldeten die Türken nicht. Sie setzten sich später selbst als Nachfolger der Abbasiden ein und übernahmen die Kalifenwürde. In den Augen der islamischen Welt, insbesondere der Theologen, war diese Amtsanmaßung illegitim, ja unerhört, denn nur ein Nachkomme aus dem Stamm des Propheten durfte das Kalifenamt rechtmäßig innehaben. Aber die Osmanen scherten sich nicht darum. Fortan wurde das Kalifenamt gemeinsam mit der Sultanswürde im Hause Osman vererbt bis 1924, als der Kalif Abdul Medsched abgesetzt wurde., nachdem das türkische Sultanat bereits 1922 mit dem 36. Herrscher aus dem Hause Osman, Mehmed VI., aufgehoben worden war.

Nach herkömmlicher Sicht hatte das Kalifat aber schon 1538 zu bestehen aufgehört. Die unrechtmäßige Fortführung durch die türkischen Sultane, die Aneignung der Schutzherrschaft über die Heiligen Stätten und die durch die Eroberungen erfolgte gewaltige Erweiterung des islamischen Machtgebiets machten die Türkei jedoch zur Vormacht in der orthodox-sunnitisch geprägten islamischen Welt. Zugleich bildete das Osmanische Reich ein Gegengewicht zu den Ländern der schiitischen Glaubensrichtung, die sich zukünftig noch enger an Persien anlehnten. Das Arabertum blieb bei dieser Entwicklung vollends auf der Strecke. Lediglich die Sprache des Korans und der Gebetsruf der Muezzins blieben arabisch. Die Behördensprache wurde in den besetzten Provinzen Türkisch; Kunst und Wissenschaft versiegten, und die arabischen Landeseinwohner wurden noch rechtloser, als sie es schon unter den Mamelukensultanen gewesen waren. Was war indessen mit den Mameluken geschehen?

Man sollte annehmen, daß mit dem Ende des Mamelukenreichs auch der Untergang der Kriegerkaste, die dem Reich seinen Namen gegeben hatte, gekommen sei. Waren nicht ihre einstmals stolzen Regimenter zerschlagen und Hunderte von Mameluken-Beys, die Elite des Staates, in den Straßen von Kairo umgebracht worden? Man brauchte sich in den Tagen nach der Eroberung Kairos nur umzusehen: Überall lagen ihre Leichen; vor den Toren der Zitadelle, wo sie einen letzten Ausfall gewagt hatten, in den Palästen, wo sie vor den Haremstrakten mit dem Schwert in der Faust ihre Frauen und Kinder vor den Türken verteidigt hatten. Zweifellos war nicht nur das Reich zerschlagen, auch die den Staat einstmals tragende Herrenschicht war ausgeblutet wie nie zuvor in ihrer Geschichte.

Aber sie war nicht vernichtet. Die türkische Invasion hatte zwar die Regimenter der Kairoer Garnison sowie die Verstärkungen aufgerieben und den Adel der Hauptstadt hinweggefegt, aber auf dem Lande und in den Provinzstädten bestanden die herrschenden Familien fort. Im Nildelta, am mittleren und am oberen Nil sowie in den großen Oasen hatten sie immer schon das Gerüst der Macht dargestellt. Dort saßen sie auch weiterhin in ihren wehrhaften Lehmburgen. Sie zu entfernen, hätte bedeutet, daß der türkische Sultan weitere Eroberungszüge hätte unternehmen und lange Zeit im Land bleiben müssen. Selim hatte indessen andere Pläne und blieb nur einen Monat in Ägypten. Warum auch sollte er die Mameluken ausrotten? Waren sie nicht eine brauchbare Krieger- und Beamtenkaste, die immer schon nur dem stärksten Sultan gedient hatte, der jede Art von Nationalstolz und Verbundenheit zu den beherrschten Untertanen völlig fremd war, wenn sie nur selbst die Macht behielt? Nun war der Sultan des Osmanischen Reichs der stärkste Herrscher. Warum sollte diese Kaste nicht dem Hause Osman ebenso dienen wie den zahlreichen Mamelukensultanen türkischen, tscherkessischen oder griechischen Ursprungs? Selim war jetzt der Oberherr über Ägypten, und ihm sollte dieses Korps fortan dienen. Nur darauf kam es ihm an. Er war deshalb gewillt, den überlebenden Mamelukenbeys ihre Macht zu belassen, solange sie ihn als ihren Monarchen anerkannten und seinem Hause gehorchten. Die Geschichte des Mamelukenreichs war zu Ende, jene der Mamelukenbeys sollte aber noch für fast dreihundert Jahre fortgeschrieben werden. Sie prägten das moderne Ägypten mehr, als das Osmanische Reich dies vermochte.

Auch in Südarabien blieb vorläufig alles beim alten, und das Schicksal des mamelukischen Expeditionskorps, das kurz vor Selims Einfall in Syrien Teile des Jemen besetzt hatte, ist schnell erzählt: Diese Streitkräfte, die sich überwiegend aus Söldnern türkischer Herkunft zusammensetzten, konnten sich in der Tihama bis 1537 halten, jenem Jahr, als die Osmanen den Jemen besetzten.

Unter der Türkenherrschaft

Breit dahingelagert, gelb und von der Sonne ausgebrannt, lag die Zitadelle auf einem Vorsprung des Mokattamgebirges. Mit ihrem von mächtigen Mauern umgebenen Gewirr von Verwaltungs- und Wirtschaftsgebäuden, Kasernen, Ställen, Pulverdepots, Rüstkammern, Palästen und Moscheen glich sie eher einer weiträumigen Festungsstadt als einer Burg. Seit über dreihundert Jahren hatte sich diese von Saladin erbaute Festung ständig in ihrem Inneren verändert, war den Bedürfnissen der vielen Sultane angepaßt worden. Doch von außen gesehen, hatte die Zeit an der Zitadelle kaum Spuren hinterlassen. Wie eh und je erhoben sich die nach byzantinischem Vorbild erbauten wuchtigen, runden Türme und mächtigen Eingangsbastionen aus dem Festungswall, die Nasir-Moschee überragte die wie Glieder einer Kette aneinandergereihten Gebäude, und am Josephsbrunnen hielten die Rinder wie ehedem das knarrende Schöpfwerk in Gang, um aus neunzig Meter Tiefe Wasser für das kunstvoll angelegte Verteilersystem der Zitadelle hochzupumpen.

Aber die Bewohner der Zitadelle hatten ihr Aussehen verändert. Wo einst die Angehörigen der Sultansgarde vor den Toren unter der brennenden Sonne Ägyptens Wache hielten, standen jetzt berittene Spahis in lang herunterhängenden Mänteln. Auf den staubigen Plätzen, auf denen einst die Mameluken ihre Reiterspiele übten, exerzierten nun die Janitscharen. Wo einst die Turbane der Höflinge zu sehen waren, überwog jetzt der türkische Fez. Nicht nur die Türken trugen ihn, auch die Mameluken paßten sich den Kleidungsgewohnheiten ihrer neuen Herren an, und den europäischen Gesandten und Kaufleuten war es ohnehin verboten, in Ägypten europäische Kleidung zu tragen. Hier, auf der Zitadelle, residierte der von der Hohen Pforte eingesetzte Statthalter.

Sultan Selim hatte seinen Aufenthalt in Kairo dazu genutzt, die Hinterlassenschaft der Mamelukensultane neu zu ordnen. Als erstes waren die außenpolitischen Beziehungen, die das Mamelukenreich unterhalten hatte, neu zu regeln. Es kamen zum Beispiel Gesandte aus Venedig, um über die Tributzahlung für die Insel Zypern, die bis dahin an den Mamelukensultan erfolgt war, zu verhandeln. Auch die alten Privilegien, die den westlichen Handelsmächten gewährt worden waren, mußten von Selim bestätigt werden. Unter den zahlreichen Abordnungen, die jetzt nach Kairo kamen, um dem türkischen Sultan zu huldigen, war die Gesandtschaft des Großscherifen von Mekka, Barakat, eine der bedeutendsten. Er, der eine Delegation unter seinem Sohn Abu Numai Mohammed nach Kairo schickte, hatte guten Grund, den Mamelukensultanen nicht nachzutrauern, und unterwarf sich gerne dem osmanischen Sultan. Er erklärte sich bereit, Selims Namen im Freitagsgebet zu nennen. Sein Sohn kehrte mit reichen Geschenken des Sultans zurück, und im folgenden Dezember brachte eine Pilgerkarawane des türkischen Sultans einen kostbaren Teppich für die Kaaba als Geschenk nach Mekka.

Was die Verwaltung anbelangte, so erhielt Ägypten als verhältnismäßig unabhängiges ›Paschalik‹ eine wesentlich selbständigere Stellung eingeräumt als zum Beispiel Syrien, das unter die direkte Aufsicht der Osmanen kam. Die türkischen Paschas von Ägypten waren gegenüber der Pforte nur zur Tributzahlung und zur Aushebung und Gestellung von Soldaten verpflichtet. Um sie dabei nicht zu mächtig werden zu lassen, mußte man sie häufig auswechseln. In den folgenden 280 Jahren osmanischer Herrschaft gab es nicht weniger als hundert Paschas. Das Amt wurde in der Türkei zum Kauf angeboten, und nur solche Beamten hatten Aussicht auf Erfolg, die die Gewähr boten, pünktlich ihren Tribut an Istanbul zu entrichten und den maßgeblichen Hofbeamten der Pforte ein angemessenes Bakschisch zukommen zu lassen. Die Paschas wurden dabei nicht ärmer. Sie hielten sich am Steueraufkommen Ägyptens schadlos und verkauften meistbietend die Posten der Steuereintreiber. Sie begründeten ihre Macht auf der Anwesenheit des türkischen Militärs, das, in den Kasernen der ehemaligen Mamelukengarnisonen verschanzt, immer eine Besatzungsmacht blieb. Bei den kurzen Amtszeiten, die die Paschas innehatten, war eine effektive Verwaltung des Landes natürlich nicht möglich. Meist des Arabischen nicht mächtig, waren sie von nur wenigen türkischen Beamten umgeben. Auch diese hatten nur Erfahrung darin, wie man ein Land auspreßt und sich persönlich bereichert. Ägypten war zwar in zwölf Verwaltungsbezirke, die sogenannten Sandschaks, unterteilt, von einer geordneten, verantwortungsbewußten Verwaltung durch die Türkei konnte aber keine Rede sein.

Unter diesen Umständen verwundert es nicht, daß die einstmals so mächtige Kaste der Mamelukenbeys erneut an Einfluß gewann. Auf dem flachen Lande, in der Provinz, hatte es nach dem Einmarsch der Türken ja ohnehin kaum Änderungen in den Herrschaftsverhältnissen gegeben. Je mehr die Zeit nach der türkischen Eroberung von Kairo verging, um so mächtiger wurden die Beys. Ihre Kaste stellte auch zukünftig die Führungsschicht unter der türkischen Spitze dar. Die Türken ernannten aus diesem Kreis einen »Scheik il Balad» (Oberster Scheich des Landes) als höchsten Vertreter der einheimischen Bevölkerung. Sultan Selim bestimmte noch vor seiner Abreise Emir Kheyr-Bey, den Verräter der Schlacht von Marg Dabic, zu diesem Amt.

In der Provinz änderte sich ebenfalls nichts. Jeder Mamelukenbey behielt seine eigenen Truppen, die er weiterhin durch immer neue Sklaven aus dem Kaukasus auffüllte. Anstelle des Mamelukensultans leisteten die Beys jetzt dem osmanischen Sultan den Treueid und entrichteten ihm die Steuern. Mit dem Pascha verfuhren sie zukünftig genauso, wie sie es mit ihren früheren Sultanen getan hatten. Sie intrigierten und korrumpierten und teilten sich die Macht im Lande untereinander auf. Der türkische Pascha war meist froh, wenn seine ohnehin kurze Amtszeit abgelaufen war und er mit angehäuften Reichtümern und einem erlesenen Harem nach Istanbul zurückkehren konnte. So geriet die Verwaltung im 16. Jahrhundert völlig in die Hand der Mameluken. Ihre Beys wurden Gouverneure der Sandschaks, und im Besatzungsheer waren als Offiziere bald mehr Mameluken als Türken anzutreffen. Türken und Mameluken hatten ja oft einen gleichen oder ähnlichen Ursprung und waren sich wesensnah. Sie genossen die gleichen Privilegien, und bald konnte man in der Herrenschicht Ägyptens einen Mameluken von einem osmanischen Türken nicht mehr unterscheiden. Man nannte beide oft

»Türken«, wenn man sie von den einheimischen »Ägyptern« unterscheiden wollte. Jedenfalls waren die Unterschiede zwischen Türken und Mameluken geringer als die Standesunterschiede in den Reihen der türkischen Besatzer und der Schar der Mameluken.

Bei den Mameluken gab es jetzt zwei Klassen, die so weit voneinander entfernt waren, daß man geradezu von zwei völlig verschiedenen Welten sprechen kann: die Klassen der Sklaven und der Beys, jener großen Familien, die sich erneut Macht und Besitz angeeignet hatten und ihre Privilegien vererbten. Es hatte sich allmählich eine Oligarchie herrschender Familien herausgebildet, in die die neu importierten Sklaven kaum mehr aufsteigen konnten – um so weniger, als der Mamelukenadel sich zunehmend mit Türken und hochstehenden Arabern assimilierte und deren Sitten und Gebräuche übernahm. Von den Türken, deren Armee hinsichtlich Struktur und Bewaffnung den übrigen Heeren der Welt weit voraus war, deren Regimenter und Bataillone bereits im Gleichschritt in Reih und Glied marschierten und deren Artillerie alle Kaliber umfaßte, ließen sich die Mamelukenbeys in die moderne Kriegskunst einführen und in den Gebrauch der Feuerwaffen einweisen. Von den Arabern übernahmen sie hingegen Sprache und Sitte. Je nachdem, ob sie in der Stadt oder auf dem Lande wohnten, trugen sie den weiten, weißen Burnus der Wüstenaraber oder die Kleidung vornehmer Türken.

In Kairo bewohnten sie luxuriöse Paläste um den Esbekiya-See, ein mit Nilwasser geflutetes Bassin außerhalb der Altstadt, dessen Name von jenem Emir Esbek stammte, der die türkische Armee 1488 in der Ebene von Agha-Cairi geschlagen hatte (heute befinden sich dort die Esbekiya-Gärten). Die Beys wohnten überwiegend auf dem Land, in den Städten des Niltals, am Rande der Wüste und in den großen Oasen. Dort standen ihre hohen, würfelartigen Lehmburgen, die den Kasbahs, die man heute noch in Marokko findet, sehr ähnlich waren. Es handelte sich um wehrhafte Festungen, vor deren Toren mit Vorderladern bewaffnete Mameluken oder Beduinen als Wächter in der Sonne herumlungerten. Von hier aus beherrschten die Beys die Dörfer und die Stämme, zogen ihre Steuereintreiber los, um den Tribut einzutreiben, übten sie ihre Gerichtsbarkeit aus gegen jene, die die Steuern nicht zahlen konnten. Aber die Beys lebten nicht nur von den Steuern: Die Sklavenjäger, die in riesigen Karawanen Schwarze aus dem Sudan durch die glühende Tageshitze Oberägyptens nach Kairo oder Alexandria trieben, standen ebenfalls in ihrem Sold. Wenn vermummte Kamelreiter des Nachts die Zelte eines lagernden Stammes oder einer Oase umkreisten und beim ersten Morgenlicht mit Flintengeknatter überfielen, die Männer erschlugen, das Vieh und die Frauen fortführten, so geschah dies meist auf Geheiß eines mamelukischen Raubritters.

So fiel das Land tiefer denn je in einen Zustand von Rechtlosigkeit und Elend. Angst, Hunger und Seuchen griffen um sich. Die Bauern gaben ihre Felder preis und säten nur noch so viel, wie sie ernten und vor den Steuereintreibern verstecken konnten. Viele von ihnen verließen die Dörfer, schlossen sich zu Räuberbanden zusammen und machten gemeinsam mit herumstreunenden Beduinen das Niltal unsicher. Das uralte Bewässerungssystem verfiel, und die Wasserversorgung brach zusammen. Jedes Dorf kämpfte mit dem Nachbardorf um einen Kanal, und die Fellachen schlichen sich des Nachts zu den Nachbarorten, um die Dämme zu durchstechen und das Wasser auf ihr eigenes Land zu leiten. Auch die großen Städte verfielen, denn mit dem Rückgang der landwirtschaftlichen Produktion schwand auch die Bedeutung Kairos als Metropole des Niltals. Den türkischen Oberherren fehlte jedes Gespür für Handel und ökonomische Zusammenhänge. Alexandria hatte ohnehin schon durch die Entdeckung des Seewegs um das Kap der Guten Hoffnung an Bedeutung verloren und sank jetzt zu einer Gemeinde von knapp 10000 Einwohnern herab. Ägypten, einstmals die Kornkammer des Römischen Reiches, wurde zum Armenhaus des Osmanischen Reiches. Seine zweieinhalb Millionen Einwohner konnten sich nur noch mit Mühe aus dem Land ernähren. Hungersnöte wechselten sich in schneller Folge ab und bereiteten den Boden für Krankheit und Seuchen. 1619 raffte die Pest eine halbe Million Ägypter hinweg, im Jahre 1643 fielen ihr 230 Dörfer zum Opfer. Die »Hohe Pforte« kümmerte sich um die innere Sicherheit und die Lebensbedingungen der Ägypter herzlich wenig. Sie hatte ohnehin genügend Scherereien mit den dem Reich einverleibten Teilen Nordafrikas und Arabiens. Je weiter diese Provinzen von den osmanischen Kernländern entfernt waren, um so selbständiger gebärdeten sie sich.

In Syrien hatte es schon vier Jahre nach der osmanischen Eroberung und nur ein Jahr nach dem Tod des Eroberers Selim einen Aufstand der Mameluken gegeben, deren Privilegien dort viel stärker als in Ägypten beschnitten worden waren. Obwohl von den Johannitern von Rhodos unter ihrem Großmeister Marquis Caretto unterstützt (ein folgenschwerer Fehler der Ritter, die deshalb wenig später durch die Türken von der Insel vertrieben wurden), waren die Mameluken-Beys von den Osmanen unterworfen und diszipliniert, ihr Aufstand von den türkischen Janitscharen blutig niedergeschlagen worden. Anteil daran hatte wieder Kleyer-Bey, der Verräter von Aleppo, der, nunmehr in türkischen Diensten, seine früheren Kameraden erneut verraten hatte.

Nicht besser sah es in Nordafrika und im Mittleren Osten aus. Im äußersten Westen errangen der »Dey von Algier« und der »Bey von Tunis« ein hohes Maß an Souveranität und errichteten fast selbständige Despotien. Im Osten wurde Bagdad von den Safawiden zurückerobert, und im Süden sahen sich die Osmanen gezwungen, ihren Vorposten im Jemen aufzugeben. In allen besetzten Gebieten gab es Unruhen. Die Pforte griff mit Strafexpeditionen, mit Exekutionen und Deportationen zwar hart durch, doch die Aufstände flackerten trotzdem immer wieder auf, und lokale Fürsten ergriffen die Macht und sagten sich vom türkischen Sultan los.

Besonders häufig und heftig waren die Aufstände in Syrien und Palästina. Nach der Trennung von Ägypten waren diese Provinzen, vor allem Nordsyrien mit Aleppo, unter eine wesentlich strengere Verwaltung durch die Pforte als etwa Ägypten geraten. Entsprechend stärker war hier der Unmut gegen die osmanische Herrschaft ausgeprägt, und um so schneller wuchs das Streben nach nationaler Unabhängigkeit. Von hier aus griffen Funken nach Ägypten über; die beiden ehemaligen Mamelukenprovinzen beeinflußten sich wieder in stärkerem Maße.

Der erste größere Aufstand brach im Libanon aus. Dort hatte sich, wie erwähnt, zu Anfang des 11. Jahrhunderts eine ismailitische Sekte niedergelassen, die nach ihrem Anführer Darazi genannten Drusen, welche den Fatimidenkalifen Hakim verehrten. Die Drusen hatten sich in den folgenden Jahrhunderten in ihren schwer zugänglichen Bergdörfern im Hermon und im Schuf ein Minimum an Freiheit zu wahren gewußt und unabhängigen Fürsten gehorcht. Unter der osmanischen Herrschaft gehörten diese Fürsten zunächst der mächtigen Feudalfamilie ›Ma'an‹ an, die sich schon im 16. Jahrhundert bemüht hatte, ihren Herrschaftsbereich auszudehnen. Im Jahre 1603 erhoben sich die Drusen unter ihrem Emir »Fakr ed Din ibn Ma'an« im Bündnis mit dem italienischen Herzog von Toskana, dem ein Kreuzzug vorschwebte, gegen die Türken und brachten nicht nur das gesamte Küstengebiet unter ihre Kontrolle, sondern auch weite Teile des Inlandes bis fast nach Damaskus. Aber das Kriegsglück schwankte; die Wirren der Zeit spiegelten sich im abenteuerlichen Leben des Volkshelden Fakr ed Din wider. Er wurde von den Türken geschlagen und floh in die Toskana, wo er sich vier Jahre lang als Gast aufhielt, während seine kluge Mutter, die »Sitt« Nasiba, mit den Osmanen verhandelte und die Interessen des Hauses Ma'an vertrat. Dann kehrte Fakr ed Din zurück, lebte einige Zeit als großer Herr in Beyruth und erlag am Ende doch einem überlegenen türkischen Heer, das ihn 1633 gefangennahm und nach Istanbul brachte, wo er enthauptet wurde.

Damit war der Freiheitswille der Drusen jedoch nicht ein für allemal erstickt. Nicht nur ihr Glaube, auch die Landschaft, in der sie lebten, hatte die Bewohner des Schuf geformt: Erhaben und furchterregend zugleich, findet man in Arabien und Nordafrika kaum ihresgleichen. Über eng terrassierten Hängen, deren karge Nutzung den Bergbauern nur ein entbehrungsreiches, hartes Leben ließ, erhoben sich steile, graue Felswände. Die im Bergnebel gelegenen undurchdringlichen Wälder erschwerten jede Bewegung. Nur wenige schmale Saumpfade führten in engen halsbrecherischen Serpentinen, vorbei an tiefen Abgründen und über Sturzbäche, die bei Regen Ufer und Brücken mit sich rissen, über die Bergkuppen und verbanden die armseligen Bergdörfer, in denen die Angehörigen verfolgter Religionsgemeinschaften, Drusen und christliche Maroniten (sie sollten sich in späteren Epochen noch bitter bekriegen) wohnten. Eine archaische und hierarchische Lebensordnung verband diese Dorfgemeinschaften unter ihren Scheichs und ihrem Emir, der im Gebirge, im Herzen des Libanon, im hochgelegenen Deir el Khamar (»Mondkloster«) sein Serail hatte. Es war eine ausgesprochene Fluchtlandschaft, in die weder die Mameluken noch die Osmanen jemals hatten tiefer eindringen können, ein unwirtliches, düsteres Gebiet, das seine

Bewohner isolierte, stolz und abweisend machte, sie aber auch immer wieder zu Ausfällen in die fruchtbare Küstenebene zwischen Beyruth und Saida (Sidon), in die Zivilisation der Städte verführte. Dann stießen die Fedaiyins der Drusen des Nachts in kleinen Gruppen in die Täler hinab, überfielen die türkischen Posten und verschwanden in ihrer Bergwelt, bevor die Sonne aufging: ein zermürbender, gnadenloser Kampf, bei dem keine Seite Gefangene machte, nie Pardon gewährt wurde und man sich an Grausamkeiten übertraf.

Nach dem Hause Ma'an übernahm die verschwägerte Familie der Schehab die Führung über die Magnaten aus den Bergen des Libanon und setzte den Kampf für die Unabhängigkeit fort. (Diese ursprünglich aus dem Hedschas eingewanderte Fürstenfamilie hat bis in die jüngste Zeit, jetzt christianisiert, ihren Einfluß behalten. Ihr entstammt auch General Fuad Schehab, der 1958 Präsident des Libanon wurde.) Es war ihnen nicht immer Erfolg beschieden, denn die Emire mußten zahlreiche innere Widerstände, Eifersüchteleien und Mißgunst der stolzen Feudalherren aus den Bergen überwinden. Trotz des stets wachen Argwohns der Türken konnten sie für den Libanon dennoch eine gewisse Autonomie erringen.

Ein weiterer Unruheherd lag in Galiläa. Dort hatte sich ein einheimischer arabischer Fürst, Scheich Tahir el Omar, eine unabhängige Landesherrschaft geschaffen und schließlich sogar die befestigte Küstenstadt Akka in seinen Besitz gebracht. Scheich Tahir stellte für die Hohe Pforte eine wirkliche Gefahr dar. Er war ein aufgeklärter milder Herrscher, hatte die Bevölkerung hinter sich und, noch wichtiger, besaß einen starken Rückhalt bei verschiedenen europäischen Mächten, denen er erlaubte, Handelsniederlassungen in seinem Land einzurichten. Gestützt auf ein kleines, schlagkräftiges Söldnerheer, konnte er es sich erlauben, die türkischen Beamten des Landes zu verweisen.

In Ägypten hatte die allgemeine Auflösung staatlicher Ordnung und Kontrolle hingegen weiter zugenommen und einen anarchischen Zustand herbeigeführt. Die Gewalttätigkeit nahm zu, und es galt das Faustrecht. Die Menschen wandten sich, mangels jeder Autorität, verzweifelt dem Glauben zu und entwickelten eine übersteigerte, hysterische Frömmigkeit. Es handelte sich dabei keineswegs um eine Vertiefung der Religiosität, sondern um eine abstoßende Form fanatischen Glaubenseifers, die sich unter anderem in einem wütenden Haß auf alle »Ungläubigen« und Fremden äußerte. Die allgemeine Aufsässigkeit ergriff auch die Privatarmeen der Mamelukenbeys, ja sogar die türkischen Truppen, und äußerte sich in mehreren Aufständen. Während eines solchen Aufruhrs im Jahr 1605 wurde der türkische Pascha, immerhin der Vizekönig des osmanischen Sultans, von aufständischen Soldaten ermordet. Schließlich kam es im Jahre 1609 zu einer allgemeinen militärischen Erhebung der Garnisonen des Nildeltas. Der Aufstand griff so schnell um sich, daß die Pforte sich gezwungen sah, mit militärischen Verstärkungen aus anderen osmanischen Provinzen einzugreifen und Ägypten ein zweites Mal zu erobern. Zwar wurde der Aufstand niedergeschlagen, aber die Macht der türkischen Vizekönige war vollends zerbröckelt. Die Beys machten dem Pascha und seinen Offizieren die Herrschaft streitig und griffen zu den höchsten Staatsämtern. Eine Renaissance der uneingeschränkten Mamelukenherrschaft kündigte sich an.

Jedoch nicht nur die Mameluken suchten auf Kosten der türkischen Besatzer an Einfluß zu gewinnen, auch bei den alteingesessenen Ägyptern erwachte zum ersten Mal ein politischer Wille. Die städtischen Handwerker und die Angehörigen der Stämme in der Provinz schlossen sich zu zwei großen Bünden, den »Nisf Sa'ad« und den »Nisf Haram«, zusammen und suchten Anschluß an zwei mächtige rivalisierende Mamelukenparteien, den »Faqariya« und den »Quasimiiya«. Dabei handelte es sich im Grunde genommen um die Angehörigen der Privatarmeen mächtiger Beys, die sich ihrerseits mit den ebenfalls untereinander rivalisierenden osmanischen Truppen verbündeten. Auch unter den türkischen Garnisonstruppen beziehungsweise ihren Kommandeuren waren Fraktionsbildungen an der Tagesordnung. Das Janitscharenkorps mißtraute den Korps der Azaben, eine Art »Jäger zu Fuß«, und die Azaben fanden die Unterstützung der fünf anderen Infanteriekorps gegen die stolzen und überheblichen Janitscharen. Die Spannungen zwischen diesen Truppen entluden sich oft in Streitigkeiten und lokal begrenzten Kämpfen. Im Jahre 1711 nahmen diese Auseinandersetzungen ein derartiges Ausmaß an, daß die gesamte Militärelite in zwei Parteien zerfiel und ein regelrechter Bürgerkrieg ausbrach. Bei diesen und allen darauffolgenden Machtkämpfen spielten die türkischen Paschas überhaupt keine Rolle mehr, sie wurden ausschließlich von den höheren türkischen Offizieren und den Mamelukenbeys mit ihren jeweiligen Truppen ausgetragen. Auch der Kairoer Mob war stets bereit, Partei zu ergreifen und den Aufruhr anzuschüren.

Vor allem im Ramadan, dem Fastenmonat, waren die Gemüter leicht erregbar. Es genügte der geringste Funke, um Haß zu erzeugen und Gewalttätigkeiten auszulösen. Meist entzündete sich solch ein Aufruhr im Suq, in den engen, überdachten Gassen des Khan el Khalili, wo alle Gerüchte und viele Konspirationen ihren Nährboden fanden. Es war immer das gleiche Bild: Plötzlich erhob sich irgendwo Geschrei, angsterfüllt rafften die Frauen ihre Körbe zusammen und flohen in die Seitengassen. Minutenlang war alles erfüllt vom Krachen und Klappern der Läden, die von ihren Besitzern wie auf Kommando geschlossen wurden. Es folgten einige beklemmende Sekunden unheimlicher Ruhe, und dann brauste die johlende Menge durch die Gassen. Eilig herbeigerufenes Militär trabte auf nervös schnaubenden Pferden heran, Steine flogen, Messer blitzten, und die Verkaufsbuden wurden eingerissen, um Barrikaden zu errichten. Oft war dem einzelnen gar nicht klar, für oder gegen wen er eigentlich kämpfte. Ziellos wogte die zerstörungswütige, fanatisierte Menge oft tagelang durch die Suqgassen, plünderte die Warenlager, raubte die Läden aus und erschlug, alter Gewohnheit folgend, alle Juden, derer sie habhaft werden konnte. Meist steckte hinter einem so planlos wirkenden Aufruhr eine der Parteien, die ein klares Ziel verfolgte.

Eine dieser Parteien war die der Qasdughliya, eine mamelukische Gruppierung. Die Qasdughliya verbündeten sich mit den Faqariya, mit deren Hilfe sie die Vorherrschaft über die anderen Mamelukengruppen gewannen. Angehörige der Qasdughliya hatten die höchsten Verwaltungsämter inne und beherrschten den Rat der Beys, der dem »Scheich il Balad« zur Seite stand. Auch dieser, Ali-Bey mit Namen, war ein Angehöriger der Qasdughliya. Ali-Bey war ein überaus ehrgeiziger Mann, der die Machtfülle früherer Mamelukensultane an sich riß und eine Art Monarchie errichtete. Als Sohn eines griechisch-orthodoxen Priesters im Kaukasus geboren, war er mit einer Räuberbande nach Ägypten gekommen und hatte sich vom Sklaven eines türkischen Beamten zum geachteten Bey und schließlich zum Scheich il Balad hochgearbeitet. 1768 hatte er, von einer großen Zahl von Mamelukenbeys unterstützt und von der Sympathie des einfachen Volkes getragen, den türkischen Pascha vertrieben und Ägypten für unabhängig erklärt. Er ließ unter seinem Namen Münzen prägen und seinen Namen im Freitagsgebet nennen.

Ägypten war nun frei, und das so lang gequälte Land blühte auf. Ali-Bey versuchte mit einigem Erfolg, die zerrütteten wirtschaftlichen Verhältnisse zu ordnen, das Finanzwesen zu reformieren, eine moderne Justizverwaltung aufzubauen und der Wegelagerei der entwurzelten Dörfler und Beduinen ein Ende zu bereiten. Aber die Ruhe war nur von kurzer Dauer: Der Ehrgeiz Ali-Beys, die im 18. Jahrhundert im Mittelmeerraum hart aufeinanderprallenden Interessen der Großmächte sowie die internationalen Verwicklungen des Osmanischen Reichs sorgten bald für neue Unruhe.

Die Pforte hatte nämlich nicht nur Schwierigkeiten in den besetzten Ländern, ihre Macht zerbröckelte schon seit geraumer Zeit. Die glorreiche Eroberung Kairos durch Selim I. war längst vergessen. Danach hatte es zwar noch einige weitere Erfolge gegeben – Suliman der Prächtige hatte Belgrad erobert, die Ungarn geschlagen und die Kapitulation der Johanniter von Rhodos erzwungen –, aber damit war der Höhepunkt der osmanischen Machtentfaltung erreicht.

Mit der Seeschlacht von Lepanto (1571), in der die vereinigten Flotten Spaniens, Venedigs, Genuas und der inzwischen nach Malta übergesiedelten Johanniter die türkische Seeherrschaft brachen, hatte der osmanische Machtverfall eingesetzt und war mit dem Aufstieg Österreichs zur Großmacht fortgeschritten. Zwar hatten die Türken im sogenannten Ersten Türkenkrieg noch beachtliche Erfolge gegen das Habsburgerreich erzielt und waren im Zweiten Türkenkrieg sogar bis nach Wien vorgedrungen, aber dort hatten sie 1683 in der Schlacht am Kahlenberg eine Niederlage erlitten, und der osmanische Druck auf Europa ließ in der Folge nach. Österreich, Rußland, Polen und Venedig hatten die »Heilige Allianz« gegen das Osmanische Reich gegründet, und der österreichische Feldherr Prinz Eugen von Savoyen und die Russen hatten die Türken weiter zurückgedrängt. Nach dem Vierten Türkenkrieg (1737–1739) mußte der türkische Sultan im Vertrag von Belgrad auf weite Teile des Balkans verzichten.

Nach diesen Ereignissen hatten sich neue politische Konstellationen ergeben. Österreich fürchtete nun den zunehmenden Einfluß des Zarenreichs auf dem Balkan und stellte sich auf die Seite des bisherigen Gegners, des Osmanischen Reiches. Und nicht nur die Habsburger, auch die Westmächte, allen voran England, sympathisierten mit dem »kranken Mann am Bosporus«, der ein – wenn auch brüchiges – Gegengewicht zu Rußland darstellte. Das Mißtrauen gegenüber dem Zarenreich war berechtigt, denn es war offenkundig geworden, daß Rußland einen freien Zugang zum Mittelmeer anstrebte, sich zum Ziel gesetzt hatte, die Dardanellen unter seine Kontrolle zu bringen. Die nun einsetzende lange Serie türkisch-russischer Auseinandersetzungen zeigte dies in aller Klarheit.

Damit rückte Ägypten wieder in den Brennpunkt der Geschehnisse. Während des russisch-türkischen Krieges von 1768 bis 1774 schickte der Zar seine Ostseeflotte ins Mittelmeer, die der türkischen Flotte vor der Westküste von Kleinasien, in der Nähe des bei Izmir gelegenen Ortes Cesme, eine vernichtende Niederlage beibrachte. Dieser russische Erfolg hatte unmittelbare Auswirkungen auf Ägypten und Syrien. Ali-Bey hatte in Ägypten bislang mit der Machtvollkommenheit eines Sultans geherrscht; nun aber schien ihm der Zeitpunkt gekommen, das Mamelukenreich in seinen alten Grenzen wieder herzustellen und Ägypten mit Syrien und dem Hedschas zu vereinen. Er verbündete sich mit Scheich Tahir von Galiläa, und während die russische Flotte das von den Türken besetzt gehaltene Beyruth bombardierte, marschierten die vereinigten Armeen von Ali-Bey und Tahir 1770 in die von den Türken besetzten arabischen Gebiete ein. Damit setzte ein neuer Abschnitt in der osmanisch-ägyptischen Geschichte ein, und die Ereignisse überstürzten sich.

Die ägyptische Armee, wie in alten Zeiten ein Mamelukenheer, wurde auf dem Feldzug von Ali-Beys Schwiegersohn, dem früheren Sklaven Ibrahim-Bey, geführt. Er entriß den Türken zunächst

Mekka, dann wandte er sich Syrien zu, nahm dort mehrere Städte ein und marschierte gegen Damaskus. Für die Türken war die Lage in Syrien äußerst bedrohlich geworden. Der russisch-türkische Krieg zehrte an den Kräften des Osmanischen Reiches, und einen Zweifrontenkrieg mochte die Pforte nicht führen. Aber man wußte, worin die Schwäche einer jeden Mamelukenarmee bisher gelegen hatte; in der Uneinigkeit ihrer Führer, im Neid und Machtstreben der einzelnen Beys. Auch jetzt war es nicht anders, denn nicht alle Mamelukenführer standen loyal und uneingeschränkt hinter Ali-Bey. Schon 1768 war einer der mächtigsten Beys, Ahmed el Jassaru, ein gebürtiger Bosniake, von Ali abgefallen und hatte sich auf die Seite der Türken gestellt. Ahmed, dessen Zuname El Jassaru (»der Schlächter«) wohl auf seine Rohheit als Kriegsherr zurückzuführen war, nahm nun auf Veranlassung der Türken Verbindung zu einigen anderen unzufriedenen Mamelukenbeys und auch zu Ibrahim auf und schmiedete ein Komplott gegen Ali-Bey – mit Erfolg, denn noch bevor die ägyptische Armee Damaskus erreicht hatte, war Ibrahim von Ali abgefallen. Er machte kehrt, marschierte mit seiner Armee nach Kairo, nahm Ali-Bey gefangen, tötete seinen 45jährigen Gönner und Schwiegervater und machte sich selbst 1773 zum Scheich il Balad.

Damit war die Souveränität des türkischen Sultans über Ägypten formal wiederhergestellt, tatsächlich änderte sich jedoch nicht viel. Auch Ibrahim war in erster Linie auf seine persönliche Macht bedacht und hatte mit den abtrünnigen Beys, mit Ahmed el Jassaru und den Türken nur paktiert, um Ali zu stürzen und selbst die Macht zu ergreifen. Für eine Unterwerfung unter die Pforte sah er keine Veranlassung; dafür hatten ihn die anderen Beys auch nicht unterstützt. Wenn er sich jetzt auf die Seite der Osmanen gestellt hätte, würde er nur sein Ansehen schmälern, und im übrigen war Istanbul ja so fern!

Aber Ibrahim konnte es noch nicht wagen, sich den türkischen Wünschen völlig zu entziehen, insbesondere deshalb nicht, weil die Türken im Jahre 1774 mit den Russen Frieden geschlossen und damit eine kurze Atempause hatten, um ihre arabischen Angelegenheiten zu regeln. Denn in Palästina gab es immer noch den greisen Tahir mit seinen Söhnen, der sich seine Unabhängigkeit wahrte.

Die Pforte entsandte, um diesen aufsässigen Scheich niederzuwerfen, 1775 den energischen Kapudan-Pascha (Admiral im Osmanischen Reich) Jesa'irli Hassan. Hassan-Pascha verbündete sich mit dem Bosniaken Ahmed el Jassaru sowie mit Ibrahim-Bey, und es gelang ihm, den fast neunzigjährigen Tahir tot in seine Gewalt zu bringen. Im Namen des Sultans ernannte er Ahmed el Jassaru zum Statthalter von Saida, und dieser machte Akka, die ehemalige Hauptstadt von Scheich Tahir, zu seiner Residenz. Auch er sollte zukünftig nicht als türkischer Statthalter, sondern eher als souveräner, im übrigen besonders grausamer Despot regieren. Aber er erkannte die Oberherrschaft des türkischen Sultans formal an und hielt der Pforte in entscheidender Stunde, wie sich noch später zeigen wird, die Treue.

Jassaru-Pascha war jedenfalls treuer als die Herren von Ägypten, die zukünftig die Macht in Händen hielten. Ibrahim war nämlich während des Feldzugs gegen Tahir gestorben, und nach einigen Wirren waren zwei Mamelukenführer als neue Machthaber hervorgetreten, von denen der eine wieder Ibrahim hieß, der andere Murad. Beide, Ibrahim-Bey (II.) und Murad-Bey, teilten sich von jetzt an die Macht, vor allem aber den Gewinn, den sie aus der Korruption und Ausplünderung des Landes erzielten. Beide waren Ausbeuter größten Ausmaßes, ohne jedes staatsmännische Gespür und jedes Verantwortungsgefühl. Sie waren die typischen Repräsentanten jener Neo-Mameluken, die in Ägypten keine Wurzeln geschlagen hatten und in ihrer Herrschaft nur die Möglichkeit ungezügelter Bereicherung sahen. Ihr Duumvirat gründete sich darauf, daß sie sich – anders als frühere mamelukische Machthaber – gegenseitig duldeten und nicht, wie sonst üblich, umzubringen versuchten. Zweifellos war das aber nicht der entscheidende Grund, daß sie von den meisten anderen Beys als deren gemeinsame Führer hingenommen wurden. Wichtiger war, daß sie die Herrschaft des türkischen Sultans ablehnten, Ägypten wieder in die Unabhängigkeit zu führen suchten und die Tributzahlungen an die Pforte einstellten. Immer noch fanden viele Mameluken an der Vorstellung Gefallen, das alte Mamelukenreich wiederherzustellen.

Ibrahim war etwa 45 Jahre alt, Murad ungefähr 30, als sie die Macht übernahmen. Sie geboten jetzt in Ägypten über 8000 bis

9000 Mameluken, bei denen es sich jedoch nicht mehr, wie einstmals, ausschließlich um ehemalige Sklaven handelte. Die meisten von ihnen entstammten vielmehr Familien, in denen der letzte echte Sklave vor zwei, drei oder vier Generationen gelebt hatte. In dem Maße, wie mit dem Zusammenbruch des mamelukischen Sultanreichs die Lehen beim Tode des Lehennehmers zunehmend nicht mehr an den Staat zurückgegeben worden waren, hatte sich ein erblicher Besitzadel mit verschiedenen Standesstufen herausgebildet. Einflußreiche Familien schlossen sich nun durch gezielte Verheiratung zusammen, und es entstanden mächtige Familiendynastien, die den Stil großer europäischer Familien nachzuahmen versuchten, wenn auch in einer übertrieben und dekadent wirkenden Form.

Luxus und Reichtum wurden mit orientalischer Großartigkeit zur Schau gestellt. Von Murad-Bey wird berichtet, daß er in der Nähe der Pyramiden von Gise einen Palast mit einer wahrhaft fürstlichen Hofhaltung in französischem Stil besaß. Es war mittlerweile die Regel, daß die großen Beys nach der Art italienischer Adliger neben den Stadtpalästen vornehme Landhäuser in der Provinz unterhielten. Auch die Harems der mamelukischen Herren hatten sich verändert. Sie waren bislang, getreu islamischer Tradition, Mittelpunkte der Privatsphäre und des Familienlebens gewesen. Jetzt waren sie Stätten der Ausschweifung mit häufig wechselnden Konkubinen aus aller Herren Länder, aus Südrußland, Tscherkessien und Armenien, kaum dagegen aus Afrika. Schwarze Sklavinnen waren gerade gut genug, in den Harems von Türken und Arabern für Nachwuchs zu sorgen; in den Häusern der Mameluken versahen sie nur niedere Dienste.

Ein anschauliches Bild vom Alltagsleben im Mamelukenreich jener Zeit liefert der Franzose Constantin de Volney, der sich zwischen 1783 und 1785 sieben Monate lang in Kairo aufhielt, in seinem Buch ›Voyage en Syrie et en Egypte‹: »Die Mameluken verfügen nur über Reiterei [...] Die Infanterie spielt keine Rolle. Da der Krieg hier nur in Flucht und Verfolgung besteht, wird nur der Reiter, der diese doppelte Aufgabe am besten erfüllt, als Krieger angesehen. Daraus folgt, daß es als erniedrigend empfunden wird, zu Fuß zu gehen, etwas, das man dem einfachen Volk überläßt. Deshalb gestatten die Mameluken den Bewohnern Ägyptens nur

Maultiere und Esel als Reittiere. Allein die Mameluken haben das Vorrecht, auf Pferden zu reiten, und davon machen sie vollen Gebrauch: in der Stadt, auf dem Lande, wenn sie Besuch machen, selbst von Haus zu Haus, sieht man sie nur zu Pferde. Auch könnten sie sich wegen ihrer Kleidung kaum anders bewegen. Die Ausbildung der Mameluken, ihr ganzer Daseinszweck ist das Waffenhandwerk. Jeden Morgen treffen sie sich auf einer Ebene vor den Toren von Kairo. Dort üben sie sich, den englischen Karabiner in vollem Galopp von der Schulter zu reißen, ihn abzufeuern und unter den Schenkel zu klemmen. Dann ziehen sie eine Pistole, schießen und werfen sie über die Schulter zurück. Das wiederholen sie mit einer zweiten Pistole und verlassen sich dabei auf die Schnur, mit der die Pistolen befestigt sind. So verlieren sie keine Zeit mit dem Wegstecken der Waffen. Die Beis feuern sie an, und wer den irdenen Krug trifft, der als Zielscheibe dient, wird gelobt und erhält ein Geldgeschenk. Sie üben sich auch mit dem Säbel, besonders den Hieb von unten nach oben, der am schwersten zu parieren ist [...] Den Mameluken ist unsere Kriegskunst fremd. Sie kennen keine Uniform, keine Ordnung, keine Disziplin, nicht einmal Gehorsam. Wenn sie sich sammeln, gleichen sie einer Herde, ihr Marsch ist Gewühl, ihr Gefecht Zweikampf, ihr Krieg ein Raubzug, und zwar gewöhnlich in Kairo selbst. Oft bricht ein Zwist aus, wenn man am wenigsten darauf gefaßt ist. Die Beis steigen zu Pferde, Unruhe verbreitet sich, die Gegner erscheinen. Man kämpft auf offener Straße, den Säbel in der Faust. Es gibt ein paar Tote, und die Sache ist entschieden. Der Schwächste und Ängstlichste wird aus der Stadt verjagt. Das Volk hat mit diesen Auseinandersetzungen nichts zu schaffen. Was kümmert es das Volk, wenn die Tyrannen einander umbringen. Gelassener Zuschauer inmitten von Kugelhagel und Säbelhieben ist trotzdem niemand: diese Rolle wäre zu gefährlich. Jeder flieht vom Schlachtfeld, bis wieder Ruhe eingetreten ist. Manchmal plündert der Pöbel die Häuser der verjagten Beis, und die Sieger lassen ihm dabei freie Hand. Manchmal greifen die Auseinandersetzungen auf das flache Land über. Die Gegner wenden dabei die gleiche einfache Taktik an. Die überlegene Partei verfolgt die schwächere. Sind sie gleich stark, so treffen sie sich zum Kampf. Dann rücken die beiden Haufen aufeinander zu, die Kühnsten vornweg. Sie treffen aufeinander, fordern einander heraus, greifen an. Jeder wählt seinen Gegner. Man schießt, wenn man Zeit dazu hat, und zieht so rasch wie möglich den Säbel. Jetzt zeigt sich das Können des Reiters, die Gewandtheit des Pferdes. Stürzt dieses, ist jener verloren. Flieht einer der Kämpfer, so bleiben die Diener an seiner Seite, und wenn es keine Zeugen gibt, schlagen sie ihn tot und nehmen seinen Geldgürtel. [...] Siegte der eigene Herr, um so besser, wurde er geschlagen, so ergab man sich dem Sieger, der seine Bedingungen oft schon vorher bekanntgegeben hatte. [...] Man fand mit Sicherheit einen neuen Herrn, der zahlte.

Da die mamelukische Gesellschaft nur einen Antrieb kannte, das Geld, mußten die Herren vor allem darauf achten, die Habgier ihrer Leute zu befriedigen, um sich ihrer Gefolgschaft zu versichern. Solche Verhältnisse führten zu ungezügeltem Luxus, der immer neue Bedürfnisse weckte und die Gier der Großen ins Ungemessene steigerte. Der Unterhalt eines Mameluken kostete mindestens 2500 Livres [etwa 2000 Goldmark], oft das Doppelte. An jedem Ramadan brauchte er ein neues Gewand, französisch Tuch, venezianische Stoffe, Brokate aus Damaskus und Indien, Pferde und Geschirr mußten oft ersetzt werden. Er wollte eingelegte Pistolen und Klingen, vergoldete Steigbügel, silberbeschlagene Sättel und Zügel. Die Anführer mußten sich von den gewöhnlichen Mameluken abheben. Sie brauchten deshalb Schmuck und Edelsteine, Araberpferde im Wert von 200 bis 300 Louisdors [4000 bis 6000 Goldmark]. Kaschmirschals von 25 bis 50 Louisdors, eine Fülle von Pelzgewändern, von denen keines weniger als 500 Livres [400 Goldmark] kostete. Die Frauen verachteten den früher üblichen Münzenschmuck. Sie hatten ihn durch Diamanten, Smaragde, Rubine, schimmernde Perlen ersetzt. Zu ihrer Leidenschaft für Schals und Pelze kam nun die für Seiden und Borten aus Lyon.

Die meisten Mameluken waren jetzt nach griechischem Ritus getauft und im Augenblick ihres Verkaufs beschnitten worden. In den Augen der Türken waren sie Renegaten ohne Glauben und Religion. Füreinander waren sie Fremde. Natürliche Bindungen kannten sie nicht. Ohne Eltern und ohne Kinder hatten sie keine Beziehung zur Vergangenheit oder Zukunft. Von Haus aus unwissend und abergläubisch, wurden sie durch Mordtaten aufrührerisch, durch Verschwörungen heimtückisch, durch Verstellung feige und durch Ausschweifungen aller Art verderbt. Besonders gaben sie sich jenem Laster hin, das der Chronist Volney als das Übel der Griechen und Tataren beschreibt. [...] »Das war der erste Unterricht, den sie von ihrem Waffenmeister erhielten. Man kann sich diese Neigung nicht erklären, wenn man bedenkt, daß jeder seine Frauen hatte. Nicht ein Mameluk war angeblich ohne diesen Makel. Mit ihrer Verderbtheit hatten sie die Einwohner von Kairo und sogar die syrischen Christen dort angesteckt.«

Es ist schwer zu sagen, ob Volney mit seiner farbigen Schilderung in allem recht hatte, denn natürlich gab es nicht nur Anarchie, Gewalt und Korruption. Auch die Machtausübung der Mameluken unterlag, wie jede funktionierende Herrschaft, bestimmten Ordnungsprinzipien, die sich unter der osmanischen Oberhoheit und während der Turbulenzen der Bey-Herrschaft weiterentwickelt hatten. Als oberste Ratsversammlung der Mameluken und damit des Landes fungierte ein »Diwan« nach osmanischem Vorbild, dem zwei Dutzend Beys angehörten. Des weiteren gab es, wie das Duumvirat von Ibrahim und Murad zeigt, neben dem bisher allmächtigen Scheich il Balad noch einen Emir il Hajj (»Fürst des Pilgerwesens«), dessen nichtssagender Titel nicht darüber hinwegtäuschen darf, daß die Zeiten despotischer Einzelherrschaft vorbei waren.

Die Pforte nahm die Selbständigkeitsbestrebungen der beiden Beys und den erneuten Abfall Ägyptens natürlich nicht widerstandslos hin. Abermals wurde der bewährte Hassan-Pascha losgeschickt, um die Abtrünnigen niederzuwerfen und die Einheit des Reichs wiederherzustellen. 1786 marschierte der Kapudan-Pascha in Ägypten ein und besetzte das Nildelta und Kairo. Ihm schlossen sich einige Mameluken-Beys, Neider Ibrahims und Murads, an, und das türkische Heer zog nilaufwärts. Bei Assiut in Oberägypten, einem Karawanen- und Sklavenhandelszentrum, kam es zur Schlacht, und Hassan erlitt zunächst eine Niederlage. Vier Monate später versuchte er es noch einmal, jetzt mit 12000 Mann und wieder bei Assiut. Dieses Mal verließen die Türken das Schlachtfeld als Sieger. Weiter jedoch reichte ihre Kraft nicht mehr, und die Mameluken-Beys behielten die Macht in Oberägypten.

Ein halber militärischer Erfolg ist auf längere Sicht oft nutzloser als ein erfolgloser Krieg: Er fordert im nachhinein kräftezehrende

Wachsamkeit und erlaubt nicht, das mit Waffengewalt mühsam Errungene friedlich zu nutzen. So mochte es auch der Pforte mit ihrem halben Sieg über die Mameluken ergangen sein. Solange die abtrünnigen Beys, von den Fellachen des Niltals und einigen Wüstenstämmen unterstützt, die Türken in Kairo jederzeit angreifen konnten, war diese Stadt ein verlorener Vorposten des Osmanischen Reichs. Abgeschnitten vom mittleren Nil, der Lebensader der Metropole, und mit dem Reich nur über die lange und unsichere Landverbindung über Syrien verbunden, war Kairo auf Dauer nicht zu halten. Außerdem hatte man in Istanbul jetzt andere Sorgen: 1783 bereits war das Gebiet der Krim-Tataren an Rußland gefallen, und vier Jahre später kam es zu einem neuen Krieg gegen das Zarenreich, der bis 1792 dauern sollte. Hassan-Pascha verließ deswegen 1787 Ägypten und kehrte nach Istanbul zurück. Ibrahim und Murad besetzten daraufhin Kairo und herrschten nun uneingeschränkt über das Land. Sie erkannten zwar den Sultan der Türkei als ihren Oberherren formal an, tatsächlich scherten sie sich jedoch um keine Weisung aus Istanbul mehr.

Wie sah es zu dieser Zeit in Syrien und Palästina aus, wo die Kontrolle der Hohen Pforte weitaus schärfer als in Ägypten war und die Rechte der Mameluken in vermutlich viel stärkerem Maße beschnitten waren als im Nilland? Auch hier gab es noch Mameluken-Beys; die alte Kriegerkaste hielt zusammen und nutzte ihre Macht und den osmanischen Verwaltungsschlendrian, um sich bei den türkischen Statthaltern, bisweilen auch gegen diese, Einfluß zu verschaffen. Ähnlich wie die türkischen Gouverneure in Ägypten wurden die Walis von Damaskus durch die osmanische Zentralregierung ständig ausgewechselt. Sie sahen sich deshalb bemüßigt, das Land in möglichst kurzer Zeit auszuplündern, ehe sie wieder nach Istanbul zurückberufen wurden. Eine Ausnahme bildete Assad-Pascha el Azem, der über eine längere Periode Gouverneur war und eine geordnete Verwaltung in Syrien einführte. Auch die Disziplinierung der verwahrlosten türkischen Besatzungstruppen war darin inbegriffen. Assad-Pascha integrierte die Mameluken, die im Dienste der früheren Gouverneure ungezügelt deren Raubzüge durchführten und die willkürlichen Steuern mit brutaler Gewalt eintrieben, teilweise als Offiziere in die regulären Streitkräfte – eine Maßnahme, die heute noch die Offizierskorps einiger arabischer Staaten prägt, insbesondere in Syrien.

Vor allem schuf sich Assad einen Namen als Förderer der Kunst: der Azem-Palast (erbaut 1748) und der Khan (Karawansaray) Assad-Pascha, beide in Damaskus, legen davon noch heute schöne Zeugnisse ab. Unter Assad wurde der bombastisch-aggressive Baustil der mamelukischen Epoche durch den osmanischen Baustil ersetzt, der zwar keinerlei Originalität und künstlerische Aussagekraft aufweist, dessen üppiger Dekor aber reizvoll wirkt. Die Medressen und Moscheen, allen voran das Derwischkloster, die Sultan Selim-Moschee, sind meist Nachbildungen türkischer Bauten, wie sie sich in großer Zahl an den Ufern des Bosporus finden. Der Gebetssaal ist von einer riesigen Kuppel überwölbt und von zierlichen, schlanken, spitz nach oben zulaufenden Minaretten flankiert, die an die Stelle der meist viereckigen, klobigen Gebetstürme der Mamelukenzeit getreten sind.

Die segensreiche Herrschaft Assads, der sich ein hohes Maß an Unabhängigkeit von Istanbul erworben hatte, bildete jedoch die Ausnahme. Unter seinen Nachfolgern begannen sofort wieder Schlamperei und Korruption, und es kam, ähnlich wie in Ägypten, zu Auseinandersetzungen zwischen der Stadt- und Landbevölkerung, zwischen Moslems, Christen und Drusen und zwischen türkischer Infanterie, Beduinen und Mameluken. Erst als Ahmed-Pascha el Jassaru, der Schlächter von Akka und treue Diener des Hauses Osman, das Wilayet Damaskus unter seine rücksichtslose Obhut nahm, kehrte wieder Ordnung in Syrien ein. Ahmed, selber ein ehemaliger bosniakischer Mameluk, bediente sich dabei unter anderem der syrischen Mameluken und deren Nachkommen. Sein Machtbereich erstreckte sich über ganz Syrien und Palästina; nur in den Bergen des Libanon fand seine Herrschaft ihre Grenzen – dort herrschte seit 1790 unter osmanischer Duldung der angesehene Drusenfürst Beschir aus dem Hause Schehab. Der Libanon sollte auch in Zukunft seine eigenen Wege gehen: Bald war das Land Schauplatz grausamer und blutiger Auseinandersetzungen zwischen Drusen und Christen.

Die Mameluken behielten in den folgenden Jahren in Syrien ihren begrenzten Einfluß, übrigens auch im weit entfernten Bagdad, wo seit 1747 georgische Mameluken, ihrem Herkommen nach Christen, unter den türkischen Paschas dienten und Führungspositionen einnahmen. Sie wurden schließlich sogar selbst

Paschas, und der mächtigste von ihnen, Suleiman-Pascha »der Große«, der zwischen 1780 und 1802 die Gebiete um Bagdad, Basra und Mossul vereinte und damit ein Land von der Größe des heutigen Irak regierte, errichtete eine fast autonome Herrschaft und zollte dem osmanischen Sultan nur noch förmliche Anerkennung.

Das blutige Ende

Kairo gegen Ende des 18. Jahrhunderts: eine Weltstadt mit einer Bevölkerung von ungefähr einer Viertelmillion. Eine Stadt der Hitze, des Staubes, des Schmutzes und des Zerfalls, mit einem endlosen Gewirr von Gassen, die oft nur durch Hausdurchbrüche miteinander verbunden waren, eine Stadt der Ruinen und ärmlicher zweistöckiger Häuser, neben denen unvermittelt hohe Moscheen und prächtige Paläste aufragten, insgesamt umgeben von Hügeln des täglichen Unrats unter einer Glocke von Dunst und Gestank. Kairo war eine verwahrloste Metropole geworden, die über ihre alten Grenzen hinausgewachsen war und sich mit Bulak, der einstmals abgesonderten Hafenstadt am Nil, vereinigte. Ein neues Ballungszentrum entstand, das seinen Kern immer weiter nach Westen verschob, denn der Nil hatte sein Bett im Lauf der Jahrhunderte immer weiter in diese Richtung verlegt, und die Stadt war ihm gefolgt.

Wer waren die Menschen, die in einem endlosen Strom durch die überfüllten Gassen wogten, wie sahen die Einwohner von Kairo um die Jahrhundertwende aus? Immer noch fielen am meisten die Mameluken auf, die sich brutal und rücksichtslos ihren Weg bahnten. Aber ihr Erscheinungsbild hatte sich verändert: Anstelle der Sklaven, die früher aus Asien importiert und zu Soldaten ausgebildet worden waren, überwogen jetzt die Söhne christlicher Eltern, die in den europäischen Grenzprovinzen des Osmanischen Reichs aufgekauft wurden. Meist handelte es sich um Angehörige der Balkanvölker, aber auch blonde Männer aus dem Norden waren darunter. Sie waren martialisch gekleidet, und man sah ihnen an, daß sie die teuersten Söldner ihrer Zeit waren. Zu jedem Ramadan erwarteten die Mameluken von ihren Herren neue Kleider, die aus Frankreich, Venedig, Damaskus und Indien herbeigeschafft wurden. Sie trugen meist zwei kostbar verzierte Reiterpistolen, und das Zaumzeug ihrer Pferde war mit Silber beschlagen.

Welch einen Kontrast boten dagegen das Heer der Bettler und Krüppel, die in den Trümmern der Hausruinen hausten, und die Sklavenjungen und -mädchen, deren Füße mit eisernen Fesseln zusammengeschmiedet waren, so daß sie sich nur mit kurzen, schmerzhaften Trippelschritten fortbewegen konnten! Am nachhaltigsten war das Stadtbild jedoch von den einfachen Handwerkern und kleinen Händlern geprägt. Oft trugen sie, wie heute noch, die schlichte Dschellaba, wobei sich die Christen von den Moslems dadurch unterschieden, daß sie einen Gürtel trugen. Oft waren sie auch in »Scherwals« gekleidet, weiten Mamelukenhosen aus blauer Baumwolle und Wollmänteln mit bunten Streifen, dazu rote Filzkappen, um die weite Turbane geschlungen waren. Diese »Tarbuschs« waren so verschwenderisch um die Kappen gewickelt, daß sie sich auf dem Kopf nach hinten neigten und ihre blauen Seidenquasten die Mäntel berührten. Von vornehmerem Äußeren waren die Kopten, meist reichere Händler. Sie trugen bauschige Hosen, Kaftane und schöne Turbane, stets aus blauem Musselin. Gelegentlich waren sie mit silbernen oder goldenen Fäden gesäumt, deren auslaufende Enden zu Fransen geknotet waren.

Auch bei den Frauen gab es Unterschiede. Die einfachen Frauen waren ganz in Schwarz gekleidet, und ihre Gesichter waren von Tüchern mit Gucklöchern für die Augen bedeckt. Die besser Situierten waren nach türkischer Mode gekleidet: Sie trugen hohe, spitze Kappen, von denen weite, weiße und durchsichtige Musselintücher über Gesicht und Rücken herabfielen.

Die Lebensbedingungen der zweieinhalb Millionen Ägypter verschlechterten sich um die Jahrhundertwende rapide. Anarchie und Willkür griffen um sich, und die Mamelukenkaste versagte jetzt auch zunehmend als Ordnungsfaktor. Von ihren früheren Eigenschaften waren offenbar nur noch Hochmut und Rücksichtslosigkeit übrig geblieben. Sie führten sich auf wie die mittelalterlichen Condottieri.

Besonders schlimm war es um die Streitkräfte Ägyptens bestellt, die total heruntergekommen waren. Eine einheitliche Armee gab es nicht mehr, auch keine Verfügungsgewalt des Souveräns über die Kontingente der Großen. Es existierten lediglich noch die Privatarmeen der mächtigen Beys, die eher großen Räuberbanden glichen und überwiegend nicht mehr aus Mameluken bestanden, sondern sich aus Söldnern aller Herren Länder, einschließlich entlaufenen türkischen Soldaten, zusammensetzten. Daß diese Armee über keine besonders modernen Waffen verfügten, verwundert kaum, und wenn die ägyptischen Soldaten mit veralteten, ausgesonderten Feuerwaffen aus ehemaligen türkischen Beständen ausgerüstet waren, konnten sie sie kaum bedienen. Immer noch verachteten die Beys moderne Geschütze als unehrenhafte Waffen und meinten, ihre Macht auf die mit Lanze, Säbel und alten Flinten ausgestatteten Reiter abstützen zu können.

Noch gab es Reste der alten mamelukischen Heeresstruktur. Ibrahim-Bey kommandierte eine persönliche kleine Armee von 600 Mameluken, Murad-Bey besaß 400 Mameluken. Die 18 bis 20 größeren Beys, die in die Fußstapfen der Alfi getreten waren, hatten je 50 bis 200 Mameluken; hinzu kamen zahlreiche kleinere Emire, die die Bezeichnung »Kaschef« trugen, mit ihrem Anhang, freie und unfreie Mameluken – alles in allem etwa 8500 Mann. Zählte man außerdem die »Sarradschins« hinzu – das waren Leibwächter, Türhüter usw. –, so brachten die Beys insgesamt 10000 Reiter auf die Beine. Die Stärke der osmanischen Besatzungsarmee belief sich um die Jahrhundertwende dagegen auf 40000 Mann, wurde aber bald um die Hälfte reduziert. Sie bestand aus den Janitscharen, den Azaben und fünf weiteren Korps. Diese Armee war jedoch völlig verlottert und undiszipliniert, ihre Offiziere waren korrupt und bestechlich, die Mannschaften unzuverlässig.

Besonders zügellos und gefürchtet unter den türkischen Truppen waren die – »Arnauten« genannten – Soldaten albanischer Abstammung, die zunehmend in die Fußstapfen der Janitscharen, der einst Schrecken verbreitenden, mittlerweile alt gewordenen »Neuen Truppe« (türkisch: Yeni Çeri), traten. Sie entstammten Machtverhältnissen, die um die Wende zum 19. Jahrhundert für den Autoritätsverfall in den Randgebieten des Osmanischen

Reichs bezeichnend waren, denen in Ägypten in vielem glichen und deshalb kurzer Erwähnung wert sind:

Auch im Land der Skipetaren konnten die einheimischen Feudalherren die Schwäche der Hohen Pforte ausnutzen und ihre wirtschaftliche, politische und militärische Macht ausbauen. Mit der Zeit wurden sie zu halbautonomen Fürsten ihrer Gebiete, die sie Paschaliks nannten – zum Beispiel das Paschalik von Skodra unter Mehmed Buschati Pascha und das Paschalik von Janina unter dem Despoten Ali Pascha Tepelena. Beide gehörten zu den führenden Persönlichkeiten des Balkans und waren die eigentlichen Herrscher des weit in das heutige Griechenland hineinragenden Albanien. Sie begannen ihren Aufstieg zu einer Zeit, als in Albanien chaotische Zustände herrschten, das Land von der osmanischen Verwaltung und von Räuberbanden ausgesaugt wurde. Die Paschas hatten sich mit Härte, Rücksichtslosigkeit und Verschlagenheit aus solchen Banden hochgearbeitet und jede Gelegenheit genutzt, um sich eine feudale Hausmacht zu schaffen. Der Sultan war fern, und die türkische Verwaltung war gegenüber den Paschas machtlos. Ähnlich wie die Beys in Ägypten bestimmten sie die Politik des Landes und setzten ihr eigenes despotisches Recht. Von dem besonders grausamen Pascha von Janina wird berichtet, daß er geladene Gäste ermordet und seine Feinde lebendig am Spieß geröstet habe. Schließlich konnten die türkischen Oberherren die Machtanmaßung der beiden Paschas nicht mehr hinnehmen, denn Ali Pascha von Janina wollte in dem von ihm beherrschten Gebiet die Souveränität der Osmanen gänzlich abschütteln. Ali wurde gestürzt und ermordet, und auch das Paschalik von Skodra wurde später abgeschafft. Die albanischen Soldaten, die Arnauten, wurden nach Ägypten geschickt, wo sie sich durch besondere Grausamkeit auszeichneten.

Bei dem geringen Kampfwert der Türken mochte die Stärke der Mameluken in Kairo noch ausreichen, um sich gegenüber den Besatzern behaupten zu können, denn das Osmanische Reich war in seinen Grundfesten zunehmend erschüttert. Infolge der anhaltenden außenpolitischen und militärischen Mißerfolge war es nämlich zu schweren inneren Spannungen gekommen. Versuche, dieser Krise durch einige Reformmaßnahmen zu begegnen, hatten zum offenen Aufruhr der Janitscharen geführt, die sich mehr und mehr zu einem Staat im Staate entwickelt hatten. Zusätzlich hatte sich der Druck von außen auf die Türkei weiter verstärkt. Der Krieg gegen Rußland war verlustreich verlaufen. Die Russen hatten die Donau überschritten und den Türken 1791 eine vollständige Niederlage zugefügt. Im Friedensvertrag von Yassy hatte die Türkei erhebliche territoriale Einbußen hinnehmen müssen; vor allem die Krim war endgültig verlorengegangen.

Belastungen völlig anderer Art setzten dem Osmanischen Reich zur gleichen Zeit im äußersten Süden zu. Dort, im Nedschd, hatte ein frommer Moslem namens Abd el Wahhab seit der Mitte des Jahrhunderts zu einer Erneuerung des Islam aufgerufen. Dieser Glaubenskämpfer strebte danach, den Islam zu seinen Ursprüngen zurückzuführen und die ganze vom Propheten vorgegebene Strenge anzuwenden. Um dieses Ziel zu erreichen, hatte sich Abd el Wahhab mit einem Wüstenfürsten, Emir Mohammed ibn Saud, verbündet, und beide kämpften, dieser mit dem Schwert, jener mit dem Wort, für ein Reich, in dem der eine islamische Glaube verwirklicht werden sollte. Als Abd el Wahhab 1792 starb, hatte seine wahhabitische Bewegung schon weite Teile Arabiens erfaßt, und das Haus Saud, nach dem dieser Teil der Arabischen Halbinsel später seinen Namen erhalten sollte, bedrohte die türkischen Vorposten im Hedschas. Viel schlimmer indessen war, daß die Wahhabiten das Kalifat der osmanischen Sultane in Frage stellten. Die Wahhabiten, die Krieger Sauds und seines Nachfolgers Abd el Asis, bekämpften die Türken vor allem aus Glaubensgründen und vertrieben sie aus ihren Garnisonen. Sogar die heiligen Stätten des Islam, deren Schutz zu den überlieferten und unantastbaren Rechten des Kalifen gehörte, griffen sie an und besetzten wiederholt Mekka und Medina.

Doch es gab noch gewaltigere Herausforderungen der Jahrhundertwende, für die die europäischen Großmächte verantwortlich waren und die Ägypten in hohem Maße berührten. Um diese Konflikte zu verstehen, ist es erforderlich, etwas weiter zurückzugreifen: Im Jahr 1498 war es den Portugiesen gelungen, das Kap der Guten Hoffnung zu umsegeln und von dort den Seeweg nach Indien zu finden. Damit, so schien es, sollten die Portugiesen die Herren dieses riesigen Landes werden. Auf die Dauer erwies es sich jedoch, daß dieses kleine Land zu schwach war, um diese

Aufgabe zu bewältigen. Stärkere Mächte, Frankreich und England, traten auf den Plan und gründeten in Indien einflußreiche Handelsgesellschaften. Diese bemühten sich zunächst, in friedlicher Konkurrenz miteinander auszukommen. Mitte des 18. Jahrhunderts brachen aber zwischen beiden Gesellschaften offene Feindseligkeiten aus, die in ein Ringen zwischen England und Frankreich mündeten, wobei jede der beiden Handelskompanien indische Fürsten zu Bundesgenossen zählte. Schließlich unterlagen die Franzosen, und die English East India Co. beherrschte den indischen Subkontinent allein.

Währenddessen hatten die Franzosen am Mittelmeer an Einfluß gewonnen. Venedig, das einstmals den ägyptischen Markt beherrschte, hatte längst seine Monopolstellung verloren, und Frankreich war nun der unangefochtene Herr des über Ägypten abgewickelten Handels – aber nur bis zur Zeit von Ali-Bey. Auf dessen Initiative hin hatte die East India Co. nach 1770 mehrere Handelsmissionen von Indien nach Suez geschickt und dabei die Erfahrung gemacht, daß der Weg über Ägypten, richtig ausgenutzt und organisiert, doch nicht länger als die Kaproute war. Die Reisezeit von London nach Kalkutta über Suez betrug lediglich zwei Monate, während der Weg um das Kap fünf Monate dauerte. Die englischen Unternehmungen machten die Franzosen natürlich mißtrauisch; sie mußten um ihre Monopolstellung in Ägypten fürchten. Beide Staaten wetteiferten jetzt um die Gunst der Mameluken und sogar um das Wohlwollen des türkischen Sultans in Istanbul. Ihre Interessen waren schon jetzt, rund siebzig Jahre vor dem Bau des Suez-Kanals, auf die schmale Landbrücke zwischen dem Mittelmeer und dem Roten Meer gerichtet. Die Auseinandersetzungen verschärften sich, bis das größte Ereignis des zu Ende gehenden 18. Jahrhunderts die Aufmerksamkeit der Welt auf sich lenkte: die französische Revolution.

Das Ancien régime hatte in Frankreich mit dem Ausbruch der Revolution im Jahre 1789 ein blutiges Ende gefunden. Dem Sturz des Throns war die Hinrichtung Ludwigs XVI. gefolgt. Der revolutionäre Schwung Frankreichs hatte die Monarchien Europas in Furcht versetzt; sie schlossen sich zu einer Koalition zusammen, der Großbritannien, Österreich, Preußen, Piemont und Holland angehörten. Angespornt von ihrem revolutionären Elan, hatten die Volksheere der jungen französischen Republik das Bündnis in die Schranken gewiesen; nur England war am Ende als Gegner übrig geblieben.

England direkt anzugreifen, wie es das Direktorium zunächst erwog, erwies sich als wenig aussichtsreich: Die See- und Inselmacht war nahezu unangreifbar. Also wich das Direktorium auf einen Nebenkriegsschauplatz aus, auf dem es England empfindlich treffen konnte. Es unternahm den Versuch, Englands kürzeste Verbindung nach Indien zu unterbrechen, Indien eventuell sogar anzugreifen. Der verletzlichste Punkt in der Verbindung zwischen England und Indien war Ägypten, auch deshalb, weil England dort wichtige Handelsinteressen verfolgte. Diese Entwicklung legte aus französischer Sicht den Gedanken an eine Expedition nach Ägypten nahe, um so mehr, als Frankreichs Siege in Italien und ein Bündnis mit Spanien die Mittelmeer-Armada der Engländer zum Rückzug nach Gibraltar gezwungen hatten. Das Kriegsziel der Franzosen bestand darin, die Briten aus der Umgebung des Roten Meers zu vertreiben, einen Kanal durch den Landsteg von Suez zu bauen und die französische Vorherrschaft im Roten Meer zu sichern.

Ein junger französischer Revolutionsgeneral namens Napoleon Bonaparte wurde mit der Expedition beauftragt. Auf dreihundert Transportschiffen, die von dreizehn Linienschiffen, sieben Fregatten und einigen Kanonenbooten begleitet wurden, schiffte der General 30000 Mann Infanterie, 2800 Kavalleristen, zwei Kompanien Pioniere, Mineure und Brückenleger sowie sechzig Feldgeschütze und vierzig Belagerungsgeschütze ein. Mit dieser Flotte segelte Bonaparte über Malta, das er den Johannitern gleichsam im Vorbeigehen entriß, in Richtung Alexandria. Bei Marabut, unweit von Alexandria, setzte Bonaparte seine Truppen am 2. Juli 1798 an Land und marschierte am Westrand des Nildeltas auf Kairo zu.

Seine Flotte wurde währenddessen vom Untergang ereilt. Die Briten hatten unter einem fähigen, jungen Admiral, Horatio Nelson, eine Flotte in das östliche Mittelmeer entsandt, um die französische Flotte aufzuspüren und zu vernichten. Die englische Flotte stellte die französischen Schiffe in der Bucht von Abukir, wo sie auf die Rückkehr von Napoleons Expeditionskorps warteten. Sie überfielen die völlig überraschten französischen Verbände, und in einer heftigen Seeschlacht wurde die französische Flotte in der Nacht auf den 2. August vernichtet. 5000 französische Matrosen fanden den Tod, dreizehn von siebzehn großen Kampfschiffen schickten die Engländer auf den Meeresgrund und schnitten Bonaparte damit von seinen rückwärtigen Verbindungen ab.

Der französische Angriff auf Ägypten war die erste Invasion einer europäischen Macht im Nahen Osten seit den Kreuzzügen und löste eine Kettenreaktion von Ereignissen aus, die bis heute nicht abgeschlossen ist. Das Jahr 1798 kann deshalb wohl als jenes Jahr bezeichnet werden, in dem die anhaltende Rivalität zunächst der Westmächte, später aller Großmächte um Einfluß in der arabischen Welt begann. Die ersten Folgen des Überfalls auf Ägypten traten schon bald zutage. Der Angriff berührte naheliegenderweise in hohem Maße die Interessen der Türkei, denn der Sultan betrachtete sich immer noch als den nominellen Oberherrn von Ägypten, auch wenn er dort über keinerlei Macht mehr verfügte. Bisher hatte in Istanbul eine profranzösische Stimmung vorgeherrscht. Jetzt aber, nach dem Einmarsch Bonapartes in Ägypten, änderte sich die Haltung der Pforte von Grund auf. Sie erklärte Frankreich den Krieg und schloß ein Bündnis mit England.

Kurze Zeit nach dem Fall von Alexandria waren in Kairo die ersten Meldungen über die Invasion der französischen Armee eingetroffen.

Man sollte nun annehmen, daß eine Art Generalmobilmachung stattgefunden hätte, daß die Mamelukenführer sich vor allem ein genaues Bild über den Feind, seine Ziele, seine Stärke und Bewaffnung gemacht hätten. Aber nichts dergleichen geschah. Ibrahim-Bey und Murad-Bey zogen mit ihren Mamelukenregimentern lediglich vor die Tore von Kairo und erwarteten dort in völliger Untätigkeit den Feind. Wie anders hatten die Ägypter vor 550 Jahren beim Auftauchen der fränkischen Ritter an der Nilmündung reagiert! Nicht einmal Späher wurden Bonaparte entgegengesandt, und bis zum Schluß wußten die Mamelukenführer nicht, auf welcher Seite des Niltals die Franzosen überhaupt heranrückten. Sie hatten ihre Streitkräfte auf beiden Seiten des Nils verteilt; auf der Westseite führte Murad, auf der Ostseite Ibrahim das Kommando. Sie hielten sich jeweils inmitten ihrer Mameluken auf, die stolz auf ihren Pferden saßen und mit lässiger Überheblichkeit dem Gegner entgegensahen. Aber diese Hochstimmung währte nicht lange: Als es schließlich unter den Pyramiden von Gise zum Zusammenstoß mit den Franzosen kam, wurden sie von den Kanonen Bonapartes und von den Salven der französischen Infanterie schnell und gründlich hinweggefegt.

Ein Augenzeuge, Abdu Rahman el Dschabarti, ein Scheich der El Ashar-Universität, schilderte die daraufhin bei den Mameluken eintretende Verwirrung so: »Dann spaltete sich die [französische] Einheit, welche gegen Murad Bek kämpfte, in zwei Teile, in der Art, wie sie das in der Schlacht zu tun verstehen, und sie kamen an die Barrikaden heran, indem sie diese von beiden Seiten umfaßten. Sie schlugen ihre Trommeln und feuerten ihre Gewehre in kontinuierlichen Salven ab und schossen aus ihren Kanonen. Der Wind blies immer stärker, und der Staub wurde dichter; alles wurde dunkel vor Pulverrauch und vor Staub und Wind. Man konnte wegen des Lärms der beständigen Schüsse nichts mehr vernehmen, so daß man glaubte, die Erde erzittere und der Himmel falle über ihr ein. Der Kampf dauerte etwa drei Viertelstunden, dann wandten sich die Soldaten der Westbank zur Flucht. Viele der Reiter ertranken im Fluß, weil der Feind sie umstellte und weil es finster war; andere gerieten in Gefangenschaft.

Die Franzosen eroberten die Barrikaden, und Murad Bek, und wer bei ihm geblieben war, floh nach Guizeh [Gise]. Murad Bek stieg in sein Schloß hinauf und erledigte seine Angelegenheiten in einer Viertelstunde, dann saß er auf und zog nach Süden davon. Die Toten, die Kleider, der Troß und die Waffen blieben in der Wüste von Embaba unter den Füßen der Pferde liegen. [...]

Als die Truppen auf der Westseite in die Flucht geschlagen waren, drehten die Franzosen ihre Kanonen und ihre Gewehre um und schossen auf die Ostseite hinüber. Ein furchtbares Geschrei erhob sich in Bulaq. Ibrahim Bek und der Pascha saßen mit ihren Offizieren und der Reiterei auf; sie ließen allen Troß und die Zelte, wo sie waren, und nahmen nichts mit sich. Ibrahim Bek, der Pascha und die Emire zogen nach der Adliye davon. Die Untertanen ihrerseits flüchteten sich in aller Eile in die Stadt; denn sie waren in äußerster Panik und erwarteten voller Angst und Schrecken ihr Ende. Sie schluchzten und heulten laut, erflehten Gottes Hilfe vor dem Verderben an diesem schlimmen Tage, und in den Häusern schrien die Frauen, so laut sie konnten; dies alles trug sich noch vor dem Sonnenuntergang zu.

Als Ibrahim Bek in der Adliye anlangte, sandte er Boten nach seinen Frauen, und die Emire, die mit ihm waren, taten das gleiche. Sie ließen die Frauen zum Teil auf den Pferden aufsitzen, zum Teil auf Maultiere, andere auf Esel und Kamele, andere, wie die Singmädchen und Dienerinnen, mußten zu Fuß gehen. Die meisten Leute zogen die ganze Nacht hindurch aus der Stadt heraus, manche mit ihren Frauen, andere versuchten sich allein zu retten. Ein Teil zog nach Oberägypten und ein anderer nach Osten; diese waren in der Mehrzahl.«

Ägypten lag mit der Niederlage von Gise am Boden, es gab keine Regierung mehr. Die einflußreichsten Personen, mit denen Bonaparte hätte verhandeln können, waren die angesehenen arabischen Scheichs der El Ashar-Universität, die immer schon das Vertrauen der ägyptischen Bevölkerung besessen hatten. An sie und an das einfache Volk wandte sich der französische General nach seinem Einzug in Kairo mit einem Aufruf, der von großem psychologischen Geschick zeugte und wirkungsvoll auf die muslimische Mentalität abgestimmt war: »[...] Kadis, Scheiks, Imams, Tschorbadschis, sagt dem Volke, daß wir Freunde der wahren Muselmänner sind. Haben wir nicht den Papst abgesetzt, der da sagte, daß man die Muselmänner bekämpfen müsse? Haben wir nicht die Malteserritter vernichtet, weil die Unsinnigen glauben, Gott wolle, daß sie die Muselmänner bekriegen [...]? Dreimal glücklich diejenigen, die mit uns sein werden! Sie werden in ihrem Besitz und in ihrem Range gedeihen. Glücklich diejenigen, die neutral bleiben! Sie werden Zeit haben, uns kennenzulernen, und sie werden unsere Partei ergreifen. Aber wehe, dreimal wehe denen, die sich für die Mameluken bewaffnen und gegen uns kämpfen! Für sie gibt es keine Hoffnung: sie werden zugrunde gehen.«

Die geschlagenen Mameluken waren nach der Schlacht von Gise zunächst versprengt, hatten sich dann aber unter ihren Beys wieder gesammelt. Bonaparte unternahm deshalb von Kairo aus mehrere kleine Vorstöße ins Nildelta und nach Assiut am mittleren Nil, um sie aufzuspüren und zu zerschlagen. Für eine wirklich erfolgreiche Verfolgung der Mameluken blieb ihm allerdings keine Zeit, denn er erhielt Meldungen, daß die Pforte Truppen aufstellte, um ihn aus Ägypten zu vertreiben. Bonaparte wandte sich deshalb mit seiner Armee nach Norden, um in Syrien den Kampf mit den türkischen Truppen zu suchen. Das französische Expeditionskorps kam jedoch nur bis Akka. Dort residierte, wie erwähnt, der einstmals von Ali-Bey abgefallene Ahmed el Jassaru als türkischer Pascha. Schon einmal hatte Ahmed in kritischer Lage seine Loyalität zum Türkensultan bewiesen, und auch jetzt hielt er treu zur Pforte und stellte sich mit Unterstützung einer britischen Flotteneinheit den Franzosen in seiner starken Festung Akka entgegen. Akka blieb uneinnehmbar, und eine lange Belagerung erschien aussichtslos; die französischen Truppen wurden außerdem von der Pest befallen. Bonaparte zog deshalb nach Ägypten zurück – gerade rechtzeitig, denn mittlerweile waren in Abukir türkische Truppen gelandet. Sofort traten die Franzosen zum Gegenangriff an, und es gelang ihnen, die Türken auf ihre Schiffe zurückzuwerfen. Anschließend überließ Bonaparte seinem tüchtigen General Kléber das Kommando und schiffte sich selber nach Frankreich ein.

Die französische Intervention in Ägypten war damit gescheitert. Die Türken rückten mit 80000 Mann in Syrien ein, wo sie sich mit Ahmed el Jassaru und einem kleinen englischen Kontingent vereinigten. Anfang 1800 schlossen sie mit General Kléber einen Waffenstillstand, in dem die Franzosen die Räumung von Ägypten zusagten. Diese Vereinbarung wurde jedoch von den Engländern gebrochen, und Kléber griff deswegen den türkischen Großwesir, der auf Kairo vorrückte, erneut an. Die osmanischen Truppen erlitten dabei in der Nähe des antiken Heliopolis eine schwere Niederlage und zogen sich in die Wüste zurück. Schon im nächsten Jahr griffen die Osmanen erneut an, und diesmal zwangen sie die Franzosen, das Land endgültig zu räumen, während britische Truppen in Ägypten zurückblieben.

Bei all diesen Ereignissen hatten die Mameluken nur noch eine zweitrangige Rolle gespielt. Von den Franzosen waren sie geschlagen worden, aber auch die Türken waren nicht ihre Freunde. Im Gegenteil, der Großwesir sah in der zeitweiligen starken türkischen Präsenz in Ägypten eine einmalige Möglichkeit, sich der unzuverlässigen Mamelukenbeys völlig zu entledigen, und setzte jetzt alles daran, sie auszurotten. Die Mameluken waren führerlos – der 63jährige Ibrahim-Bey war nach der Niederlage von Gise nach Syrien geflohen, der 15 Jahre jüngere Murad-Bey hatte den Widerstand in Oberägypten fortgesetzt und dort später einen Waffenstillstand mit General Kléber geschlossen. Er starb 1801. Ihr Nachfolger sollte einer der einflußreichsten Beys, Mohammed-Bey el Alfi, werden – doch der aus Syrien zurückgekehrte Ibrahim-Bey verhinderte dies, und die Führerschaft ging an einen anderen Emir, Schahin-Bey, dem Namen nach (Schahin = Falke) ein Mameluk edler arabischer Abstammung, über.

Die Lage war nun so verworren, daß es schwierig war, die Beys zu fassen, die sich in ihren Burgen in der Provinz verschanzt hatten oder mit ihren Privatarmeen plündernd durch das Land zogen. Im übrigen ergriffen jetzt die Engländer Partei für die Mameluken. Sie wußten, daß die Pforte auf die Dauer zu schwach war, um ihre neugewonnene Macht in Ägypten zu halten, und setzten auf die Mameluken als zukünftige Verbündete gegen Frankreich. Die britischen Truppen verließen Ägypten zwar im Jahr 1803, zuvor hatten sie jedoch in Istanbul ein Abkommen mit der Pforte geschlossen, in dem sich das Osmanische Reich verpflichtete, die Mameluken zu begnadigen. Für die Mamelukenbeys brachte diese Übereinkunft noch einmal einen Aufschub ihres sich immer deutlicher abzeichnenden Untergangs. Die ägyptische Armee, die schon zu bestehen aufgehört hatte, wurde neu organisiert, und unter den argwöhnischen Augen der türkischen Besatzungsoffiziere kehrten die großen Mamelukenherren in ihre Kairoer Stadtpaläste zurück.

Zum letzten Mal sah man die Offiziere in ihrer schillernden Pracht, auf weißen Berberhengsten, in roten, weiten Pluderhosen und reichbestickten Husarenjacken, über die bunte Westen gestreift waren, mit langen Reiterpistolen und Krummdolchen in den Schärpen und einer Quaste am roten Fes, um den ein weißer Tarbusch gewickelt war. Nicht weniger prächtig war die Gefolgschaft, die Träger der Feldzeichen, die nach türkischer Sitte an langen Stangen bunte Roßschweife über ihre Kommandeure hielten, und die Söldner, die mit Musketen und Schlachtbeilen bewaffnet waren. So kehrten die Beys in gewohnter Arroganz zurück und richteten sich in ihren alten Machtpositionen wieder ein. Sie fühlten sich sicher und machten einen der Ihren, Bardisi-Bey, zu ihrem neuen Führer.

Aber die Ruhe währte nur kurz. Mit der Armee, die die Pforte zur Vertreibung der Franzosen nach Ägypten geschickt hatte, war ein energischer türkischer Offizier albanischer Herkunft, Mohammed Ali, gekommen. Er ging energisch gegen die Mameluken vor und schlug den Widerstand Bardisis nieder. Er bewährte sich in den Augen der Pforte so sehr, daß er zum osmanischen Statthalter von Ägypten ernannt wurde. Diese Entscheidung sollte weitreichende historische Folgen haben. Denn mit Mohammed Ali wurde die lange Reihe türkischer Paschas von Ägypten, die nur noch tönerne Symbole osmanischer Macht waren, beendet. Mit ihm übernahm ein Mann die Zügel in Kairo, der an Willensstärke und Entschlossenheit, an pragmatischer Intelligenz und Verschlagenheit, an Machtwillen und Rücksichtslosigkeit kaum zu überbieten war. Er führte das Nilland gewaltsam aus dem Mittelalter in die Neuzeit, trennte Ägypten endgültig von der Türkei und eröffnete seiner Familie den Weg zur Dynastie der Khediven und späteren Könige von Ägypten, einer Dynastie, die erst 1952 nach einem Aufstand junger nationalistischer Offiziere beseitigt werden sollte.

Zunächst mußte Mohammed Ali noch einige Hindernisse auf dem Weg zur Macht beiseite räumen, denn es war jetzt nicht mehr damit getan, in Ägypten das Ruder in der Hand zu halten und sich gegenüber der Pforte zu behaupten. Seit dem Einfall der Franzosen war das Land in viel stärkerem Maße als früher in den Blickpunkt der europäischen Großmächte gerückt, es war nun nicht mehr aus dem Kräftedreieck England-Frankreich-Türkei wegzudenken. Dort hatten sich unterdessen die Konstellationen gründlich verändert. Kaiser Napoleon I., der als General Bonaparte das unter osmanischer Oberherrschaft stehende Ägypten überfallen und einstmals in Syrien gegen die Türken gekämpft hatte, hatte sich mit Sultan Selim III. verbündet. Die tieferen Beweggründe für diese Annäherung war die gemeinsame Gegnerschaft beider Herrscher zum Zarenreich; die unmittelbare Folge aber war, daß England seine Interessen in der Türkei und in Ägypten erneut durch Frankreich bedroht sah.

Es kam deshalb zum Bruch zwischen England und der Türkei. Im Jahr 1807 landeten die Engländer, die immer noch auf die Mameluken setzten, mit einer Flotte von 42 Schiffen in Alexandria. El Dschabarti, der bereits zitierte zeitgenössische Beobachter, beschreibt die nun einsetzenden Ereignisse so: »Man muß wissen, daß diese Schar von Engländern, und wer dazu gehörte – man sagte, ihre Zahl sei 6000 gewesen – nicht nach Alexandria gekommen war, in der Begierde, Ägypten zu erobern, vielmehr bedeutete ihr Kommen Hilfe und Unterstützung für den Alfi** gegen seine Feinde. Er hatte sie eingeladen, ihm zu Hilfe zu kommen, eine Zeitlang bevor sie dann wirklich kamen. Der Grund, warum sie so spät kamen, war, daß ein Frieden zwischen ihnen und den Ottomanen bestand. So konnten sie nicht gegen die Mameluken der Pforte zu Felde ziehen ohne deren Erlaubnis, wenn sie die Gesetze beobachten wollten. Als aber Streit ausbrach zwischen den Engländern und der Pforte, wie ich vorher erwähnt habe, da ergriffen sie die Gelegenheit und schickten jenes Geschwader. Der Alfi erwartete ihre Ankunft in der Buhaira-Provinz, aber als die Wartezeit zu lange wurde und er sich in der Buhaira eingeengt vorkam, zog er mit seinem Heer nach Süden, und Gott ordnete seinen Tod in der Nähe von Guizeh an. Die Engländer kamen erst nach diesem Ereignis in Alexandria an, sie fanden, daß er tot war, aber sie hatten keine Eile mit dem Umkehren. Sie schickten Boten zu den Emiren im Süden und schlugen ihnen vor, sie wollten ihnen gegen ihre Feinde zu Hilfe kommen. Sie sagten ihnen: ›Wir sind in euer Land gekommen auf Aufforderung des Alfi hin, um ihm und euch zu Hilfe zu kommen. Wir stellen fest, daß der Alfi gestorben ist. Er ist einer von euch, und ihr gehört alle zusammen. Laßt nicht auf euch warten, sondern kommt, damit eure Angelegenheit bereinigt werden kann. Ihr werdet später nie wieder eine Gelegenheit finden wie diese‹.«

Die Mameluken waren jedoch einmal mehr uneins und kamen zu keinem Entschluß, wie sie reagieren sollten. Nicht so Mohammed Ali. Ihm gelang es mit Gewalt und durch Verhandlungen, die Engländer zum Abzug zu bewegen, und im September 1807

** S. 1801 – Mohammed-Bey el Alfi.

verließ die britische Flotte Alexandria. Die Mameluken hatten ihre letzte Chance vorüberziehen lassen, ohne sie zu nutzen.

In Ägypten war die Lage nun schlimmer denn je. Die Machtkämpfe der Mamelukenbeys und ihrer Söldnertruppen waren immer verworrener geworden. Lokale Aufstände waren an der Tagesordnung, und die einstmals so mächtigen Beys verloren selbst in ihren eigenen Herrschaftsbereichen die Kontrolle. In dem zeitgenössischen Bericht heißt es weiter: »Die Lage wurde im Süden und im Norden des Landes so schlimm, daß die Leute an den Punkt gelangten, wo sie mit der Regierung der Franzosen zufrieden gewesen wären. [...] Die Soldaten legten ihre Hand an die Frauen und Alten und Kinder, sie ergriffen sie und verkauften sie einer dem andern. Ihr Verhalten war so schlecht und ihre Taten waren so schändlich, daß die Leute sich danach sehnten, daß die Franken zurückkämen, welcher Art sie auch seien [Franzosen oder Engländer], um diesen verderblichen Banden das Handwerk zu legen, jenen Truppen, die keinem Volk angehörten, die kein Gesetz anerkannten und keinen Weg, auf dem sie wandelten.«

Ägypten wurde durch diese Ereignisse noch weiter in seiner Entwicklung zurückgeworfen. Seine wirtschaftliche, technische und geistige Rückständigkeit war zu Anfang des 19. Jahrhunderts kaum zu überbieten, und Dumpfheit breitete sich unter der einheimischen Bevölkerung aus. Es war klar, daß dieses Land den Anforderungen der Neuzeit, dem durch die französische Revolution und durch die napoleonische Ära ausgelösten neuen Machtverständnis, in keiner Weise gewachsen war. Die Notwendigkeit einer radikalen Veränderung lag in der Luft.

Es gab jetzt drei Kräftegruppierungen in Ägypten, die für das zukünftige Schicksal des Landes von Bedeutung waren: zunächst Mohammed Ali, der sich mehr und mehr von seinem türkischen Oberherrn unabhängig machte und sich in gleichem Maße in Ägypten eine eigene Machtbasis schuf. Die Grundlage hierfür war eine moderne Armee, die er von einem französischen Offizier – dem späteren, zum Islam übergetretenen Suleyman-Pascha – aufbauen ließ. Diese Armee hatte kaum noch etwas mit den alten türkischen Besatzungsregimentern gemeinsam und war den schrumpfenden Privatarmeen der Mamelukenbeys weit überlegen. Aber nicht nur die Armee entsprach den modernsten Ansprüchen – Mohammed Ali brachte den Fortschritt und europäisches Wissen nach Ägypten. Die Landwirtschaft wurde modernisiert, und die Anfänge einer bescheidenen Industrialisierung wurden eingeleitet. Mohammed Ali ließ neue Kanäle bauen und führte den Anbau von Baumwolle und Reis ein. Er importierte ganze Textilfabriken und Zuckerraffinerien. Nördlich von Kairo ließ er einen Nildamm errichten und ermöglichte damit eine verbesserte Bewässerung des landwirtschaftlich nutzbaren Bodens.

Obwohl selbst ungebildet und nur der türkischen Sprache mächtig, bemühte er sich um die Bildung der Ägypter. Er gründete ein Bildungsministerium, errichtete ein Technikum und eine Schule für angehende Ärzte, holte fremde Wissenschaftler ins Land und entsandte junge, begabte Ägypter zum Studium nach Europa. All dies kostete natürlich viel Geld und setzte eine umfassende Sanierung der Volkswirtschaft und der Staatsfinanzen voraus. Mohammed Ali nationalisierte deshalb einen großen Teil des privaten Besitzes, vor allem die unrechtmäßig erworbenen Ländereien und das Brachland, die sich in der Hand der Feudalherren befanden. Diese Feudalherren gehörten immer noch den beiden anderen großen Machtgruppierungen an, den Mamelukenbeys und dem eingesessenen ägyptischen Establishment, bei dem es sich sowohl um die ägyptisch-islamischen Scheichs als auch um die sogenannten Effendis handelte, neureiche Ägypter, die in Lebensstil und Kleidung die Europäer nachzuahmen versuchten.

Vor allem die Scheichs hatten in dem Maße, wie die Mamelukenherrschaft degeneriert war, an Einfluß in der breiten Bevölkerung gewonnen. Sie stellten die Intelligenz des Landes dar und galten bei den Massen als die Hüter des Glaubens und des islamischen Rechts. Die Scheichs und Effendis standen Mohammed Ali mit gemischten Gefühlen gegenüber. Sie sahen in ihm den Mann, der ihr Land aus dem jahrhundertelangen Schlaf unter der Türkenherrschaft herausriß. Zwar verstanden sie noch nicht, daß der Albaner Mohammed Ali schon arabischer als sie selbst dachte, und waren noch weit davon entfernt, von den panarabischen Ideen, für die der Prophet vergeblich gestritten hatte, auch nur zu träumen, aber sie sahen endlich die Forderung »Ägypten den Ägyptern« erfüllt und betrachteten Mohammed Ali als den ersten Nationalisten, den es jetzt überhaupt in einem arabisch sprechenden Land gab.

Aber sie mißtrauten ihm dennoch. Seine Enteignungsmaßnahmen, die vor ihrem Besitz und den Kirchengütern nicht haltmachten, riefen Erbitterung hervor, und seine fortschrittlichen Neuerungen standen in einem zu krassen Gegensatz zum Konservatismus des Islam. Die Scheichs und Effendis, die an die Lotterwirtschaft der Mameluken gewöhnt waren, konnten sich nicht so schnell an den Despotismus des Herrschers gewöhnen. In der El Ashar-Moschee beklagten sich die Scheichs: »...wir haben ihn erwählt, damit er uns in Gerechtigkeit regiere, nicht, daß er Tyrannei und Gewaltherrschaft ausübe«. Mohammed Ali gab ihnen zur Antwort: »Ihr beklagt Euch über meine Tyrannei, aber Ihr seid noch schlimmere Tyrannen über das Volk als ich über Euch.« Es bedurfte deshalb noch einiger Jahrzehnte vorsichtigen gegenseitigen Abtastens, bis Nationalstaat und Islam zusammenfanden. Ein Rest von Mißtrauen hält bis in die Gegenwart an.

Wesentlich größere Schwierigkeiten hatte jetzt die dritte Kraft, die Mameluken, denn der Machtzuwachs von Mohammed Ali ging vor allem auf ihre Kosten. Erstarrt in ihrem reaktionären Denken, waren die Beys zu schwerfällig geworden, um sich gegen den ausgreifenden Machtanspruch des Paschas geschickt zu wehren. Sie pochten nur verzweifelt auf ihre angestammten Rechte, suchten Bündnisse mit den Scheichs oder biederten sich gar Mohammed Ali an. Überwiegend stellten sie sich aber hochmütig gegen die neue Ordnung, gegen Fortschritt und Autokratie. Wo und wann immer es ging, suchten sie ihren alten Besitzstand zu wahren und vor der Nationalisierung zu schützen. Da sie nicht sofort aus allen ihren Ämtern als Provinzgouverneure und in der Verwaltung verdrängt werden konnten, nutzten sie die ihnen verbliebene Macht dazu, Mohammed Alis Autorität zu untergraben und Komplotte gegen ihn zu schmieden. Auch jetzt stellten sie eine das ganze Land durchdringende Aristokratie dar, die davon träumte, sich wie eh und je den Pascha gefügig zu machen.

Die Beys hatten noch immer viele Trümpfe in der Hand, denn trotz der fortschreitenden Landenteignung waren sie nach wie vor unermeßlich reich. Sie verfügten wie ehedem über ihren eigenen bewaffneten Anhang, kannten das Land und beherrschten die Sprache seiner Bewohner. Sie waren nicht gewillt, am Aufbau eines modernen Staatswesens mitzuwirken, in dem sie bestenfalls die Rolle von Beamten und Offizieren spielen konnten, aber nicht mehr die selbstbewußten Vasallen und Feudalherren waren. Wollte Mohammed Ali nicht auf halbem Wege aufgeben und es nicht auf endlose, kräftezehrende Auseinandersetzungen ankommen lassen, so mußte es nun zur dramatischen Auseinandersetzung kommen. Und die Entscheidung kam. Die Beys hätten eigentlich gewarnt sein müssen. Schon einmal, im Jahre 1807, hatte der Pascha ihnen eine empfindliche Niederlage bereitet. Was war damals geschehen?

Mohammed Ali hatte auf dem Wege zur uneingeschränkten Herrschaft über Ägypten bereits die ersten großen Hindernisse überwunden. Er spürte aber deutlich die geheime Gegnerschaft der Mameluken, und er wußte, daß sie jeden Augenblick nur darauf warteten, daß er ihnen eine Blöße zeige, die es ihnen erlauben würde, ihn hinwegzufegen. Warum sollte er nicht die Initiative ergreifen, die Beys provozieren und ihnen eine tödliche Falle stellen? Mohammed Ali ging mit aller ihm eigenen Verschlagenheit ans Werk. Durch gezielte Indiskretion ließ er in Kairo das Gerücht verbreiten, daß er, wie alljährlich, anläßlich der feierlichen Öffnung der Nildämme am 17. August 1807 mit sämtlichen Truppen die Stadt verlassen werde. Aber Mohammed Ali dachte nicht im geringsten daran, die Stadt derart zu entblößen, denn er wußte, daß er damit einen Staatsstreich geradezu heraufbeschwören würde, daß die Mameluken in einem solchen Falle sofort losschlagen würden. Gerade das wollte er aber mit den Gerüchten erreichen. Insgeheim ließ er in der Nacht vom 17. August alle strategisch wichtigen Punkte der Stadt von seinen Truppen besetzen und wartete ab.

Was er erwartet hatte, trat ein: Die Mameluken wähnten ihre Stunde gekommen. Mit klingendem Spiel rückten sie am Morgen durch das Bab el Futuh in die Stadt ein und zogen durch den Khan el Khalili. Dort, in der Beyn el Kasreyn, krachten aber plötzlich Schüsse. Die Truppen des Paschas hatten aus ihren Verstecken heraus das Feuer eröffnet. Die Überraschung war vollkommen, und heillose Verwirrung entstand unter den in der engen Gasse eingepferchten Mameluken. Zu Tode getroffen, sanken viele von ihnen aus den Sätteln. An Gegenwehr war nicht zu denken, die Pferde bäumten sich schreckerfüllt auf und schlugen um sich; alles war erfüllt von Panik und Geschrei. Wer irgend konnte, flüchtete; viele entkamen dem Blutbad und jagten zu den Stadttoren, um ihr Leben zu retten.

Jedoch nicht allen, die dem Feuer entgangen waren, gelang die Flucht in die Freiheit. Angsterfüllt flüchteten sie in die nahegelegenen Moscheen von Kalaun und Barkuk, wo sie sich verbarrikadierten. Aber sie konnten sich dort nicht halten, und verzweifelt ergaben sie sich schließlich. Ihr Schicksal war damit besiegelt. Einem Teil von ihnen wurden sofort die Kleider vom Körper gerissen, und man tötete sie an Ort und Stelle. Die übrigen wurden vor Mohammed Ali gezerrt, der sie mit Hohn empfing, beleidigte und bis aufs Blut reizte. Außer sich vor Wut, riß sich einer der Beys von seinem Wächter los, entriß diesem seinen Dolch und wollte sich auf den Pascha stürzen, aber vergebens. Noch bevor er Mohammed Ali den tödlichen Stoß versetzen konnte, war er selbst überwältigt und getötet. Alle anderen wurden in Ketten gelegt und gefoltert. Am nächsten Tag ließ der Pascha sie alle töten, den Leichen die Haut vom Schädel abziehen und mit Stroh ausstopfen. Diese Schrumpfköpfe schickte er dem Sultan in Istanbul als Beweis seines Sieges über die Mameluken.

Aber der Sieg war nicht vollkommen, und es bedurfte noch eines weiteren Anschlags, um die Mameluken vollständig auszurotten. Die Gelegenheit hierfür kam vier Jahre später. Im Jahre 1811 forderte die Pforte den Pascha von Ägypten auf, einen Feldzug nach Arabien zu unternehmen, um die immer gefährlicher werdenden Wahabiten zu unterwerfen. Nur zu gerne kam Mohammed Ali dieser Aufforderung nach, konnte er sich doch nun auf eine Anordnung des – wenn auch höchst umstrittenen – Kalifen stützen, wenn er bei dieser Gelegenheit seine Macht auf die Arabische Halbinsel, zumindest aber auf den Hedschas, ausdehnte. Er ließ deshalb von Suleyman-Pascha, seinem französischen Berater, eine Armee aufstellen, zu deren Befehlshaber er seinen Sohn Tusun bestellte. Der Aufbruch der Armee war für den 1. März festgelegt worden. Er sollte mit einer Parade beginnen, während der das Expeditionskorps, zu dem auch ein Mamelukenkontingent gehören sollte, von der Zitadelle herab durch die Stadt defilierte. Zum Auftakt dieser Zeremonie lud Mohammed Ali alle Würdenträger des Reiches, und damit auch alle führenden Mamelukenbeys, zu einem Empfang in die Zitadelle ein. Entsprechende Botschaften ergingen deshalb an die vornehmsten Mameluken, fast fünfhundert an der Zahl, unter ihnen 25 Beys und 60 Kaschefs.

Zum letzten Mal erschienen diese am Vormittag der Festlichkeiten in ihren prächtigen traditionellen Gewändern auf der Zitadelle. Zweifellos mißtrauten sie Mohammed Ali, sie wußten, daß der Pascha nichts sehnlicher als ihren Untergang und ihre Vernichtung wünschte. Aber sie vertrauten auch auf die ehernen Gesetze orientalischer Gastfreundschaft, die es jedem Gastgeber verbot, unter seinem Dach Hand an seine Gäste zu legen. Außerhalb der Empfangsräume, während des Umzugs durch die Stadt, würden sie ja stets von ihren schwer bewaffneten Leibwachen umgeben sein. So waren sie also beruhigt der Einladung gefolgt – eine Ablehnung wäre nach denselben Gesetzen orientalischer Höflichkeit nicht denkbar gewesen.

Mohammed Ali empfing den mamelukischen Adel mit ausgesuchter Höflichkeit. Er ließ den Mameluken Kaffee und Süßigkeiten anbieten und unterhielt sich huldvoll mit ihren wichtigsten Würdenträgern. Besonders ihren angesehenen erneuten Führer, Schahin-Bey, behandelte er mit ausgesuchter Hochachtung. In gelöster Stimmung ging der Empfang nach etwa zwei Stunden zu Ende, man verabschiedete sich herzlich mit gegenseitigen Umarmungen. Die Mameluken verließen den Audienzsaal und bestiegen ihre Pferde, um sich in der vorgesehenen Reihenfolge dem Umzug anzuschließen.

Kommandos ertönten, Trommeln dröhnten, Janitscharenmusik erklang, und die Kolonnen begannen den Marsch von der Zitadelle herunter in die Stadt. Doch nun überschlugen sich die Ereignisse: Die Truppen des Paschas, allen voran syrische Kavalleristen, gefolgt von einigen Hilfstruppen und dem Korps der Janitscharen, dazwischen zahlreiche Würdenträger und Hofbeamte, waren schon durch das Azab-Tor gezogen, das mit seinen beiden mächtigen Rundtürmen die Zitadelle von der Stadt trennte, und näherten sich, begleitet von vielen Schaulustigen, bereits dem Stadtzentrum. Als nächstes rückte die Abteilung der Mameluken in ihrem prachtvollen Aufzug heran, gewärtig, daß sich ihnen in wenigen Minuten außerhalb der Festungsmauern ihre dort wartenden Leibwachen anschließen würden und sie den Umzug unter deren Schutz fortsetzen könnten. Dazu sollte es jedoch nicht kommen. Nur wenige Schritte trennten Schahin-Bey, der der Mamelukenabteilung protokollgerecht etwas vorausritt, noch vom Schatten des Azab-Tores, als dessen Türen krachend zuschlugen. Abrupt kam die Spitze der Kolonne zum Stehen, während die Nachfolgenden weiter nach vorne drängten und mit ihren schnaubenden Pferden die Passage zwischen dem Festungsberg auf der einen und der äußeren Festungsmauer auf der anderen Seite blockierten. Dicht gedrängt staute sich der Zug in der Enge, und Unruhe machte sich unter den stets mißtrauischen Mameluken breit. Waren sie nun doch in eine Falle geraten? Sie mußten nicht lange auf eine Antwort waren.

Unvermittelt ging eine krachende Salve Gewehrfeuer auf die Mameluken nieder, und als sie hochblickten, erkannten sie auf den Felsrändern über sich die in langen Reihen aufmarschierte Infanterie des Paschas, die im abziehenden Rauch der ersten Salve ihre Gewehre nachlud und wieder in die dichtgedrängte Menge unter sich schoß. Damit hatte ein entsetzliches Massaker seinen Anfang genommen. Tödlich getroffen oder verwundet stürzten die ersten Mameluken von ihren Pferden. Diese bäumten sich auf und schlugen in Todesangst wild um sich. Die Todesschreie von Mensch und Tier und die ohnmächtigen Verwünschungen der Wehrlosen vermischten sich mit dem erbarmungslosen Geknatter der Gewehre. Zwischen den steilen Wänden türmten sich die gestürzten, wild um sich schlagenden Pferde und die verwundeten oder zertrampelten Mameluken, in deren Leiber immer neue Bleigeschosse schlugen. Wahnsinnig vor Angst und Wut versuchten einige Mameluken, das Azab-Tor mit Gewalt zu öffnen – ein hoffnungsloses Unterfangen. Ihre Rücken boten den Soldaten besonders gute Ziele, und zerfetzt sanken sie zu Boden. Verzweifelt versuchten einige jüngere Mameluken, nachdem sie ihre hinderlichen Festgewänder abgeworfen hatten, nur mit ihren Dolchen bewaffnet die obere Felskante zu erklimmen. Doch als sie oben ankamen, wurden ihnen die Schädel eingeschlagen, und mit dumpfem Aufschlag fielen ihre Körper in das Gewirr in der Enge.

Einer der großen Mamelukenführer, Amin-Bey, ein Bruder jenes Mohammed-Bey el Alfi, der einst Murad-Beys Nachfolger hatte werden sollen, zwang sein in Todesangst schnaubendes Pferd zu einem tollkühnen Sprung über die Außenmauer und stürzte sich in die Tiefe. Das Pferd blieb zerschmettert liegen, doch Amin überlebte und konnte sich mit einigen leichteren Verletzungen retten. Er wurde von unterhalb der Festung lagernden Beduinen versteckt und entkam später nach Syrien. Schahin-Bey war als einer der ersten verwundet aus dem Sattel seines zusammenbrechenden Pferdes geworfen worden. Er hatte noch die Kraft, sein Festgewand abzuwerfen, und versuchte, gemeinsam mit anderen Mameluken, mit gezogenem Säbel zum Ende der Abteilung zu gelangen. Vergebens – er brach zusammen. Später schnitt ihm ein eilends von den Felsen herabgestiegener Soldat den Schädel ab, um für diese Trophäe eine Belohnung des Paschas zu kassieren.

Wer noch lebte, drängte sich in dem Chaos und unter ohrenbetäubendem Gewehrgeknatter nach hinten und suchte die Flucht im Innern der Zitadelle. Wem es gelang, dem Kessel zu entrinnen, der floh in die ehrwürdige »Halle der Säulen« der Nasir-Moschee oder versteckte sich im Palast von Mohammed Alis Sohn Tusun oder im Harem des Paschas. Auch hier gab es jedoch kein Entrinnen; aus jedem Versteck wurden die Mameluken hervorgezerrt. Die Soldaten beraubten sie sofort ihrer wertvollen Kleider und schleppten sie auf den Hof vor den Palast des Paschas. Hier wurde ihnen, einem nach dem anderen, der Kopf abgeschlagen. Das Gemetzel dauerte bis spät in die Nacht hinein. Die Zitadelle glich danach einem einzigen Schlachthaus. Berge von Leichen türmten sich überall, und das Blut der Ermordeten vermischte sich mit dem Staub der Festungshöfe zu einem schmutzigen Brei. Alle Mameluken wurden getötet, und ihre Leichname wurden in einem Blutrausch ohnegleichen zerfetzt. Es war die grausamste Blutorgie, die sich in der Geschichte der Zitadelle je ereignet hatte. Als letztes wurde der enthauptete Leichnam von Schahin-Bey an Stricken durch die Straßen von Kairo geschleift.

Der 1. März 1811 bedeutete das Ende für die Mameluken in Ägypten. Mit dem Mord an Turanschah hatte ihre Herrschaft vor 560 Jahren begonnen, mit einem Blutbad war sie zu Ende gegangen. Zwar gab es noch Tausende von Mameluken in Kairo und in der Provinz, aber der erste März war nur der Auftakt zu einem großen Ausrottungsfeldzug, der unmittelbar folgte. Überall ließ der

Pascha die Mameluken aus ihren Palästen holen und zur Zitadelle bringen, wo sie augenblicklich hingerichtet wurden.

Die Einwohner von Kairo hatten die Schießerei auf der Zitadelle zunächst mit Furcht vernommen. Als jedoch die ersten türkischen Soldaten in der Stadt berichteten, was sich dort oben ereignet hatte, zog der Pöbel – jene, die den Mameluken ihren Reichtum geneidet, ihre tscherkessischen Frauen mißgönnt und unter der rücksichtslosen Härte und der Arroganz der Mameluken gelitten hatten – los, um die in der Stadt verbliebenen Mameluken und die Familien der Beys aufzuspüren. Es winkte ein zweifacher Preis: für jeden abgeschlagenen Mamelukenschädel gab es auf der Zitadelle ein Kopfgeld, und jedes von seinem Hausherrn entblößte Haus, jeder von seinem Bey befreite Palast konnte gefahr- und straflos geplündert werden, der Janhagel der Straße konnte über die Frauen und Mädchen verfügen.

Der Pöbel hatte freie Hand, der Bodensatz Kairos, der sich aufgrund der Verarmung des flachen Landes und der daraus resultierenden Landflucht in den letzten Jahren in der Metropole angesammelt hatte: entwurzelte Fellachen, entlaufene Sklaven, besitzlose Nomaden und Schwarze aus dem Süden, die in der Großstadt vergebens ihr Glück zu machen gehofft hatten. Sie alle wohnten an den Stadträndern von Kairo in größter Enge; gereizt und haßerfüllt, da sich Hunger, Elend und Rechtlosigkeit breitmachten. Manch stolzer Mameluk, der bisher außerhalb seines Hauses auch kürzeste Entfernungen nur auf dem Rücken eines Pferdes zurückgelegt hatte, rannte nun um sein Leben. Manch tapferer Mann, der sich schützend vor seine Familie und sein Haus stellte, wurde erschlagen und sein Kopf dem Pascha gebracht. Kairo, die Stadt, die schon Zeuge unendlich vieler Grausamkeiten gewesen war, erlebte jetzt eine weitere Orgie haßerfüllten und beutegierigen Blutvergießens.

Auch in der Provinz ließ der Pascha die ahnungslosen Mameluken in ihren Landhäusern überwältigen und augenblicklich hinrichten, oft auch deren Dienerschaft, zumindest die Verwalter und Steuereintreiber. Die Statthalter schickten die Schädel der Enthaupteten nach Kairo – insgesamt wurden auf der Zitadelle und auf dem Rumeila-Platz etwa tausend Köpfe gezählt. Alle

Häuser der Toten waren geplündert, ihre Familien drangsaliert worden.

Knapp tausend Mameluken entkamen dem mehrtägigen Blutbad und konnten, teilweise als Beduinen verkleidet oder in Frauenkleidern, nach Oberägypten entweichen. Unter ihnen befand sich auch Ibrahim-Bey, der frühere Mitregent von Murad-Bey. Sie konnten sich im Süden noch zwei Jahre halten, dann wurden sie 1813 von Mohammed Alis Sohn Ibrahim-Pascha zur Aufgabe gezwungen und anschließend umgebracht. Nur wenige Mameluken konnten diesem zweiten Blutbad entkommen und wieder flüchten. Weiter südlich fanden sie eine vorläufige Bleibe und errichteten einige Militärlager in der Nähe des späteren Neu-Dongola. Dort gingen sie im Sold nubischer Fürsten ihrem alten Kriegshandwerk nach, doch die Flüchtlinge stellten auch hier bald eine Gefahr für ihre neuen Herren dar. Macht konnten sie jedenfalls nicht mehr erringen, und als Mohammed Ali zehn Jahre später eine Expedition in den Sudan unternahm, um sich nach dem Verlust des Kaukasus ein neues Rekrutierungs-Reservoir für seine Armee zu schaffen, ereilte sie das Schicksal ihrer unglücklichen Vorgänger.

Nachkommen der Mameluken findet man heute, inzwischen völlig mit der einheimischen Bevölkerung vermischt, nur noch in Syrien, Palästina und Jordanien, wo sie nicht verfolgt wurden, sondern in osmanischen Dienst traten, überwiegend als Soldaten. Noch heute fällt auf, wie viele syrische Offiziere Namen wie »Turki«, »Turkmeni« oder »Mamluki« tragen, die auf ihre mamelukischen Vorfahren hinweisen. Historische Bedeutung haben die Mameluken nach dem Blutbad von Kairo aber nirgendwo mehr erlangt. Im Geschichtsverständnis der Araber kommt ihnen heute jedoch eine herausragende Bedeutung zu, eine größere Bedeutung jedenfalls als historische Ereignisse, in deren Mittelpunkt die Araber standen. In Kairo gilt der gebürtige Turkmene Beybars in ähnlicher Weise als arabischer Nationheld wie in Damaskus der geborene Kurde Saladin. Kaum ein Araber weiß hingegen etwas mit dem heldenhaften Freiheitskampf des arabischen Scheichs Tahir von Galiläa anzufangen, und nur im Libanon sind der arabische Drusenfürst Fakr ed Din und seine tapfere Mutter Sitt Nasiba bekannt.

Die nahöstliche Historiographie hat zunächst die Geschichte der Ausbreitung des Islam zum Gegenstand, gefolgt von der Geschichte der Fremdherrschaften, unter anderem der mamelukischen und osmanischen Unterdrückung des Vorderen Orients. Erst mit dem Beginn dieses Jahrhunderts setzt die Geschichte des Freiheitskampfes und der Entwicklung arabischer Nationalstaaten ein. Eine durchgehende, einheitliche arabische Geschichte gibt es nicht. Die Historien der modernen arabischen Staaten, gekennzeichnet von Tapferkeit und Freiheitswillen, aber auch von anhaltendem Bruderzwist, von Uneinigkeit und gegenseitigem Mißtrauen, von religiöser Glaubensstärke und Festigkeit, aber auch von politischer Unreife, sind unter anderem das Resultat jahrhundertelanger mamelukischer und osmanischer Bevormundung. Freilich bildete das Mamelukenreich das einzige Bollwerk des Orients gegen die Mongolen und christlichen Franken. Es war die einzige Zitadelle Allahs, um den Islam gegen Heidentum und Christentum zu verteidigen.

In Kairos schnell verfallenden mittelalterlichen Moscheen, in seinen Stadttoren und der Zitadelle lebt die mamelukische Geschichte weiter fort. Wer in der Nähe der Zitadelle das riesige Areal der Mamelukengräber durchwandert, durchquert einen ganzen Stadtteil, in dem zerfallene Ruinen und steinerne Sarkophage im wahllosen Gemisch mit ärmlichen neuen Behausungen Menschen, Ziegen und Hühnern ein Dach bieten. Dort findet man auch das Familien-Mausoleum der Nachkommen Mohammed Alis, bis zum letzten Monarchen dieser Dynastie, König Faruk. Dicht gedrängt stehen dort in unmittelbarer Nachbarschaft der prunkvollen Grabstätte von Mohammed Alis Lieblingssohn Tusun-Pascha, der 1816, fünf Jahre nach der schrecklichen Bluttat auf der Zitadelle, starb, die Grabtafeln eines Teils der damals ermordeten Mameluken-Beys – eine späte Reue Mohammed Alis über den heimtückischen Massenmord und eine letzte Ehrerbietung für die Toten, oder eine makabre Totenbeigabe für die Angehörigen der siegreichen Dynastie und anhaltende Genugtuung über die Vernichtung der verhaßten Kaste?

Zeittafeln
Mamelukenherrscher und Kalifen

Bahri-Sultane			Kalifen
Shagr ed Durr (Herrscherin)	1250		
el Mo'izz Izz ed Din Aybek	1250		
el Mansur Nur ed Din Ali ibn Aybek	1257		
el Muzaffar Seyf ed Din Kutuz	1259		
es Sahir Rukn ed Din Beybars I.	1260		
		1261	el Mustansir
		1262	el Hakim I.
es Said Nasir ed Din Baraka Khan ibn Beybars	1277		
Adil Bedr ed Din Selamisch ibn Beybars	1279		
el Mansur Seyf ed Din Kalaun	1279		
el Aschraf Salah ed Din Khalil ibn Kalaun	1290		
en Nasir, Nasir ed Din Mohammed ibn Kalaun	1293		
el Adil Zeyn ed Din Ketbugha	1294		
el Mansur Hussam ed Din Ladschin	1296		
en Nasir (2. Mal)	1298		
		1302	el Mustekfi I.
el Muzaffar Rukn ed Din Beybars II.	1308		
en Nasir (3. Mal)	1309		
		1339	el Waßik
		1340	el Hakim II.
el Mansur Seyf ed Din Abu Bekr ibn Nasir	1341		
el Aschraf 'Ala ed Din Kudschuk ibn Nasir	1341		
en Nasir Schihab ed Din Ahmed ibn Nasir	1342		
es Salih Imad ed Din Ismail ibn Nasir	1342		
el Kamil Seyf ed Din Scha'ban ibn Nasir	1345		
el Muzaffar Seyf ed Din Hadschi ibn Nasir	1346		
en Nasir, Nasir ed Din Hassan ibn Nasir	1347		
es Salih Salah ed Din Salih ibn Nasir	1351		
		1352	el Mo'tadid I.
en Nasir Hassan (2. Mal)	1354		
el Mansur Salah ed Din Mohammed ibn Hadschi	1361		
		1362	el Mutawekkil I.
el Aschraf Nasir ed Din Scha-ban ibn Husseyn ibn Nasir	1363		
el Mansur 'Ala ed Din Ali ibn Scha'ban	1376		
		1377	el Mo'tasim
		1377	el Mutawekkil I. (2. Mal)

es Salih, Salah ed Din Hadschi ibn Scha'ban	1381		
Barkuk (siehe Burdschi-Sultane)	1382		
		1383	el Waßik II.
Hadschi (2. Mal mit dem Titel ›el Mansur‹)	1389		

Burdschi-Sultane

es Sahir Seyf ed Din Barkuk	1382		
		1386	el Mo'tasim (2. Mal)
		1389	el Mutawekkil I. (3. Mal)
en Nasir, Nasir ed Din Farradsch ibn Barkuk	1399		
el Mansur Iß ed Din Abd el Asis ibn Barkuk	1405		
		1405	el Musta'in (1412 Sultan)
en Nasir Farradsch (2. Mal)	1405		
el Adil el Musta'in (seit 1405 Kalif)	1412		
el Muaiyad Scheykhu	1412		
		1413	el Mo'tadid II.
el Muzzafar Ahmed ibn Scheykhu	1421		
es Sahir Seyf ed Din Tatar	1421		
es Salih Nasir ed Din Mohammed ibn Tatar	1421		
el Aschraf Seyf ed Din Bars-Bey	1422		
el Asis Dschamal ed Din Yussuf ibn Bars-Bey	1438		
		1440	el Mustekfi II.
		1451	el Ka'im
es Sahir Seyf ed Din Dschakmak	1453		
el Aschraf Seyf ed Din Inal	1453		
		1454	el Mustendschid
el Muaiyad Schihab ed Din Ahmed ibn Inal	1461		
es Sahir Seyf ed Din Kuschkhadam	1461		
es Sahir Seyf ed Din Yel-Bey	1467		
es Sahir Timurbugha	1467		
el Aschraf Seyf ed Din Kait-Bey	1468		
		1479	el Muta-wekkil II.
en Nasir Mohammed ibn Kait-Bey	1496		
		1497	el Mustemsik
es Sahir Kansuh	1498		
		1498	el Muta-wekkil III.
el Aschraf Dschanbalat	1500		
el Adil Tuman-Bey	1501		
el Aschraf Kansuh el Ghuri	1501		

el Aschraf Tuman-Bey	1516		
		1516–1517	el Mustemsik (2. Mal)
		1521–1538	el Mutawekkil III. (2. Mal)

Die Dynastie der Osmanen (bis zur Ausrottung der Mameluken)

Osman I.	1299–1323
Orkan	1326–1359
Murat I.	1359–1389
Bayazid I.	1389–1402
Mehmet I.	1413–1421
Murat II.	1421–1451
Mehmet II.	1451–1481
Bayazid II.	1481–1512
Selim I.	1512–1520
Soliman I.	1520–1566
Selim II.	1566–1574
Murat III.	1574–1595
Mehmet III.	1595–1603
Ahmet I.	1603–1617
Mustafa I.	1617–1618
Osman II.	1618–1622
Mustafa I. (2. Mal)	1622–1623
Murat IV.	1623–1640
Ibrahim	1640–1648
Mehmet IV.	1648–1687
Soliman II.	1687–1691
Ahmet II.	1691–1695
Mustafa II.	1695–1703
Ahmet III.	1703–1730
Mahmut I.	1730–1754
Osman III.	1754–1757
Mustafa III.	1757–1774
Abdül Hamid I.	1774–1789
Selim III.	1789–1807
Mustafa IV.	1807–1808
Mahmut II.	1808

Die Dynastie der Aiyubiden

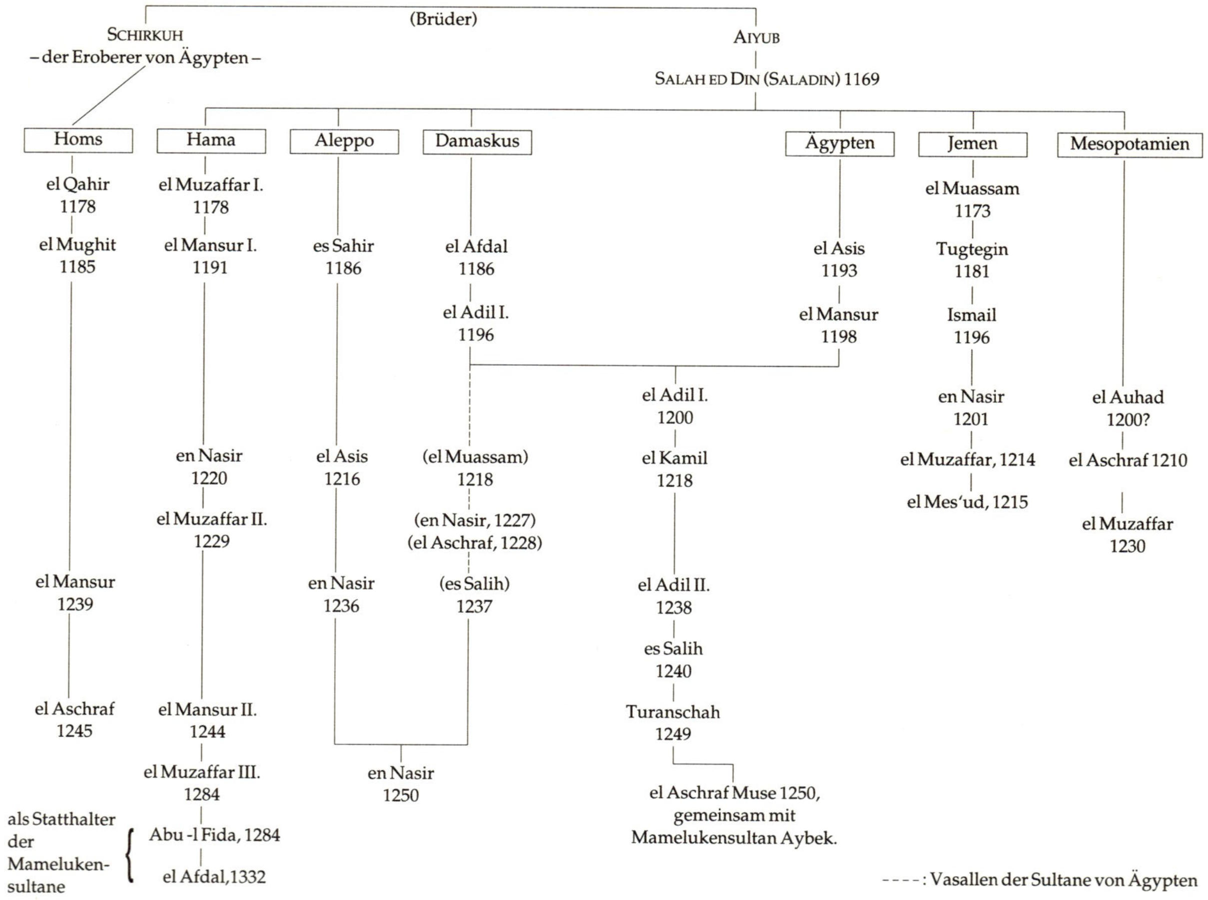

Die Dynastie der Mongolenherrscher und Ilkhane von Persien

- Dschingis-Khan
  seit 1206 oberster Herrscher der Mongolen
  - Dschudschi
    - Baraka
      Khan der
      ›Goldenen Horde‹
  - Jagatai
  - Tului
    - Möngke
      Groß-Khan
      1251–1260
    - Hülegü
      1. Ilkhan
      1256–1265
      - Mangutimur
        Feldherr
      - Abaga
        2. Ilkhan
        1265–1282
        - Argun
          4. Ilkhan
          1284–1291
          - Ghazan
            6. Ilkhan
            1295–1304
          - Oljaitu
            7. Ilkhan
            1304–1316
            - Abu Said
              8. Ilkhan
              1316–1334
        - Kaikatu
          5. Ilkhan
          1291–1295
      - Tequdar (Ahmed)
        3. Ilkhan
        1282–1284
    - Kubilai
      Groß-Kahn
      und Kaiser von China
      1260–1294
  - Ogotai

Glossar

Achaja: Als Fürst von Achaja herrschte auf dem Peloponnes bis 1278 Wilhelm II. von Villehardouin. Nach seinem Tod fielen die griechischen Besitzungen an Karl von Anjou, den König von Sizilien.

Akka: Auch »Akkon« genannt. Letzte stark befestigte Hafen- und Festungsstadt des Königreichs Jerusalem.

Alfi: Die militärische Rangbezeichnungen, wie zum Beispiel »Emir el Alf«, stellen zugleich eine Art Adelsprädikat dar und waren Bestandteil des Namens. So hieß beispielsweise der ägyptische Innenminister in der ersten Hälfte der neunziger Jahre dieses Jahrhunderts »Alfi« (siehe auch unter »Emir el Alf).

Amr-Moschee: »Dschamia ibn el Asi«, auch »Amr[Emir]-Moschee« genannt, eine der weitläufigsten und altertümlichsten Moscheen Kairos. Von dem ursprünglichen Bauwerk ist heute jedoch kaum noch etwas erhalten. Der stark zerfallene Bau stammt überwiegend aus der Zeit um 1400.

Araber: Arab. arib = verwandt, nahe. Damit war früher die Zusammengehörigkeit der Stämme gemeint.

Assassinen: Als harmlose Sekte existieren die Assassinen heute noch in Syrien. Im Mittelalter waren ihre Mordaktionen so gefürchtet und bekannt, daß sie sogar in der französischen Sprache, in der »assassin« heute »Meuchelmörder« bedeutet, ihren Niederschlag fanden.

Atabeg: Ursprünglich Prinzenerzieher. Daraus entwickelte sich der Titel von Provinzgouverneuren und später halb- oder ganzsouveränen Fürsten und auch Oberbefehlshabern.

Babylon: Römische Baureste dieser Stadt kann man heute noch am Südrand Kairos, in der Nähe des Koptenviertels, das sich am Nil befindet, sehen.

Bey: Bey, Beg oder Bek = »Herr«. Titel für höhere Beamte oder Offiziere bei den Turkvölkern, später bei den Türken. Von den Mameluken in ihrer Spätzeit anstelle des Titels »Emir« als Adelstitel verwendet.

Drusen: Heute wohnhaft im »Dschebel-Drus«, im Süden Syriens und im Libanon sowie in einigen Dörfern Nordsyriens.

Dschauhar: Erbauer der berühmten Kairoer Moschee el Ashar (970–972), die, ursprünglich eine schiitische Moschee, heute mit 2000 Professoren und 30 000 Studenten die führende sunnitische theologische Hochschule der Welt ist.

Emir: Von »Amir«, eigentlich: Befehlshaber. Später erblicher Titel des arabischen Hochadels und Titel mamelukischer Würdenträger.Seit dem 15. Jahrhundert waren die Mameluken-Emirate auch erblich. Söhne hoher Emire wurden zunächst Fünfer-Emire (Besitzer von 5 Mameluken) und übernahmen nach dem Tod des Vaters dessen höheren Rang. Später kam es auch zur Vererbung der Reichslehen-Länderien zwischen Brüdern, Vettern usw.

Emir el Alf: Befehlshaber/Fürst von tausend [Reitern]«. Entsprechende Kommandeure wurden später auch einfach »Alfi« genannt (siehe dort). Es gab meistens 24 solcher Emire des 1. Grades, von denen jeder 100 eigene Mameluken besaß und im Krieg 1000 Mann der insgesamt 24 000 Mann starken Reichstruppen (Halqas) führte, die unter Aufsicht des »Diwan el Dschaisch« standen. Jede Halqa bestand aus 40 Mann, die von einem »Muqaddam Halqa«, einer Art Kompaniechef, geführt wurde. Die Mameluken der Halqas entstammten dem Besitz ehemaliger Sultane und verstorbener oder abgesetzter Emire. Sie waren demnach oft schon älter und besaßen ein geringeres Ansehen als die Mameluken im Besitz des Sultans oder der Emire, und nur selten wurde einer von ihnen selber Emir. Nach Makrizi, dessen Angaben allerdings nicht immer klarer Berechnung standhalten, bestanden die Streitkräfte unter Sultan Kalaun (ab 1279) bis Sultan Scha'ban (ab 1381) allerdings insgesamt, also unter Einbeziehung der Halqas, der Sultans- und Emir-Mameluken, aus 24 000 Mann.

Emir el Askari: Wörtlich: Befehlshaber der Soldaten, auch Emir el Asakir.

Emir el mu'minin: Wörtlich: Befehlshaber der Gläubigen.

Exerzierreglement: »Nihayat al as Sual wa il Umiyya fil Ilm als Furussiyya« = Ende (Antworten) auf Fragen und Wünsche, die die Lehre der Reiterei betreffen (British Library im Britischen Museum, London).

Faiyum: Fruchtbarste Oase Ägyptens, 100 km südlich von Kairo. Schon in der Antike dicht besiedelt, im Mittelalter von Fellachen und Beduinen bewohnt.

Fatimiden: Nachkommen der »Fatima«, der Tochter des Propheten, Kalifendynastie (schiitisch) in Kairo.

Fostat: Ausgrabungen von Fostat findet man am Südrand von Kairo, hart östlich des Koptenviertels. Der Name kommt von lat. fossatum = mit einem Graben umgebenes Militärlager.

Halqa: Mameluken-Einheit in Kompaniestärke.

Hassan-Moschee: 1356–1362 von Sultan Hassan gegenüber der Zitadelle erbaut. Eine der besterhaltenen Moscheen, eine monumentale, festungsartige Anlage von gewaltigen Ausmaßen, mit 81 m hohem Minarett und 26 m hohem Portal.

Kait Bay-Moschee: Die Grabmoschee des Sultan Barkuk wurde 1411 von seinem Sohn Farradsch fertiggestellt. Eine weiträumige Anlage, die Grabräume, eine Schule, eine Herberge und ein Kloster enthielt. In dem Kloster starb 1442 der Historiker Makrizi, auf dessen Angaben viele Einzelheiten dieses Buches zurückgehen. Die Kait-Bey-Moschee wurde 1472 vollendet. Sie ist das eleganteste Grabmal aus der Mamelukenzeit, das heute noch erhalten ist.

Kalif: Von »Chalifa« = Nachfolger (des Propheten). Oberster geistlicher und weltlicher Herrscher des Islam. Der offizielle Titel unter Einschluß des Eigennamens (z. B. Walid) lautete »Walid Emir el Mauminin« (Walid, Befehlshaber der Gläubigen).

Karawansaray: Eigentlich Karawanen-Saray = Karawanenhof. Gemeint sind große Herbergen für Karawanen aus der Wüste, die zugleich Umschlagplätze für Handelsgüter waren.

Kerak: Früher Burg des fränkischen Ritters Reinhold von Chatillon, eines Gegners von Saladin, und seiner Witwe, der »Dame von Krak«.

Kopten: Die Bezeichnung »koptisch« entstand eigentlich erst viel später und kommt aus dem Arabischen. Die arabischen Eroberer bezeichneten etwa seit dem 16. Jahrhundert die christlichen Ägypter als »kibt« (Buchinhaber, Kutub = das Buch). Gemeint war die Bibel, die die Christen in ihren Augen von den Heiden unterschied.

Kus: 640 km südlich von Kairo am östlichen Nilufer. Im 14. Jahrhundert eine der größten Städte Ägyptens, reich durch den Handel mit Arabien und Indien.

Mameluk: Arab. = Waffensklave. Eigentlich: weißer Sklave (plur. mamalik, im Gegensatz zum arab. und schwarzen Sklaven = abd).

Mardani-Moschee Von Emir Altinbogha el Mardani erbaut. Mundschenk und Schwiegersohn von Sultan Nasir. Unter seinem Nachfolger Vizekönig von Hama.

Medresse: Koranschule. Das Wort »Medresse« stammt vom arabischen Verb »darasa« = lernen.

Melekiten: Nach dem Konzil von Chalcedon, 451 n.Chr., war die christliche ägyptische Kirche in die nationale, monophysitische oder »jakobitische« und die den Kaisern von Byzanz gehörige »melekitische« Kirche zerfallen.

Misr el Kahira: »Hauptstadt der Siegreichen« = das heutige Kairo. Die Stadtumrisse sind noch heute gut zu erkennen. Die Nord-Süd-Achse liegt zwischen dem »Bab el Futuh« und dem »Bab es Suele«.

Moallaka: Arab. für »die Hängende«, weil sie im vierten Jahrhundert über dem ehemaligen Südtor der römischen Festungsmauer gebaut worden war.

Nubien: Das christliche Königreich Nubien mit der Hauptstadt Dongola am Nil (im heutigen Nordsudan) bestand schon in frühchristlicher Zeit und blieb seither von der Islamisierung Nordafrikas unberührt.

Ruad: Das antike Aradus, von dem aus die Phönizier das auf dem Festland gegenüberliegende Antaradus, die spätere Stadt Tartus, gründeten.

Safawiden: Die Safawiden herrschten bis 1722. Sie können als die Begründer des persischen Nationalstaats angesehen werden und haben den schiitischen Islam zur Staatsreligion erhoben.

Shagr ed Durr: »Baum der Perlen«, in der Bedeutung etwa von »Morgentautropfen«.

Schiiten: Von »Schia«. Dritte islamische Glaubensrichtung neben den »Sunniten« und den »Kharidschiten«.

Schobak: Auch »Montreal« genannt. Von Richard Löwenherz erbaute Burg östlich des Wadi Araba zwischen Totem Meer und Golf von Aqaba.

Suele-Tor: Auch »Bab ez Zuweila« genannt. Eines der schönsten Tore der Kairoer Altstadt. 1091 unter Verwendung von Steinen der Kleinen Pyramiden von Gise erbaut. Traditionelle Hinrichtungsstätte von Kairo.

Sufi: Islamischer Orden. Die Bezeichnung entstammt dem Wort »suf« = Wolle, womit auf die wollene Bekleidung der Ordensmitglieder hingewiesen wird.

Sultan: Die Bezeichnung »Sultan« stammt aus dem Arabischen, wo »sulta« Gewalt bedeutet. In Persien wurden auch hohe Offiziere und Beamte als »Sultan«, das heißt als »Inhaber der Gewalt«, bezeichnet.

Sultan(in): Es gibt im Arabischen keine Femininform für Sultan, etwa, was grammatikalisch richtig wäre »Sultana«. »Sultana« wird nur als weiblicher Vorname gebraucht.

Sunkur-Moschee: Von Emir Sunkur, einem ehemaligen Sklaven und Schwiegersohn des Sultans, später Vizekönig von Gaza, erbaut.

Sunniten: Von »Sunna«: Islamische Glaubensrichtung neben den »Schiiten« und »Kharidschiten«.

Suq: Arab. Bezeichnung für das persische Wort »Basar«.

Tulun-Moschee: Die größte Moschee (162 x 245 Meter) steht in Samarra und wurde 850 vom Kalifen Mutawekkil erbaut.

Ulema: Abgeleitet von arab. »alimu« = gelehrt. Gemeint ist der Kreis theologischer Schriftgelehrter, ein alle Volksschichten durchdringender geistlicher Stand mit großem Einfluß auf die islamische Rechtsprechung, der seine Bedeutung unter den Abbasiden erhalten hatte. Im eigentlichen Sinne keine Organisation, dennoch aufgrund gleicher religiöser Anschauungen bis in die Neuzeit von großer Bedeutung.

Venezianischer Sklavenhandel: Venedig beherrschte in dieser Zeit weitgehend die Schwarzmeermärkte, in denen die Sklaven zusammengetrieben und zum Kauf angeboten wurden. Der Verkauf in Ägypten wurde über ein Handelskontor abgewickelt, das die Republik in Alexandria besaß.

Wesir: Regierungschef. Später nur noch oberster Steuereintreiber.

Wochenmärkte: In Südarabien und im Maghreb findet man noch heute Marktflecken, die nur nach dem Wochentag ihres Marktes benannt werden, zum Beispiel »Suq ed tlate«: Markt am dritten (Wochentag) = Dienstag nach islamischer Wochenzählung, »Suq er rabi« (Mittwoch-Markt) usw.

Zaiditen: Seit 740 herrschte im Jemen die Dynastie der Zaiditen. Die Imame waren als Schiiten weniger radikal-religiös als die ebenfalls schiitischen Ismailiten und die Anhänger des Zwölfer-Schiitismus, die an die Erscheinung des Mahdi glaubten. Der letzte Imam verlor 1962 seinen Thron.

Personenregister

Literatur- und Quellenverzeichnis

ABU EL FIDA (auch Abu-l Fida), el Muaiyad (–1331): nach »Annales Muslemici« hg. von REISKE und ADLER, 1788–1793.

ABU EL MAHASSEN (–1469: En Nugum es Sahira, hg. von JUYNBOLL London, 1855–61.

Cambridge University Press: The Cambridge History of Islam, Straßburg 1903, Cambridge 1970
Band I: The Central Islamic Lands
Band II: The further Islamic Lands, Islamic Society and Civilisation

DARRAG, A.: L'Egypte sous le règne de Barsbay 825–841 / 1422–1438, Damaskus 1961.

DEHÉRAIN, H.: Pachas et Mameluks du XVIe aux XVIIIe siècle, Paris 1934.

DSCHARBARTI, Abdu el Rahman (–1822). Aus dem Arab. in: Merveilles Biographiques et Historiques Chefik Mansour-Bey, Kairo 1890.

FRANK, G.: Die Herrscher der Osmanen, Wien undDüsseldorf 1977.

GAUDEFROY-DEMOMBYNES, M.: nach QALQASCHANDI u. a. La Syrie à l'èpoque des mamelouks, Paris 1923.

HERZSOHN, P.: Der Überfall auf Alexandria durch Peter I.. Bonn, (Diss.) 1886.

HITTI, P.K.A.: Historiy of the Arabs, London 1937.

HOTTINGER, A.: Die Araber, Zürich 1960.

IBN ABD ES ZAHIR (Biograph Beybars'), Aufzeichnungen.

IBN BATUTA (–1337): Aus dem Arab. in: Travels in Asia and Africa. H. A. R. GIBB, London 1925.

IBN CHALDUN (–1406): Kitab il ibar, übersetzt von W. JONES, in: An Arab Philosophy of History, London 1950.

JOINVILLE, J., de, Seneschall der Champagne (–1317): Memoires, veröffentl. Paris 1881.

KIRK, G.E.A.: A short History of the Middle East, London.

LANE-POOLE, S.: History of Egypt in the Middle Ages, London 1913.

MAKRIZI, Taqi ed Din (–1441): Kitat, Kairo 1854.

VON MÜNCHHAUSEN: Mameluken, Paschas und Fellachen, Tübingen 1982.

MUIR, Sir W.: The Mameluke or Slave Dynasty of Egypt, London, aus: The Caliphate, its Rise, Decline and Fall, überarb. von Th. H. WEIR, Edinburgh 1924.

NIEBURG, C.: Beschreibung von Arabien, Kopenhagen 1772.

OSTROGORSKY, G.: Geschichte des byzantinischen Staates, München 1973.

POPPER, W.: Egypt and Syria under the Circassian Sultans 1382–1468, 2 Bände, Berkeley and Los Angeles 1955 u. 1957.

Pernoud, R.: Die Kreuzzüge in Augenzeugenberichten, Düsseldorf 1964.

Qalqaschandi, übers. von WÜSTENFELD: Die Geographie und Verwaltung von Ägypten, 1879.

QUATREMÈRE nach MAKRIZI (s. oben): Histoire des Sultans Mamlouks, de l'Egypte, Paris 1837–45.

SMITH, R.: Medieval Muslim Horsemanship, London 1979 aus: Nihayat as sual wa il umniyah fi ilm al furusiyah XIV. Jahrhundert (s. auch Glossar).

TAESCHNER, F.: Geschichte der arabischen Welt, Stuttgart 1964.
VOLNEY, C. de: Voyage en Syrie et en Egypte, Paris 1787.
WEIL, G.: Geschichte der Kalifen, Mannheim und Stuttgart 1862.
ZIADEH, N.A.:»Urban Life in Syria under the Early Mamluks«, Bayreuth 1953.
»Damaskus under the Mamluks«, 1964.